全国高等学校劳动与社会保障专业新编系列教材

社会保障基金营运管理

龙　菊　编　著

中国劳动社会保障出版社

图书在版编目(CIP)数据

社会保障基金营运管理/龙菊编著. —北京：中国劳动社会保障出版社，2007
(全国高等学校劳动与社会保障专业新编系列教材)
ISBN 978-7-5045-6570-9

Ⅰ.社… Ⅱ.龙… Ⅲ.社会保障-基金-资金管理-高等学校-教材
Ⅳ.C913.7

中国版本图书馆 CIP 数据核字(2007)第 136450 号

中国劳动社会保障出版社出版发行
(北京市惠新东街1号 邮政编码：100029)
出 版 人：张梦欣

*

北京市艺辉印刷有限公司印刷装订 新华书店经销
787 毫米×960 毫米 16 开本 20 印张 344 千字
2007 年 9 月第 1 版 2007 年 9 月第 1 次印刷
定价：28.00 元
读者服务部电话：010-64929211
发行部电话：010-64927085
出版社网址：http://www.class.com.cn

全国高等学校劳动与社会保障专业新编系列教材编委会

内容简介

社会保障基金营运管理在新中国初建时即已存在，但在计划经济体制下，其重要性并没有得到充分的体现。随着我国市场经济体系的逐步建立，到目前为止，社会保障基金营运管理已成为我国劳动经济学中一个必不可少的组成部分。本书第一章介绍了社会保障基金的定义、特点、类型以及社会保障基金的筹集与管理等基本知识。第二、第三章介绍了美国、日本、韩国、欧洲各国等社会保障基金营运管理的特点以及对我国的借鉴意义。第四、第五章介绍了我国不同类型社会保障基金的构成以及不同层次社会保障基金的管理体制。第六、第七、第八章介绍了我国社会保障基金的投资对象、投资策略与投资风险控制。全书结构完整，内容丰富，讲述深入浅出。既可作为劳动经济学专业“社会保障基金营运管理”课程的教材用书，也可作为研究生相关课程学习的参考用书，还可作为社会保障基金营运管理从业人员的业务参考资料。

序

自标志着中国劳动体制改革发轫的 1986 年劳动合同制度全面推行，至今中国劳动力市场建设已经走过了近二十年的历程。这期间，我国的劳动力配置制度、劳动关系体系、劳动者的激励模式等诸多方面发生了历史性的变革，与计划经济体制相匹配的单位制度、身份制度、粮食关系制度等逐步瓦解消融，规范劳动力市场秩序的制度体系逐渐建立。在劳动力市场建设进程中，市场主体自主选择权的加强和激励模式变革（带来的配置效率和劳动力市场效率的增加）为整体改革的推进提供了有力的人力和物质支撑。

同时，我们也发现，与其他产品和要素市场相比，劳动力市场化进程相对滞后。中央经济工作会议提出着力推进经济体制改革，建立健全全面协调可持续发展的制度保障，对劳动力市场的一体化建设和建立逐步改变城乡二元结构的机制提出了新的要求。在市场化进程中，劳动者在获取择业自主权的同时，也承受着市场所必然带来的风险和压力，从而经历了环境上、经济上、心理上多方面的变化历程。劳动力市场的一体化、规范化和市场化还有很长的路要走。更好地配置人力资源，对劳动者有效地激励，并使劳动者适应市场，需要我们以劳动学科体系为理论基础的各方面的队伍做大量的工作。

针对劳动者的工作体现在三个大方面，或者说，劳动学科体系的实践层面可以分化为三大系列的任务：企业通过吸纳、激励、使用劳动者，促进自身的发展；政府和社会促进劳动者在适当的规则中开展市场性平等竞争，规范企业行为，并通过各种直接和间接的方式来调节劳动者的适应性；政府对劳动力市场上的弱势群体加以保障，并帮助劳动者抵御风险。这就如同组织一场运动会，不但要有科学可行的游戏规则和公正的裁判，还要有对运动员足够的激励，以及有扶助受伤者、调解纠纷的人员和制度。

对我国现阶段的国情而言，这三方面的工作具有尤为重要的意义。随着经济全球化进程的加快和知识经济时代的到来，人力资源已逐渐超越物质资源、金融资源而成为核心资源，特别是在中国加入世贸组织后，人力争夺日趋激烈，这使得我国的人力资源开发与管理面临着越来越严峻的挑战。人力资源管理专业的建设和发展将在未来相当长的一段时间内对企业和社会发展发挥重要的作用；而在我国经济转轨的过程中要求社会保障在降低劳动力市场风险，保护弱势群体等方面发挥更加积极的作用；同时，劳动力市场上还要有专业的政府和非政府组织来帮助个人、家庭、群体和社会发挥潜能，调整关系或预防因人与人或人与环境所引起的各种社会问题，社会工作者成为社会进步的助推剂和劳动力市场顺利运行的润滑剂。

然而，这三个方面目前都面临着人员数量不足、总体水平不高的问题，制约着我国劳动力市场的建设。因而，为了我国市场经济体制的完善和各市场化进程的和谐发展，需要人数众多的高素质的专业人才队伍充实到各项工作中去。我们以劳动学科体系为中心的适用于经济管理类大学本科（部分教材也适用于研究生）教学的三个系列——劳动与社会保障系列、人力资源管理系列、社会工作系列——的教材就是在这样的背景下产生的，经过一年多的酝酿、筹备和策划，终于能够呈现于广大读者面前。

希望这三套系列教材能为我国大学人力资源管理、劳动与社会保障、社会工作等专业以及相关专业方向的发展，能为上述专业领域工作人员专业素质的提高，能为我国劳动科学的发展，尽绵薄之力。真诚欢迎各界人士提出宝贵意见。

文　魁

前　言

刚接到本书的编写任务时，我很犹豫了一阵。随着教育产业化政策的实施，近几年来，学生的学费高了，学校的经费充足了，各式各类教材的出版也多了。同一名称、同一门课的教材有十几个甚至几十个版本，往好了说是教师的水平提高了，科研成果多了，更客观点看，其间包含的社会资源的浪费也是不容忽视的。也正因为如此，我计划先到各图书大厦跑一跑，如果此类书已经太多，我将放弃这个机会。如果确有编写的必要，我再全力以赴。跑了若干个书店，当我确信到目前为止尚没有一本有关社会保障基金营运管理的完整教材时，我知道，是该我付出努力的时候了。

本书在编写过程中，力图体现以下特点：

其一，知识结构完整、条理清晰。由于社会保障基金是国家按照法律法规设立，通过国民收入再分配、为劳动者提供的用于社会保障目的的专项货币基金。在保障劳动力再生产，促进社会稳定，调节收入差距，维护社会公平，推动社会文明，促进经济发展等方面具有十分重要的作用。因此，本书第一章主要讲解了社会保障基金的定义和功能，社会保障基金的发展历史，社会保障基金的特点与类型，社会保障基金的筹资渠道、筹集原则和筹资模式，让学生对社会保障基金有一个初步的认识。同时，社会保障基金营运管理具有法律规范性、政策协调性、长期性的特点。不同的国家社会保障制度建立的背景不同，国情不同，在社会保障基金管理体制的选择上也有所不同。本书第二、三章系统介绍了美国、日本、韩国、欧洲各国等社会保障基金营运管理的特点以及对我国刚刚起步的社会保障基金营运管理的借鉴意义。本书第四、五章介绍了我国不同类型社会保障基金如基本养老保险基金、基本医疗与生育保险基金、工伤与失业保险基金以及其他类型的社会保障基金的基本内容与运行现状，我国不同层次社会保障基金如全国社会保障基金、社会统筹与个人账户结合的社会保障基金、企业年金以及农村社会保障基金的管理体制；另外，社会保障基金的营运管理简单地说不外乎基金筹集、基金发放、基金投资三个环节，而基金投资无疑是重中之重。社会保障基金只有在保值增值的基础上才能够筹集得到，发放得起，而如何通过科学有效的投资活动取得最佳保值增值效果，掌握相关知识具有十分重要的现实意义。本书第六、七、八章深入浅出地介绍了我国社会保障基金的投资对象、投资策略与投资风险控制，为学生毕业后从事该领域的工作打下了一个坚实的知识基础。

其二，文字简洁、逻辑性强。或许是在教育界体验已久，见了、用了太多的教材，有些甚至是优秀或精品的教材，内容前后重复，观点前后矛盾。随随便便一本书，动不动就是几十万字，且诸多地方言之无物。也正因为如此，我在编写此书时，确立了一个基本原则，即必须严格控制字数，且内容具有公认的知识含量。同时，全书均由本人完成，保证了此书在选材上的一致性和结构安排上的内在严密性。应该说，本书简洁、流畅的文字表达以及丝丝入扣的逻辑联系都是经得起挑剔的。

其三，资料翔实、编写规范。为便于学生掌握，按照本套书的要求，每章均包括了学习目标、本章小结、关键概念、复习思考题、应用案例。使学生在学习之前对主要内容有一个大致的了解，学习过程中抓住重点、难点，取得更好的学习效果。对应用案例的选择十分注重与学习内容的相关性和实用性，不仅使理论与实践的结合更加紧密，也拓展了教材的深度和广度，对激发学生的学习兴趣不无裨益。

本书在编写过程中，参阅了大量国内外专家的相关书籍、论文，在出版过程中，得到了首都经济贸易大学杨河清教授、中国劳动社会保障出版社编辑同志的帮助和支持，在此一并致谢！

尽管本书在编写过程中力求科学、严谨，但难免仍有不足之处，欢迎使用本书的各界人士多提宝贵意见！

龙　菊

2007年5月27日

目 录

第一章

社会保障基金概述

学习目标

本章的主要内容有：社会保障基金的定义和功能，社会保障基金的发展历史，社会保障基金的特点与类型，社会保障基金的筹资渠道，社会保障基金的筹集原则，社会保障基金的筹资模式，社会保障基金管理的特点，社会保障基金管理体制的类型。其中重点掌握的内容有：社会保险基金的内涵与外延，社会福利基金的受益范围，公共保障基金、个人保障基金和机构保障基金的区别，社会保障基金筹集中公平原则的含义，社会保险基金筹资模式的比较分析。

第一节 社会保障基金的定义与发展历史

一、社会保障基金的定义和功能

社会保障基金是国家按照法律法规设立，通过国民收入再分配、为劳动者提供的用于社会保障目的的专项货币基金。在现代社会中，社会保障基金是宏观经济政策的重要组成部分，是促进社会和谐发展的重要手段。

社会保障基金是社会保障制度实现其宏观政策目标的物质基础。一般而言，社会保障基金具有以下功能：

1. 保障劳动力再生产，促进社会稳定。推动人类社会发展最重要的因素是生产力，而在生产力中，人是最宝贵的因素，劳动力再生产是人类文明进步的关键环节。由于多种多样的原因，个人可能因年老、疾病、伤残、失业而失去正常的劳动收入，从而使劳动力再生产过程陷入不正常状态。社会可能因自然灾害和意外事故，使部分群体生活或生产陷入暂时的困难之中。任何国家，任何时候，都有贫困存在，都有需要帮助的弱势群体。如果政府缺乏制度性安排，就有可能成为社会发展的严重障碍。因此，社会保障制度是社会劳动力再生产顺利进行的重要保证，而社会保障基金则使这种保障得以落实。尤其是在现代市场经济体制下，不管是企业还是劳动者，由于竞争的加剧，在效率提高的同时风险也明显增加，社会保障基金的作用显得更加重要。

2. 调节收入差距，维护社会公平。公平与效率一直是宏观经济学的两大主题。在市场经济社会中，社会财富必须经过初次分配与再分配两个环节。初次分配强调效率原则，再分配强调公平原则。由于在个人能力、机遇等方面的差异，尤其是转型时期垄断与竞争并存的情况下，社会成员间的收入可能有较大的差距，而且这种差距还包含有许多不合理的因素。如果不加以适时适当调节，就可能激化社会矛盾。而征收社会保障基金正是调节收入差距，维护社会公平的有效措施之一。国家依据法律法规，根据收入水平向不同社会群体征收数额不同的社会保障基金，再按照公平原则分配给收入较低或遭遇风险事故的社会成员，使其老有所养，提高其抵御意外风险的能力，帮助个人和家庭走出困境。这就在一定程度上调节了社会成员之间的收入差距，有利于实现社会公平，促进社会和谐。

3. 推动社会文明，促进经济发展。社会保障基金是绝大多数社会成员共同筹集的资金，体现了社会成员互相帮助的精神。无论是社会救助、社会福利还是社会保险，都是敬老爱幼、扶贫济困、友爱互助的表现，体现了个人利益与社会利益、眼前利益与长远利益之间的协调关系，使每一位社会成员都处在“我为人人，人人为我”的集体氛围之中，这对增强社会成员的责任感具有积极的意义，可以在一定程度上促进社会文明的进步。社会保障基金的筹集和给付缩小了社会成员的收入差距，保障了社会成员的基本生活，避免了一部分社会成员因生活陷入困境而产生社会对抗的现象，缓和了社会矛盾，从而为经济发展创造了稳定的社会环境。利用社会保障费用的征收，可以把一部分消费基金转化为集中营运的社会保障基金，从而减少或推迟了当前消费，缓解了物价压力，调节了市场需求，抑制了消费基金的膨胀。而在经济萧条时，社会保障基金转化为消费基金，有利于增加消费，促进经济发展。另外，社会保障基金中的一部分或转化为生产建设资金，或进入资本市场，也可在一定程度上推进相关行业的发展，促进整个经济体系的协调运行。

二、社会保障基金的发展历史

（一）早期社会保障基金的发展

由于社会保障基金是社会保障的物质载体，因此，社会保障基金的发展历史与社会保障的发展历史具有高度的一致性。社会保障是一个十分古老而又现实的问题。自古以来，总有一部分社会成员需要政府、社会及他人的援助才能避免生存危机，各国政府为了维护社会稳定，缓和阶级矛盾，也在很早就制定并实施过救灾、济贫等社会政策。在中世纪的欧洲，基督教教会在慈爱精神的影响下，将其收入的一部分用于救济穷人。一些有条件的富裕人士特别是商人往往将自己财产的一部分捐献给社会用于慈善事业，或自己直接出面建立慈善机构。1007 年，意大利威尼斯商人奥思路·彼得二世就把投资利润的一部分用于慈善救济，1173 年，法国商人彼得·华尔多创办了声名远播的里昂贫民院。1601 年，英国商人彼得·布伦达也为慈善事业捐出了 4 万英镑。由于当时商业已从农业中分离了出来，成为一个独立的行业，受自然条件的限制，经商过程中潜伏着许多未知的风险，商业行会已开始注意到社会保障的必要性。在南安普敦商人行会的章程中，即明确规定：任何会员陷入贫困无法生活时，均可通过行会得到一定的救济。丹麦一个行会的会规中即包含以下内容：如果一个会友的房子被焚，或者船只遇难，或在朝圣路上遭遇不幸，那么所有的会友都必须帮助他。如果一个会友患了重病，必须有两个会友在床边照顾他，直到他脱离危险。如果他不幸去世，则必须把他送到教堂的墓地去安葬……①

---

① 克鲁鲍特金．互助论．北京：商务印书馆，1997

1536年，英国颁布了《亨利济贫法》，规定地方官员有义务分发教会收集的捐献品，用来救济穷人、残疾人、病人和老年人，地方政府可以用公共基金为身体健全、能够从事工作的人创造工作机会，为那些5岁以上14岁以下的乞丐进行义务教育，帮助他们学会一门技艺，使其成年后具备自谋职业的本领。1572年，英国国会颁布了一项法令，要求每个公民都必须缴纳专门为了救济贫困而设立的基金，以便为整个社会救济制度的建立创造财政基础。1601年，著名的《伊丽莎白济贫法》问世，法律规定政府有责任对没有工作能力的公民提供帮助，保障穷人的最低生活水平，公民以户为单位，按固定税款向救济基金提供资金，不依法缴纳济贫税者将承担法律责任。1795年，英国开始实施“斯宾汉姆制度”，根据粮食价格决定基本工资标准，对不能达到标准者，由政府给予救济补贴。救济对象除了工资收入者本人外，还包括妻子、孩子等家属。除英国外，其他一些国家政府性济贫工作也得到了有效的发展。1788年，德国的汉堡市即设立了统一管理全市救济事业的中央办事处，把贫困儿童送到职业学校学习技艺，为失业者创造工作机会，为患病者提供医疗服务。瑞典政府在1763年即颁布了济贫法，规定各市镇当局有权收取济贫税并将其用于对贫困人口的救济。

伴随着私人救济向政府救济的过渡，有关社会保障的理论思想也逐步出现并产生了越来越大的影响。古典政治经济学的代表人物亚当·史密斯在对经济运行的研究过程中指出：劳动是社会收入的主要来源之一，社会财富的增长必须服务于人类繁荣与幸福的需要，政府应该更多地关心普通劳动者生活状况的改善。他认为劳动报酬优厚是国民财富增进的必然结果，同时又是国民财富增加的自然表现。如果贫穷劳动者维持既定生活水平的费用不足，则预示着社会已经停滞不前，如果劳动者处于食物短缺状态，则是社会急速退步的特征之一，因此，他主张政府需要通过一定的调控措施维持劳动者基本的生活水准。

古典经济学的另一代表人物大卫·李嘉图认为，当人口对生活资料发生压力时，只有两种办法可以补救：一是减少人口，二是更加迅速地积累资本。他坚决主张废除济贫法，也反对在全国范围内统一征收济贫税。如果一定要开展该项工作，分区进行可以取得更好效果。理由是当把全部款项用来为一个教区谋取福利时，与几百个教区共享福利相比，一个教区对合理征收济贫款项和节约分配资金会更加关心。李嘉图强调穷人应该主要依靠个人努力摆脱贫困处境，政府一定要救济，也最好尽可能缩小范围。

英国功利主义学说的代表人物穆勒也对社会保障问题有所论述。他认为只要能促进绝大多数人最大幸福的行动就是正义的行动，人类是应该互相帮助的，而正在挨饿的人就是最需要帮助的人。由贫穷提出求助的请求，有着最为充分的理由通过社会组织来给予满足。穆勒指出，对穷人提供帮助的主要途径是实施有限救济，而且以不损害个人自助精神和自立意识为界限。超越了这一界限，将会造成有害的结果。

在空想社会主义的代表人物中，圣西门认为，政府经常和唯一的职责就是为社会造福，国家的重要开支应该是使一切身体健康的人能够有工作，并通过工作获得他们生存所需要的费用，提供必要的教育所需要的费用，以及有助于智力发展、合理享乐和消遣所需要的费用；傅立叶提出了一种综合性保障的观点。认为应该对穷人提供以福利为主的保障，为富人在经济利害关系基础上建立安全和诚实的保障。主张推行具体的社会保障项目，如建立官办农场和收容农场，接纳失业者或贫困者，建立储蓄银行，发展个人保险或互助保险，建立卫生检疫隔离所，通过预扣养老金的途径为老年人口提供保障等；欧文呼吁政府关注普通民众的生活。他认为英国许多穷人因为无法获得劳动机会，不得不依靠各个社会救济机构来维持生存。政府应该做出安排，使所有能够并愿意工作的人获得生产性工作，帮助他们走出失业和贫困，颁布法令解决童工问题、劳动保护问题等。他认为，济贫法制度表面上是救济贫民，实际上在帮助他们养成不好的习惯。对贫民提供现金救济没有积极作用，应当指导他们以最有效的方式从事劳动，并通过劳动得到可靠而稳定的生活。

科学社会主义的社会保障思想是马克思主义理论体系的重要组成部分，马克思提出了著名的社会保障基金扣除理论。他认为，为保证社会再生产的正常进行和防止可能发生的各种不幸事故，社会总产品在进行分配以前，必须进行以下三个方面的扣除：一是用来补偿已经消费掉的生产资料，二是为进行扩大再生产所必须追加的生产资料，三是用来应对不幸事故、自然灾害等的后备基金或保险基金。除此之外，还需要进行以下扣除：和生产没有联系的一般管理费用，用来满足公共需要的设施，为失去劳动能力者设立的基金等。马克思指出，社会福利费用来源于生产者通过劳动所创造的社会财富，又直接或间接地为包括生产者在内的社会成员谋取福利。

（二）现代社会保障基金的发展

19世纪末期，开始出现以英国新自由主义和德国新历史学派为代表的国家干预理论，为现代社会保障制度的建立奠定了基础。其代表人物之一霍布和斯的观点产生了较大的社会影响。霍布和斯认为国家的义务不是直接为公民提供食物、衣服或住房，而是为他们创造有利的经济条件，保障其生活和工作权利。如果仅仅让个人在市场上通过竞争竭尽全力去获取微薄的工资，政府就不能算是称职的。霍布和斯提出国家应该举办保险，为个人提供工作机会，为寡妇、孤儿以及单身母亲提供救济。他认为工资不仅包括能够支付劳动者及其家属的生活费用，还能够应对疾病、意外事故和失业风险，以及劳动者再教育费用、部分养老费用。为改善工人阶级物质生活条件的社会福利支出具有社会投资的功能，这种投资不但不会赔本，还会产生更大的社会利益。英国费边社会主义认为，社会是一个有机的整体，失业是由于社会原因引起的，政府应该采取措施解决失业问题。对于那些处在失业状态但又拒绝政府提供的工作机会者，不应该给其任何救济。国家必须制定一个最低工资标准，老弱病残的一切需要都应该由公共福利承担。应该让贫困儿童受到充分的教育，给病人提供治疗，给老年人建立养老金制度。费边主义者十分重视社会保障对提高公民道德水平、促进文明、和谐发展的作用。认为只有当人们对未来的物质需要不存在后顾之忧，感到生活绝对有保障，人们的生命才有可能真正用于生活，而不是为了争取生活的机会而斗争。

1942年12月，著名的《贝弗里奇报告》正式发表。贝弗里奇是英国经济学家，毕生致力于社会保障制度的研究。《贝弗里奇报告》阐述了社会保障的基本范畴，认为社会保障是对公民因失业、疾病或事故造成收入中断所提供的生活保障，是对年老退休者所提供的收入保障，是对因一个人去世而使其家属失去生活依靠所提供的保障，也是对生育、死亡、伤残等额外开支提供的保障。社会保障的主要途径是社会保险、国民救济以及为满足基本需要之外的自愿保险。《贝弗里奇报告》奠定了英国福利国家的基础。1946年，英国国会通过了国民保险法，规定国民保险是一种强制性缴费制度，缴费标准是：每名男子每周4先令7便士，由雇主负担每周3先令10便士，国家垫付每周2先令1便士，每名女子每周3先令7便士，由雇主负担每周3先令，国家垫付每周1先令7便士。国民保险津贴包括失业津贴、疾病津贴、孤儿津贴、产妇津贴、寡妇年金与寡妇补贴、退休金与残废补贴。领取的基本标准是每名男子或女子每周26先令，已婚男子每周42先令，每名妻子或其他成年家属每周16先令，第一个孩子每周可领取7先令6便士。领取条件余年龄资格外，还要求被保险人必须达到其所属类型应该缴纳的最低国民保险费。20世纪后期，以哈耶克和弗里德曼为代表的经济学家又在社会保障领域提出了新的思路。哈耶克承认建立完善社会保障制度的必要性和合理性。他将社会保障分为两个类型：一是防止物质匮乏的保障，即确保每个人维持生活的最低需要。二是为达到某种生活标准的收入保障。哈耶克支持第一种保障，坚决反对第二种保障。认为防止出现赤贫的最低生活保障是社会政策的主要目标之一，但对那些愿意放弃基本自由换取少许暂时保障的人来说，既不配得到自由。也不配得到保障。哈耶克反对国家垄断的养老金制度，其理由是国家不仅向履行缴费义务的公民提供养老金，也向那些没有履行缴费义务的公民提供养老金，难免产生道德风险，增加国家负担。用于支付的养老金并非来自已经积累的社会保险基金收益，而是当前劳动者部分劳动成果的转移。弗里德曼的主要研究领域是货币金融，曾获得诺贝尔经济学奖。他反对一般性的社会保障，认为在自由市场社会里，收入分配的道德原则是：按照个人劳动和所拥有生产资料生产出来的产品进行分配，而不是普遍的财富分享。社会保险、法定最低工资、公共住房、公费医疗等不仅导致高税率，也是平均主义的直接结果。最低工资法显然在增加贫穷。因为国家可以立法制定最低工资标准，但却无权要求雇主增加雇员。最低工资标准的提高往往意味着雇工人数的减少，导致失业率上升。弗里德曼指出，强制性养老金制度纯粹是一种家长式做法，要求公民用特殊方式从政府机构购买养老金，剥夺了公民对自己部分收入的控制权，形成了巨大的官僚机构，花费了很大代价，却没有产生相应的收益。

以上各种思想对当代各国社会保障制度的建立与社会保障基金的运作正在产生不同的影响。

（三）我国古代社会保障基金的发展

中国具有悠久的社会救济历史。早在春秋战国时期，诸子百家已经对社会救助问题有所关注。孔子在《礼记·礼运篇》中主张："大道之行也，天下为公。选贤与能，讲信修睦。故人不独亲其亲，不独子其子，使老有所终，壮有所用，幼有所长，鳏寡孤独废疾者皆有所养。"这段话包含了相对完整的社会保障思想以及对古代政府的期望，老年人可以安度晚年，壮年人有劳动机会，有展示自身才能的机会，小孩子能够得到关爱，家庭不完整者、伤残者、有疾病者都能获得适当的帮助。墨子在《兼爱·下篇》中主张："有力者疾以助人，有财者勉以助人，有道者劝以教人。若此，则饥者得食，寒者得衣，乱者得治。"要求大家有力出力，有钱出钱，有文化者传播文化，让缺衣少食者得到最基本的满足，那么天下就不会乱了。关于社会保障基金的建立，《礼记·王制篇》已提出了具体目标："国无九年之蓄，曰不足；无六年之蓄，曰急；无三年之蓄，曰国非其国也。三年耕必有一年之食，九年耕必有三年之食，以三十年之通，虽有凶旱水溢，民无菜色。"要求一个国家至少储备三年所需要消费的粮食。古代中国政府最常见的社会保障措施是建立谷仓，遇到灾害时开仓赈民。《周礼》中就有这么一段："遣人掌之委积，以侍施惠。乡里之委积，以恤民之艰；县都之委积，以待凶荒。"即周朝已经建立了担任社会救济职责的官员。专门等待必要时出面救济。如果是一般的生活困难，则由乡里的官员出面救济，如果遭遇天灾人祸，则由县里的官员出面救济。东汉永建三年，京都发生地震，汉顺帝下诏："实覆伤害者，赐年七岁以上人钱两千。"即如果确实受到了伤害，七岁以上的人均可得到两千钱。宋仁宗天圣七年，河北发生大水灾，仁宗下诏："见存三口者，给钱两千，不及者半之。即一家三口以上者，给两千钱，三口以下者给一千钱。"《宋史》中也曾有这样的记载："今岁颇旱，百姓艰难，乞敕令诸州，仓禀粮留三年军粮外，贷与贫下百姓。"要求由政府出面，向老百姓提供救助。

分析以上内容，可以发现，由于我国古代商品经济不发达，社会保障基金的主要载体是粮食等实物。除了以上常规性的保障外，临时性的施粥与针对特殊群体而开办的收容机构也是社会保障制度的有效补充。宋代已经设立了专门收养无家可归者的"福田院"和"养济院"，南宋政府还设立了专门收养弃婴的"慈幼局"和免费给穷人提供药品的惠民药局。到清代，各个州县几乎都建立了养济院。对我国的社会保障制度的发展产生了十分重要的影响。

第二节 社会保障基金的特点与类型

一、社会保障基金的特点

不管各国（或各地区）对社会保障的定义界定有何区别，在市场经济条件下，社会保障功能的最终实现都不得不借助货币这一载体，通过筹集资金、运用资金、分配资金来达到目的。社会保障制度是一种收入再分配机制。建立和实施社会保障制度，首先需要可供分配的社会财富。经济手段是社会保障制度解决社会问题的基本手段，而社会保障基金的筹集、投资与管理既是其实现收入再分配功能的基础，也是整个社会保障制度运行过程中的关键环节。社会保障基金的特点是由社会保障制度的性质所决定的。与其他基金相比，具有以下特点：

（一）强制性与法律规范性

社会保障制度的基本目标是保证社会绝大多数人口在较长的时期内平稳、和谐地生存和发展。如果不采取强制性手段，难免出现逆选择，部分社会成员可能逃避缴费责任而享受保障权利，不但会破坏社会公平，也将增加征集到足够保障基金的难度。只有通过强制性措施，以国家法律法规为依据，由法律法规或有关政策统一规定社会保险的项目、费率和社会保险津贴的给付标准，要求政策实施范围内的任何单位和个人都必须依法参加社会保险的相关项目，并按规定履行缴纳社会保险费的义务。同时，为了保障基金的安全，社会保障基金管理机构对社会保障基金的投资营运、投资组合与投资数额的确定均须依法进行，而社会保障基金的给付也须遵循严格的法律规范。只有这样，才能使社会保障制度具有稳定可靠的财富支持系统，才能实现国家既定的宏观社会政策目标。

（二）储备性

社会保障基金是根据劳动者的生命历程来设计的。按照自然规律，人们总是在年轻的时候具有充沛的体力和敏锐的智力水平，可以取得更高的收入，而随着年龄的增长，收入水平会出现逐渐下降的趋势直到没有收入来源。但衣食住行是人类生存必需的物质条件，贯穿生命的始终。在劳动者具有取得收入能力的时候，国家按照一定标准，将其所创造价值的一部分强行扣除，经过长期储存积累、管理营运，在其丧失劳动能力或劳动机会、收入减少或中断时，从这部分已经储备的基金中为其提供补偿。即取之于民，用之于民，最终返还给劳动者本人或其指定的受益人。同时，劳动者在劳动过程中，会出现疾病、伤残、失业等的可能。如果缺乏有效的保障机制，不但会给劳动者本人带来不利影响，还会牵涉其所赡养的家庭成员的正常生活，也会影响整个社会的有序发展。国家通过建立社会保障基金，对付未来不测之风险，为社会成员提供经济保障，带有明显的储备性质。从社会保障基金的来源和使用方向看，也是从国家财政收入、企业收入和劳动者收入中分解出来，用于社会保障事业的一种消费性社会后备基金。

（三）基本保障性与互助共济性

社会保障基金的给付水平，一般以一定时期社会成员的基本生活需要为基准，既不保证原有生活水平不变，更不能满足其全面的生活需求。因此，社会保障基金又称为基本保障基金，只为社会成员提供最基本的经济保障。当然，基本生活需要标准的界定，取决于一个国家或地区在一定时期内的经济发展水平，需要进行定量的研究并定期调整。例如，养老保险金的支付水平应该保障普通劳动者退休后衣食住行及基本娱乐享受、生活习惯不至于发生太大的变化。失业保险金的支付水平要保证劳动者在失去工资收入时，能够维持基本生活，并为再就业做准备。最低社会保障费用的支付水平要确定合理的最低生活保障线，以保证其保障对象的基本生活不至于发生难以为继的困难。按照多支柱风险保障的理论，社会保障处于最基础的层次，如果某人要享受更高水平的保障，则需要通过其他保障途径，如购买商业保险等予以补充。从互助共济性方面看，作为国民收入再分配的一种机制，社会保障基金是一种互助共济基金。在通常情况下，在履行缴费义务时，收入较高的社会成员对社会保障基金的贡献相对较多，而收入较低的社会成员对社会保障基金的贡献相对较少。而在享受社会保障基金给付权利时，一般是统一标准，与社会成员对社会保障基金的贡献度联系不密切，也就是说，社会保障基金的收与支并不是完全贯彻权利义务绝对相一致的原则。国家通过立法，采用强制手段，建立应对生、老、病、死、伤、残、失业等风险的专项基金，统筹使用，体现了社会成员之间互助共济的精神。

（四）非营利性

设立社会保障基金的目的在于实现特定的宏观政策目标，促进绝大多数社会成员的健康文明与生活稳定。社会保障基金属于社会消费基金的组成部分，不同于一般以营利为经营目标的投资基金。当然，不以营利为目的，并不意味着社会保障基金没有投资运营和保值增值的要求。任何基金要长期存在，都必须以保值增值为前提。而且如果社会保障基金能够取得良好的经营业绩，依靠自己的营运不断发展壮大，不但可以减轻参保人的缴费负担，还可以提高保障水平，扩大保障范围，增强社会保障制度的物质基础。也正因为如此，世界各国政府都对社会保障基金实行优惠政策。

二、社会保障基金的类型

按照不同的标准对社会保障基金进行分类，可以得到不同的结果，常见的分类标准有以下几种：

（一）按照社会保障基金功能分类，可分为社会保险基金、社会福利基金、社会优抚基金和社会救助基金

1. 社会保险基金

社会保险基金是整个社会保障基金体系中最重要、最核心的部分。它是国家通过立法筹集起来，对劳动者在因年老、疾病、失业、工伤、生育等导致收入来源减少，为保证必要的生活条件而给予经济补偿的基金。社会保险基金具有强制性、普遍性和共济性等特征，一般包括养老保险基金、医疗保险基金、失业保险基金、工伤保险基金和生育保险基金几类。

（1）养老保险基金。养老保险基金主要为老年职工提供收入保障，职工在年轻时把劳动收入的一部分加入基金，基金在对参加职工未来养老金做出支付承诺或者收取保费后，开始积累未来兑付养老金的责任。职工在达到规定年龄后，可以得到事先约定标准的养老回报。

（2）医疗保险基金。医疗保险基金是指医疗保险机构各种渠道筹集、主要用于支付其覆盖对象全部或部分医疗费用的资金。此处的医疗费用是指受益人在获得治疗过程中所发生的直接费用。医疗保险基金是一种共济性的保障基金，其资金来源既包括企业和职工缴纳的参保费用，也包括医疗保险机构罚没的滞纳金、基金投资收益以及国家政策性补贴和税收减免、社会团体和个人捐赠。医疗保险

基金的筹集一般贯彻“以支定收，收支平衡”的原则，支出主要包括三个部分：一是补偿被保险人因疾病而发生的医疗费用和预防保健费用，二是用于维持保险机构开展业务所需要的费用，三是用于抵抗意外风险的储备金。

（3）失业保险基金。失业保险基金是对劳动者在失业时期给予现金支付维持基本生活，帮助失业者接受必要的技能培训，为再次就业创造条件提供缓冲时间的基金。在市场经济条件下，失业是大多数劳动者共同面临的风险，由于经济波动引起社会总需求减少，技术进步导致资本有机构成提高，对劳动力的吸纳能力下降，产业结构发展与劳动力技术知识结构发生错位以及季节性等原因，使失业成为一种经常性的现象。对于主要依靠工薪收入维持生活的劳动者而言，失业会使劳动者本人及其家属的稳定收入来源中断，给其正常生活带来困难，严重的失业甚至会影响社会稳定。因此，在许多国家的宏观经济调控目标中，充分就业是其追求的重要目标之一。失业保险基金的建立，可以为失业者提供基本生活保障及必要的技能培训费用，对于分散失业风险、促进经济稳定发展具有重要的作用。

（4）工伤保险基金。工伤保险基金是对劳动者在劳动过程中因意外伤害事故和职业病导致的伤残、死亡进行赔偿和提供生活保障的基金。由于大机器工业的快速发展，职业伤害不可避免，而一旦发生这种伤害，难免给劳动者身体和生命造成损失，并危及劳动者本人及其家属的正常生活。而且，对劳动者来说，这种伤害是在生产过程中为单位创造财富而付出的代价，对单位来说，这种保障类似于设备的保养费和职工的工资，具有明显的生产要素修复和劳动力再生产性质，是生产成本的特殊组成部分。工伤保险采用单位保险形式，由一个或多个单位联合建立保险基金。当发生工伤事故时，根据事先约定的标准一次性赔付或定期给付。国际上，工伤保险基金的给付对象是因工伤事故和职业病造成暂时或永久性丧失劳动能力，并因此失去劳动收入或使收入减少的劳动者本人，以及工伤死亡者供养的直系亲属。工伤保险基金提供的基本给付有以下几个方面：患职业病或其他类型工伤就医所需要的费用、暂时性丧失劳动能力的补偿、永久丧失劳动能力的补偿和遗属补贴。不同国家、不同单位的劳动者在工伤保险的给付期限和费用方面存在较大的差异。

（5）生育保险基金。生育保险基金是为女性劳动者因生育后代而不得不中断工作并接受必要的医疗保健服务所提供的保障基金。人口再生产是人类社会得以延续、发展、壮大的基本前提，而妇女既是物质财富的创造者，又是人口再生产的载体。也正因为如此，《生育保护公约》早在 1919 年第一届国际劳工大会上就得以顺利通过。目前，为育龄妇女在孕、产期间提供生活保障和必要的医疗待遇已成为许多国家社会保障的重要组成部分。

2. 社会福利基金

社会福利基金是指政府所掌握的、用于提高人民群众物质和精神文化生活水平的资金，有广义和狭义之分。广义的社会福利基金是政府为全体社会成员提供的用于各种市政设施、公共娱乐、公共卫生设施、文化教育津贴等支出的基金，其目的是增进国民整体的福利水平，狭义的社会福利基金是政府专门针对特殊群体所提供的基金，其目的是提高特殊群体的生活水准和自立能力，促进整个社会的和谐、协调发展。一般包括老年福利基金、儿童福利基金、残疾人福利基金、住房保障基金等。

（1）老年福利基金。老年福利基金是国家通过立法和行政措施设立的，利用社会途径保障老年人生活、解决老龄问题的基金。主要用于对已退出劳动领域或已失去劳动能力的老年人提供经济、医疗以及服务照料等方面的社会保护和社会救助。老年是绝大多数人生命历程中的一个特殊阶段，由年老导致的劳动能力下降甚至丧失是一种确定性的、不可避免的风险。老年人的健康状况不但涉及生理学和医学领域，而且是重要的社会问题。一方面收入减少，另一方面病痛增加，降低老年人的生活质量，日常活动受到限制，心理孤独、精神焦虑和抑郁情况增多。在当代世界范围内，老年健康保障问题都具有普遍性，许多国家十分重视建立和发展老年医疗保健和社会服务体系，在社区建立老年医疗保健服务网络，组织和支持社会团体、慈善机构、志愿服务人员帮助老年人，建立定期体检、定期巡诊和疾病预防制度，建立老年人家庭病床，帮助老年人实现保健和康复目标等。随着社会的进步，人类寿命已表现出延长的趋势，政府需要支付更多的人力、物力和财力来应对老龄化问题，老年福利基金规模也需要做相应的调整。

（2）儿童福利基金。儿童福利基金是为了保障全体儿童尤其是一些有特殊困难的儿童健康成长而设立的基金。儿童是社会的未来，为儿童创造良好的成长环境是和谐社会义不容辞的责任。儿童福利基金主要用于儿童保健、儿童免费教育、孤残儿童照顾、婴幼儿照顾、多子女或独生子女家庭补贴等。例如，在我国，不论城市或农村，凡 7 岁以下儿童，按新生儿保健、婴幼儿保健、学龄期儿童保健等几个阶段，分别进行健康观察、定期体检、新生儿专案管理、儿童传染病管理和保健指导等不同内容的免费保健服务。7 岁以下的城市儿童，12 岁以下的农村儿童，均可由国家按规定程序免费提供卡介疫苗、破伤风混合疫苗等，以提高儿童的身体素质与保健水平。很多国家为儿童提供免费的中小学教育，免费课本、文具、在校午餐，在社区设立儿童之家，为不能照顾孩子的家庭提供帮助。兴办儿童福利机构，收养孤儿、弃婴，配备专门的工作人员和生活、教育、医疗设施，使孤儿、弃婴得到教育，使伤残儿童得到医治和照顾。

（3）残疾人福利基金。残疾人福利基金是指对身体、智力或精神状况违反常规或偏离正常状态，使其参与社会的能力受到影响的群体所提供援助的基金。根据国际劳动公约159号《残疾人职业康复和就业公约》的定义，残疾人是指因经正式承认的、身体或精神损伤而在适当职业的获得、保持和提升方面的前景大受影响的个人。也正因为如此，残疾人很难与其他公民一样，平等参与社会生活。政府有必要创造适当的条件，通过筹集一定数额的资金，给予残疾人一定的帮助，使其有机会分享社会物质文化成果。残疾人福利基金主要用于残疾人的康复保障、教育保障、就业保障、文化生活保障、环境福利保障等方面。如帮助残疾人恢复或补偿身体器官功能，传授康复知识和方法。举办盲、聋、弱智学校和其他专门机构，对不具备接受普通教育能力的残疾人提供特殊教育和培训。许多国家法律规定：所有单位均应按比例雇用残疾人，同时实行税收减免或其他优惠，采取集中和分散等方式安排残疾人就业。为活跃残疾人的文化生活，开办手语专题电视节目、残疾人图书馆、俱乐部和活动站，免费或优惠向残疾人开放。建设保证残疾人能够进出和享用的公共设施，消除种种妨碍残疾人参与社会生活的障碍。另外，残疾人福利基金可用于支持建立全国性的残疾人组织，通过组织推动残疾人事业的发展，维护残疾人的合法权益。

（4）住房保障基金。住房保障基金是政府利用国家和社会力量，为解决中低收入家庭的住房问题而设立的基金。住房是人类生存和发展必要的物质条件，现代工业化的过程也是城市化的过程，工业和人口在城市高度集中，产生了对城市土地和住房的巨大需求，导致住房价格上涨，大大高于中低收入家庭的购买能力。许多国家的政府都认为拥有住房的阶层是最稳定的阶层，有利于整个社会的安定。因此，许多国家都以设立住房福利基金的方式，利用发达的金融机制，向低收入家庭提供福利贷款、住房津贴，或给私人建房提供造价一定比例（如30%～40%）的补贴，或降低住房信贷利率，或对分期偿还贷款本息的个人收入免征所得税等，提高居民的购房能力，满足不同阶层的购房需要。

3. 社会优抚基金

社会优抚基金主要是针对军人的。军人是指应征入伍取得军籍的公民，军人职业具有劳动强度大，约束性、规范性强，牺牲系数高等特点，军人意味着奉献，意味着献身，它不以个人名利得失为标准，体现了军人职业的神圣。为爱护和弘扬军人的献身精神，给在战争或公务中伤亡的军人优厚的待遇，不但是必要的，也是公平合理的。军人社会优抚一般包括死亡抚恤、伤残抚恤、社会优待、退役或退休安置等内容。死亡抚恤分为一次性给付和定期给付两种，伤残抚恤分为战时伤残、平时伤残和因病致残三类。社会优待可以是经济优待也可以是服务优待，经济优待通常是向优抚军人提供各种津贴，服务优待既有生活性服务也有生产性服务。退役安置即政府向退出现役的军人提供经济和服务保障，可以是发给安置费、临时性生活津贴或生产性贷款，也可以是就业安置、就学安置、落户安置、职业或技术培训等。退休安置则是对因年老或因病残丧失工作能力退出现役的军人，由政府按月发给生活费用。社会优抚基金主要来源于国防费用的分配和再分配。国防费分配形成军人的生活费、装备费和事业费三大项，生活费的分配和再分配形成了军人退役费、福利费和救济费等。另外，优抚单位的事业经费、烈士纪念建筑物管理及维修费用等也在社会优抚基金的支付之列。

4. 社会救助基金

社会救助基金是指政府对因各种原因无法维持最低水平的公民给予无偿救助的基金，包括最低基本生活保障基金、医疗救助基金、就业救助基金、司法救助基金等。最低生活保障是法律赋予每一个公民在不能维持最低生活水平时，由政府按照法定标准向其提供满足最低生活需要的物质援助，又称“社会最后一道安全网”，其目标是克服现实中的贫困问题。最低社会保障基金的支付，需要遵循普遍性、法制化、保底并维护个人尊严的原则。凡收入低于当地政府规定的最低生活保障线的个人或家庭，无论有无职业，均可获得救济。由于这一制度的目的是使已经陷入贫困的一部分成员能够维持基本生存，进而摆脱贫困，因此，保障水平不能过高，以防止接受者对它的依赖。医疗救助基金、就业救助基金、司法救助基金等是针对社会弱势群体在发生以上困难时获得必要经济援助的基金，是社会救助基金的重要组成部分。

（二）按照社会保障基金来源分类，可分为财政性社会保障基金、社会保险基金和社会福利基金

财政性社会保障基金来源于国家税收，通过经常性预算和财政拨款的形式形成，直接体现为国家在社会保障方面的责任。财政性社会保障基金主要用于灾害救助、社会优抚、政府工作人员的一般社会保障；社会保险基金主要来自于用人单位和职工个人缴纳的社会保险费用，有时也有少量的国家财政投入，体现了国家、用人单位和劳动者个人三个方面对社会保险成本的分摊。社会保险基金通常以工资额为基础，根据一定的费率或税率计算确定。有的国家将社会保险基金纳入国家财政范畴，按照财政资金的管理模式进行管理。有些国家则让社会保险基金独立运行，即社会保险基金独立成系统，可以由政府社会保险部门管理，也可建立专门的基金组织或委托融资机构负责管理；社会福利基金在通常情况下是一

种混合型社会保障基金，其中既有财政拨款，又有服务收费，还可能有民间捐款。正因为这种混合性，对社会福利基金的管理就不像财政性社会保障基金和社会保险基金那样单纯。在多数情况下，由社会福利机构负责管理基金并按照规定用于既定的福利项目。

（三）依照社会保障基金的所有权分类，可分为公共保障基金、个人保障基金和机构保障基金

公共保障基金的受益人是社会公众，资金来源有财政拨款、按法律规定由雇主或雇员缴纳的社会保险费（税），社会捐赠等。它可能为全国所有公民所共有，也可能为某一省份、某一地区的公民所共有，属于社会保障基金中比较基本的部分；个人保障基金是归个人所有的非财政性社会资金，它是按法律、法规缴纳，记在个人账户，有专门用途的基金，属于社会保障基金中带有补充保障性质以提高保障水平的部分；机构保障基金是用人单位为其职工建立的福利性保障基金，所有权全部或部分地属于缴费单位。按照国家的政策和单位的规章对符合条件的职工给予补贴，如西方国家的私人退休计划、商业团体保险、职工家庭援助、职工教育资助等。

（四）依照社会保障基金运行分类，可分为积累性保障基金和非积累性保障基金

积累性保障基金是指参保人履行缴费义务后，需要在较长时期以后才能享受保障权利的基金。如养老保险基金、失业保险基金等，一般而言，劳动者只要进入工作单位，就需要按规定标准在劳动收入中予以扣除，但必须达到规定年龄，工作满若干年后才能得到养老回报，或者出现了失业风险才能领取失业给付。为了使基金实现保值增值，更好地承担保障责任，积累性保障基金对基金投资运营的要求较高，基金投资运营的回报率对其保障功能的发挥至关重要。非积累性保障基金是指参保人履行缴费义务后，就个体而言无法确定其是否享受保障权利以及享受的具体时间，但从整体而言发生概率相对稳定的基金。如工伤保险基金、医疗保险基金等，非积累性保障基金更多带有互助共济的性质，一般采取“以收定支，略有节余”的原则，基本没有积累。如果某一时期出现了相对较多的节余，则有可能降低保费收取标准或提高给付水平，故对投资运营的要求相对较低。

第三节 社会保障基金的筹集

一、社会保障基金筹资渠道

从世界各国的实践看，社会保障基金的筹资渠道主要有国家财政资金、社会保险基金、民间资金和社会保障基金投资收益四个方面，分别采用征收税款、收取费用和自由出资等方式。根据社会保障内容的不同，其资金来源也有所区别。在一般情况下，社会保险基金主要来源于社会保险税（费）收入及其投资收益。社会福利基金既有国家财政，又有民间募集。社会优抚和救助基金主要来自于国家财政，少量来自社会募集。

（一）国家财政资金

由于社会保障制度的建立有着明确的宏观政策目标，无论从历史还是现实看，国家财政都是社会保障基金最重要的资金来源，国家承担着社会保障基金筹集的最终责任。可以说，没有国家财政的参与，就不能建立起健全有效的社会保障制度，不能完全实现保障社会成员基本生活的目标。由于各国社会保障具体制度不同，财政与社会保障基金的联系和结合方式也有所不同。有的国家把社会保障基金直接纳入国家财政预算统一管理；有的国家社会保障基金在经常性预算系统之外运行，但设立专门的财政账户给予密切监控；有的国家虽然在财政体系之外建立完全独立的社会保障基金运行系统，但仍然对预算系统之外的社会保障基金给予适当补贴和严格监管。

国家财政作为社会保障基金重要的筹资渠道，通常采用以下几种方式：一是直接拨款。如社会福利基金、社会优抚安置与社会救助基金，以及对各项社会保险基金项目的财政补助；二是各类社会保障机构的运行费用。社会保障制度的实施需要大量人力、物力、财力，许多国家都设有从中央到地方、为实现各种社会保障目标的机构，如养老保险基金的筹集发放机构、投资管理机构，社会福利基金的养老院、孤儿院等，这些机构的运行费用多由国家财政予以全额承担。这部分款项不直接运用于保障对象，但却是整个社会保障制度有序运转的必要条件；三是税收优惠。各国都规定社会保障费用享受免税待遇，在税前列支。一定范围内、一定数额下的补充性社会保障费用也可以享受该类税收优惠。同时，为鼓励企业和个人积极从事或参与慈善公益事业，凡对社会保障项目的捐赠达到规定标准者，还有额外的税收优惠政策。国家财政对社会保障基金的直接拨款，从总体上说来源于税收，起着调节收入分配差距的作用。

（二）社会保险基金

在现代社会保障体系中，社会保险资金构成社会保障基金的主要部分，在社会保障基金来源渠道中处于十分重要的地位。

社会保险基金的筹集，可以用征税方式，也可以是征费方式。至于哪种方式更为优越，理论上没有统一的结论。一般而言，以税收方式征取，更具有法律规范性，以费用方式征取，更具有灵活性。目前，大多数发达国家采用征税的方式。但不管是开征税款还是收取费用，都需要一个筹资比率，称为税率或费率，相当于商业保险中的保险费率。社会保险基金的收取比率，与社会保险的保障水平、保障风险的大小等因素相关，需要通过精算方法来确定。社会保险基金征收的基数通常是工资，即社会保险税（费）是工资与社会保险税（费）率的乘积。常见的社会保险税（费）率有工资比例制和均一制两种方式，工资比例制即根据劳动者的工资水平按比例向用人单位和劳动者个人征收，对不同收入水平的人可能采用不同的收取比率。均一制即不论工资多少、职位高低，对任何人都采用相同的社会保险基金收取比率。在此基础上，社会保险基金的收取比率还可以有以下三个方案可供选择：一是综合税（费）率。即不分社会保险基金的具体险种，采用综合的、统一的比率，由此征收的社会保险基金也是统一的基金；二是综合分类税（费）率。即对若干险种采用一个收取比率，而对个别险种则适用单独的收取比率，征收的社会保险基金分别对应相关项目使用；三是分险种税（费）率。即按照社会保险险种确定收取比率，各险种分别征收，所征收的基金各自使用。从国际经验看，社会保障制度建立初期，一般采用分险种税（费）率，当社会保障基金已经发展到一定阶段时，例如，目前许多发达国家或社会保障项目比较齐全的国家多采用综合税（费）率或综合分类税（费）率的形式。

社会保险基金的来源与其他社会保障项目基金的来源有着较大的差别。首先，除个别国家外，个别项目实行社会保险基金由国家统包、用人单位统包或劳动者个人统包外，大多数国家均要求由政府、用人单位和劳动者个人三方共担，或用人单位与劳动者个人两方分担，以更好地协调各方当事人的责任与权利。一般而言，由于大多数劳动者通过提供劳动取得收益，在提供社会保险基金来源的所有主体中，企业是最主要的基金提供者；其次，社会保险基金的征收具有强制性，缴纳社会保险基金是享受社会保障待遇的前提条件，从而保证社会保险基金的来源具有稳定性；最后，尽管国家财政有承担最后责任的承诺，有时还有直接的补贴，但根据社会保障制度的设计原则，社会保险基金应当达到收支自我平衡，所收取的基金加上其投资收益，能够满足基金给付的要求。

（三）民间资金

民间资金是通过民间以非强制、非固定的方式筹集，用来充实社会保障基金来源的资金。这条渠道的存在，源自公众的自愿参与，即以个人自愿为基础。常见的募资方式有以下五种：一是发行福利彩票。彩票是一种典型的、简单的博弈工具，福利彩票的发行，即顺应了普通人以小博大、试试运气的心理，中了彩票可得到意外收获，不中彩票也是为福利事业作了贡献。许多国家都通过这种方式募集了可观的资金，用于兴办各种社会福利事业，包括老年人、儿童、残疾人及其他困难群体的帮扶事业以及公共体育、娱乐设施；二是社会募捐。由于多种原因，社会成员之间存在较大的收入差距，一些富裕阶层本着爱心与人道主义道德规范，愿意把他们财产的一部分用来帮助弱势群体。社会募捐以慈爱之心为基础，以自愿捐献为基本特征，由民间慈善机构负责征集并用于社会救助和社会福利事业；三是建立补充性保险。在国家政策引导下，由用人单位与劳动者通过订立协议，自愿建立各种补充性保险基金。一般而言，这种补充性保险基金的建立，是企业加强凝聚力、保证人才队伍稳定的有效手段。从发展趋势看，在整个社会保障体系中的地位和影响越来越重要；四是服务收费。基于服务范围、对象的不同和接受服务者经济承受能力的不同，部分社会福利机构在坚持非营利性的原则下，得到管理部门的许可，通过服务收费的方式筹集部分资金，弥补社会福利基金不足或扩大福利事业规模；五是国际援助。当某一国家出现了一些大规模的、损失惨重的不幸事件时，如地震、海啸等，则可寻求国际人道主义援助，帮助其渡过难关。

（四）社会保障基金投资收益

社会保障基金尤其是积累性保障基金，从募集资金到提供保障之间有漫长的过程。例如，某人 20 岁履行缴费义务，60 岁享受给付权利。如果社会保障机构仅限于把收集起来的资金束之高阁，无疑会削弱其保障能力，也使整个社会保障体系难以长期运转。资金只能在运动中增值，科学开展社会保障基金投资，通过投资取得良好收益是其营运管理的重要内容。

二、社会保障基金筹资的原则

社会保障基金的筹集是社会保障制度运行的基础。没有足够的社会保障资金，社会保障制度的目标就无法实现。为了保证社会保障基金的筹集能够得到劳动者的衷心拥护和积极参与，社会保障基金的筹集必须遵循以下原则：

（一）公平原则

社会保障制度是一种国民收入再分配的机制，其目的是实现社会公平。因此，社会保障基金的筹集标准和给付水平都要贯彻公平原则，否则，不但不能实现社会保障的根本目标，还会积累更多的社会矛盾。在社会保障基金的筹资环节上，公平原则主要体现在以下几个方面：

1. 代际之间的公平

由于社会保障制度是依据法律法规由政府强制推行的，必然牵涉到一代人与另一代人或各代之间的利益关系。在社会保障制度建立初期，社会保障基金管理模式不同，各代人之间的利益关系也有差异。例如，有些国家社会养老保险基金不需要第一代老人负担，从而出现不需要履行缴费义务即可享受保障权利的情况，给以后参与养老保障体系的劳动者增加负担。在社会保障制度转轨时期，代际利益关系如何相应调整，往往是新制度设计时必须慎重考虑的事情，否则会诱发代际之间的矛盾，甚至影响社会稳定。代际之间的公平问题往往在养老保险基金和医疗保险基金的营运管理上表现得尤其明显。

2. 不同收入群体之间的公平

在市场经济环境下，每个人面临的机会不同，个人能力也有差异，一部分社会成员因为各种原因甚至是不合理的原因进入高收入阶层，而另一部分社会成员则由于失业、疾病、年老等原因成为低收入者甚至陷入贫困。社会保障基金的筹集，作为调节收入差距的手段之一，理应要求高收入人群承担更多的缴费义务，这一原则在筹集社会福利基金和社会优抚救助基金更应该得到充分的体现，在筹集社会保险基金时也必须考虑进去。根据不同收入水平，收取不同标准的社会保障基金，再根据合理的给付标准，形成收入的转移，维持低收入人群基本生活水平，有利于实现社会公平。

3. 同一收入水平群体之间的公平

社会保障税（费）的征收，在相同或相近的收入群体之间必须是大致相当的，不能出现某些单位、群体负担过重，而另外一些单位、群体只承担很少缴费义务的情况，明显不公平的制度只会增加其执行难度。这就要求管理部门合理设计社会保障基金费用基数的收取标准，提高保障对象的认可程度。总体而言，不同收入群体间的公平原则主要强调扶贫帮困、收入调剂，同一收入水平群体间的公平原则更多强调风险共担、互助共济。按社会保障的一般程序，同一收入群体的社会成员按照大致相当的标准向社会保障机构缴纳保障费用后，取得了按规定条件向社会保障机构领取数额相当的社会保障基金的权利，保证其在其他条件不变的情况下，维持差距不大的生活水平。于是，不同地区、不同行业、不同职业的人员之间，在岗人员与失业人员之间、健康者与伤病者之间、在职人员与退休人员之间，可以在年老时得到基本的生活保障，在生病时得到及时医治，避免或减少了同一收入群体的社会成员因意外或其他风险陷入困境，以至于游离于群体之外的可能性。

（二）效率原则

公平与效率，在经济学、政治学等一切社会科学领域，都是一个带有终极意义的基本命题。社会保障制度强调公平原则，但决不以损害效率为代价。没有效率就没有经济发展，社会保障基金就会丧失物质基础。因此，在保证基本公平的前提下，社会保障基金的筹集必须坚持效率原则。

所谓效率原则，主要有两层含义：其一，在筹集资金的过程中，合理安排国家财政、用人单位和劳动者个人对社会保障基金费用的分担比例。如果国家财政负担的比例过高，不但会加重财政负担，还会助长国民的依赖思想，降低劳动者的生产积极性。如果用人单位负担的比例过高，则会增加劳动力成本，一些微利的企业很可能减少对劳动力的需求，提高社会总体失业水平，降低企业经济活动能力和产品的国际竞争能力。如果劳动者个人负担的比例过高，劳动者当期可供支配的现金就会减少，其现实有支付能力的消费需求将受到抑制，从而压缩社会消费规模，导致产品积压，进一步影响宏观投资与生产过程。因此，在社会保障基金筹集中，要根据经济形势的变化，统筹兼顾国家、用人单位和劳动者个人三者的关系；其二，提供有效率的社会保障水平。就社会整体而言，虽然基本社会保障只负责满足保障对象的基本生活需要，但是，在不同的国家或者同一国家的不同的时期、人们对“基本”一词的理解是有差异的。发达国家月均300美元的保障水平对不发达国家已经是较高的收入水平了。因此，基本生活保障标准需要根据社会生产效率的提高而适时变动。社会保障水平的适度性研究应成为一个动态的课题，而判断社会保障水平适度性的标准，主要是对不同时期、不同地区基本生活保障内容的满足程度和对全社会效率的影响程度。就个体而言，如果部分效益好的单位、部分群体或个人有意愿、有能力通过承担更多缴费义务的方式来扩大保障范围或提高保障水平，管理部门应该在制度设计中给予考虑。总之，社会保障基金的筹集既要保证社会经济运行的效率，又不能对社会经济发展造成障碍。要兼顾社会公平和生产效率两方面，并通过效率来实现更高层次的公平。

（三）稳定原则

稳定原则是指社会保障基金作为社会公共政策的重要组成部分，既要制度稳定，又要运行稳定。所谓制度稳定，即要求社会保障制度应当具有公开性和透明性。作为一项长期持续实施、涉及绝大多数居民切身利益的制度，要有法律法规作为保障。尤其是社会保障基金的保障内容、参与资格，国家、用人单位与劳动者个人负担的缴费比例，社会保障基金的筹集模式，基金的营运管理等方面，要建立起相对稳定的制度。采取有效措施保证制度的贯彻执行，尽量降低道德风险和减少投机行为；所谓运行稳定，是指在一定的社会保障水平下，社会保障基金能够保持收支平衡。如果社会保障基金收不抵支，则居民的生活水平得不到保障，社会保障的目标难以实现。如果社会保障基金结余过多，则会造成社会资源的浪费，降低社会保障效率。因此，社会保障基金必须坚持收支平衡。为了保证基金营运中的主动性，增强抗风险能力，应对意外事件，实践上往往还在收支平衡的基础上略有结余。这条原则适用于社会保障的所有项目，在积累性社会保障基金方面则应该得到落实。由于积累性社会保障基金运作周期较长，还存在一个短期平衡和长期平衡的互相协调问题。短期平衡是指当年或近年征集的社会保障基金的总额，以同期所需支付的社会保障费用总额为依据，并在收支过程中保持平衡。长期平衡是指在整个社会保障期间，或者说在一个相当长的计划期内，社会保障费用收入连同其投资收益的总和，与保障对象在整个保障期间所享受的待遇总和，或者是计划期内，经过精算所得出的预计支付的社会保障费用总额为依据，并使两者在计划期内始终保持平衡关系。

三、社会保障基金筹资模式

社会保障基金的筹资模式，根据社会保障项目的不同而有区别。社会福利基金、社会优抚和救助基金的资金来源主要是国家财政，需要按照财政预算的要求进行管理。基金收入与对受益人的给付之间一般没有直接联系，基本遵循以收定支原则。有探讨价值和选择技巧的是社会保险基金的筹资模式。

常见的社会保险基金筹资模式有三种，即现收现付制、完全积累制和部分积累制。

（一）现收现付制

现收现付制是世界上大多数国家在社会保险基金的筹集上所采用的模式。这种筹资模式的基本内容是：按照一个较短期限内的收支平衡原则（通常为一年）确定缴费比率，筹集社会保险基金，收费目标只是为了满足本预算期内社会保险基金的给付需要。当然，即使只有一年时间，也难免存在一些事先难以预测的因素，为了防止短期内因经济形势变化或其他突发事件影响，可能引起社会保险基金的超额支付或延期收入，也为了避免费率调整过于频繁，在现收现付的筹资模式下，也要保留一定数额的储备资金，即实行“以支定收，略有结余”的原则。现收现付制的本质是代际赡养，即正在工作的一代人把他们收入的一部分用来支付上一代已经退休者的养老金支出，收入从工作一代人向退休一代人转移，当目前正在工作的一代人退休后，其养老金来源于再下一代人工作收入的一部分。由此代代相传，不断延续，保证该种制度的长期运转。这种下一代人供款养活上一代人的制度属代际间收入再分配，与传统的家庭养老方式中子女抚养老年父母类似。在家庭抚养关系中，子女成长为劳动力前，父母承担着抚养他们的责任，收入从父母向子女分配。在父母年老失去工作能力后，已经成为劳动力的子女把其收入的一部分用来赡养老人，收入从子女一代向父母一代转移。

许多国家在建立社会保障制度之初，一般都采用现收现付的筹资模式。这与这种模式制度易建、给付及时有着直接的关系。在现收现付制的模式下，社会保障规则一经得到承认，即可用正在工作的劳动者所缴纳的社会保险费用去支付保障对象所需要的养老金或其他保障项目，而无需经过长期的基金积累过程。由于社会保险基金以年度平衡为基准，即收即付，有助于实施随物价及工资增长幅度而调整的保险基金指数调节机制，能够简便处理通货膨胀风险，保证社会保险目标的实现。现收现付制模式一般由政府实行集中管理，国家按社会统筹的方式筹集社会保险基金，按社会互济的原则在社会成员之间进行再分配。由于基金积累很少甚至没有积累，社会保险项目的给付水平一般采用确定给付方式，其再分配的程度决定于平均给付水平、工作一代与退休一代人口的比率、平均退休年龄和退休后平均生存年数等因素。当然，也存在代内再分配，即同代人不同收入群体之间的转移。保险基金收取费率越高，再分配的程度越高。这样有助于贯彻社会公平和社会福利的原则。

但是，现收现付制也具有明显的缺点。其一，可能诱发代际之间的矛盾。现收现付制在其经济内涵上表现出劳动者代际间的收入再分配特性，制度刚刚建立时，最早享受待遇的那一代人在职时无需缴纳或仅需缴纳少量的保险费用即可获得保障权利。而当制度运行几代人之后，尤其是在人口结构失衡的条件下，将表现出严重的不平等、不合理，即某一代人难以实现由下一代人代际间交换为先决条件的、理应获得的经济效益。在特定背景下容易激发不同利益群体之间的冲突，并有可能造成整个社会保障制度解体；其二，可能加重制度本身的负担。由于现收现付制一般采用确定给付方式，而保障对象具有收入替代刚性的特点。即社会保险项目提供的退休收入（或其他保障项目支付水平）与在职期间收入的比率调高不调低，劳动者在工作期间，由社会保障制度预先作出给付承诺，退休后其保障水平不能低于承诺的水平。而且随着经济的发展，基本生活需要的内涵增加，外延扩大，给付水平必然随之提高，并使退休年龄推迟变得困难。这样使现收现付制的给付水平居高不下，而且现收现付制是一代人供养上一代人，其费用缴纳取决于抚养比。所谓抚养比，即供款一代人与领款一代人的比率，表明每个供款人平均负担领款人的个数，直接受两代人人口数量的影响。假定供款一代人规模相对缩小，领款一代人规模相对扩大，如果不降低保障水平，则需要增加缴费支出，缴费增加到一定程度时，将使供款的一代人不堪重负，进而不能保证制度顺利融资，使制度面临支付困难，进而难以为继；其三，可能无法应付人口老龄化的挑战。随着工业化和城市化进程的加快，许多国家都出现了人口出生率绝对下降、老年人口比例相对增加的情况。同时，随着经济发展水平和医疗技术水平的提高，人口寿命不断延长，人口老龄化成为必然的趋势。老龄人口的增多使人口抚养比不断提高，如果没有其他社会保障资金的供给渠道，完全依靠现收现付，则必然加重社会保障基金的支出负担，对经济发展产生不利的影响。

（二）完全积累制

完全积累制又称基金制或基金积累制，是指在任何时点上积累的社会保险费用总和及其投资收益，能够以现值清偿未来的社会保险资金的给付需要。完全积累制的本质是“同代自养”，即雇员在年轻时将其劳动收入的一部分强制或自愿储蓄起来，用于支付退休后的养老费用或其他社会保障项目。因此，实际上是对劳动者在整个生命周期内的收入再分配，是对退休前后储蓄和消费行为的一种跨时安排。

在完全积累制的筹资模式下，社会保险费用的收取可以采用确定缴费方式，也可以采用确定给付方式。当采取确定缴费方式时，单位和个人通常以工资的一定比率或固定数额定期缴费，计入个人账户，交由专门的社会保障基金管理机构营运管理。为保持个人账户资金的保值增值能力，社会保障基金管理机构可以按照国家有关规定，运用个人账户上的资金开展投资活动，所取得的投资收益也一并计入个人账户。个人退休时或达到规定条件时，可以获得个人账户上的全部累积额，用于退休后或收入减少时的生活费用补偿。退休后生存年数越长，由在职工作期间的收入向退休后跨期再分配的程度就越高。采取个人账户的方式进行社会保障资金的积累，只是个人生命周期的收入分配，没有代际收入再分配和收入水平不同的人之间的收入再分配。个人账户上累积的资金越多，未来的保障水平就越高；当采取确定给付方式时，通常需要管理部门根据预先承诺的保障水平，由精算原理确定缴费标准。在确定给付方式下，社会保障计划尤其是养老保险计划的缴费标准必须与所有未来社会保障项目的给付承诺相对应。就保障对象的个人生命周期而言，在工作期间的缴费积累与退休后或达到规定条件后的保障水平不一定完全对应，故存在不同收入水平的职工之间的收入再分配现象。例如，以工资收入的一定比率规定缴费标准，以固定数额规定养老金或其他保障水平，则等于收入从高工资者向低工资者转移。但从整个社会保障制度来看，缴费积累与承诺的给付相对应，收入由在职期间向退休期间再分配。

完全积累制需要在一个较长时期内实现社会保障基金的收支平衡，故对社会保障基金的投资营运要求较高。为了取得更好的管理效果，国家可以选择政府集中管理的方式，也可以选择私营机构竞争管理的方式。

与现收现付制的筹资模式相比，完全积累制的优点主要体现在以下几个方面：一是运行机制简便明了，便于实际操作，并容易得到人们的理解与支持。在完全积累制下，劳动者把在就业期间收入的一部分陆续存入社会保障基金，以延期支付的形式表现为退休时或达到规定条件时领取的社会保险费用，有助于增强社会保险的内在激励机制，加强雇员缴费与社会保险待遇之间的经济联系，完全积累制还鼓励人们延长工作年限，有利于减弱提前退休的倾向。另外，从技术角度分析，完全积累制与风险与收益对称的商业保险接近，容易得到人们的认同，有助于制度的稳定运行；二是预筹养老金，可以更好地抵御人口老龄化的冲击。在完全积累制下，劳动者在工作期间即陆续为自己积累了养老金及其他保障项目，从较长的时期看，由于供款水平相对均衡，在不增加劳动者负担的情况下，即可实现资金供求在人口年轻阶段到老龄阶段的平衡，而且完全积累制带有强制储蓄的性质，有助于增加储蓄和整个社会的资金积累，通过储蓄、利率及资本市场等经济变量和经济传导机制，直接联系投资、产量，进而促进宏观经济发展。当然，完全积累制的筹资模式也存在明显的缺点：其一，互济性较差。在这种模式下，由于需要以缴费数额决定给付水平，低收入者或负担较重的劳动者往往难以通过自身预先存入保险费用所积累的资金，得到足够的保障基金给付，来维持最基本生活水平的目标，尽管注重效率，但难以体现社会公平。其二，基金贬值风险较大。作为一项长期的货币收支计划，参保对象有理由要求投资回报率达到一定水平。但是，任何投资都是有风险的，社会保障基金的投资回报与基金管理机构的投资和管理水平有关，也与资本市场的发育程度、市场运作的规范程度有关，要取得长期满意的投资效果并不容易。积累性保障基金是为社会成员的未来需要准备的，如果发生通货膨胀，则降低了社会保障基金的实际购买力，如果基金的最终积累额达不到预定的替代率，就会影响退休人员的生活水平，削弱社会保障基金的保障能力。

（三）部分积累制

部分积累制又称部分基金制，是现收现付制与完全积累制相结合的一种社会保障基金筹资模式。在这种模式下，社会保障基金主管部门根据有关规定收取社会保障费用后，把一部分资金用于支付当期的社会保障费用，另一部分预存起来，用于支付保障对象若干年以后的退休养老费用或其他社会保障项目。总体来看，在满足一定时期（通常为5～10年）社会保障基金支出的前提下，留有一定的积累资金。与其他两种制度相比，部分积累制不像现收现付制那样当期收入只负责满足当期支付，基本不留积累资金，也不像完全积累制那样，把当期收入储存起来留待以后使用，其用于储备的基金规模比现收现付制大，比完全积累制小。这种筹资模式兼具前两种模式的特点，就养老保险而言，其主要目标是力图在资金的横向平衡（工作的一代与退休的一代）和纵向平衡（人口年轻阶段与老年阶段）之间寻找一个有机的结合点。从发展过程来看，许多国家在社会保障制度建立之初一般采用现收现付制，当现收现付制运行一段时期之后，有了一定的群众基础和经济基础，即开始推行现收现付制向部分积累制的转轨。由于一次性填补过去已经积累的社会保障项目支付债务非常困难，通常选择在保留一定比例现收现付制的同时建立个人账户，即部分积累制。由于预留了一部分资金，可以减轻若干年后人口老龄化可能带来的养老和医疗方面的沉重负担，同时，因为基金规模小于完全积累制，即使以后有发生通货膨胀的可能，也不会造成太大的风险。因此，如果说现收现付制追求的是社会保障基金的短期平衡，完全积累制追求的是社会保障基金的长期平衡，那么，部分积累制追求的是社会保障基金的中期平衡。

第四节 社会保障基金的管理

一、社会保障基金管理的特点

广义的社会保障基金管理包括与社会保障基金运行有关的一切内容，狭义的社会保障基金管理即社会保障基金的行政管理，此处所谈的社会保障基金管理的特点原则主要针对狭义的行政管理。在社会保障基金的行政管理中，一般具有以下特点：

（一）法律规范性

社会保障制度的实施必须以法律为依据，而社会保障基金作为社会保障制度的货币化物质载体，涉及每一位保障对象具体的经济利益，更应该置于国家法律法规的保护和监控之下，体现出鲜明的依法管理特征。无论采用怎样的筹资模式、给付方式，社会保障基金都要坚持依法征集、依法给付、依法进行投资营运活动，对于社会保障基金的监管，也必须依法进行。因此，为了保证社会保障基金能够长期、有序运行，必须制定一系列有针对性和可操作性的法律法规，划定社会保障基金管理的基本框架，基金管理者的任务就是执行和不断完善这些法律规范。只有这样，社会保障基金才能担当起保障社会成员基本生活的责任，才能实现国家的社会政策目标。

（二）政策协调性

作为一项社会公共政策，社会保障制度的实施以实现既定的公共政策目标为己任，为社会构筑一道有效的安全网，确保劳动者在遇到特定风险时有渡过难关的经济能力。无论是基金筹资模式的选择、运行机制的确定，还是监督管理的实施，都要围绕实现以提供社会保障为核心内容的政策目标来进行。一般的基金管理，多数以取得尽可能高的盈利为宗旨，尽管社会保障基金管理也需要考虑盈利，但与实现国家社会政策相比，这是第二位的，其盈利必须以安全为前提。同时，社会保障基金管理具有很强的综合性，这种综合性不仅体现在社会保障基金管理所运用的知识和技术方面，更多地体现于社会保障基金管理所处的地位方面。社会保障基金的筹集，既联系企事业单位、千家万户，又与国家财政密切关联，社会保障基金的投资营运，既取决于其政策目标，也与股票市场、债券市场和实业投资直接相连。社会保障基金管理既体现经济政策又体现社会政策，在基金管理的实施过程中，必须与有关部门相互配合、相互支持。加强协调，综合配套，形成合力，才有可能取得预期的管理效果。

（三）长期性

从国际国内的经验看，任何一个国家建立健全社会保障制度不容易，保证其持续健康发展更难。因此，在社会保障基金的管理过程中，必须把基金的长期安全、制度的永久持续放在极其重要的地位。确保社会保障基金能够按照规定的标准满足给付需要，尽可能对积累性社会保障基金开展安全有效的投资营运，实现基金的保值增值，避免发生支付危机。在社会保障基金体系中，不同项目的保障基金有不同的保障目的，必须专款专用，不允许互相串用。采取适当措施，保持社会保障基金的征收系统与支付系统相对独立，各司其职，各负其责。无论是财政性保障基金，还是社会保险基金或其他保障基金，不但要编制筹集或使用的年度计划，也要编制中长期收支预算。同时严格社会保障基金的收支手续和责任制度，严格防止冒领社会保障待遇、挪用或浪费社会保障基金的现象出现。否则，社会保障制度可能难以为继，社会成员的基本生活需要得不到保障，社会保障目标就无法实现，和谐稳定的社会发展也就失去了基本的物质保证。

二、社会保障基金管理的体制

不同的国家社会保障制度建立的背景和国情不同，在社会保障基金管理体制的选择上也有所不同。基金按照社会保障基金管理机构的所有制性质，或者说从政府与社会保障基金管理机构的关系来区分，比较有代表性的社会保障基金管理体制有三种，即政府集中型、私营竞争型和两者的混合运用。

（一）政府集中型社会保障基金管理体制

政府集中型社会保障基金管理体制是由政府部门或其委托的公共管理部门负责社会保障基金的管理。一般说来，凡是根据国家立法强制推行的基本社会保障项目所筹集起来的基金，大多采用政府集中型管理体制。由于这种管理体制具有规模经济效应，从而可以降低成本。同时，政府集中管理有利于实现社会保障制度的生活保障和收入替代双重目的，既可以使低收入者在年老多病时满足基本的生活需要，也可以使高收入者在失去劳动能力或工作机会时通过社会渠道取得稳定收入，能够较好地兼顾社会公平。但政府集中型管理体制容易引起渎职和效率低下，也易受制于政治压力，尤其是在基金投资方向的选择上更是如此。数额巨大的社会保障基金是许多行业争夺的资源，资金流向任何一个领域都会对该领域产生重大的影响，在政府集中型管理体制下，社会保障基金的最终控制权在政府手上，政府可能因为综合考虑，或要求将基金投资于政府债券以减轻国债发行的压力，或投资于并不具备良好盈利预期的国有企业，其收益率通常低于市场平均水平。

（二）私营竞争型社会保障基金管理体制

私营竞争型社会保障基金管理体制即由私营的基金管理机构运用市场机制管理社会保障基金，同时接受政府的监管。管理对象可以是基本社会保障项目，也可以是补充社会保障项目。由于有若干个私营竞争型社会保障基金管理机构的存在，政府可以根据成本最低、效益最佳原则进行选择，也可以拟订必要的规则，监督私营竞争型社会保障基金管理机构遵守执行。一般说来，私营竞争型社会保障基金管理机构能够在进行投资决策时主要考虑盈利目的而非政治需要，从而产生更好的资金配置效果和更高的投资收益，并有助于金融市场及其他要素市场的发展。当然市场竞争也使管理更加复杂，从而增加了管理成本。同时，政府为了推动竞争，也为了分散投资风险，往往会寻找多家私营竞争型社会保障基金管理机构分别管理，从而降低了社会保障基金的规模效应。此外，为了在激烈的竞争中脱颖而出，部分私营竞争型社会保障基金管理机构难免为追求短期利益而采取一些违法违规的行动，也会给整个社会保障体系的稳健运行带来更大的不确定性。

（三）两种管理体制的混合运用

政府集中型社会保障基金管理体制与私营竞争型社会保障基金管理体制各有优劣，如何选择需要综合考虑，而管理成本的高低是其中十分重要的因素。一般而言，社会保障基金的管理成本可以分成两个部分：一是基金运行所需要的成本，二是在管理组织机构内部产生的成本。在其他因素不变的条件下，高成本的基金管理意味着社会保障给付水平的降低或缴费的提高，从而增加社会保障基金运行的阻力。但准确测算管理成本并不容易，事实上，不同国家和不同类型养老金制度的目标、规模、融资方式、再分配等存在差异。例如，有的国家主要是对养老、遗属和伤残者提供福利和收入替代型的社会保障，有的国家还把医疗保障和失业保障等包括在内。同时，社会保障的覆盖范围、给付水平在不同国家也存在很大差异，因此，很难直接比较社会保障基金的管理成本。例如，在政府集中型社会保障基金管理体制下，由于其利益关系的一致性，政府在办公设施、土地、计算机设备、邮政和电信等方面可能给社会保障基金管理机构提供低于市场价格的供给，或者通过行政手段免费分配，不需要实际成本支出，一些已经发生的成本支出往往被排除在公布的管理成本之外。而私营竞争型社会保障基金管理机构则不具备这些优惠，通常具有详细的成本开支会计记录。大多数私营竞争型社会保障基金管理机构为了取得满意的投资回报，一般都在多个领域开展组合投资，并根据市场情况变化不断调整，无疑会增加对高级投资人才的需求，提高管理成本。而一些私营竞争型社会保障基金管理机构为了争取或保持对社会保障基金的管理营运资格，也会发生竞争性的市场费用，成为管理成本的来源之一。

一些权威机构的研究成果表明，社会保障基金管理成本在不同国家和不同规模下存在较大的差异。政府集中型社会保障基金管理体制与私营竞争型社会保障基金管理体制相比，显性管理成本要低，但考虑到政府集中型管理成本的低估因素，私营竞争型管理体制的实际成本可能并不会高出多少。因此，国际劳工组织从全面保护老年人的角度出发，主张建立国家强制实施的保护老年丧失劳动能力者及其遗属的社会保障制度，认为政府集中型社会保障基金管理体制可以带来规模效益，克服私营分散管理的效率损失，更好地为老年人提供生活保障。世界银行主张采取以私营竞争型社会保障基金管理体制为主的多支柱社会保障基金管理模式，以养老保障为例，由政府直接办理的社会养老保险属于第一支柱，其基金由政府管理，补充性养老保险如企业年金属于第二支柱，由私营竞争型基金管理机构管理。商业保险公司开设的养老保险属于第三支柱，由保险公司管理。如果完全采用政府集中型社会保障基金管理体制，会使管理成本居高不下，管理效率不尽如人意，而私营竞争型社会保障基金管理体制的介入，由于市场机制的影响，能提高效率，促进经济发展。

【本章小结】

1. 社会保障基金是国家按照法律法规设立，通过国民收入再分配、为劳动者提供的用于社会保障目的的专项货币基金。

2. 早期的社会保障基金起源于宗教慈善事业。随着商品经济的发展，有关社会保障的理论思想也逐步出现并产生了越来越大的影响，为当代各国社会保障制度的建立与社会保障基金的运作奠定了理论基础。

3. 与其他基金相比，社会保障基金具有强制性与法律规范性、储备性、基本保障性与互助共济性、非营利性的特点。按照社会保障基金的功能分类，包括社会保险基金、社会福利基金、社会优抚和救助基金。

4. 社会保障基金的筹资渠道主要有国家财政资金、社会保险基金、民间资金和社会保障基金投资收益四个方面。筹集原则是公平、效率与稳定，筹资模式根据社会保障项目的不同而有区别。

5. 社会保障基金的行政管理主要有政府集中型和私营竞争型两种，大多数国家是两种管理体制的混合运用。

【关键概念】

社会保障基金　费边社会主义　《贝弗里奇报告》　社会保险基金
社会福利基金　社会优抚和救助基金　财政性社会保障基金
积累性保障基金　非积累性保障基金　现收现付制　完全积累制
部分积累制　政府集中型社会保障基金管理体制
私营竞争型社会保障基金管理体制

【复习思考题】

1. 什么叫社会保障基金？它具有哪些功能？

2. 查找相关资料，评价宗教在社会保障制度的发展和社会保障基金建立方面的作用。

3. 如何理解社会保障基金储备性的特点？

4. 积累性保障基金和非积累性保障基金有什么区别？

5. 社会保障基金有哪些筹资渠道？各有什么特点？

6. 如何理解社会保障基金筹集中的公平原则？

7. 社会保险基金有几种筹资模式？各有什么利弊？

8. 社会保障基金管理与其他经济管理有什么不同？

9. 如何选择社会保障基金的管理体制？

【应用案例】

社会保障基金给付额的计算

社会保障基金运行的一般程序是：先缴费，再按照约定条件受益。在缴费与受益之间往往有一段或长或短的时间距离。货币是有时间价值的，在这段时间内，社会保障基金的管理者可以通过投资出让资金的使用权而得到报酬。假定把最初的货币称为本金 t，把本金再加上经过一段时间后得到的报酬即本利和称为累积额 $A(t)$，当 $t=0$ 时，$A(0)$ 就是本金，为了反映本金的增值情况，引入累积函数 $a(t)$。

$$a(t)=\frac{A(t)}{A(0)}$$

从上式中可知，$a(0)=1$，$A(t)=A(0)\cdot a(t)$，因此，$a(t)$ 是单位本金经 t 时期后的增值额函数。在复利下，每年在年初本金和利息基础上计息，这时第一年末的累积额为：

$$A(1)=A(0)+A(0)\ i_1=A(0)\ (1+i_1)$$

第二年末的累积额为：

$$A(2)=A(0)\ (1+i_1)+A(0)\ (1+i_1)\ i_2$$
$$=A(0)\ (1+i_1)\ (1+i_2)$$

第 n 年末的累积额为：

$$A(n)=A(0)\ (1+i_1)\ (1+i_2)\ \cdots\ (1+i_n)$$

当各年利率相等时，$A(n)=A(0)\ (1+i)^n$

累积函数的形式为：$a(t)=(1+I)^t$

假定一个单位的本金经过 t 年后成为 $a(t)$，那么一个单位的累积额在 t 年前的值便为 $1/a(t)$，把现在一个单位的本金在 t 年前的值或者未来 t 年后一个单位本金在现在的值称为 t 年的现值。设第 t 年的利率为 i_t，在单利方式下，一单位本金 t 年的现值为 $1/(1+i_1+i_2+\cdots+i_t)$，当年利率相等时，为 $1/(1+it)$。在复利方式下，一单位本金 t 年的现值为 $1/(1+i_1)\ (1+i_2)\ \cdots\ (1+i_t)$，当年利率相等时为 $1/(1+i)^t$。

在实际经济运行中，现值通常以贴现的方式来计算。贴现是指应该在将来某个时期支付的资金提前到现在支付，这个支付额在数量上必须小于前者，需要扣除一部分，该扣除额称为贴现额，它相当于预付利息。其区别是：利息是在本金基础上的增加额，贴现是在累积额基础上的减少额。贴现水平用贴现率表示，它是单位货币在单位时间内的贴现额。单位时间以年来衡量时，成为实际贴现率，假定一年的贴现率为 d，第 n 年的贴现率为 d_n，则：

$$d_n=\frac{A\ (n)-A\ (n-1)}{A\ (n-1)}=\frac{a\ (n)\ -a\ (n-1)}{a\ (n-1)}$$

$$d=\frac{A\ (1)\ -A\ (0)}{A\ (1)}=\frac{a\ (1)\ -a\ (0)}{a\ (1)}$$

可见，$d=i/(1+i)$。这一结论可以直观地解释为：在年末应付的利息是年初可付利息的累积值，所以 $d<I$。

假定以 $d^{(m)}$ 表示一年结算 m 次的名义贴现率，则有：

$$1-d=[1-d^{(m)}/m]^m$$

$$d=1-[1-d^{(m)}/m]^m$$

由于 $d=i/(1+i)$，有 $1-d=1/(1+I)$

$$\frac{1}{1-d^{(m)}/m}=1+\frac{i^m}{m}=(1+i)^{1+m}$$

$$d^m=m\ [1-(1+i)]^{-1/m}$$

$$d^m=\frac{i^m}{1+\frac{i^m}{m}}$$

年金是收付款的一种形式，其特点是每隔一段相等的时间以一系列固定的数额收付。实际生活中采用年金方式收付款的例子很多，例如，向银行一次性贷款后在今后的若干年内等额还款，以分期付款方式购买大宗商品等，年金现值是一系列收入款项在期初的值，假定 v 代表一元资金在复利下的现值，n 年内每年一元期初支付的年金现值以 $\ddot{a}_n$ 表示，则：

$$\ddot{a}_n=1+v+v^2+\cdots+v^{n-1}$$

$$=(1-v^n)/(1-v)=(1-v^n)/d$$

假定 n 年定期，每年末一元年金在第一年初的现值为 a_n，则：

$$a_n=v+v^2+\cdots+v^n$$

$$=(1-v^n)/i$$

对于一年多次收付的年金，可以根据每次收付的实际利率和实际收付次数，按前面的公式估计。对于 n 年定期，每年收付 m 次，每次 $1/m$ 元的期初支付的年金现值为：

$$\ddot{a}_{\overline{n}|}^{(m)}=\frac{1}{m}+\frac{1}{m^{v^{\frac{1}{m}}}}+\frac{1}{m^{v^{\frac{2}{m}}}}+\cdots+\frac{1}{m^{v^{\frac{n-1}{(m-1)m}}}}$$

$$=\frac{1}{m}\cdot\frac{1-v^n}{1-v^{\frac{1}{m}}}$$

$$=\frac{1-v^n}{d^{(m)}}$$

对于每年收付 m 次，每次 $1/m$ 元的期末支付的年金现值为：

$$a_{\overline{n}|}^{(m)}=\frac{1}{m^{v^{\frac{1}{m}}}}+\frac{1}{m^{v^{\frac{2}{m}}}}+\cdots+\frac{1}{m^{v^n}}=\frac{1-v^n}{i^{(m)}}$$

对于 n 年定期，每年一元期初支付的年金在 n 年的终值为：

$$\ddot{s}_{\overline{n}|}=\ddot{a}_{\overline{n}|}\cdot(1+i)^n=\frac{(1+i)^n-1}{d}$$

对于 n 年定期，每年一元期末支付的年金在 n 年末的终值为：

$$s_{\overline{n}|}=a_{\overline{n}|}\cdot(1+i)^n=\frac{(1+i)^n-1}{i}$$

n 年定期年金，每年收付 m 次，每次 $1/m$ 元的期初支付的年金在 n 年末的终值为：

$$\ddot{s}_{\overline{n}|}^{(m)}=\frac{1-v^n}{d^{(m)}}$$

n 年定期年金，每年收付 m 次，每次 $1/m$ 元的期末支付的年金在 n 年末的终值为：

$$s_{\overline{n}|}^{(m)}=\frac{1-v^n}{i^{(m)}}$$

案例 1：假定某人在 30 岁时计划每年初存入 1 200 元建立个人账户，60 岁退休，存款利率恒定为 3%。则运用上述公式可知：

其退休时个人账户累积额是 30 年定期的年金终值。

$$1\,200\ddot{s}_{\overline{30}|}=1\,200\times\frac{(1+i)^{30}-1}{d}=1\,200\times\frac{1.03^{30}-1}{0.03\div1.03}=58\,803.6\text{ 元}$$

如果该人在退休后以固定年金的方式在 20 年内每月领取一次退休金，求每月可以领取的数额。由于将来领取的年金现值等于过去个人账户累积额，设每月可以领取到的数额为 x 元，则有

$$1\,200\ddot{s}_{\overline{30}|}=12x\ddot{a}_{\overline{20}|}^{12}$$

根据名义贴现率的计算公式，则

$$d^{(12)}=12\left[1-(1+i)^{-1/12}\right]=12\left[1-(1+0.03)^{-1/12}\right]$$
$$=0.029\,522$$

$$\ddot{a}_{\overline{20}|}^{12}=\frac{1-v^{20}}{d^{(12)}}=\frac{1-\left(\frac{1}{1.03}\right)^{20}}{0.029\,522}\approx15.118\,14$$

$$x=\frac{58\ 803.6}{12\times 15.118\ 14}\approx 324.12\text{ 元}$$

在某些社会保障项目中，存在每次收入额不等的年金现象。可能是等差递增，也可能是等比递增，如果在 n 年内，第一年末收付一单位元，每二年末收付两单位元，以后每次比上一次递增一单位元的期末支付的年金现值以 $(Ia)_{\overline{n}|}$ 表示，则：

$$(Ia)_{\overline{n}|}=v+2v^2+3v^3+\cdots+nv^n$$

$$(1+i)\ (Ia)_{\overline{n}|}=1+2v+3v^2+\cdots+nv^{n-1}$$

两者相减后得：

$$i\ (Ia)_{\overline{n}|}=1+v+v^2+\cdots+v^{n-1}-nv^n$$

$$=\ddot{a}_{\overline{n}|}-nv^n$$

$$(Ia)_{\overline{n}|}=\frac{\ddot{a}_{\overline{n}|}-nv^n}{i}$$

上述年金期初支付时，年金现值为：

$$(I\ddot{a})_{\overline{n}|}=\frac{\ddot{a}_{\overline{n}|}-nv^n}{d}$$

如果第一年收付 n 元，以后每隔一年收付额减少一单位元，定期递减期末支付的年金为 $(Da)_{\overline{n}|}$，则：

$$(Da)_{\overline{n}|}=\frac{n-a_{\overline{n}|}}{i}$$

假定上述定期递减的年金在期初支付时为 $(D\ddot{a})_{\overline{n}|}$，则：

$$(D\ddot{a})_{\overline{n}|}=\frac{n\ (1+i)-\ddot{a}_{\overline{n}|}}{i}$$

对于等比递增的年金，如果第一年为一单位元，以后收付额每年递增 j 比例，则 n 年的年金现值为：

$$PV=1+(1+j)\ v+(1+j)^2v^2+\cdots+(1+j)^{n-1}v^{n-1}$$

假定 $(1+j)\ v=v'$，则上式为：

$$PV=1+v'+v'^2+\cdots+v'^{(n-1)}=\frac{1-v'^n}{d'}$$

$$d'=1-v'=\frac{i'}{1+i'}\qquad i'=\frac{i-j}{1+j}$$

案例 2：职工甲从 20 岁参加基本养老保险，个人账户以个人缴费工资的 8% 计入。当年工资为 30 000 元，工资年增长率为 2%，个人账户的累积利率为 4%，则其个人账户在 20 岁时的现值为：

$$30\,000\times 0.08\ (1+1.02+1.02v+1.02^2v^2+\cdots+1.02^{39}v^{39})$$

$$=2\,400\times\frac{1-(1.02v)^{40}}{1-1.02v}=2\,400\times\frac{1-\left(\frac{1.02}{1.04}\right)^{40}}{1-\frac{1.02}{1.04}}$$

$=67\ 403.28$ 元

在60岁时的累积额为：

$$67\ 403.28\times 1.04^{40}=323\ 603.14\text{ 元}$$

在案例2中，如果个人账户累积利率在参加个人账户的前10年内为4%，退休前的10年内为2%，中间的20年为3%，则：

甲在20～29岁间，个人账户在20岁的现值为：

$$2\,400\times\frac{1-\left(\frac{1.02}{1.04}\right)^{10}}{1-\frac{1.02}{1.04}}=22\ 026.08\text{ 元}$$

甲在30～49岁间，个人账户在20岁的现值为：

$$2\,400\times 1.02^{10}\times\frac{1-\left(\frac{1.02}{1.04}\right)^{20}}{1-\frac{1.02}{1.03}}\times\left(\frac{1}{1.04}\right)^{10}=36\ 086.5\text{ 元}$$

甲在50～59岁间，个人账户在20岁的现值为：

$$2\,400\times 1.02^{30}\times 10\times\left(\frac{1}{1.03}\right)^{20}\times\left(\frac{1}{1.04}\right)^{10}=16\ 260.65\text{ 元}$$

甲的个人账户在60岁的累积值为：

$$(22\ 026.08+36\ 086.5+16\ 260.65)\times 1.04^{10}\times 1.03^{20}\times 1.02^{10}=242\ 379.75\text{ 元}$$

第二章

美国社会保障基金的营运管理

学习目标

本章的主要内容有：美国联邦社会保障基金的起源，美国联邦社会保障基金的管理特点，美国联邦社会保障基金的筹集模式与发放标准，美国联邦社会保障基金的投资管理。美国州和地方政府社会养老保障基金的筹集与发放，州和地方政府社会保障基金的投资管理。美国私有退休保障基金的营运管理。其中重点掌握的内容有：美国联邦社会保障基金筹集的日常管理程序，美国州和地方政府社会失业保障基金的筹集与发放，新泽西州在社会保障基金投资方面的原则，美国私有退休保障基金的种类。

第一节 美国联邦社会保障基金的营运管理

一、美国联邦社会保障基金的建立与发展

（一）美国联邦社会保障基金的起源

美国官方的社会保障制度最早可以追溯到 17 世纪。1601 年，英国公布并实施《济贫法》，受此影响，美国也开始采取征税的方式筹集社会救济资金。战争催生了美国最早的军人养老金制度。1636 年，英国新教徒在美国北部创建殖民地时，为了鼓励军人英勇战斗，通过了一项政策：残疾战士将受到殖民地的抚养，标志着美国军人退休金制度的初建。1766 年初，美国建立了全国性的士兵养老金制度，1789 年，把军人社会保险扩展到其抚养亲属。1927 年，美国学者埃米尔·富兰克（Emil Frankel）最早创立了“社会保障”这个名词①。1930 年 7 月 21 日，美国国会批准建立了退役军人管理署，把所有退役军人的社会保障机构都整合到一起。1935 年建立了全国性社会保障署结构的雏形。美国的社会保障主要包括老年、遗属幸存者（退休者的配偶和孩子）、残疾和住院保险制度，以及失业和工伤保险制度。事实上，美国联邦政府的“社会保障”主要用于养老保障和部分医疗保障，生育社会保障和军人社会保障被排除在外。也正因为如此，在美国，社会保障不是一个公共援助计划。对于所有有资格领取社会保障待遇的人来说，它是一种法定的权利，在美国，即便是最富有的人，只要达到了社会保障所要求的资格和条件，就可以享受社会保障待遇。

由于多种因素的影响，1929—1933 年，美国发生了严重的经济危机，并波及许多相关国家，发展成为第一次世界性经济危机。危机之后长期的经济萧条、失业增加，直接导致大量私有养老保险项目垮台，暴露出美国缺乏一个全国统一的社会保障制度的弊端，迫使美国政府不得不全面考虑建立全国性社会保障制度的必要性和紧迫性。1935 年 8 月 14 日，美国总统正式签署了《社会保障法案》，承诺向 65 岁以上退休者提供每月支付养老金的保障，同时任命了一个由 3 个成员组成的社会保障理事会（Social Security Board，简称 SSB），负责社会保障事务的管理工作。1937—1940 年，根据《社会保障法案》，社会保障计划用一次性

① 对此在有些著作中有不同说法。

津贴的方式发放退休金。从1940年起改为按月发放。1946年7月16日，社会保障理事会被撤销，取而代之的是社会保障署，这个组织形式一直存在至今。保障范围也由最初的劳动者本人扩大到劳动者的配偶和鳏寡者，1957年再扩大到残疾保险，这三部分合称为美国的社会保障，即OASDI。自那以后至今，经过几十年的发展，美国的社会保障制度逐步完善，目前已形成针对不同群体的多个社会保障项目。到2004年，仅面向联邦政府文职雇员的退休金制度即包括32个不同的退休计划，其中最为重要的是公务员退休金计划和联邦雇员退休金计划，另外的30个退休金计划则是为美国联邦法院系统、外交系统、田纳西流域管理局、美国联邦储备银行及其他银行系统等一些特殊的政府雇员群体设立的。

（二）美国联邦社会保障基金的管理特点

美国联邦社会保障基金管理的主要特点是：统一管理与分项管理相结合，专业管理与顾问参与相结合。政府联邦社会保障基金主管部门主要包括社会保障署、社会保障和医疗统筹基金信托董事会、社会保障顾问理事会、财政部、劳工部和国内税收局。1994年以前，美国的社会保障工作由卫生与公众服务部所属的社会保障总署组织实施管理，1994年，克林顿总统改组了社会保障体系，经国会立法通过，将社会保障署升级为独立的、直接向总统和国会汇报的机构。

美国社会保障署的主要职能是按月向社会保障对象发放事先承诺的各种社会保障金。具体而言，包括负责验证申请人身份，发放社会保障号码，建立和维护绝大多数就业人员的终身收入记录，在某些情况下，应社会保障对象的要求，提供其本人的社会保障福利状况说明书。接受和处理社会保障对象的社会保障基金申请，核实有关证据，决定其每月社会保障基金的数额。在发生与批准和核定有关社会保障基金申请的争议时，负责裁决争议。建立和维护社会保障基金发放记录，保障其及时和准确性。动态追踪和评估社会保障受益人的情况，及时增加、更改或注销有关社会保障基金的发放，避免出现错误。为保证上述职能的正常发挥，美国社会保障署建立了庞大的机构，其总部位于马里兰州的巴尔的摩，拥有分布于全国各地的数万名工作人员，并根据业务需要设立了多个职能部门。其中，总署计算机中心通过劳动者的社会保障号码，储存全美国每个受保人的情况，通过计算机处理各种原始资料，掌握受保人的档案记录和审核保险申请项目服务，按照档案记录养老金分段计算办法，审核退休者的养老金标准，在每年的适当时间对已退休人员的养老金水平随物价变动做一定幅度的调整；系统处负责实施整个社会保障体系的综合性系统结构管理、数据库管理、数据库行政规划，监督软硬件程序的运行；精算处负责评估社会保障基金未来的收支平衡、提出改善资金状况的建议，监测和评估各种改变社会保障规划的建议及其成本影响；信息管理处负责为社会保障署开发信息资源管理计划以及确定信息技术和策略；战略处负责指导社会保障署的综合管理规划，包括质量管理、战略计划、劳动力分析等。为了建立广泛的群众基础，美国社会保障署利用广告、报刊、广播电视、互联网等各种宣传媒介，采取散发小册子等形式，及时进行有关社会保障和养老保险的宣传，使美国民众及时了解有关养老保险和社会保障总署的工作情况。美国社会保障署的业务已全部计算机化，每天都有 2 000 万笔以上的业务需要处理，每月要开出 4 000 余万张的支票。其发放的社会保障基金除养老金外，还包括伤残、死亡家属抚恤和医疗统筹等社会福利基金以及单独列支的低收入人群的补充性保障收入。

社会保障和医疗统筹基金信托董事会的基本职能是负责美国社会保障体系当年资金流入流出的统筹管理，以及社会保障和医疗统筹基金的保值增值。按照规定，美国每年通过工薪税收缴的、属于社会保障体系的收入，都要通过国内税务局直接上缴到财政部的特定信托账户。当年所需的社会保障基金支出，包括不超过社会保障基金支出总额 1%的管理费用，必须由联邦社会保障署提出预算，经美国国会批准后，才能从财政部的特定信托账户中支出。如果当年出现赤字，需要从信托资产中变现弥补；如果当年出现节余，则由董事会决定是否对余额进行投资。美国社会保障和医疗统筹基金信托董事会下设联邦老年和遗属保险信托基金、联邦残疾保险信托基金、联邦住院保险信托基金，分别管理相关事务。按照要求，董事会每年需发布一个信托人报告并向社会公布上一年的联邦社会保障署预算和商务活动费用清单，包括保障署的行政开支、总检察长的报告、社会保障补助收入等以接受公众监督。社会保障顾问理事会是一个跨党派的咨询机构，一般包括 7 名成员，由总统和国会联合任命，主要任务是提出有关社会保障领域的战略设想和政策建议供总统、国会和社会保障署负责人参考。理事会基本每月开会一次，就美国社会保障基金的运行现状、问题进行研究总结并提出对策。美国的财政部是社会保障基金信托董事会的具体办事机构，财政部部长兼任社会保障基金信托董事会主席；劳工部负责全国就业人员福利的监管，尤其是各种私营和退休计划的监管，劳工部部长也是社会保障基金信托董事会董事；国内税收局负责征收工薪税，并将其中属于社会保障体系的部分上缴到指定账户，记录所有个体经营人员的社会保障号，与他们每年的收入情况一起报送到社会保障署。

二、美国联邦社会保障基金的筹资管理

（一）美国联邦社会保障基金费用的收取标准

美国联邦社会保障基金的筹集经历了完全积累制、现收现付制和部分积累制

三种模式。1935 年，美国开始建立社会保障体系时，即采用完全积累制，只有向社会保障基金缴纳过费用的劳动者才有资格从基金中领取收益。劳动者在一生的劳动过程中，将薪金的一部分存入基金，退休后，本金和利息用于支付养老金。到 1939 年，改用现收现付制，当期退休者养老基金来自于同期在职员工缴纳的社会保障工薪税。参保人员已经缴纳的社会保障费用不体现在账面上，只在退休时按规定取得养老保险基金或其他社会保障收入。这种现收现付制的系统被美国联邦政府纳入到政府预算中，目前已经成为美国最大的财政项目，而社会养老保险税也成为仅次于个人所得税的第二大税收项目。部分积累制开始于 1983 年，受美国第二次世界大战后人口出生高峰的影响，美国国会通过了一项法律，专门建立社会保障信托基金以预先积累社会保障费用，资助出生高峰期那一代人退休后的基本生活需要，而又不提高下一代人的缴税负担。通过这种模式积累起来的资金，大部分用于现在已经退休的劳动者的支付，而剩下的部分则被用于开展既定范围内的投资。

美国社会保障费用的表现形式主要是工薪税。雇主和雇员按照国家规定的政策，以工资收入的一定比例各负担一半，政府不给补贴。养老保险税的税率根据对人口老龄化的预测和退休费支出的需要不断进行调整，由社会保障总署提出计划，报国会批准后执行。为体现社会保险的公平原则，社会保险税的基数设定上限，工资收入超过上限的部分不缴纳社会保险税，也不作为养老基金的计发基数，随着物价和工资水平的提高，这个上限也不断调整。工薪税是针对在职员工征收的社会保险税款，专门用于参加这一社会保险项目的老年人、遗属幸存者税，伤残保险税和住院保险税，三者合起来的英文简写是 OASDHI。其中老年人、遗属幸存者税种始于 1937 年，雇员伤残保险税种始于 1957 年，雇员住院保险税种始于 1966 年。这项税的征收对象分为雇员（企业雇员和政府雇员）和个体就业者两类，征税依据是社会保障法律规定的工资收入和个体就业者的劳动收入。雇主根据有关规定和标准，把应缴纳的工薪税缴纳到国库，在一般情况下，一个单位缴纳数额越多，缴纳的时间就要求越早，时间范围是下一个月中到发放工资之后的第二个银行营业日。个体就业者需要在一年之内根据收入状况提供 4 次工薪税的估算，如果上一次估算金额偏少，还应该对原来低估部分收入的工薪税税额进行弥补。自 1984 年 1 月 1 日起，美国对收入超过一定标准的养老金领取者开始征收个人所得税，并将征收所得划拨到联邦社会保障基金，以增加基金来源。除了养老保险费用外，美国还于 1965 年开始征收医疗保险费用。1965 年 7 月，美国国会通过了医疗保险法，根据这一法律，强制雇主为员工按工资标准 1.4%的比率缴纳住院保险费用，凡参加住院保险者 65 岁以后因病住院可以享受两个月的免费住院治疗。按照联邦税法，医疗保险费用由雇主缴纳，个人无需负担。自我雇用的私人业主、个体就业者可以享受25%的免税待遇。但如果投保居民在自愿的基础上每月再缴纳3美元保险金，65岁以后即可享受80%的医疗费用。管理机构将收到的医疗保险费用存入专款专用的医疗保险信托基金(HI)，按照现收现付制的原则对符合条件的参保对象提供医疗保障费用。如果参保人认为HI提供的医疗保障不能满足需要，还可参加“补充性医疗保险”(SMI)。条件是另外支付一定的保险费，目前为每月每人40美元，从目前情况看，几乎所有（99%）的老年人都参加了补充性医疗保险。

（二）美国联邦社会保障基金筹集的日常管理

美国联邦社会保障基金筹集的日常管理程序是：财政部负责社会保障税的征收和基金管理；总统预算与管理办公室负责将社会保障收支计划纳入联邦政府预算，提交国会审批。

由于美国联邦社会保障基金主要来源于工薪税，故雇主在支付员工工资之前，先要进行社会保障费用的预扣。一是联邦社会保障税，目前的标准是5.6%的退休保险费、1.45%的医疗保险费、0.6%的残障保险费，每一方为7.65%，双方合计为15.3%。二是联邦政府的失业保险费，目前的税率为6.2%，如果雇主已向地方（州）政府缴纳了该费用，已缴纳的部分可以抵消，并以7 000美元作为上限。雇主要向两个部门提供报表，一是向国内税务局提供季度报告，包括一般雇工报表、家庭佣工报表和政府雇员报表三个报表。二是向社会保障署提交年度收入报告。其中包括每位员工详细的社会保障税应税收入，社会保障署再按照个人的社会保障编号纳入每个人的记录中，并将这些资料转给国内税务局，由它进行核对，当出现预缴税额与年度收入报告计算结果不一致的情况时，要按照多退少补的原则及时调整，多的部分退转到下一个年度，少的部分要足额补上。个体就业者在申报所得税时，要进行汇算清缴，同样需要多退少补。国内税务局把已征收到的社会保障税纳入国库后，按比例分别划入3个信托基金户。其中10.7%进入OASI信托基金（老年遗属基金），1.7%进入DI信托基金（伤残基金），2.9%进入HI信托基金（住院保险基金），总税率为15.3%。信托基金账户的资金来源还包括养老金、伤残保障金等津贴征收的所得税，但比例不大。信托基金支出的80%左右用于社会保险基金的给付，0.9%～1%左右用于支付管理费用，剩余的基金则按规定用于投资。

为保证已筹集起来的联邦社会保障基金得到有效的使用，美国财政部每年都要编制相对独立的社会保障基金预算方案，实施严格的管理。各有关社会保障业务的主管部门，如社会保障署、卫生与人力资源部等，都要根据法律要求向总统预算与管理办公室报送所管福利项目的预算收支草案。总统预算与管理办公室汇总联邦政府预算草案提交国会审批。经国会批准后，由财政部对社会保障基金收支实施独立的管理，美国在社会保障基金管理上的显著特点是“钱事分离”。各有关社会保障业务主管部门主要负责有关受益人资格和受益程度等方面的确认和管理事务，基本不介入社会保障基金的征收、支出和投资。属于现金补助的，财政部将有关款项直接拨付到受益人的银行账户上；非现金补助或服务，财政部将资金拨给有关业务主管部门，由其负责组织发放。对于一些补充性社会保障基金，政府不介入直接管理，只是提供税收优惠并实施政策监控。

三、美国联邦社会保障基金的支出管理

（一）联邦养老保险金的支出管理

美国社会保障制度对个人收入进行计分和累计积分，劳动者收入达到最低水平，每 3 个月记入 1 分，一年为 4 分；一生要累计达到 40 分，才有资格申请联邦养老保险金。不过，积分的时间可以有中断，收入最低水平也要随着情况的变化而调整。例如，1992 年为 620 美元，1997 年为 670 美元，2001 年则为 830 美元。在一般情况下，年龄在 62 岁以上，通过就业缴纳社会保障税 10 年及 10 年以上的工人都有资格领取社会保障福利，领取数额取决于所获得的积分数量，如果开始领取社会保障福利时不足 40 分，领取的福利金将按比例减少。

在美国，一个人每月领取的养老保险金基准数额，是根据他过去缴纳社会保障税的年数与数量决定的，并跟随物价上涨指数逐年调整。如果劳动者去世较早，其家庭成员还可以按一定折扣继续领取津贴。养老保险金的领取比例与退休年龄关系密切。年龄满 65 周岁，缴纳社会保险税满 10 年可以办理正常退休，领取全额养老保险金。而年满 62 周岁的劳工可以提前退休，但只能领取正常养老保险金的 80%，63 岁退休者领取 86.33%，64 岁退休者领取 93.66%。而在 65～72岁之间每推迟一年，养老保险金增发 1%。对于养老保险金的计算，首先计算“指数化平均月收入”（AIME），其次计算“基本保险金”（PIA），再次根据其他因素进行调整，最后得到的就是按月领取的养老保险金。指数化平均月收入（Average Indexed Monthly Earnings，简称 AIME），代表整个劳动期间的月平均工薪水平，指数化是为了排除价格变动影响，保证可比性，再根据公式计算基本保险金（Primary Insurance Amount，简称 PIA），即在 65 岁时正常退休或未到退休年龄但身体造成残疾者可按月领取的基本养老保险金。

例如，假定某美国人于今年 65 岁正常退休，退休前指数化平均月收入 AIME 为 3 000 美元，则基本养老保险金 PIA 的计算标准是：前 401 美元的 AIME×

90%＋402 至 2 420 美元之间的 AIME×32%＋2 420 美元以上的 AIME×15%＝401×90%＋(2 420－401)×32%＋(3 000－2 420)×15%＝645.76＋360.9＋87＝1 093.66 美元。

按美国现行法律规定：家庭状况也影响养老保险金的数额，65 岁退休的单身者的实际月养老保险金正好等于按以上公式计算的基本保险金（PIA），非单身者 65 岁退休，靠其抚养的配偶或子女则可额外领取养老保险金的 1/2。如果领取全额养老保险金者还有其他收入来源，那么当其他来源收入超过一定限额后，则要按 1/3 的比例扣减养老保险金。收入超过一定数量者的养老保险金还要缴纳联邦个人所得税。1972 年，美国国会通过了新的法律，实行养老保险金与物价挂钩制度，由社会保障局根据每年消费物价水平的变动，自动调整养老保险金给付标准。每半年调整一次，即物价指数增长 3%，养老保险金调高 1%，物价指数增长不到 3%时不做调整。美国养老保险金的计发办法比较复杂。以退休者前一年的社会平均工资与过去几十年各年度的社会平均工资的比值作为指数，分别乘以退休者工作时年工资收入，得出经过调整的各年工资，然后剔除最低的五年，再算出一生的平均工资，以此为计算养老保险金的基数，目的是为了维持劳动者退休基本生活水平，强调养老保险金的互济性和福利性。当某一个美国人决定退休时，他可能提前一年与社会保障署的当地办事机构接触，咨询有关情况，社会保障署会让一名业务代表为他提供免费咨询，提出不同的退休方案供他选择。

（二）联邦医疗保险金的支出管理

按照美国保健机构评审联合委员会（Joint Commission on Accreditation of Healthcare Organization，简称 JCAHO）的分类，美国医疗保险可分为医疗费用保险、一般费用保险、外科手术保险、巨额医疗费用保险、丧失劳动能力补偿保险和口腔医疗保险六大类。美国联邦政府负责的医疗保险项目主要有以下几种：一是老年人、残疾人医疗照顾计划。目的是为 65 岁以上的老人、65 岁以下的某些残疾或肾衰竭病人，以及接受社会救济部门与铁路工人退休计划救济的人提供的全国统一医疗保险计划，包括住院保险和补充医疗保险。住院保险属于强制性执行保险，主要用于重病治疗和护理，允许保障对象每年享受 90 天的住院治疗和 100 天的技术护理，在 60～90 天之间，病人每天可获得 100 美元的费用，如果两者都在同一年发生，病人则要承担少量费用。而家庭护理、定期检查、门诊处方、药品支出不在保障范围。补充医疗保险主要用于支付医院之外的医生诊费，医生指定的药品和其他院外医疗服务等方面的费用，主要是门诊化验、检查服务等。二是穷人医疗援助计划。该项计划主要由各州负责执行，各州根据本州居民的收入水平来确定穷人医疗援助计划的资格和标准，为那些需要经济帮助的人提供医疗援助服务。三是现役军人、退伍军人及家属和少数民族的免费医疗。享受对象为现役军人、退伍军人及家属和印第安人，费用全部由联邦政府提供。

为保障在业劳动者的健康，1970 年美国国会通过了职工安全健康法，根据该法劳工部下设了职工安全健康局，负责制定企业安全措施与职工健康标准，并监督这些条例的贯彻执行。依据规定，各州需对因工致伤、致残、死亡者给予赔偿，联邦政府则对政府雇员、海港雇员、哥伦比亚特区私人雇员的伤亡给予赔偿。

四、美国联邦社会保障基金的投资管理

（一）美国联邦社会保障基金的投资现状

美国联邦社会保障基金的投资是通过独立的美国联邦社会保障基金信托基金来运作的。联邦老年和遗属社会保险信托基金（OASI）与联邦残疾社会保险信托基金（DI）都是财政部的独立账户。基金资产在用于支付受益人按规定标准领取的社会保障费用后，剩余金额都要进行投资。一般而言，联邦老年和遗属社会保险信托基金（OASI）持有的债权完全购买财政部定向发行的特别债券。联邦残疾社会保险信托基金（DI）购买的债券中，除少部分是向社会公众发行的财政债券外，绝大多数也是特别财政债券。与一般政府债券相比，特种国债具有以下特点：一是收益率较为稳定，相当于美国联邦政府长期债券的平均市场收益率，目前为 5%左右。二是期限结构比较灵活。与销售给社会公众的债券不同，特别债券在到期前任何时候均可按面值加应付利息予以兑付，也可滚动延期使用。三是不上市流通。主要是为了避免信托基金在公开市场上大量购买或抛售政府债券而导致市场混乱，故对资本市场的冲击较小。美国社会保障法第 201 款（b）规定，为联邦社会保障基金发行的特别公债义务，应当有一个固定的兑换期。以便满足对基金的支付需要。过去的惯例是，每年的 6 月 30 日是这种特别债券的兑换期。特别债券包括短期负债凭证和长期债券两种，短期负债凭证用年度内每期缴费收入支出后的余额资金购买。凡每年 6 月 30 日到期的凭证，其本金和利息除非需要从中支付维持正常运转的费用，否则一并转购长期特别债券。特别债券的利息按照所有已发行、可流通、4 年后到期或兑现的美国政府债券的市场平均收益率计算。

美国联邦社会保障基金的信托投资状况主要反映在社会保障受托人委员会一年一度的《社会保障受托人报告》中。每年《社会保障受托人报告》的主要数据与往年各期报告是紧密衔接的，涵盖了往年的数据。美国社会保障基金最近几年的年度报告中都反复强调，从长期看，社会保障目前计划的支出不具有可持续

性。如果有关条件不变，到2018年，社会保障基金将支大于收。由于人口增长缓慢，预期寿命延长，一方面，减少了美国的新增潜在劳动力；另一方面，提高了老年人口在总人口中的比重。而后者直接增加了社会保障支出的费用。研究已经证实，领取养老金的人口群体，由于生活条件特别是医疗条件较好，他们的预期寿命明显高于同龄的但是没有资格领取养老金的人口群体。美国领取全额养老金的退休年龄是65岁，但62岁时可以提前退休，由于种种原因，许多人选择了提前退休。为此，美国国会通过了一项社会保障法修正案，2003—2010年，领取全额养老金的年龄由65岁提高到66岁，到2027年再提高到67岁。

（二）美国联邦社会保障基金的投资改革

随着美国人口老龄化进程的加快，采用现收现付制为主要模式的OASDI基金担负的社会责任越来越大。为了避免投资不当造成的损失，购买信誉高、安全性强、风险小且利率高于同期银行存款利率的政府债券曾经被认为是最佳投资选择。而且政府债券也具有一定的流动性，为满足支付需要，信托基金可在任何时候按面值提前兑付短期国债，如遇严重的收不抵支，中长期国债也可提前兑付。所以，这也是一种相对稳妥、可靠的投资选择。当然OASDI基金与DI基金这种单一投资于政府债券的做法，也有着显而易见的弊端。虽然政府债券风险较低，但其收益同样也较低，其盈余能力受到了极大的抑制。例如，联邦老年和遗属社会保险信托基金（OASI）在整个20世纪80年代的实际投资收益率为4.8%，这在政府管理的基金中差不多是最好的纪录了。但同期美国其他类型基金的投资收益率却高达8%。另外，OASDI基金投资政府债券实际上是鼓励了政府赤字，也鼓励了政府部门的开支。OASDI基金的积累往往给当期收入与当期支出之间的差额造成了一种假象：当官方赤字变小时，政府支出就会增加，因为社会保障基金被用于资助当期消费。也正是因为如此，1990年美国国会不得不通过立法，规定联邦政府的预算中不再把社会保障税收入作为重建官方财政赤字的收入。1994年，克林顿政府指定成立了由工、商、学和公共部门领导人组成的13人社会保障咨询委员会，其任务是审视美国社会保障体系的问题并提出解决方案，形成了三种有代表性的观点。一是建议将信托基金结余的40%交由政府投资股票。二是增收1.6%的社会保障税，新增收入纳入个人账户，由政府投资于股市或债市。三是从12.4%的社会保障税中扣下5%进入个人账户，由个人投资于股市。

2001年小布什上台之后，又提出把原来统一的联邦社会保障基金体系改革成一个双层体系，即雇员和雇主缴纳到联邦政府那里的社会保障费用，分为两个部分，假定工薪税率是工薪收入的15%，其中的13%～14%仍然留在联邦社会保障署的统筹账户统一管理，剩下的1%～2%则划拨到个人账户。这种结构的好处是，统筹账户仍然是最基本的安全网，个人账户可以给人们较多的赚钱机会，或者说具有再筹资的功能，有助于平衡社会需求与个人公平之间的关系。以上方案仍在讨论中，据悉可能在2009年实施。

第二节 美国州和地方社会保障基金的营运管理

一、美国州和地方社会保障基金的筹集与发放

美国是一个联邦制的国家，各州有较大的独立性。各州和地方政府制定的社会保障制度远比联邦政府的社会保障制度复杂，每个州的地方政府与其他州的地方政府在社会保障制度的规定上各有区别，同一个州的地方政府在社会保障制度的内部细则上也不统一，社会保障基金的筹资标准、受益资格等更是各具特点。由于美国私营企业的雇主与雇员在社会保障方面自成体系，故此节的社会保障基金营运管理主要针对美国州和地方政府及其下属单位，以及作为公职人员的雇员。

（一）州和地方政府社会养老保障基金的筹集与发放

在美国，州和地方政府公职人员在养老保险费用的筹集上可以选择待遇预定型（defined benefit，DB）方式，也可以选择缴费预定型（defined contribution，DC）方式。在待遇预定型方式下，正在工作的一代人所缴纳的社会保障费用将马上用来支付给已经退休的一代人，自己每年或以后需要缴纳多少保险费用无法事先确定。为了保证社会保障基金的长期平衡运行，管理部门需要根据工资或物价水平的变化，经过精算估计定期调整缴费水平。单位缴纳到州和地方政府社会养老保障基金中的费用，不仅包括基本退休金，而且还包括未来生活成本调整的因素以及本单位参保人员的团体生命保险费用。单位需要为参保员工提供的养老保障费用，根据“计划单位积分精算成本”确定，即参保对象在工作期间积累的养老基金，可以充分满足参保对象在退休存活期间总的基本生活需求。在任何时候，精算的养老保险基金债务都会超过该制度现有资产价值的精算债务。超过的部分可能基于多种原因，包括养老保险基金支出的增加或精算错误的发生等。因此，除了年度正常成本外，单位还可能被要求支付养老保险基金制度精算出来的债务。由于待遇预定型社会保障基金主要是现收现付，当现有的养老保险费用收入不足以应付支出时，州和地方政府就需要弥补满足当期应该支付的养老保险费用与由雇员缴款及其投资收益所形成的可用资金之间的差额部分。每一年精算部

门都会为州及地方政府的每一个待遇预定型养老保障计划提供一个综合性的财务评估报告，在一系列精算假设的基础上测算其长短期收支平衡。这些假设由社会保障基金信托投资委员会确定，一般包括死亡率、退休率、预期工资增长率、参保人的退出率等，并且可以根据制度运行的实际情况每三年更新一次。当州和地方政府无力依靠现有财力弥补待遇预定型养老保险基金当期差额时，除了提高缴费水平或降低给付标准外，还可利用以下两条筹资渠道：一是让财政直接出现赤字。利用财政支大于收的办法缓解当前的燃眉之急，等到以后财政状况改善或者养老保险基金运行收大于支时再进行处理。二是发行地方性的养老基金债券。期限一般在20～30年之间，用来直接弥补养老基金的亏空额，根据联邦税法，养老金债券只能作为征税债券发行。例如，美国加利福尼亚州的索瑙摩县即发行过近1亿美元，收益率为8.25%、税率为6.77%的养老基金债券，面向社会筹集资金。

在缴费预定型方式下，参加养老保险的雇员需要事先确定缴费水平，定期将养老保险费用计入社会保障基金，由专门机构对基金进行投资并获得收益。当参加养老保险的雇员达到退休条件时，以其所缴纳的费用及其投资收益在退休时已经积累的金额为基础发放养老保障基金，投资回报率不确定的风险由参加养老保险的雇员承担。单位和雇员双方都按照工资收入的一个固定比例来缴纳养老保险费用，例如，单位按雇员工资的8%缴纳，雇员按照自己工资的5%缴纳。也可以在税后自愿增加对自己账户的供款。在这种模式下，雇员退休后得到的养老保险收入的高低取决于自己已经缴纳资金的多少以及利用这些资金进行投资所增值的部分。由于缴费水平是预先确定的，故单位为其员工提供的养老保险费用就可以根据员工工资的一定比率简单扣除。例如，在美国新泽西州，就有替代收益规划、附加避税供款、补充年金集体信托—定期与避税、新泽西州雇员延期补偿计划等养老保障计划供不同单位选择。以替代收益规划为例，参保对象主要是新泽西州和地方高等院校的教职员工，可以是全日制工作人员，也可以是半日制工作人员，还可以是访问学者。单位按参保对象工资的8%予以扣除，员工工资5%以内的部分可以得到免税优惠，超过部分需按规定纳税。在该制度下，单位应把包括单位和员工在内的养老保障费用供款报告提供给州退休金和福利管理局，并在规定时间内把资金汇集到州工薪税集中中心；该中心必须在发薪日的5个工作日内计入个人账户，再按规定用于投资。

据有关资料，在美国州和地方政府的1 615万公共雇员中，有80%采用待遇预定型筹集方式，另外20%采用缴费预定型筹集方式。无论是待遇预定型，还是缴费预定型，其缴费率和收益水平都不是绝对不变的，随着经济发展状况，包括个人工资收入水平、州与地方政府的财政状况等方面的变化而变化，也受投资营运状况的影响。20世纪90年代，由于美国经济发展形势良好，金融市场机会很多，社会保障基金投资收益较高，许多州和地方政府在降低社会保障费用缴纳水平的同时还提高了养老金给付标准，让参保人共同分享经济繁荣的喜悦。2000年以后一段时期，美国经济发展速度减缓，社会保障基金投资收益下降，一些州和地方政府又相继提高了社会保障费用的缴纳比率。

（二）州和地方政府社会失业保障基金的筹集与发放

在美国，联邦社会保障基金所提供的失业保障范围十分有限，只有联邦政府的失业雇员和尚未找到工作的退伍军人才由联邦社会保障基金支付失业保障金。

1935年，美国国会通过立法授权各州及地方政府建立失业保险制度，失业保险项目由州政府进行管理，联邦政府只是制定一些措施鼓励并尽量在州与州之间保持统一性。目前，美国的失业保障范围覆盖了97%以上的工薪阶层，大多数单位（雇主）既缴纳联邦失业税，也缴纳所在州的失业税，如果某个单位（雇主）认为有必要，可以向联邦失业保障基金申请一笔贷款，用来缴纳所在州的失业保险税，但贷款金额不能超过应征工薪税工资的5.4%，如果贷款金额达到了这个最高比例，则单位（雇主）缴纳的失业保险税的税率就必须达到0.8%。根据美国联邦有关法律规定，凡是符合下列条件的人员，均在失业保险的覆盖范围之内：一是在过去20周的期限内雇用1人或1人以上，或过去两年中任何一季度支付工资超过1 500美元的私营工商企业工作的员工，过去两年中至少有10周雇用10人或10人以上，或在两年中任何一季度支付工资超过2万美元的农场工作的员工；二是在过去一年中有20周雇用4人或4人以上的非营利机构工作的员工，各州和地方政府的雇员；三是由于外国商品进口过多受到影响而失业的员工以及每季支付工资超过1 000美元的家庭雇用员工。以上人员，只要按规定缴纳了失业保险费用，在遭遇失业时，即可从州及地方政府得到失业保障金的资助。对无正当理由离开工作或拒绝接受适当工作的人，或发生劳资争议而失去工作，或渎职而被解雇的人，许多州及地方政府均有延迟支付时间或降低预定保险金水平的规定。而对那些因为渎职或诈骗被单位（雇主）开除的人，则剥夺其享受失业保险金的资格。对待罢工者，除个别州在一定时间内发放失业保险金外，多数州只有当单位（雇主）另雇他人替代罢工者时，罢工者才具有申请失业救济金的条件。而对经管理部门批准进行技能培训的失业人员，许多州都提供失业保险金待遇。

在美国，失业保险费用的筹集，除少数几个州由单位（雇主）与雇员共同分担外，大多数州都是由单位（雇主）全部承担。凡在失业保险范围内的单位（雇主），都要按照规定的工薪税标准缴纳失业保险费用。以新泽西州为例，由单位（雇主）负责雇员的失业保险费用，由雇员自己负责暂时伤残的保险费用，参保雇员，包括各个州高等教育机构的雇员，要将其每一年度内应税工资的0.5%用来缴纳暂时伤残保险费，被失业计划涵盖的雇员支付其年应税工资的0.425%，这些缴纳起来的费用，一部分被集中存储在州及地方医疗补助基金和劳动力发展基金中，用于失业的比例为0.2%，用于劳动力发展的比例为0.025%，用于健康医疗补助的比例为0.2%。州工薪税集中中心每周向新泽西州退休金与福利管理局提交一份失业保险费缴纳报告。以季度为基础，州高等教育机构在每季度最后一个月的15日将所要求的失业保险费用缴纳至州退休金与福利管理局的同时，还要提交一个缴纳失业保险费的情况报告，并附有对单位（雇主）每个季度抵扣了一部分失业保险费用之后的总失业保险费用所作的书面检查，原件送州退休金与福利管理局，副本由单位（雇主）保存。

凡符合条件、又投过保的失业者，在失业的第二周起即可领取失业保险金，保障水平一般为原工资的50%。在美国，不同的州及地方政府对领取失业保险金的时间规定不一，以半年至一年较为常见，最多不得超过两年。如果失业者在较长时间内没有找到工作，则停止领取失业保险金，转而申请社会救济金。但后者与失业保险金相比数额明显偏低。对于那些在失业保险范围内的失业者，州及地方政府在其能力允许的条件下，会向其提供或多或少的财政补贴及其他资助，以帮助他们维持生计，另谋职业。

失业保险金一般没有剩余，如果个别年份出现剩余，州及地方政府就会降低失业保险费的收缴水平，所以，社会保障基金的投资中不包含这个部分。另外，联邦法律还规定，凡雇用员工在100人以上的企业如果要大规模裁员或关闭不再经营，必须提前2个月发出公告，以便员工寻找新的工作或为可能的失业留出准备时间，也便于地方政府或其他团体采取适当措施，尽可能减少失业对个人、家庭与社会的负面影响。

（三）州和地方政府社会医疗保障基金的筹集与发放

美国州和地方政府在社会医疗保障基金的筹集要求和发放条件上的规定既简单又复杂。简单是因为其大的条款都基本相似，复杂则是因为其细则各具特色。要了解每一个州和地方政府社会医疗保障基金的运行情况，既无必要也不可能。此处仍以新泽西州的社会医疗保障基金制度作为典型加以介绍分析。新泽西州针对公职人员的社会医疗保障基金制度主要反映在“州健康收益规划”之中。该规划成立于1961年，最初只覆盖州和地方政府的公共职员，后来才扩展到新泽西州下属县教育部门及其他公共机构。由于人数众多，目前分为两个团体，即教育雇主团体和其他团体。社会医疗保障基金的费用基本由单位（雇主）缴纳，在一个年度内，保障对象因病自己承担的医疗费超过了100美元（含100美元）之后，可以申请报销。在可以报销的部分中，个人仍然要自付20%。州健康收益规划主要提供3种类型的医疗计划，即新泽西州健康收益传统计划、新泽西州医疗增设计划和若干个维护健康组织的医疗计划。非全日制的公共职员和公立学校职员只能参加新泽西州医疗增设计划。为妥善管理社会医疗保障基金，新泽西州专门设立了健康收益委员会，由该委员会负责监督州健康收益规划的实施，委员会成员包括财政局长，银行和保险公司代表、个人代表，并委托专门的机构负责健康收益规划的日常管理。

二、美国州和地方社会保障基金的投资管理

在美国，联邦政府对州和地方政府社会保障基金的投资活动，没有太多的法律管理制度，各州和地方政府可以在控制风险的前提下根据自身的情况选择最适合自己的投资管理模式。从实际结果看，绝大多数州基本上是委托给专业信托投资机构进行投资，即把基金交给若干个有资质的信托投资机构。这种信托机构规模不大，最小的机构只有3个人，最大的机构不到30个人，一般是8个人左右，是公认的较为理想的规模。在州和地方政府社会保障基金的投资方向上，主要是金融市场尤其是证券市场，部分州和地方政府的社会保障基金也直接参与一些基础建设项目的投资，也有一些州和地方政府的社会保障基金通过购买国外股票、债券的方式扩大投资领域，分散投资风险。美国州和地方政府社会保障基金投资组合变化见表2—1。

表2—1　　美国州和地方政府社会保障基金投资组合变化　　%

年份	1950	1960	1970	1980	1989	1992	1999	2002
公司股票	0	3	17	22	40	42	67	38
公司债券	12	36	58	48	27	21	10	16
美国政府债券	51	30	11	20	27	28	12	10
其他	37	31	14	10	6	9	11	36
合计	100	100	100	100	100	100	100	100

说明：美国政府债券包括各级政府债券，其他包括现金、实业投资及国外投资等。

资料来源：王洪春，卢海元著. 美国社会保障基金投资管理与借鉴. 北京：中国社会科学出版社，2006

从表2—1可以看出，在1950年，美国州和地方政府的社会保障基金是不投资股票的，从20世纪60年代起，开始少量介于股票投资，以后逐步提高对股票的投资比重，到1999年达到占绝对多数的67%的比重，并且在90年代美国表现强劲的股票市场中取得了较好的投资收益。从总体情况看，美国州和地方政府社会保障基金的投资效果良好。1988—1992年，美国各州和地方政府社会保障基金的投资收益率介于6%～14.2%之间，1994—2002年，各州和地方政府社会保障基金的加权综合平均投资收益率为8.2%，仍然处于比较乐观的水平，但2001年以后一段时间，美国证券市场大幅下跌，各州和地方政府社会保障基金的投资都出现了不同程度的亏损，近几年来情况相继有所改善。正是得益于宏观经济的发展和基金投资收益率的提高，各州和地方政府社会保障基金还相对充足，筹资比率有所提高。所谓筹资比率，是指社会保障基金精算之后的资产价值与基金债务的比例，其计算公式是：

$$\text{筹资比率}=\frac{\text{精算之后的资产价值}}{\text{精算之后的债务}}\times 100\%$$

在2000年以前，美国许多州和地方政府社会保障基金的筹资比率都在100%以下，即资产小于债务，到2000年才达到100%以上，出现资产大于债务的宽松局面。近几年来，各州出现了一定的分化，但总体运行形势平稳。

为降低风险提高收益，美国各州和地方政府对社会保障基金的投资都采取了一些具体限制性措施，各州情况不一，仍以新泽西州为例加以说明。

作为州社会保障基金投资的主要管理部门，新泽西州退休金与福利管理局专门设立了州社会保障基金投资理事会，具体负责有关投资业务。该理事会由11人组成，其中5人是雇员代表，由他们所在的基金机构任命，任期1年。5人是政府任命的代表，任期5年；剩下的1人是政府从州参议院主席和州众议院主席联合提名的3个候选人当中选出任命的。州长的所有这些任命，都要经过州参议院的咨询并取得他们的认可，州有关法律要求所有理事会成员都不得在任何党派拥有任何职务、身份、工作，任何成员不得从该项工作中领取报酬。目前，新泽西州已有近200个不同项目的社会保障基金在该理事会的管辖下。

新泽西州在社会保障基金投资方面贯彻组合投资的原则，要求在基金资产中，对股票的投资不得超过组合投资的70%，国际投资限定在组合投资22%的范围内。对外国企业发行的股票和政府债券的投资必须至少是取得AA级以上信用评级的品种，而一些新兴国家的证券市场由于波动太大，禁止进入；对国内公司债券的投资只限于具有BAA/BBB及以上信用等级的债券，在市政公债、商业票据、回购协议、大额定期可转让存款单和银行承兑票据方面的投资，必须是已经被规定具有较高贷款标准和稳健投资限制的专门制度允许的品种；用抵押方式开展的投资仅限于对作为政府某个特别代理机构的集资，对不动产的投资限定在投资组合的10%以内。在任何一个证券上的投资，都应当是只占该证券的一部分。而且新泽西州社会保障基金投资理事会对股票投资还有以下特别规定：首先，该公司在投资回报和本公司职工工资收入方面都具有增长性，并且应当超过GDP的增长率；其次，该公司具有明显的市场特许经营权，有独特的产品，能够证明其市场开发能力。公司的经营管理被证明具有维持边际利润率的能力，公司管理层能够采取有效措施来改善和壮大公司实力；再次，该公司具有稳健的会计制度，资本化财务结构合理，具有未来财务扩张的灵活性。公司能够从内部形成资本，股票在市场上具有足够的流动性，能够保证社会保障基金按照预定的投资策略方便地买进卖出。以上规定为新泽西州社会保障基金的投资划定了基本的区域，为其通过取得稳健的收益更好地发挥社会保障的作用奠定了制度性的基础。美国其他州和地方政府也有类似的规定。

三、美国州和地方社会保障基金的投资改革

为适应市场形势的变化，长期以来，美国州和地方政府在社会保障基金投资方面一直在进行改革探索，焦点问题主要集中在投资目标的确定和投资收益与风险的协调上。

由于美国州和地方政府的社会保障基金主要通过信托方式进行投资，因此，《雇员退休收入保障法案》对受托责任有专门的定义，认为“社会保障基金管理人的唯一目标是为参与人和他们的受益人提供收益，收取合理的管理费用”。但是，1994年6月，美国劳工部颁发了IB 94—1号公告，对《雇员退休收入保障法案》的受托责任重新进行了修改，鼓励和要求基金管理人在作投资决策时除了考虑参与人和受益人的利益外，还要考虑“经济学的目标投资”，即ETIs（Economically Targeted Investments），实际上要求州和地方政府的社会保障基金扩大对各州基础设施的投资，一方面扩大包括公共住宅在内的公共物品建设规模，为一系列社会支出项目提供资金，另一方面又为社会创造就业机会。劳工部的这个公告发布之后，立即导致美国各界对社会保障基金投资信托人受托责任内涵的讨论，反对者认为，由于社会保障基金属于全体保障对象所有，只能以参保人和受益人的利益为唯一目标，任何对第三方利益的考虑，都是对《雇员退休收入保障法案》关于这个概念本质的彻底篡改，是对工人或退休者利益的出卖，是严重违反法律的。从实际结果看，一些州和地方政府的社会保障基金在实施ETIs投资政策之后，对推动州内经济的发展和创造就业机会的确发挥了显著的作用，并

在一定程度上促进了克林顿时代的经济繁荣。但一些不当投资所带来的负面影响也不容忽视。例如，宾夕法尼亚州政府为了吸引德国大众汽车公司在该州建厂，同意在选址和厂房建设等方面给予财政支持，但当时州政府拿不出钱来，因此说服“宾夕法尼亚公立学校与州公务员退休基金”予以投资，但10后以后该厂关闭，给该基金造成了重大损失；又如，康涅狄格州的一个重要企业——科尔特工业公司陷入经营困难，为保护该州的就业机会，康涅狄格州养老保障基金对其进行了2 500万美元的战略投资，购买了该公司47%的股权，后来公司倒闭，该笔投资也血本无归。

从投资收益与风险的协调方面看，一般而言，收益越高，风险越大。不同投资对象的风险有着显著的差异。对美国州和地方政府的社会保障基金来说，主要是是否参与股票投资和参与比例。例如，纽约州退休养老保障基金在股票上的投资比例，20世纪70年代是30%，到2001年接近70%，尽管也曾取得过骄人的投资业绩，但仅在2000—2002年即出现过267亿美元的亏损，给基金的长短期平衡都带来了困难；又如，西弗吉尼亚州、南卡罗来纳州和印地安那州到20世纪90年代中期仍不允许进行社会保障基金投资于股票市场，在1999年，西弗吉尼亚州是美国50个州中社会保障基金运行情况最差的，资产只有债务的1/4。显然并非进入股票市场就能提高收益，也非不进入股票市场就能安全稳健。如何有效协调，还有许多技术性细节需要深入探讨。

针对以上问题，美国政府及经济界都提出了一些改革方案，基本思路是：由各州社会保障基金的参保人或受益人选举基金投资理事会成员，使其能够真正代表参保人或受益人的利益。强制推行消极投资的策略，即坚持指数化投资，最大限度地减少各州政府官员对社会保障基金受托人所施加的压力，避免在社会化投资的情况下，一方面投资效果难以准确评价，另一方面受托人以此为借口，为自己的投资失误寻找理由。关注上市公司的经营状况，参与公司治理，敦促公司深化治理改革，为州和地方政府社会保障基金的长期投资带来理想回报。

第三节 美国私有退休保障基金的营运管理

一、美国私有退休保障基金的种类

私有退休保障基金是美国私营企业为其雇员提供的社会保障，是美国社会保障体系中十分重要的组成部分。根据美国社会各界的共识，一个人退休后的收入水平，必须达到其退休前收入水平的70%左右，才能保障其晚年生活水平不降低。单靠政府提供的基本生活保障只能达到一半左右，其余的一半必须另寻来源，而私有退休基金是其重要的来源。为了构建更为稳固的社会保障体系，美国联邦政府、各州及地方政府对私有退休保障基金的设立与运行均持鼓励态度，并给参保人及受益人提供减少收入所得税和免征投资收益所得税的优惠。美国私有退休保障基金种类繁多，大致可以分为待遇预定型和缴费预定型两种。

（一）待遇预定型私有退休保障基金

在美国，以企业为主体建立的待遇预定型私有退休保障基金的基本宗旨是鼓励在某一企业长期工作的忠诚员工，通常要求员工在某一企业工作到一定年限（一般应在35年以上）后，才申请退休并领取退休保障金。工作年限越长，领取的退休保障金越高，如果中途离开企业，将只能拿到一笔数额不大的一次性补偿金。

待遇预定型私有退休保障基金具有以下特点：一是终身受益。既然企业希望员工终身为企业服务，员工当然有理由要求企业为自己提供终身保障，因此，有资格领取该项保障金的员工，可以一直领到离开人世为止。员工退休时定下的保障标准，也可以固定不变或随通货膨胀率的变化而调整，通常为退休前工资额的一半以上，如果该员工同时也加入了联邦政府的社会保障计划，则正常退休时，其退休总收入即可与退休前的收入水平不相上下。二是共同账户。由于一个员工领取的退休金总额，取决于员工的个人寿命，寿命越长领取越多，而个人寿命具有一定的不可预测性，因此，无法为每个人设定独立的退休保障基金账户，只能建立一个共同账户，根据员工的不同寿命共同分享。三是保障费用基本由企业全部负担。在共同账户的前提下，如果要求员工个人出资，当员工由于多种原因中途离职时，他就有权要求企业将自己出资的一部分退还。但共同账户经过不断投资增值后，很难分离出个人贡献的部分，法律纠纷在所难免。而全部由企业承担保障费用，即可避免这类纠纷。待遇预定型私有退休保障基金可以是一个企业单独建立，也可以是多个企业联合建立。由于单个企业经营情况难免波动起伏，如果某些时候财务周转困难，就会面临较大的支付保障费用的压力。为此产生了由若干家企业联合建立的退休保障基金账户，共同投入，共同管理，共同列支。这种若干家企业共同建立退休保障基金账户的方式，通常是由相关行业的工会把行业内的企业串联起来，实现行业内部退休福利保障的普遍化并保持某种一致性。即使如此，企业经营的风险总是客观存在的，因此，在美国有一家专门的退休福利保障担保公司，是一家准政府机构，负责接管公司清盘后的退休金方案。

待遇预定型私有退休保障基金计划能够培养员工对企业的忠诚度，特别适合留住那些对员工工作经验要求较高的行业，如制造业、维修业等，但是，随着经济的发展，大多数企业不再对长久留住员工感兴趣，目前在美国，大约只有20%的企业提供这种类型的退休保障基金。

（二）缴费预定型私有退休保障基金

在美国，缴费预定型私有退休保障基金需要分为完全的个人退休账户和非个人退休账户两大类。每一类又包括若干不同的品种。

1. 个人退休账户

个人退休账户是面向美国任何具有纳税收入者的一种个人退休储蓄计划，基本特点是个人出资、个人管理，享受一定的税收优惠条件。每个员工都可以有一个独立的个人账户，企业或员工本人按月（或年度）以员工的名义向该账户存钱，该笔钱名义上归员工所有，但员工不能随时取用，而是交给第三方机构委托投资。退休后，员工再按规定从该账户中支取退休养老保障费用。由于账户在员工个人名义下，员工转换工作时可以将自己已经积存的退休福利保障金带走，对账户性质和余额毫无影响。目前美国主要的个人退休账户有以下几种：

(1) 传统个人退休账户。传统个人退休账户是指1974年建立的第一种个人退休账户，在美国《国内税收法》第408条有专门解释，其基本特点是：允许每个人每年向指定账户存入一定数额的钱，这笔钱不计入当年个人收入，不必缴纳当年税收。存款金额没有最低要求，但有最高限额，这个限额最初是每年2 000美元，目前提高到3 000～5 000美元。退休后，个人从账户中取款时需要缴纳取款当年的收入所得税，由于美国税收是累进税率，这种延迟纳税的方式会给当事人带来一定优惠。因为存款当年个人在职收入较高时不纳税，等到退休取款个人收入降低时，税率也大大下降了。个人退休账户可以由个人单独设立，也可以由企业代为设立，一经设立，不得再随意终止，或变更用途，否则就将取消税收优惠，还需补缴以前的税款。个人达到规定条件退休后，可以随意从该账户取款，取款次数和金额不受限制。美国法律规定：当传统个人退休账户所有者的年龄达到70.15岁后的下一个4月1日前，必须从该账户取款，如果到时没有提取所规定的最低数额，将对没有提取的部分处以50%的罚款，年龄超过70.15岁者，不再建立传统个人退休账户。

(2) 罗思个人退休账户。罗思个人退休账户又叫反向个人退休账户，其特点是：当个人向该账户存款时，需要缴纳按当年税率计算的所得税，但是，将来取款时不再缴纳所得税。建立反向个人退休账户有一定的资格限制。只有以个人方式申报所得税、调整收入在9.5万美元以下，和夫妻联合申报所得税、调整收入在 15 万美元以下者方可建立。持有反向个人退休账户满 5 年和年龄超过 59.5 岁时，通过反向个人退休账户获得的收入可免缴个人所得税。持有罗思个人退休账户在 5 年及 5 年以上，第一次购房提款时，提款部分的 10 000 美元免征税收。如果用于教育支出，还有其他优惠。近年来，由于多种原因，尤其是许多人希望在退休时一次性大量取出个人退休账户存款，购置房产或从事其他投资。但在传统个人退休账户下，一次性取款如果数额比较集中，将适用更高的税率，承担更多的税负。罗思个人退休账户由于把税款分散在各个存款期，而取款时无论数额大小，均不再支付税款，特别适用于那些退休后，需要一次性大量取款的人。

(3) 小企业个人退休账户。小企业个人退休账户即雇员储蓄刺激匹配计划 (Savings Incentive Match Plans for Employees，SIMPLE)，是根据 1996 年美国小企业工作保护法设立的，于 1997 年实施。其特点是允许小企业员工每年向个人退休账户的存款额度达到 7 000 美元（50 岁以上员工可达 7 500 美元），同时要求企业方匹配投入员工工资额的 1%～3%的资金进入该账户。虽然美国个人退休账户种类繁多，但一般都要求企业有稳定的投入，这对经营风险较大的小企业来说相当困难。为了使小企业员工有机会在较短时期内积存足够的退休保障，政府对小企业个人退休账户也给予与 IRA 相同的延迟税收优惠。

除此之外，美国还有许多其他类型的个人退休账户，如简单雇员年金、即期或延期给付退休金计划、教育储蓄账户（ESAs）等。尽管规定不一，但一个共同的特点是：企业和员工之间财务关系清晰，责任分明，几乎割断了员工和企业的利益纽带，从法律上讲，除小企业个人账户外，任何美国人都可以自己设立个人退休账户，不需要通过企业而完全依靠自己往账户里存钱，政府同样给予税收优惠。即使是企业代为设立并提供资金的账户，个人也拥有高度的控制权。联邦政府对个人退休账户的监管措施相对宽松，不需要企业或个人提交复杂的年度审核报告，这一方面降低了企业的管理成本，但也不利于培养员工对企业的忠诚度。

2. 非个人退休账户

非个人退休账户是介于完全的个人账户和完全的企业共同账户之间的一种退休保障计划，也叫混合退休金计划。主要特点是可以绕开完全个人退休账户的金额限制，通过共同投入加强员工与企业的经济联系，在推动企业更快发展的同时使员工的经济收入和未来保障都得到强化。目前在美国影响力较大的非个人退休账户有以下几种：

(1) 401K 计划。1974 年，美国福特总统签署了《雇员退休收入保障法案》，从鼓励发展雇主出资的退休金计划出发，为其制定了一整套管理标准，凡按此标准管理的退休金计划被认为是合格计划，发起计划的雇主和参加计划的雇员均可享受优惠的税收政策。在此背景下，401K 计划于 1978 年产生，正式实施于 1980 年。它主要适用于企业职工和非盈利性机构的成员，又称为现金或延迟安排退休计划，是私人养老基金的重要组成部分。美国政府给予 401K 计划发起人和参与者广泛的投资选择权。包括短期贷款、股票、债券、投资基金等。美国证券管理委员会规定了对 401K 计划的信息披露要求，税法明确了它需遵循的法律体系，劳工部承担确认计划发起人、参与者以及计划本身是否合格的责任，严格贯彻落实非歧视原则。401K 计划允许雇主与雇员从他们的税前收入中扣除养老金缴费额，并减免养老金投资收益所得税。参加该计划的员工应年满 21 岁且有一年及一年以上工龄。缴费满一定期间（5～7 年）后获得赋益权，最长时间为 7 年，从 2002 年起调整为 6 年。为了保护雇员的就业自由，对个人缴费部分拥有立即赋益权。一般而言，401K 计划的整个运作体系除发起人外，还有受托人、计划管理人、投资经理、财务经理等。其中受托人全权负责组织计划的实施，它可以是某个人、小组或委员会。为了确保计划的稳健性和退休金给付上的安全性，政府授权劳工部负责监督受托人职责履行情况，如果发现不当行为，可代表计划参与者和受益人提出指控。计划管理人负责向计划参与者和受益人提供财务管理信息、投资分析报告和其他与计划有关的材料，每年向劳工部上交年度财务报告。

在 401K 计划中，参与者和受益人享有一系列的权利和义务。一是只有符合以下条件才能从个人账户中领取养老金：大于或等于 59.5 岁，死亡或永久丧失工作能力，发生大于年收入 7.5%的医疗费用，55 岁以后离职、下岗、被解雇或提前退休。如果由于特殊原因需要发生提前取款行为，将扣款 20%并按全部款项征收所得税、再加收 10%的惩罚性支出。与此相对应的是，当计划参与者的年龄大于或等于 70.5 岁时，必须开始从个人账户中取款，否则政府将对应取款项征收 50%的税收，目的是刺激退休者的当期消费，避免整个社会掉入消费不足的陷阱。二是允许借款。与雇主匹配缴费和税后缴费一样，401K 计划允许借款，而后偿还本金和利息，但对借款数量有限制且需承担双重纳税。因为向计划缴费的是税前款，而支付贷款利息是税后款。三是困难取款。当计划参与者需要支付自己、配偶、法定抚养人或赡养人的医疗费用，自己、配偶或未成年子女中级以上教育的下一年学费，购买住房，避免失去住房的居住权时，可以提出困难取款申请。

（2）TSP 养老金计划。1986 年，美国专门为联邦政府的文职和军职人员设立了储蓄与投资型养老金计划，简称 TSP 养老计划（Thrift Savings Plan, TSP），是一种补充性质的保险。它具有两个显著的特点：其一，独特的制度模式设计。TSP中掌管和监督其投资战略、投资行为、日常管理的机构是联邦退休节约理事会，该理事会由5名兼职委员组成，每届4年，但执行理事是专职的。这个组织架构形成了一种内部监督机制，功能独立，不受任何外来力量的干预。理事会唯一的投资原则是投保人和受益人的根本利益，任何偏离这个原则的行为和结果都将受到理事和所有投保人的质询，甚至可以提出刑事诉讼。理事会对TSP计划定期的内部审计机制和评价功能完全自主。在5只基金中，有4只基金的管理人都是通过竞标方式选择的。资产管理人的资质受过严格的审查，包括他们的目标标准、追求相关指数的能力、管理成本的高低、受托责任的历史记录等。其二，对非专业人士投资行为和利益的保护。TSP养老计划规定：参加者个人没有随意选择股票的权利，只能在预先设立的C，F，G，S，I五只基金中进行选择。在投资组合上这五只基金各具特点：C基金主要投资于标准普尔500指数所包括的股票。F基金主要投资美国政府债券、企业债券和其他有抵押的债券，风险较低。G基金由联邦政府担保的短期政府债券组成，不存在损失本金的可能性，风险最低。S基金的投资对象是标准普尔指数以外的所有普通股，I基金追求的是国际股市的行情。同时，这5只基金均以指数化投资为基本原则，如债券基金一般持有的是美国财政部发行的特别债券，股票基金则以标准普尔指数或其他指数为投资抉择风向标。

（3）雇员股权计划（Employee Stock Ownership Plan，ESOPs）。雇员股权计划即企业允许员工以一定优惠条件购买本企业的股票期权，在退休时兑换成现金，或者转化为个人退休账户的资金。如果员工缺乏购买股票期权的资金，可以由企业担保向第三方机构贷款。其优点是可以把员工的个人退休福利保障与企业的经营情况挂钩，培养员工对企业的献身精神，也可以为企业扩大经营规模充实自有资本提供募集资金的来源。

另外，在美国，由于法律对私有退休保障基金的限制较少，由企业与员工共同设立的账户还有很多，如利润分享计划、抵税年金计划、货币购买退休金计划、个人发展账户等。而且随着经济的发展和市场背景的变化，还会出现一些新的个人退休账户，需要动态关注和研究。

二、美国私有退休保障基金筹集与发放

在美国，建立一项私有退休保障基金计划，至少要符合以下基本规则：员工必须为企业工作满一年或在12个月内为企业工作满1 000个小时，员工年龄必须在21岁以上。企业必须保证退休保障基金计划的公平性，禁止对高薪员工提供过度优待。合格计划覆盖的员工范围必须是非歧视性的，低收入员工的人数比

例至少不能低于高收入员工的70%，低收入员工的平均养老保障金利益，必须至少不低于高收入员工平均养老保障金利益的70%。对于员工与企业共同投入的保障基金账户，员工可以在一定时期后得到企业匹配缴费部分的资产。设立私有退休保障基金计划的企业必须向员工、社会福利管理部门和国内税务局定期报告退休保障基金计划的账务状况信息。员工养老保障基金账户资产必须与企业的资产相互独立。

在私有退休保障基金费用的筹集上，不同类型账户的缴费要求不同，但一般都具有以下三个特点：一是税收优惠。美国的企业和员工之所以有热情设立并参与这类账户，是因为想享有税收优惠。但要真正得到税收优惠，至少需要具备三个条件，即个人账户的建立符合法律要求、缴费符合法律要求、领取资格符合法律要求。二是最高限额。为避免滥用税收优惠或产生税收漏洞，每个私有退休保障基金账户每年或者每个月可以缴入的资金数量都有一个最高限额，在允许一人拥有两个或两个以上账户时，缴费最高限额必须合并计算。政府可以根据经济形势的变化定期调整限额。三是账户数量控制。原则上，一个人只能建立一个私有退休保障基金账户，尤其是同类型的账户。超过一个账户的其他账户只能作为一般存款，而不享受税收优惠。由于个人职业变化等原因，在一定条件下，账户之间可以转换。

私有退休保障基金的发放主要根据账户建立时的约定条件进行。待遇预定型私有退休保障基金一般采取按年或按月分期领取的方式，缴费预定型私有退休保障基金可以是退休时一次领取或分期领取。但有不得提前领取或不得延迟领取的限制，比较普遍的规定是：如果个人在60岁以前要求提出或在70岁以后仍不动用，都要罚款。由企业与员工共同出资设立的私有退休保障基金，如果员工提前离开企业，只能得到一部分收益。

三、美国私有退休保障基金的投资营运管理

在美国，大多数私有退休保障基金的投资营运管理都交给专业的投资基金管理公司来运作，或者通过购买投资基金的方式实现保值增值。在美国的投资基金市场，有近一半的份额由私有退休保障基金持有，私有退休保障基金成为投资基金的最大组成部分。为取得更多私有退休保障基金的信任，专业的投资基金管理公司还根据不同私有退休保障基金的要求对其分类，并分别开展不同风格的投资活动。常见的是将私有退休保障基金分为生活型基金和生命周期型基金两种。生活型基金维持一种预先确定的风险水平，在它的概念下再设置“稳健”“温和”“进步”等细微差别，满足不同投资者的需要；生命周期型基金由于存续时间较

长，投资选择余地更大，专业的基金管理公司可以在事先约定的情况下开展一些高收益高风险的投资活动。从投资结果来看，既有收益也有风险。例如，TSP养老保障基金计划设立以来，投资业绩骄人。在近两年美国甚至世界股市都不景气的状态下，该计划下属的5只基金表现良好，几乎超过了过去10年的平均水平。最低回报率在8%以上，最高达15%。目前，TSP计划的参与者已超过350万人，累计余额在1 145亿美元以上。作为中央公共养老保障基金进入资本市场的一个成功范例，TSP模式已经越来越被经济学家看成是一种值得效法的模式。又如，401K计划自1980年实施以来，美国经济持续繁荣，华尔街金融帝国迅速崛起。到2000年，401K计划就覆盖了30万家企业、4 200多万人，积累的资产达到1.8万亿美元。由于其资产大部分投放在股票市场上，从2001年起，由于美国经济增长速度放慢、上市公司财务信息造假引起股价大幅波动，纳斯达克市场泡沫破灭，到2005年初，401K计划的资产缩水到1.7万亿美元左右，但依然占到了美国养老基金总资产的11%左右。近几年来，随着美国证券市场的逐步稳定，401K计划的投资业绩也明显回升。

另外，美国的部分私有退休保障基金为了加强员工与企业之间利益与共的联系，在投资选择上往往要求优先考虑本企业的股票或其他投资工具。在企业景气时，员工的确可以直接分享本企业经营业绩良好所带来的投资回报，并激发自己为企业努力工作的热情。但如果企业陷入困境，股票大跌，员工的个人退休保障账户资产就会大幅减少。如果企业破产，员工又未能及时卖出本企业的股票，就可能使自己的退休保障基金化为乌有。2001年美国安然公司破产时，发生的正是这样一幕。如何控制这类私有退休保障基金账户的风险还需要进一步研究和完善。

【本章小结】

1. 美国联邦社会保障基金管理的主要特点是：统一管理与分项管理相结合，专业管理与顾问参与相结合。

2. 联邦社会保障基金的筹集模式是部分积累制。基金投资通过美国联邦社会保障基金信托基金来运作，基金资产在用于支付受益人按规定标准领取的社会保障费用后，剩余部分均要进行投资。

3. 在美国，州和地方政府公职人员在养老保险费用的筹集上可以选择待遇预定型，也可以选择缴费预定型方式。各州和地方政府可以在控制风险的前提下选择最适合自己的投资管理模式。从实际结果看，绝大多数州基本上是委托给专业信托投资机构进行投资的。

4. 私有退休保障基金是美国社会保障体系的一个组成部分。各级政府对私有退休保障基金的设立与运行均持鼓励态度，并给参保人及受益人提供税收优惠。

5. 在美国，私有退休保障基金成为投资基金的最大组成部分。部分私有退休保障基金为了加强员工与企业之间利益与共的联系，在投资选择上往往要求优先考虑本企业的股票或其他投资工具。

【关键概念】

完全积累制　现收现付制　部分积累制　指数化平均月收入

待遇预定型　缴费预定型　筹资比率　个人退休账户（IRA）

罗思个人退休账户　雇员储蓄刺激匹配计划　401K 计划

TSP 养老金计划　雇员股权计划

【复习思考题】

1. 简述美国联邦社会保障基金的主管部门及其职能分工。
2. 美国联邦社会保障基金的筹集具有哪些模式？各有什么特点？
3. 简述美国联邦社会保障基金筹集的日常管理程序。
4. 为什么美国联邦社会保障基金要进行投资改革？
5. 新泽西州在社会保障基金投资方面有哪些管理原则？
6. 在美国，待遇预定型私有退休保障基金具有哪些特点？
7. 在美国，建立一项私有退休保障基金计划，必须遵守哪些规则？
8. 美国私有退休保障基金费用的筹集具有哪些特点？

【应用案例 1】

1999—2013 年美国联邦社会保障基金投资运营状况及预测（10 亿美元）

年份	总收入①				支出				净资产		
	合计②	净供款额	对发放的社会保障金征税③	净利息	合计②	支付社会保障金	行政管理费	铁路系统转移支付	当年净增加额	年底金额	信托基金比率④
1999	526.6	459.6	11.6	55.5	392.9	385.8	3.3	3.8	133.7	896.1	194
2000	568.4	492.5	12.3	64.5	415.1	407.6	3.8	3.7	153.3	1 049.4	216

续表

年份	总收入①				支出			净资产		
	合计②	净供款额	对发放的社会保障金征税③	净利息	合计②	支付社会保障金	行政管理费	铁路系统转移支付	当年净增加额	年底金额	信托基金比率④
2001	602.0	516.4	12.7	72.9	438.9	431.9	3.7	3.3	163.1	1 212.5	239
2002	627.1	532.5	13.8	80.4	461.7	453.8	4.2	3.6	165.4	1 378.0	263
2003	631.9	533.5	13.4	84.9	479.1	470.8	4.6	3.7	152.8	1 530.8	288
2004	653.7	550.9	13.8	88.9	500.3	491.8	4.7	3.8	153.4	1 684.1	306
2005	700.7	589.8	15.5	95.5	517.6	508.8	4.9	3.9	183.2	1 867.3	325
2006	738.5	617.8	16.7	104.0	538.3	529.6	4.9	3.7	200.2	2 067.5	347
2007	782.5	649.1	18.4	115.0	563.4	554.6	5.0	3.9	219.0	2 286.6	367
2008	830.5	680.6	21.4	128.6	594.0	585.0	5.1	3.9	236.5	2 523.1	385
2009	878.3	713.5	21.8	142.9	631.6	622.5	5.2	3.9	246.6	2 769.7	399
2010	929.8	747.8	24.1	157.9	670.0	660.6	5.4	4.1	259.8	3 029.6	413
2011	985.3	783.3	28.6	173.9	711.9	702.3	5.6	4.0	273.8	3 303.3	426
2012	1 040.6	818.8	31.8	190.0	760.3	750.2	5.8	4.3	280.2	3 583.5	434
2013	1 095.2	853.8	35.2	206.2	811.6	801.1	6.0	4.4	283.6	3 867.1	442

说明：①“总收入”包括社会保障基金与财政普通基金（the General Fund of the Treasury）之间的②③④转移，该转移资金没有包括在表中收入的各列中。该转移支付包括1957年之前的军事服务的非供款的工资抵扣，支付给在1968年达到72岁而又不能得到社会保险的人的社会保障补助。估计在预测期内，每年这些转移支付额少于50万美元。②合计数不一定等于分项之和。③美国联邦政府对联邦政府发放给个人的退休金等社会保障金，超过一定数额后，征收收入所得税。④“信托基金比率”是指一年（也是“年底金额”栏中的前一年底的资产）的开始时的资产相当于这一年支出的百分比

资料来源：SSA，2004. 2004 OASDI Trustees Report

【应用案例2】

2010—2080年美国参保劳动力与领取收益人数的中间方案预测值

年份	参保就业劳动力（千人）	领取社会保障收益人数（千人）			参保劳动力与收益领取者之比	每百个参保劳动力负担收益领取人数
		OASI	DI	OASDI		
2010	167 746	43 199	9 285	52 484	3.2	31
2015	173 031	49 481	10 048	59 529	2.9	34
2020	177 070	57 294	10 693	67 987	2.6	38

续表

年份	参保就业劳动力（千人）	领取社会保障收益人数（千人）			参保劳动力与收益领取者之比	每百个参保劳动力负担收益领取人数
		OASI	DI	OASDI		
2025	179 546	64 826	11 802	76 629	2.3	43
2030	181 863	71 454	12 355	83 809	2.2	46
2035	184 518	76 034	12 733	88 768	2.1	48
2040	187 459	78 376	13 150	91 526	2.0	49
2045	190 373	79 900	13 806	93 706	2.0	49
2050	192 929	81 477	14 243	95 720	2.0	50
2055	195 291	83 684	14 625	98 309	2.0	50
2060	197 529	86 226	14 759	100 985	2.0	51
2065	199 711	88 813	14 983	103 796	1.9	52
2070	201 976	91 240	15 164	106 404	1.9	53
2075	204 169	93 406	15 451	108 857	1.9	53
2080	206 243	95 600	15 710	111 310	1.9	54

说明：①收益领取者是指每年 6 月 30 日的领取人数。②收益领取者不包括没有参加社会保险资格而只是领取社会保障救济金的人数，他们由两部分组成，一是在 1968 年以前已经达到 72 岁，二是缴费时间刚超过 3 个季度，这两部分人的社会保障救济金由财政部支付。③本表中的历史数据是最新修改过的，可能与以往类似数据不一致。④合计数不一定等于分项之和

资料来源：SSA，2004. 2004 OASDI Trustees Report

【应用案例 3】

2004—2078 年美国社会保障基金精算平衡状况（中等预测方案）

项　　目	OASI	DI	两者合计
按 2004 年 1 月 1 日价格计算（10 亿美元）：			
a. 工薪税收入	22 359	3 797	26 156
b. 发放的社会保障金的征税收入	1 426	117	1 543
c. 税收总额（$a+b$）	23 785	3 913	27 699
d. 支出与成本	28 183	4 745	32 928
e. 支出与成本减税收总额（$d-c$）	4 397	832	5 229

续表

项目	OASI	DI	两者合计
f. 期初信托基金资产	1 355	175	1 531
g. 无积累的社会保障基金债务（$e-f$）	3 042	656	3 699
h. 期末信托基金	248	38	286
i. 税收总额减支出与成本，加期初资产，减期末信托基金（$c-d+f-h=-g-h$）	−3 290	−694	−3 985
j. 可征税工资总额	211 182	211 182	211 182
精算平衡（$100\times i/j$）	−1.56	−0.33	−1.89

说明：合计数不一定等于分项之和

资料来源：SSA，2004. 2004 OASDI Trustees Report

第三章

其他国家社会保障基金的营运管理

学习目标

本章的主要内容有：日本社会保障基金的种类，日本社会保障基金的营运管理，日本社会保障基金的改革。韩国社会保障基金的产生背景，韩国社会保险基金的营运管理。法国社会保障基金的营运管理，东欧社会保障基金的营运管理，瑞典养老保障基金的营运管理改革。智利社会保障基金的营运管理，新加坡社会保障基金的营运管理。其中重点掌握的内容有：日本养老保障基金的几个层次，日本公共养老保障基金与非公共养老保障基金的区别，韩国的雇佣保险基金，英国社会保障基金的投资范围，法国国家储备基金，东欧社会保障制度的改革，智利社会保障基金的筹集与发放，智利社会保障基金的投资管理机构，新加坡的中央公积金制度。

第一节 日本社会保障基金的营运管理

一、日本社会保障基金的种类

日本的社会保障基金种类繁多，结构复杂，主要包括养老保障基金、医疗保障基金、失业保障基金和工伤事故保障基金等。

（一）日本的养老保障基金

日本实行多层次的养老保障制度，与之相对应的是多层次的养老保障基金，比较明显地体现为三个层次。其中第一、二层次由政府运营并强制公民加入，被称为公共养老保障基金；第三层次可由企业自主运营、公民自主参加，故被称为非公共养老保障基金。受多层次养老体系覆盖的日本居民可以分为非受雇人员（自营者、农民和学生）、公营和私营部门的雇员、私营部门雇员的配偶三大类，分别被称做第一类被保险人、第二类被保险人和第三类被保险人。第一层次的养老保障基金又称基本养老保障基金，日本国内三类被保险人都被其覆盖。它大致分为三类，国民养老保障基金——覆盖第一类被保险人，雇员养老保障基金——覆盖第二类被保险人中的私营部门雇员和第三类被保险人，互助养老保障基金——覆盖第二类被保险人中的公务人员（政府公务员和教师）。第二层次养老保障基金制度包括两大类型，即雇员养老保障基金和互助养老保障基金。其中，前者覆盖第二类被保险人中的私营部门雇员和第三类被保险人，后者覆盖第二类被保险人中的公务人员（政府公务员和教师）。结合第一层次养老保障基金制度，可以看出，雇员养老保障基金和互助养老保障基金实际上是第一、二层次相结合的保障制度，它们既为各自的保险对象提供领取金额相同的基本养老保障基金，又提供与被保障对象收入相关、领取金额不同的养老保障基金。第三层次又称职业养老保障基金或公司养老保障基金，主要包括国民养老保障基金、雇员养老保障基金、税收合格养老保障基金等。国民养老保障基金主要覆盖第一类被保险人（他们没有第二层次的养老保障），而雇员养老保障基金和税收合格养老保障基金主要覆盖第一类被保险人中的私营部门雇员。

1. 公共养老保障基金

在日本的公共养老保障基金中，有代表性的是国民养老保障基金（NP）与雇员养老保障基金（EPI）。其中国民养老保障基金（NP）设立于1959年，并于1961年正式实施，目的是向日本的非受雇人员如自谋职业者、农民、失业者以及学生提供养老保障。1985年日本修改了《国民养老金法》，规定从1986年4月开始，工薪族（公私部门雇员）也必须加入这一养老保障制度，从而将NP扩大到包括雇员养老保障基金和互助养老保障基金的参加者，使国民养老保障基金成为政府强制、覆盖全民、现收现付、缴费相同和受益标准相同的统一的养老保障基金制度，因此，NP在日本也被称为基础养老保障基金；雇员养老保障基金（EPI）于1942年建立，其目的之一是为战争提供稳定的储蓄。它主要覆盖私营部门的雇员，是一种政府强制、受益与收入相关的养老储蓄保障计划。在日本，参加EPI计划的雇员可以得到两部分保障，第一部分来自于基本养老保障基金的与收入水平无关的统一领取金额，第二部分来自于EPI计划中收入水平越高领取数量越多的金额。这部分领取金额的计算公式是：0.712 5%×指数化后的平均收入（不包括奖金）×保险年限①。使用这一计算公式，缴费达40年的工人，其第二部分领取金额将达到实际平均收入的30%。另外，当已婚工人及其配偶退休时，来自第一部分的统一领取金额能获得超过50%的替代率。这样参加EPI计划的雇员总共可获得80%的替代率。自1986年起，日本公共部门和私营部门雇员及其配偶主要通过向雇员养老保障基金（EPI）及互助养老保障基金（MAP）的强制性缴费参加国民养老保障基金制度，而非直接向国民养老保障基金缴费。每年，雇员养老保障基金及互助养老保障基金都要向国民养老保障基金转移足够的资金来为其受保的雇员及配偶支付保障费用或按规定可以领取的保障基金。

2. 非公共养老保障基金

在日本的非公共养老保障基金中，比较有代表性的是国民养老保障基金（NPF）、税收合格养老保障基金（TQPP）与雇员养老保障基金（EPF）。其中，国民养老保障基金（NPF）于1991年4月建立并实施。该制度以第一类被保险人为对象，向这类人群中不满足于第一层次国民养老保障基金者提供更高层次的养老保障。但只有大约4%的第一类被保险人向该基金缴费。养老保障基金支付分无期与有期两种，另外金额也可以自主选择，国家提供税收优惠。保险费用的税收上限为每月68 000日元，受保对象领取国民养老金时无需缴纳税款。税收合格养老保障基金（TQPP）于1962年初建，公司规模不论大小均可选择参与，但即使是小公司也应该至少有15个雇员。虽然理论上也允许雇员缴费，但大多数公司的税收合格养老保障基金基本上是完全通过雇主缴纳保障费用。政府允许税收合格养老保障基金开展投资活动，并每年对其征收相当于资产总额1.173%的年资产税。税收合格养老保障基金受日本财政部的监管，2002年4月《确定

---

① 该系数2000年以前为0.75%。

缴费养老金法案》生效后，日本政府允许税收合格养老保障基金在 10 年的过渡期内待遇预定型向缴费预定型养老保障基金转变。雇员养老保障基金（EPF）于 1966 年开始实施，其目的是在政府提供的与收入水平相关的养老保障基金之外，让退休工人享受由公司提供的收入相关保障。其法律根据是 1965 年 10 月 1 日出台的《雇员年金保险法》，主要以员工人数在 500 名及 500 名以上的大企业为参保对象。它由于代管一部分雇员养老保障基金（EPI）而在税制上享受较多优惠，只要雇员养老保障基金能够提供其应付保障费用的 130%，设立雇员养老保障基金计划的公司即可以从政府养老保障基金中解约，不向其缴费。

3. 一次性退休津贴制度

除此之外，日本的许多私营公司还提供一次性退休津贴制度。在日本，90%以上的公司雇员享受退休离职津贴，具体金额与工作和收入年限相联系，其资金来源于公司营运收入。当工人离开公司时，退休离职津贴一次性支付。大公司的普通男性退休者在退休时会得到大约 2 500 万日元的离职津贴，相当于 38 个月左右的收入。另外，“以公司为基础的固定缴费制养老金计划”（覆盖第二类被保险人中的私营部门雇员）；“以个人为基础的固定缴费制养老金计划”（覆盖第一类被保险人）；人寿保险公司提供的养老金（覆盖所有愿意购买寿险公司年金的人）等，均可为日本居民退休后的生活提供收入保证。其具体情况见表 3—1。

表 3—1　　日本养老保障基金制度的具体情况

养老金类别		公共养老金			半公共养老金	
		基本养老金	雇员养老保险	互助养老金	雇员养老金基金	国民养老金基金
基本情况	养老金性质	基本，第一层，强制	补充，第二层，强制	补充，第二层，强制	补充，第三层，自由选择	补充，第三层，自由选择
	保险人	政府	政府	互助协会	企业（超 500 人）	政府
	参保人资格	第一、二、三类型	65 岁以下企业雇员	公务员和教师	上述企业雇员	第一类被保险人
	缴费类型	固定金额	工资固定比例	工资固定比	工资固定比例	缴费者自由选择
	雇员平均缴费（工资百分比）	不详	8.68%（包括为基本养老金所交保险费）	8.2%～9.20%（含为基本养老金所交保险费）	1.6%～1.9%	不详
	雇主平均缴费（工资百分比）	不缴费	8.68%（包括为基本养老所交保险费）	8.28%～9.20%（含为基本养老所交保险费）	1.6%～1.9%	不缴费

续表

养老金类别			公共养老金			半公共养老金	
			基本养老金	雇员养老保险	互助养老金	雇员养老金基金	国民养老金基金
受益情况	受益类型		固定金额	收入相关	收入相关	收入相关	保险费相关
	养老受益（老年）	计算方法	804 200 ×[(保险月份+1/3×豁免月份)/480]	(月收入×0.712 5%×保险月份×调整率)+被赡养者津贴	(月收入×0.9%×保险月份×调整率)+被赡养者津贴	参保期间的月平均工资×固定费率+α	取决于保险费及加入时的年龄
		开始受益年龄	65 岁	65 岁	65 岁	65 岁	65 岁
	养老受益（残疾）	类型	固定受益	收入相关	收入相关	不详	
		计算方法	1 005 300（一级残疾）或 804 200（二级残疾）+被赡养者津贴	月收入×0.712 5%×投保月份×调整率+被赡养者津贴（一级和二级残疾）	老年养老金×1.25+被赡养者津贴（一级残疾）老年养老金（二级残疾）	不详	
		月均受益	76 666 日元	106 829 日元	数据不详		
	养老受益（鳏寡）	类型	固定受益	收入相关	收入相关	不详	
		计算方法	804 200 日元+儿童津贴（给母亲）	老年津贴的四分之三（给配偶或近亲）	老年津贴的四分之三（给配偶或近亲）		
		月均受益（日元）	83 502	91 405	数据不详		

资料来源：http：//www.gutx.com，所有数字都截止到 2001 年年末

（二）日本的其他社会保障基金

1. 医疗保障基金

日本的医疗保障基金主要分为国民健康保险基金、工薪收入者健康保险基金以及老人保健基金。国民健康保险基金以从事农林渔业的人员、个体经营者、小企业雇员、无业人员为保险对象，日本法律于 1922 年即作出规定要求上述人员必须强制参加，并于 1958 年修订了相关法律条款；工薪收入者健康保险以工薪者及其家属为保障对象，也由日本法律于 1938 年作出强制参加的规定并于 1984 年进行了修订。为便于政策的推行，国民健康保险基金以家庭为单位缴纳，工薪收入者健康保险基金目前缴费率为员工工资的 8.2%左右，由单位和员工各负担 50%。老人保健是向年龄在 70 岁以上的老人提供的医疗保障，所需费用的 70%由中央政府负担，其余的 30%由地方政府负担。

2. 失业保障基金

日本的失业保险制度框架与失业保障基金营运规定主要体现在 1975 年颁布的《就业保险法》中。被保险人包括全国各行业职工，农林渔业的个体经营者和雇佣人数在 4 人以下的小企业可自行决定是否参加。失业保障费用由国家、单位和个人三方负担，失业保障费用的缴纳标准为被保险人工资总额的 14.5%，其中 11%由企业和员工各负担一半作为失业救济金，3.5%由企业负担在必要时向失业者支付基本津贴、学习技能津贴、寄宿津贴、丧病津贴四项雇用福利费开支。农业、渔业、酿酒和建筑业分别按工资总额的 16.5%与 17.5%缴纳失业保障费用，其中均以 13%的标准由企业和员工各负担一半作为失业救济金，再分别 3.5%和 4.5%的标准由企业负担作为四项雇用福利费开支。享受失业救济的条件是：最近 12 个月至少缴纳了 6 个月的保险费用且在公立职业保障所登记失业者，失业救济标准为投保人失业前 6 个月平均工资的 60%～80%，最低一天 2 570日元，最高一天 7 330 日元，上述标准可根据情况的变化而作调整。失业救济金的领取期限根据投保时间、保障对象的年龄和就业可能性决定，一般 55 岁以下的失业者为 8 个月，55 岁及以上的失业者为 10 个月。失业救济金于保障对象失业 7 天后开始支付，一年内支付 3～10 个月，季节工按 50 天的标准支付。主管单位和公立职业保障所负责征收失业保险费用和管理地方失业救济业务，中央政府的劳动省职业保障局负责管理全国失业救济业务和都、道、府、县劳动部门的失业保险。中央财政负责失业救济费用的 25%和失业保障基金营运的管理费用，这部分费用在整个失业救济基金支出中占 25%～35%。

3. 工伤保障基金

日本的工伤事故保障基金始建于 1911 年，在近百年的历史中日趋完善。目前资金来源主要由企业根据所从事业务的危险程度和发生工伤的概率大小，按照工资总额的 0.5%～12%缴纳，如果某一时期出现支出亏空，则政府在财政预算范围内给予补贴。目前，日本主要提供以下三种类型的工伤事故保障补偿：一是永久残疾抚恤金。根据保障对象的伤残程度，除给予包括内外科治疗、住院护理、牙科诊治、药品、辅助器具以及相关费用支付外，还可得到一年 131～313 天的平均工资，或 8 万～342 万日元的永久性伤残补助。二是暂时伤残补助金。在暂时伤残期间，保障对象可按自己伤残前月平均工资的 60%，外加月平均工资 20%的特别补助获得补偿，一般从发生工伤的第 3 天开始领取。如果伤残 1 年半后仍不能从事正常工作，从第 19 个月起，提供长期性的伤残补助，金额视伤情而定。每年还可得到按本人特别津贴计发的保证金，并根据国家规定标准定期调整。三是遗属抚恤金。如果保障对象因工死亡，其遗属人得到相应的补偿。

在日本，遗属范围包括配偶、子女、父母、祖父母、孙子女以及保障对象供养的兄弟姐妹。遗属抚恤金的数额根据遗属的多少而定，1年一般为因工死亡者153～245天的平均日收入以及300万日元的一次性特别补贴。

另外，在日本的社会保障基金中还提供多子女津贴。凡有3个及3个以上18岁以下子女的居民，其中至少有一个未完成义务教育，均可申请该项津贴。具体金额多少视申请者家庭收入情况分别核定。

二、日本社会保障基金的营运管理

以日本养老基金的营运管理为例。日本养老保险费用的收取大体上可分为两类：一类是法定的或基本的收费，以提供基本支付为目的。另一类是收入高且自愿在年轻时多缴保费，老年时多得年金的人员自主选择的收费，政府也承担一部分费用。中央财政对养老保险的补贴主要是两个方面：一是承担全部老年基础年金1/3的金额，二是按规定负担老年基础年金免缴保费者免缴期间的支付额。养老金的支付除了基础部分之外，还要考虑物价和工资的增长。也就是说，在养老金支付额中，还包括随工资上升而增加的“工资浮动”部分和随物价上涨而上浮的“物价浮动”部分。基本养老保障基金给付额不但与每年的消费者价格联动，而且大约每过5年，根据居民实际生活水平进行调整。雇员养老保障基金与收入成比例的给付部分也参照过去收入和物价水平指数变动。2000年4月后，日本政府规定基础养老保障基金及雇员养老保障基金给付不再与实际生活水平或社会平均工资水平挂钩，仅保留与物价水平挂钩。尽管如此，目前一对老年夫妇只要在退休前缴足了公共养老保障基金保险费，就能每月领到金额约为23万日元的收入，相当于在职人员平均实际月收入的80%，在有自己住宅的前提下，生活费、服装费、医疗费、交通费、通信费和娱乐费都能得到基本保证。

日本社会保障基金的中央管理组织为厚生省的年金局及社会保险厅。年金局主要负责拟定国民养老保障基金（NP）与雇员养老保障基金（EPI）计划，计算统计国民养老保障基金（NP）与雇员养老保障基金（EPI）的运行情况并实施指导监督。社会保险厅主要负责非公共养老保障基金和健康保险基金制度的实施。地方管理组织包括都、道、府、县、厅和地方事务所。都、道、府、县、厅负责实施本管辖范围内的国民养老保障基金（NP）制度，对国民养老保障基金（NP）进行指导监督。地方事务所负责实施健康保险制度、船员保险制度、厚生年金保险制度，并对健康保险会、厚生年金基金、保险医疗机构进行指导监督。

在日本多层次社会保障基金计划中，主要是现收现付制和待遇预定型。随着2001年10月《确定缴费养老金法案》的通过，开始出现待遇预定型与缴费预定型相结合的局面，但总体而言，所占比例很小。日本国民养老保障基金（NP）起步时采取的是个人账户储蓄方式，20世纪80年代以后，逐渐引入课税方式，在征收的地方税和个人收入所得税中，提留一部分作为社会保障基金的财源。目前的征收方式是个人账户储蓄和课税并举。个人账户储蓄可以为将来的养老保障基金支付提供一个比较稳定的财源，而课税又为现收现付创造了经济基础，正是取长避短之作法，相当于部分积累制。

从投资角度考察，日本的社会保障储备基金投资主要是养老保障基金的投资。日本养老保障基金的投资由政府设立的基金公司管理，主要通过信托银行投资于国内外的股票和债券获取收益。为控制风险，对于每笔运营资金的规模均规定了上下限，除了要求计提50%以上的安全性资产外，投资股票不能超过30%，外币计价资产不能超过30%，不动产不超过20%，称为5—3—3—2管制。到20世纪90年代中期，随着金融自由化的推行，养老金投资限制才开始放松。从1996年起，5—3—3—2管制仅适用于基础养老金本身，其他基金可自由掌握。从1997年开始，基础养老基金的资产评估办法由账面价格评估改为市价评估。引进了“受托人责任指南”，明确了基金受托人的责任。据此，负责基金运作的责任人要承担诸如选择投资对象及受托机构、向加入基金的成员说明基金整体经营情况的义务等，促使代理养老资产营运机构转变为高效率的机构投资者。但任何投资都离不开具体的市场背景，日本社会保障基金的投资效果与日本金融市场与国际金融市场的运行情况密切相关，有取得高额投资回报的记录，也出现过巨额亏损。在1992年以前，日本的养老基金投资收益率一直维持在5.5%以上，为其保持较高的收益给付水平提供了物质条件。但自1992年以后，日本经济增长率出现下滑趋势，社会保障基金投资收益大幅减少甚至是负收益。据日本厚生劳动省宣布，2000年亏损2.3亿日元，2001年亏损1.3万亿日元，2002年亏损3.06万亿日元，其中投资国内股市亏损20 452亿日元，投资国外股市亏损14 680亿日元①。近几年来，随着全球证券市场形势的向好以及日本国内经济的稳定发展，日本社会保障基金的投资情况明显好转。

另外，日本一些大企业的年金也存在投资管理问题。目前日本的大部分企业实际上把年金分为两部分，一部分一次性支付，另一部分以年金方式支付。这样做的好处是，既可以把一笔钱留在企业，调度使用方便，同时又另有一笔钱用来投资以保值增值，免除了职工对企业未来支付能力的担心。企业年金的大部分费用由企业承担，个人按一定比例分担。在缴费方式上按照“预先积累方式”筹

① 资料来源：新华网2003年7月27日。

集，即制度建立初期多收保障费用，积累起一笔保障基金，待达到一定积累额之后，再按照收支相等原则进行支付。一次性支付的数额原则上与职工在本企业工作年限及退休时基本工资高低挂钩，但事先并不许诺，要根据支付时的具体情况来决定。如果职工退休时企业经济状况不好，也可以少支付。企业为员工设置的年金与国民养老保障基金（NP）相加在公务员退休时的保障水平（相当于退休时工资的70%）以内，可以列入成本开支。如果超过了这一水平，超过部分要缴纳税收。在日本，企业年金一般由企业委托信托银行和人寿保险公司投资管理并向保障对象支付。企业要分别与员工和信托银行或人寿保险公司签订年金合同；员工先将本人应负担的保障费用交给企业，再由企业将员工所缴费用和企业应负担的费用交给信托银行或人寿保险公司。信托银行和人寿保险公司可以运用这笔资金进行投资，投资方向包括国债、贷款、动产信托、股票、不动产以及外汇等。企业员工退休后，由信托银行按规定向员工支付退休金。如果基金实现增值，超过了需要支付的数量，可以将规定保留额以外的部分退还给企业。

三、日本社会保障基金的改革

由于快速老年化、低经济增长率、接近零的利率水平等原因，日本的公共养老保障基金中，国民养老保障基金（NP）与雇员养老保障基金（EPI）在20世纪90年代面临了比较严重的财务危机。一是逃费和违约现象。应参加而未参加该计划的居民（即第一类被保险人）越来越多，参加后未全额缴费的居民数量也在增加，这两类现象在年青一代中更加普遍。据统计，目前在日本大约有近1/3的保障对象拒缴或者滞缴社会保障基金，这1/3的人群中有生活在贫困线以下的贫困者、失业者，也有一些属于虽然有支付能力但对政府所运作的社会保障基金持不信任态度而拒绝缴纳的人。滞纳或者拒缴保障费用人数的增加，意味着将来拿不到保障金或者只能拿到最低限额保障金人数的绝对增加，相当一部分人将自动被排除在社会保障制度之外，从而使支撑当代老人养老经济负担的基础出现倾斜。二是最低缴费期限问题。日本人终生受雇一家公司这一工作格局正在逐渐发生变化。许多人开始转换工作，其养老保障基金的收付状况也随之发生变化，这对于生育孩子后又加入劳动者队伍的妇女尤其明显，而强制规定养老金领取前的最低支付期限变得越来越困难。国民养老保障基金（NP）的参加者只有缴费达20年才能获得全部受益，雇员养老金基金（EPF）也要求有最低缴费期限要求。许多日本人尤其是妇女无法满足这一要求，因而不能获得全额养老金。三是受益水平与代际补贴。由于日本的养老保障支付水平与物价指数联动，物价上涨支付水平提高，物价指数下跌支付水平降低，但实际执行结果只能是前者。即使物价下跌，减少给付水平会因为强大的政治压力而难以实施，因此，日本的养老保障水平与世界上其他国家相比一直处于偏高水平。代际补贴是指参加养老金体系的年青一代人对年老一代人的补贴。据日本厚生省人口与社会保障研究所估计，日本未来人口会显示快速老年化趋势，到2020年将达到高峰，并持续到21世纪中叶。代际补贴正是由于老年人口的增多与养老保障水平过高造成的。代际补贴的存在导致越来越多的日本年轻人拒绝参加养老保障，这使养老保障基金的财务困难进一步加大。

为了探索解决上述问题的方法，日本于2000年和2001年分别对公共养老保障基金制度和非公共养老保障基金制度进行了改革。

2000年公共养老保障基金改革的重点是增收和减支。从增收方面看，主要是把财政补贴从占国民养老保障基金（NP）系统年养老保障支出成本的1/3增加到1/2，夯实了基金的经济基础。从减支方面看，雇员养老保障基金（EPI）参加者第二部分受益额的受益公式，其系数从0.75%降到0.7125%，降幅约达5%，65岁及65岁以上的受益人的退休支付额（EPI和NP）从与工资指数挂钩转为与物价指数挂钩。未来的受益人享受EPI养老金的正常退休年龄由60岁提高到65岁。据估算，2000年的改革总共削减了养老保障受益支出的20%左右。

2001年非公共养老保障基金改革的重点是当年6月日本政府通过了关于公司养老保障基金改革的立法。这一立法对缴费预定型与待遇预定型的公司养老保障基金的设立与营运管理都做出了相关规定。关于缴费预定型养老保障基金计划的改革内容是：

1. 自2001年10月起，允许公司提供缴费预定型养老保障基金计划。保障费用可以通过公司缴纳，如果计划发起人没有其他养老金计划，符合扣税条件的年最高缴费额为43.2万日元，如果存在另一符合扣税条件的养老保障基金计划，每年可征税的缴费预定型养老保障基金计划最高缴费额可以降至21.6万日元。如果所在公司不提供其他养老金，员工有权选择用税前收入向一缴费预定型养老保障基金计划缴纳费用，年最高缴费金额为18万日元。自谋职业者可以自己建立缴费预定型养老保障基金计划，年最高缴费金额可达81.6万日元。

2. 当员工变换公司时，公司缴费预定型养老保障基金已积存金额可以随身带走。缴费预定型养老保障基金计划的参加者对其缴费所形成的资金，必须提供至少三种投资选择，其中之一是有本金保证的低风险投资品种，参加者可以每三个月改变一次投资配置。

3. 缴费预定型养老保障基金计划的养老金支出可以在60岁时一次性支付，也可以支付年金，但支出在70岁时必须开始。60岁年龄的人必须有至少十年的参加期。公司在发起设立缴费预定型养老保障基金计划之前必须获得员工允许，在解散旧的待遇预定型计划、转向新的缴费预定型计划之前，必须获得至少一半员工的同意。待遇预定型计划的改革内容是：提供税收合格养老保障基金（TQPP）计划的公司需要在十年内终结它们，提供雇员养老保障基金（EPF）计划的公司允许退出雇员养老保障基金（EPF）计划中替代部分。但新建立的待遇预定型养老保障基金计划将不再享受豁免资产税的待遇。另外，所有公司建立的缴费预定型与待遇预定型养老保障基金计划均由日本健康、劳动和福利部（MHLW）履行监管职责。

第二节 韩国社会保障基金的营运管理

一、韩国社会保障基金的产生背景

韩国社会保障制度和社会保障基金的建立与完善经历了3个较为清晰的阶段。

第一阶段是20世纪60年代。其特点是有关社会保障的法律大量形成时期。20世纪60年代以前，韩国经济落后，社会混乱，没有任何社会保障制度。60年代初，政府把发展经济和建设福利国家定为政治目标，宪法第30条第一款里明确提出了国民的生存权利，在第二款里提出了福利国家的义务，并制定了一系列有关社会福利的法律。然而当时遵循先增长后分配的原则，那些法律付诸实施的很少。国民对社会保障的要求也不强烈，要先解决温饱问题，只要有活干就满足，多数民众认为靠传统的家族关系和互相帮助比国家的救贫政策更加道德而优越，一些政府官员和学者甚至认为实行社会保障制度容易产生福利病，在韩国实行为时过早。政府实际上以消除贫困为当时的主要战略，通过福利政策保障生存权还只是一个长远目标。由于国家财政有限和经济发展优先，60年代韩国的社会保障政策基本停留在救济和抚恤上，真正得到落实的只有公务员年金、军人年金等特殊部门的社会保障和产业灾害补偿保险，而这些还算不上是规范化的社会保障，只是雇主责任的法定化。

第二阶段是20世纪70年代。其特点是社会保障制度的中心是实施以扶贫为主的社会福利政策。1970年，韩国制定了《社会福利事业法》、1973年制定了《国民福利年金法》，还设立了国民福利年金特别会计，进行有关基金事务的财务管理。由于1973年的石油危机，国民福利年金制度不得不推迟实行。1976年修改了1963年制定的《医疗保险法》，准备全面实行。但政府通过比较发现发达国家的社会保障制度出现了财政赤字，认为为了维持经济持续、高速的发展，需要国家集中财力全力以赴，政府尚没有能力承担为国民提供医疗保障的负担，总统的施行令迟迟不颁布，医疗保险制度便一直处于试点阶段。社会保障基金的支出主要是对没有生活来源的老年人、残疾人以及孤儿的救济，仅停留在维护社会和谐发展的初级层面。

第三阶段是20世纪80年代。其特点是社会保障制度的全面实施和社会保障基金不断发展壮大。1980年10月27日，韩国制定并颁布的第五共和国宪法中，在“国民的权利和义务”中第9条增加了追求幸福权，第30条第一款增加了适当工资请求权，第32条第二款增加了社会福利权、第33条增加了环境权等，而且在经济条款中规定了保护社会上的弱者，从法律上赋予公民有获得一系列社会保障的权利。同时韩国还把1982年开始的第五个五年计划改名为“经济社会发展计划”。但此时政府对福利政策的看法依然是消极的而不是积极的，认为实行福利政策的费用是非生产性的。韩国的社会保障制度从1987年开始出现转机。社会保障从口号转为实施，落实了全民医疗保险、国民年金和最低工资制度三项措施。1989年，通过了地方自治法，要求地方设立专门的社会保障机构，解决区域性福利问题。以设施收容保护为中心的社会福利事业开始转向以社区福利服务和家庭福利服务为中心，配备了社会保障部门的专职人员，增加了托儿机构设施的建设，提高了对残疾人的经济补助标准。使社会保障政策从与市场经济原则对立的领域变成了与政治、经济不可分离的领域。1993年金泳三政府上台后，社会保障方面的重点放在现有制度的落实上，新出台的雇佣保险政策提出了许多新主张，包括预防失业、促进就业、改善雇佣结构以及劳动者的能力开发等，把就业保障政策与劳动政策结合起来，通过人力开发、技术培训等进一步挖掘经济增长的潜力。

韩国社会保障基金大体上分为社会保险基金、公共救济基金和社会福利基金三部分，以社会保险基金为中心，为国民提供医疗保障和收入保障是其建立社会保障基金所要达到的主要目的。总的说来，社会保障基金支出在国民生产总值中所占的比重与发达国家相比仍处于偏低水平。究其原因，微观上，韩国是以家庭为中心的有儒教传统的社会，政策上鼓励提供以家庭为单位的保障，即有条件的老年人和残疾人提倡由各个家庭负责，国家在居住、税收等方面给予优惠；宏观上，韩国政府一直坚持社会保障和经济增长均衡发展的原则，有意避免一些实行福利制度的国家因社会保障基金支出过多而陷入财政危机的困境。

二、韩国社会保险基金的营运管理

目前，韩国的社会保险基金主要有年金保险基金、医疗保险基金、产业灾害补偿保险基金以及失业保险基金等。

（一）年金保险基金

韩国的年金制度分为两大类，一类是以公务员、军人、私立学校教职员为对象的年金，另一类是以一般劳动人民为对象的国民年金。这些年金的建立与营运都有相关的法律与之配套，这些法律有《公务员年金法》(1962 年)、《军人年金法》(1963 年)、《私立学校教职员年金法》(1974 年)、《国民福利年金法》(1973 年)、《国民年金法》(1986 年)、《雇佣保险法》(1993 年）等。

1. 公务员年金

公务员年金适用于国家公务员、地方公务员以及其遗属，在韩国国立学校的教职员工也被纳入公务员系列，公务员年金由韩国的公务员年金管理公团主管。保障费用由公务员按月收入的 5.5%缴纳，如果保障对象的工龄在 33 年及 33 年以上即可免缴，韩国中央或地方政府再按公务员月收入的 5.5%给予匹配缴纳，并单独负担灾害补偿保障金。符合条件的保障对象可以获得分短期和长期两类共达 18 种的保障项目，短期保障包括医疗费用、灾害补偿等，长期保障包括退休养老金、伤残补助年金及遗属年金等；军人年金适用于现役军人和其遗属，由韩国国防部主管。现役军人按月收入的 5.5%缴纳，如果保障对象的军龄在 33 年及 33 年以上即可免缴，中央政府再按军人月收入的 5.5%给予匹配缴纳，并单独负担灾害补偿保障金。保障项目包括退役年金、伤残军人年金和遗属年金。军人保险适用于中士以上军人，保险期为 10 年。1 人 1 个账户，每个账户每月缴纳规定金额的保障费用，其中 1/3 由中央政府负担，2/3 由军人自己负担。军人保险基金由各军兵种参谋长负责主管，保险费用统一存入韩国银行援护特别会计保险账户。保险期满本金全部退还，退役者加 5 分利息，因病或其他身心障碍而退役者本金全部退还，加 5 分利息再加 30%的利息收入，死亡或因服役而身心受损伤退役者本金全部退还，加 5 分利息再加 50%的利息收入。私立学校教职员年金的保障对象是韩国私立学校的教职员工，由教育部私立教职员年金管理公团主管。教职员工本人按月收入的 5.5%缴纳保障费用，学校再按教职员工月收入的 3.5%匹配，政府按教职员工月收入的 2%匹配并承担营运管理费用，年金保障支出标准与公务员相同。

2. 国民年金

国民年金的保障对象是韩国 18 岁至 60 岁的一般国民。韩国于 1973 年 12 月颁布过《国民福利年金法》，要求对年老、残疾、死亡等丧失劳动能力的国民提供相关保障，但由于政府投入不足未能付诸实施。1986 年韩国再次制定并发布了《国民年金法》，并采取有效措施于 1988 年 1 月开始推行。国民年金由韩国保健福祉部国民年金管理公团主管，保障对象分单位加入者、地区加入者和任意加入者三类。原规定单位加入者应该是雇佣 10 人及以上的单位且是强制性义务加入，1991 年改为 5 人及以上的单位，1995 年 7 月开始扩大到农村和渔村，农民和渔民也必须义务加入。雇佣人数在 5 人以下的单位和城市自谋职业者最初可以选择自愿加入，但目前也已进入国民年金的覆盖范围。韩国的国民年金被视为韩国整个社会保障体系的核心部分，在退休养老保障中发挥着最重要的作用。韩国的国民年金采用公积金方式，目前已形成了颇具规模的累积额，国民年金的保障费用，从 1988 年起开始每 5 年调整一次，原则上一切费用由参保对象负担，雇佣 5 人以上单位的保障费用由雇主和雇员各负担一半，而考虑到农民和渔民的负担能力，由国家给予一定比例的财政支持。国民年金的支出主要用于养老保障年金支出、残疾人年金支出、遗属年金支出及一次性补偿金支出。韩国养老保障年金的享受资格是缴费 20 年及以上，受益年龄男性从 60 岁开始，女性从 55 岁开始，一直到受益对象死亡为止，是终生年金。遗属年金的受益额和残疾人年金的受益额按养老保障年金的一定的比率发给，该比率的高低取决于加入社会保障的时间和受益人的残疾程度。

（二）医疗保险基金

韩国一系列的医疗保险法从 1963 年开始制定，1977 年开始部分实行，1989 年全面实行。分为公务员及私立学校教职员医疗保险、单位医疗保险和地区医疗保险三类，地区医疗保险又分为农村地区和城市地区。单位保险对象为雇佣 5 人及以上的单位，雇佣 5 人以下的单位加入地区保险。医疗保险由韩国保健福祉部医疗保险局主管，再根据费用来源分别管理。公务员及私立学校教职员工的医疗保险由医疗保险基金管理公团管理，一般医疗保险基金实行组合管理，可以是单位组合，也可以是地区组合，目前已有数百个医疗保险基金组合。各基金组合实行独立的财务收支管理。从投保人处收取医疗保障费用，按规定支付医疗费用给为保障对象提供治疗服务的医院或其他卫生组织。所有的医疗保险基金组合由韩国中央医疗保险联合会统一协调管理，医疗保险联合会的主要职能是：对各医疗保险基金组合的工作进行指导，建立和管理医疗设施和福利设施，统一指定医疗单位，审查并核定给予补偿的医疗保障费用等。各医疗保险基金组合的资金来源主要是投保人缴纳的保险费用，国库补助或其他利息收入作为补充。单位医疗保险和公务员、私立学校教职员工医疗保险的费用为标准月收入的 3%～8%，平均为 3.5%。单位组合的保险费用由单位和个人各分担一半，地区组合的保险费用按收入、财产、家庭人口等实行定额制，全部由投保者负担。医疗保险费用的支出分为法定支出和附加支出两部分，前者为医疗、分娩、体检等医药费用，后者为丧葬费用、分娩津贴。如果在已发生的医疗费用中，个人负担太大超过了规定限额时，也可给予补贴。保障对象应在指定医院就医，分娩保险限于本人及其配偶。

韩国政府在推行医疗保障的同时建立了相应的医疗服务体系，根据层次在一国范围内划分为中、大、全国三个医疗圈，提倡就近求医。即一般情况下先在一、二级医疗机构就医，经这些医院同意转院，再到第三级医疗机构就医。如果违反此规定，医疗费用全部由本人负担。医药费用的一部分由患者负担，法定比率是门诊负担30%～55%，住院负担20%，但是挂专家号、超过规定等级等，本人负担一般为50%。保障对象的医药费用由有关医疗保险基金组合申报，经医疗保险联合会审查后支付。韩国保健福祉部根据一定标准每年对医疗机构的医药费用收取标准进行调整。

在韩国，公务员及私立学校教职员工医疗保险基金组合和单位医疗保险基金组合的财政状况较好，近年来累积金额不断增加，主要以银行存款方式出现，投资管理尚未得到有效的展开。而地区医疗保险基金组合一直存在规模不等的赤字，大额医疗费用支出和老人医疗费用支出的一部分靠财政调节，总费用的50%靠国库补助，因此，成为韩国保健福祉部预算的负担。

（三）产业灾害补偿保险基金

韩国的产业灾害补偿保险基金主要根据1963年颁布的《产业灾害补偿保险法》而建立，由韩国劳动部（勤劳福祉公团）主管，保险费用由单位一方负担，员工本人不用履行缴费义务。保险费率根据行业的危险程度分为67种，最低为单位工资总额的0.2%，最高达17.9%，平均为16.4%。开始实行时只适用于采矿业和制造业雇佣500人以上的大企业，后来扩大到雇佣16人以上的电气煤气业、水道卫生设施业、建筑业、服务业等企业，1991年又扩大到雇佣5人以上的企业。保险项目是与业务有关的职业病，因产业灾害而发生的工伤、疾病、致残、死亡等，保障对象如果遭受了以上伤害，可以由产业灾害补偿保险基金根据不同情况支付一定比例的费用补偿接受医疗服务或用于生活补贴。

（四）雇佣保险基金

韩国的雇佣保险基金类似于其他国家的失业保险基金。韩国的《雇用保险法》于1993年制定，1995年7月开始实行，失业保险基金的主管部门是韩国劳动部职业安定局。其建立该基金的目的是消除失业带来的不安，从制度上解决产业结构升级导致一方面对熟练工人产生了大量需求，另一方面现有人员无法适应岗位需要的结构性失业问题。与其他国家失业保险基金不同，它不仅对失业者进行生活救济，而且用积极的政策手段争取事先尽可能防止失业的发生。韩国雇佣保险基金的主要用途有两个：一是减轻失业对社会安定的负面影响。对雇佣不安定、人口流动性大的行业暂时从工作岗位上游离出来的人员提供生活援助，出台经济补偿政策促进景气萎缩的地区增加对就业人口的吸纳，对接受高龄者和妇女就业的单位给予税收优惠，对兴办企业保育设施等促进女工雇佣的建设项目进行资金支援，提供雇佣信息，进行职业指导。二是鼓励职业能力开发。对企业内部员工的在职训练、公民的业余教育及失业者的再就业训练、职业训练设施建设和企业或社会开办的职业能力开发项目等提供经费。

三、韩国公共救济基金的营运管理

公共救济基金不同于社会保险基金，没有保险费用的来源，需要国家用国库资金对低收入阶层进行生活保护或者进行自救。在韩国，公共救济基金主要用于困难人群的生活保护、有功人员的生活保护、灾害与灾难救护三个方面。

（一）困难人群的生活保护

韩国于1961年制定了《生活保护法》，该法规定的生活保护对象需具备下列条件：首先是收入和资产在保健社会部每年规定的生活保护对象划定标准以下，其次是无人抚养或抚养义务者已丧失劳动能力的65岁以上老人、未满18岁的儿童以及孕妇和残疾人。生活保护分为对有劳动能力者的自救保护和对丧失劳动能力者的居宅保护与生活设施保护。保护水平是维持健康而文明的最低生活。生活保护由韩国保健福祉部的社会福祉审议官室与家庭福祉审议官室主管，各市、区、郡与邑、面、洞负责具体工作。对丧失劳动能力者的居宅保护与生活设施保护的基本内容是生计保护、自救保护、教育保护、妇产保护、丧葬保护和医疗保护。对有劳动能力者的自救保护的基本内容是教育保护、职业训练、创业资金融资、就业安排等。其中，妇产保护是孕妇产前产后各1个月的保护，包括助产和产前产后的必要保健；医疗保护是根据1977年颁布的《医疗保护法》，对居宅保护对象和生活设施保护对象提供的从门诊到住院的全部治疗费、医药费，医疗保护对象必须在指定医疗单位就诊或住院；丧葬保护包括治丧和葬礼，费用标准由保健福祉部决定。韩国中央和地方政府从财政收入中拿出一部分建立生活保护基金，生活保护费用支付，基本上是国家负担80%，道负担10%，市、郡负担10%。而作为首都的首尔市因其特殊的地理优势，由国家和首尔各负担一半。

（二）有功人员的生活保护

韩国有功人员的生活保护主要根据1961年颁布的《军事援护补偿法》、1962年颁布的《国家有功者特别援护法》，1984年颁布的《关于国家有功者礼遇的法律规定》执行。此项工作由韩国国家报勋处主管，由地方报勋厅和支厅具体管理，所需费用由国库和报勋基金来解决。在韩国，有功人员是指爱国先烈、爱国志士，战死、战伤、殉职、工伤的军警，殉职、工伤的公务员，武功勋章和报国勋章的获得者及其遗属等。参照不同情况对有功人员及其家人分别发给年金、生活津贴、看护津贴、住宅资金、抚恤金等，也包括教育保护、就业保护、医疗保护、养老保护以及提供贷款、利用交通工具减免费用等。以激发公民的爱国热情，增强民族的凝聚力。

（三）灾害与灾难救护

韩国的灾害与灾难救护根据 1962 年颁布的《灾害救护法》执行，该法规定应设立灾害救护基金，对因旱灾、风灾、水灾、火灾等而集体发生多个罹难者或受害者等突发性事件进行紧急救护。基金筹集由国库负担 70%，地方政府负担 30%。灾害与灾难救护的主管部门为韩国保健福祉部，具体工作由内务部地方组织机构承担。救护内容包括：提供收容设施，提供食品、被褥、学习用品及其他生活必需品，进行医疗和助产，救出罹灾者，对遇灾住宅进行应急修理，发放或借贷给维持生产或生活所需要的资金、器具或材料，就业介绍，办理丧事等。为保证灾害与灾难救护工作的有效工作，韩国还要求国内地方政府设立灾害救护对策委员会，审议落实与救灾有关的事项。

四、韩国社会福利基金的营运管理

韩国社会福利基金的设立和营运开始于 20 世纪 60 年代。从 1961 年起，韩国先后颁布了《儿童福利法》《孤儿收养特例法》《沦落行为等的防止法》《更生保护法》等，为社会福利事业的发展打下了一定的基础。但是政府关心福利问题是从 1968 年成立社会保障审议委员会开始的。该委员会对社会开发长期规划和社会保障问题进行了深入研究，从此在韩国法律上第一次出现了“社会福利事业”的字样，而且从贫困救济和分发救济物资转为对贫困者进行经济支援并提供多种服务的社会福利事业。1970 年，韩国制定了福利服务的基础法《社会福祉法》，但由于财政上的原因，主要是由民间社会机构来从事福利服务工作。

20 世纪 80 年代，一方面韩国经济快速发展，人民生活水平总体提高，另一方面收入分配不公平成为社会问题，不能不引起政府的重视。因此，1981 年韩国制定了《身心残疾人福祉法》《老人福祉法》，修改了《儿童福利法》和《社会福祉事业法》。按照社会福祉事业法的规定，成立了社会福祉协议会，以实现福利服务的专门化和福利机关、团体的组织化。1987 年，韩国在全国的邑、面、洞配备了专门的工作人员管理社会福利，而且把社会福利馆和在家福利服务中心合并为地区福利中心，服务范围扩大到一般社区。1989年又制定了《母子福祉法》、1991年出台了《婴幼儿保育法》。目前，韩国的社会福利服务由保健福祉部社会局与家庭福祉局主管，内务部地方组织具体负责组织实施。经费由中央财政和地方财政共同解决。从若干年的营运情况看，韩国社会福利服务费用支出占国家预算的0.5%左右，占社会保障预算的13%～15%。

韩国社会福利的服务对象与其他国家一样，主要是老人、残疾人、妇女和儿童。老人福利的对象是没有养老保障年金收入的65岁以上老人，福利项目主要是兴办老人福利设施，如养老机构、老人疗养机构、老人福利会馆等，敬老优待如公共费用减免以及组织老人再就业等。目前韩国有老人福利机构约200家，其中一半以上全部由政府出资，收费养老机构不到20%。同时韩国鼓励大企业集团投资兴办养老院、老人疗养机构等，政府提供减免税收等优惠措施；残疾人福利问题韩国于1988年残疾人奥运会以后才提到议事日程。韩国有关残疾人福利的法律有《残疾人福祉法》《残疾人雇佣促进法》和《特殊教育振兴法》。政府除了给残疾人福利提供充足经费之外，还号召唤起人们对残疾人的关心，使他们也能过一般人一样的生活。专门为残疾人建立了工业区安排就业，而且规定500人以上的企业必须招3%的残疾人员工，否则罚款；儿童福利是指对18岁以下孤儿以及保护者无力或不宜抚养的儿童的福利和教育。儿童福利主要通过儿童保护机构实施，如儿童咨询所、婴幼儿保健机构等。为了调查研究有关儿童福利事宜，韩国保健社会部设有中央儿童福利委员会，各市、道设有地方儿童福利委员会，而且为了指导儿童福利工作，市、道配备儿童福利指导员，市、邑、面设有儿童委员；妇女福利是指对寡妇、未婚母亲、贫困的母子家庭、失足女青年的福利和教育。妇女福利主要通过妇女福利机构实施，如妇女咨询所、妇女职业辅导机构、女性会馆等，对符合条件的妇女给予经济支援、工作生活指导。

第三节　欧洲各国社会保障基金的营运管理

一、英国社会保障基金的营运管理

英国是福利型社会保障制度的代表国家，通过多年的发展，目前基本形成了一套“从摇篮到坟墓的社会保障制度”。其社会保障基金主要包括四个部分：一是国民保险基金。即由国民保险基金计划提供各种社会保障待遇，包括养老保障、失业保障、疾病保障、工伤保障、生育保障、家庭收入补助等。国民保险基金计划由政府有关部门及分布在各地的500多个办事机构管理和实施，其对象是16岁以上、已按规定承担缴纳保险费用义务的英国公民。二是国民医疗保健服务基金。英国是世界是最早实行全民医疗保健的国家，早在1948年就建立了国民医疗保健制度，基金来源是个人、雇主、政府，服务对象是英国公民以及在英国居住一年以上的外籍人。三是社会救济基金。基金来源主要是政府财政，营运依据是1948年英国颁布的《国民救济法》以及1976年颁布的《补充津贴法》。四是社会福利基金。既包括政府有关部门和社会志愿者组织对有特殊困难的群体提供的各种福利设施和服务，也包括政府面向全体英国公民提供的各种公共设施和津贴补助。

在英国，社会保障基金的筹集主要来自于雇主和雇员。其中来自于雇主缴纳的部分约占英国社会保障基金总收入的45%，来自于雇员缴纳的部分约占37%，两者相加构成了英国社会保障基金来源的82%以上，其他渠道的资金来源所占比例不到18%，主要是自由职业者缴纳部分，约占2%，中央政府的拨款，约占13%，利息及其他收入，约占3%。在社会保障基金的营运管理上，英国由财政部负责征集和分配社会保障资金，审核社会保障机构的业务运作和资金支出，审核社会保障各项目的有关预算，参与社会保障资金的投资管理。和多数欧盟国家不同，英国对社会保障基金的投资范围基本没有什么限制。长期以来，英国社会保障基金资产中一半以上均为国内股票，这既使其有可能分享国内股票市场繁荣所带来的高额回报，又使其不得不承担更高的投资风险。另外，英国的社会保障基金还注重对国际金融市场的投资，国外资产的持有量基本维持在社会保障基金总资产的20%左右，既有外国政府的债券，也有实业资产。

在英国的社会保障体系中，养老保障体系也包括三个支柱。第一个支柱是实行现收现付的国家基本养老保障，由两部分组成。一部分是符合领取养老保障金条件的退休人员都可以得到相等数额的基础年金。这是一种强制性缴费制度，由国家财政、雇主和职工共同负担。另一部分是于1978年正式实施的政府收入关联养老保障金计划，它根据个人的实际缴费年限和基数区别确定。缴费数额越多。年限越长，符合退休条件时得到的养老保障金越多。第二个支柱由职业年金计划和强制性的个人年金账户构成，它是英国养老保险体系中最重要的组成部分。目前，第二支柱养老保障金可以选择待遇预定型和缴费预定型两种方式，但越来越多的企业年金计划选择了缴费预定型方式，过去是待遇预定型者，也在条件成熟时开始了向缴费预定型的转变。第三个支柱为个人自愿性的商业养老保险。通过个人购买商业保险，为个人将来退休后仍能维持较高的生活水平提供保障。但此部分的主要选择权在个人，政府只能出台相关政策予以引导。

英国的社会保障基金支出范围广泛。由于实行全民保障，保障范围几乎无所不包。各种保障待遇都以法律形式固定下来，强调社会保障的平等性与普遍性。造成社会保障服务管理机构臃肿，效率低下。由于社会保障基金支出增长过快，财政不堪重负。再加上高福利容易养懒罚勤，高赋税又难免影响企业的竞争能力。因此，近几年来，英国加快了社会保障基金营运管理方面的改革，基本趋势是要求企业和个人承担更多的社会保障责任，以减少国家财政支出的压力。

二、法国社会保障基金的营运管理

法国的社会保障制度已有约 200 年的历史，主要经历了三个阶段：第一阶段是从 19 世纪初至 19 世纪 80 年代末。只有某些阶层，如受雇于国家的职员、军人、海员和矿工等才有权享受社会保障。国家的作用更多地体现在促进公共卫生事业方面，但当时用于社会事务的支出还不到法国国内生产总值的 0.5%。第二阶段是从 19 世纪 80 年代末至 1945 年，是法国社会保障制度的转折阶段。虽然国家发挥的社会保障作用仍然相当有限，但社会保障制度的构想日趋成熟，有关社会保障的法律和经济基础已经建立。如在工人和农民中实行普遍的退休制度，规定退休年龄为 65 岁，通过了一系列对儿童、老人、贫困病人、多子女家庭和产妇提供保障援助的法律等。第三阶段是从 1945 年 10 月至今。全国统一的社会保障体制正式运作，社会保障基金稳定筹集并按规定运用。标志性事件是 1945 年 10 月法国通过《社会福利法》，该法的主要宗旨是使工薪阶层及其家属具备一定的抵御减少或丧失收入等各种风险的能力。随后，法国根据这项法律扩大了社会保障范围，使全体法国居民成为社会保障体制的保护对象。

目前，法国将社会保障对象分为四类，一是普遍类，覆盖范围包括一般工薪阶层、学生和个人投保者。二是特殊类，覆盖范围包括公务员和国有企业的雇员。三是农业类，覆盖范围包括从事农业的工薪阶层和非工薪阶层如农场主。四是非领薪者类，覆盖范围包括实业家、商人、手工业者和自由职业者等。针对以上对象提供近 40 种社会保障，涉及疾病、生育、工伤和职业病、残疾、养老、死亡、孤寡、失业及家庭补助和社会救助等各个方面，全国 99% 的人口都被纳入到了社会保障体系之内。特别是医疗保险，不仅工薪者本人可以享受，而且其配偶、子女及其赡养的老人也可以享受，几乎覆盖了全体社会成员。

在社会保障基金的营运管理上，分为宏观与微观两个层面。宏观上，法国社会事务部设专人负责监督各社会保险机构的业务运作，社会事务总监负责提交社会保险执行情况年度报告并回答质询。财经部监督社会保障基金的收支状况，国民议会每年审查社会保险基金运转和收支情况，并提出相关的建议与法案。微观上，法国主要通过全国、大区及省三级机构进行社会化经营和分散管理，根据社会最低标准和保障费用缴纳数额来确定个人受益比例。以普遍类保障为例，在全国一级设有5个机构，即全国领薪者疾病保险金保管局、全国领薪者养老保险金保管局、全国家庭补助金保管局、中央社会保险机构管理署和全国保险金保管局联合会；在大区一级，只设有疾病保险金大区保管局；在省一级，有365个基层管理机构。三级机构各有分工，全国一级机构负责各险别的立法管理、协调社会保险普遍制财政的共同管理、签署劳资协议、保证享受普遍制的领薪者的工作条件及在职培训等；大区一级机构则是职能不太明确的混合组织，其作用不仅体现在疾病保险方面，还负责管理与私立医院签订的协议及工伤和职业病有关报销费用的规定，并代理全国领薪者养老保险金保管局的养老金发放和相关服务；省一级机构同大区一级组织或私立互助组织一样，负责履行公立机构的服务职能，如社会保险个人号码的登记、报销相关费用、发放各种补助金、监督分摊金的缴纳及推动社会和公共卫生活动等。如果保障对象与社会保障经办机构发生争议，可提出申诉。如果属一般性争议，如双方对社会保障费用的缴纳方式、享受保障金的权利或数额等有不同意见，可通过调解委员会来解决。调解无效再向社会保险事务法院、上诉法院和最高法院逐级申诉。如属技术性争执，如残疾程度和丧失工作能力的认定等，先由大区技术委员会受理。受理无效再逐级上诉，直至全国技术委员会。

要维系一个庞大的社会保障体制，需要政府巨额的资金投入。高福利使得法国社会保障基金收不抵支，不堪重负。到2000年，仅社会保险支出占法国内生产总值的比例就高达35%～37%，社会保险赤字近100亿欧元。此外，由于体制存在漏洞，医疗保险浪费尤其严重。法国人每年人均光顾医疗机构达15次之多，居欧洲各国之首。在领取的药品中，真正服用的大约只有1/3，其余都浪费了。为此，法国曾多次进行医疗改革，如提高个人缴纳保险金的比例、减少医疗和药品的报销比例、加大对滥用处方权医生的惩罚等，但收效并不明显。法国的失业救济金制度保证了失业者的基本生活，有利于社会的稳定。但福利政策与鼓励再就业之间存在一定的矛盾。由于有救济金，法国人再就业时大多挑肥拣瘦，失业一年以上的人数众多，失业保障基金的支出居高不下。1995年，希拉克总统上台伊始，提出了社会保障拯救计划。但政府的设想尚未付诸实施，就引发了一场全国规模的抗议浪潮，许多改革计划被迫中止。1997年，希拉克毅然解散议会，将原定于1998年举行的立法选举提前至1997年，企图强制推行改革。但选举前关于希拉克将在选举获胜后大幅削减福利经费、推行强硬改革路线的消息不胫而走，引起大批福利制度受益人的恐慌，许多人转而投左翼的票。结果，左翼在选举中意外获胜，希拉克拟议中的改革尚未实施便胎死腹中。左翼的若斯潘政府上台后，针对法国福利制度固有的复杂性及缺乏透明度等问题，也提出了一些改革建议，标志是法国国家储备基金的建立。

法国国家储备基金作为对国家社会保障基金的补充和长期储备，于 2000 年成立。政府规定在 2020 年以前不得动用该基金的任何资产。其覆盖范围是除公职人员以外占法国总人口 2/3 的公民。法国国家储备基金的主要资金来源有三个：一是不包括公众部门（政府公务员以及国有企业员工）的养老保障基金的部分盈余，二是资本利得税的一部分，三是国有资产的私有化收入等。目前，法国国家储备基金的资产规模约 200 亿欧元，其中 30%左右来自各种非公有养老基金的盈余，30%左右来自资本利得税，40%左右来自私有化以及出售移动通信经营许可证收入。这个数额和比例每年都会略有变化。

法国国家储备基金监管委员会专门行使对基金营运管理的监督责任。监管委员会共有 20 人，由参议员、工会代表、雇主协会代表、相关资深人士以及预算部、国会和社会保障部等部门代表构成。该委员会将每半年召开一次会议，讨论并批准基金的资产配置等情况以及对有关基金发展的大事进行决策。该委员会有两个核心成员，一个来自法国信托储蓄银行（CDC），一个来自法国信托局，他们由国会直接任命，并将对储备基金日常的投资事务负责。法国国家储备基金的所有资产均采取委托投资的办法，其两人领导小组在进行资产配置后，选择外部管理人管理。选择管理人的具体事宜由管理人选择委员会负责，该委员会大约 4～5 人，由两人领导小组任命，其选择到合适的外部管理人后推荐给领导小组，由领导小组最终确定。在外部管理人的选择上，首先通过数量方法从所有可选择的资产管理机构中选择少数历史业绩较好的公司，然后向其发放调查问卷，要求管理人对投资限制办法、投资风格、基准等指标进行说明，在管理人的材料收上来后，完全由管理人选择委员会选择管理人。监管委员会对法国国家储备基金的投资没有太多限制，最初要求其外汇资产（非欧元资产）不能超过整个基金的 20%，即 80%的资金只能在欧元区内进行投资，后来又将非欧元区的投资比例提高到 24%，并可根据情况随时调整。

法国国家储备基金自成立以来，随着欧盟经济形势的改善以及欧元币值的稳中趋升，投资收益尽管不同年份之间波动较大，但总体情况良好，可以为法国社会保障基金未来的支出打下坚实的经济基础。

三、东欧社会保障基金的营运管理

东欧大多数国家经历了从计划经济向市场经济的转变。在经济转轨过程中，为了保持社会的安定，东欧各国都十分重视社会保障基金的建立与营运。

在计划经济体制下，东欧国家社会保障覆盖面狭窄，社会保障事业多头分散管理，效率低下，规模程度极低。社会保障基金普遍存在规模小、实力薄弱、社会化程度低等问题。尤其是社会保险，主要限于国营单位的职工和部分集体企业的职工，从而限制了劳动力的流动，限制了其他经济成分中的职工获得社会保障的权益，难以在全社会范围内有效地分担风险。面对政治和经济体制发生的重大变革，东欧各国在建立市场经济的过程中，本着“人人有权享受，人人必须参与”的原则，对社会保障制度进行了以医疗、失业救济、养老金制度为重点的改革。改革的主要内容有：

（一）优化社会保障管理体制，改变承办单位及筹资渠道

东欧国家将社会保障资金从国家预算中分离出来，改变过去由政府有关行政机构或企事业单位职能部门承办，按行政办法管理的方式，建立了专门的社会保障基金，由统一的全国社会保障理事会按市场机制的原则进行管理。并改变过去社会保障基金完全依靠国家财政拨款的做法，将原有的由国家统包的社会福利体制改造成多种经济成分参加、多层次的社会福利体制，保障费用由国家、地方政府、社会、企业和个人共同承担。这一新的社会保障体制的核心是建立一个社会福利保护网，使社会的困难阶层能够维持最基本的生活标准，并逐步改善生活条件，提高抵御未来风险的预防能力。

（二）建立和完善失业保障与医疗保障制度

在计划经济时期，东欧各国大多实行全面就业政策，由于实际上不存在失业，因此，在社会保障体系中大多没有失业保险这一项。转轨过程中，失业已成为普遍的、重大的现实社会问题。保加利亚、匈牙利、波兰、斯洛文尼亚等国都经历过10%以上的失业率。来势汹涌的失业浪潮不仅给东欧各国政府的经济政策带来了巨大压力，还危及社会的稳定和繁荣。东欧各国先后将失业保险列入社会保障基金的收支范围。为帮助就业，东欧各国均设立了专门的委员会，如匈牙利的全国就业政策利益协调论坛（即全国劳动力市场委员会）和地方就业政策利益协调论坛（即州劳动事务委员会），以协调解决与就业有关的问题，平衡各地区间以及本地区内劳动力均衡分布。并设立了专门的失业救济基金，如互助基金、就业基金、团结基金等，为失业者提供各种物质帮助和职业培训。同时通过立法为失业者提供法律保护。匈牙利《就业法》规定，凡原有工作的人失业后均可享受失业救济，刚从学校毕业但未找到工作者可享受初业者救济。并对解雇做出严格规定，凡属于非纪律性的解雇，雇主应向被解雇者支付最终补偿，补偿条件和幅度因工作时间的长短而定。这样既可使被解雇者的权益得到保护，还可以

在一定程度上减轻失业救济的负担。在医疗改革上，东欧各国先后将原来由国家全额拨付医疗经费的办法，改为由员工、单位和国家三方共同承担的办法。有权享受公费医疗的人员必须加入医疗保险，投保人从工资中或从开始经营活动之日起按规定定期缴纳医疗保险金。在职职工，包括职业军人、警察、消防人员等的医疗保险金，由职工本人和所在单位平均分担。领取退休金者的医疗保险金视实际收入而定，有的由社会保险公司全包，有的则由本人和社会保险公司均摊。失业者的医疗保险金由劳动局支付，在失业保障制度实施后，则由失业保障基金负担。领取固定社会救济者的医疗保险金由社会福利部门负责。农民个体经营者和私人业主的医疗保险金按规定定期由本人缴纳。国家负责扩建医疗保健设施、培养医务人员、实施全国性的保健计划，以及为卫生保健主管部门的日常活动提供资金。如果由于客观因素导致医疗保险经费不足时，国家可为保证医疗保险事业的正常进行提供必要的补助。

（三）扩大退休养老保障的覆盖范围

东欧国家因经济体制转轨而出现的经济衰退、通货膨胀，使退休者领取的养老保障金严重贬值，过去的养老保障金标准往往连最基本的生活需要也难以满足，养老保障金制度的改革显得更为重要。以捷克为例，捷克国会于 1994 年 2 月通过了新的养老保险法。基本精神是个人自愿参加，国家予以赞助。养老保险由养老基金组织承办，凡 18 岁以上在捷克境内常住的捷克籍公民皆有权参加这项保险，保险的金额自愿决定，但最低限额为 100 克朗，国家根据投保的金额给予补助，一般为 40～120 克朗。即投保 100 克朗，国家补助 40 克朗，如果超过 100 克朗则再按一定的比例给予补助。例如，投保额在 100～199 克朗之间，国家的补贴为 40 克朗再加上超过 100 克朗部分的 32%，500 克朗以上的补助金额为 120 克朗。除此之外，参加者在投保后的头两年，还可额外再得到 25%的补助。在捷克，国家发放的养老保障金由两部分组成，一为固定部分，所有退休者数额相同，用来保证基本生活水平，它取决于国家的具体经济情况、社会费用标准。二为浮动部分，取决于退休者的工龄、工资情况。这种制度不仅可根据经济的发展状况灵活地加以调节，还可缩小养老保障金之间的差别，满足退休者的基本生活需要。同时积极鼓励居民参加养老保险，以作为国家养老保障金的补充。为了确保退休者的利益不受通货膨胀的损害，东欧国家先后根据通货膨胀率对退休金实行补贴。捷克的新养老保险法使价格补贴制度化。该法规定，消费价格每增长 5%～7%，就对退休金进行一次调整，调整幅度参照实际工资的增长情况。波兰以混合方式对退休金进行保值，一部分按通货膨胀保值，一部分按工资涨幅保值，即国家养老金根据涨价幅度进行调整，而从投保中得到的退休金则根据平均工资的增长而提高。

东欧各国由于社会保障基金建立的时间不长，规模有限，目前对基金的投资管理尚处于起步阶段，社会保障基金的投资对象以存款、债券等低风险投资品种为主，但也在积极探索更加主动进取的投资策略。

四、瑞典社会保障基金的营运管理

瑞典被许多西方国家奉为“福利国家”的楷模，实行“幼有所养、病有所医、老有所终”的社会保障制度，并建立了与之配套的颇有实力的社会保障基金。瑞典的社会保障基金主要包括养老保险基金、失业保险基金、医疗保险基金、工伤保险基金和其他社会福利基金。从养老保障方面看，目前瑞典实行基本养老保险与补充养老保险相结合的制度，并辅之以私人养老。其中，基本养老保险包括三部分：一是保证养老金，主要保障对象是收入很低或没有工资收入的人，资金来源于一般税收。二是收入型养老金，缴费率为个人工资收入的16%，实行现收现付制度。三是基金制养老金，缴费率为个人工资收入的2.5%，全部进入个人账户，实行完全积累制。个人有权决定养老金的投资渠道，既可以全权委托给瑞典基金制养老金管理局进行投资，也可以自己投资到在瑞典注册的600多只基金之中的5只基金。补充养老保险主要是职业养老金，由雇主和雇员通过协商分别按雇员工资收入的一定比例的资金建立补充养老金账户，可以进行投资运作，在个人退休后领取以提高生活水平。私人养老是通过个人购买商业保险，为将来自己的退休生活进行自愿储蓄，但不纳入国家法定养老保险的范畴，个人拥有完全的自主权。失业保险包括瑞典政府部门举办的普通失业保险和私营失业保险协会举办的补充失业保险。前者要求符合条件的雇主和雇员必须强制参加，后者可以自愿选择。医疗保险分法定医疗保险和自愿医疗保险两部分。几乎所有瑞典公民都参加医疗保险，包括雇员及其家属子女、退休人员、失业者、农民等。瑞典的法定社会医疗保险实行社会共济原则，每个人所缴纳的医疗保险费用只与其经济能力挂钩，而与其年龄、性别及健康状况无关。这一社会共济原则还体现在投保人配偶和子女的免费医疗上，单身投保人与拖家带口的投保人，如果收入相等，所缴纳的医疗保险费也相等，但后者却是全家受保。在瑞典，工伤保险费用由雇主单独缴纳，保险费率参照各行业工伤发生频率的高低及企业工伤事故的历史状况而定。工伤保险基金的支出项目包括医疗费补贴、病假津贴、终身养老和抚恤金等。另外，瑞典还设立了社会福利基金。通过财政税收、社会捐助等方式筹集资金来源，对老人、儿童、残疾人等提高较高标准的社会援助。

在瑞典的社会保障基金中，大多数社会保险项目都采用现收现付的筹资模式，除了养老保障基金外，其他类型的基金并没有太多的可用于投资的结余。2001年，瑞典对养老保障基金的营运管理进行了改革，将原来的完全国家管理改革为国家管理和私人管理相结合，将现收现付制改革为现收现付与基金积累制相结合。其中现收现付部分的养老金主要用于代际支付，为了使基金积累部分的养老金得到有效的管理并取得理想的投资回报，瑞典政府还专门设立了瑞典基金制养老保障金管理局，作为瑞典养老保障金的主要投资管理机构，负责现收现付型养老保障基金中结余部分（缓冲基金）的投资和基金制养老金中个人委托管理的养老保障金投资。其投资范围和投资比例没有任何限制，可以投资于全球市场，为其降低投资风险提高收益提供了有利条件。分析其最近几年的投资选择布局，基本上维持以下比例：约20%的瑞典国内企业发行的股票、约60%全球各大证券交易所的股票、约9%的指数化政府债券、约4%的对冲基金、约7%的其他投资。其中，40%资产为主动式投资，60%资产为被动式投资。瑞典养老保障金管理局直接管理20%的资产，主要集中在指数化债券和瑞典国内股票市场的主动式投资，其余80%的资产委托给外部的投资管理机构进行投资管理。

第四节 智利与新加坡社会保障基金的营运管理

一、智利社会保障基金的营运管理

（一）智利社会保障基金的筹集与发放管理

智利地处南美洲西部，西临太平洋，面积741 767平方公里，海岸线长1万多公里，盛产铜和硝石等金属，工矿业占国民生产总值的60%左右，是闻名世界的铜矿之国。早在1925年，智利就建立了现收现付、公立机构管理的社会养老保障制度。这个制度具有两大特点：一是以现收现付方式筹集资金。不同类型机构的职员所缴纳的保险费用有所不同，蓝领工人的缴费率占其工资总额的23%，私营企业雇员为26%，公营机构员工只占16%。二是形成了针对不同群体的养老金系统，如“工人社会保障基金会”“就业者社会保障基金会”“国家工人和记者社会保障基金会”等，每一家基金会都有相对独立的投资营运权。这一制度对智利的经济发展和社会稳定都起到过积极的推动作用，但随着时间的推移，其存在的问题也日益突出，由于基金管理成本高、管理决策失误以及退休人员大量增加等原因，智利的社会保障制度陷入了严重的财政危机。

为了摆脱危机，1980年，智利对其社会保障制度进行了激烈的改革，1981

年，新的、统一的社会保障制度逐步取得了主导地位。这次改革的主要内容是：

1. 保障费用完全由个人承担。雇主的责任只是帮助员工代扣代缴社会保障费用，其中养老保障费用标准是员工月工资收入的10%，另外，再按月工资收入的3%扣缴伤残保障费用和社会保障基金管理公司的管理费用。该部分缴款是免税的，月收入超过一定标准以上的部分无需缴费。

2. 建立个人账户。员工缴纳的保障费用全部进入个人账户，并可选择一家社会保障基金管理公司管理。个人账户的基本用途是在缴费者达到规定条件后支付养老及其他保障金，但也可作为住房贷款的担保。如果个人账户余额能够满足按退休前10年平均工资的70%支付养老金的需要，还可取出部分现款。

3. 区分不同员工分别对待。按照规定，对于1980年以前就退休的老人，不建立个人账户，对所有新参加工作的员工，强制规定必须建立个人账户。在此之前已参加工作的人可以根据自己的意愿选择或留在原有的、现收现付的公营体制内，旧体制统一由“养老金标准化协会”（INP）来管理。或由旧制转入新制，建立个人账户，政府专门发行一种有息债券，即“认可债券”（recognition bond），作为对这部分人养老金权益的补偿。新体制下的所有职员都有义务定期向某个取得政府授权的社会保障基金管理公司（AFP）缴款。

在现行体制下，智利养老保障金的给付条件是：男性65岁，女性60岁，缴费满20年。给付方式有三种，可以自由选择。一是计划提款。由所在的社会保障基金管理公司为其制定一个提款计划，每月领取，未领部分继续参与投资，以后领取金额可以随回报率高低调整。如果保障对象在账户资金未取完前即去世，余额可以继承，如果账户资金已取完仍在世，则由政府提供补贴。二是终身年金。保障对象退休时，由社会保障基金管理公司将个人账户余额转入一家人寿保险公司购买终身年金保险，之后由人寿保险公司每月定额支付养老金，直到死亡，但余额不能继承。三是临时年金加终身年金。将个人账户分为两部分，一部分留在社会保障基金管理公司，另一部分转入人寿保险公司。退休者先在社会保障基金管理公司领取一段时间的年金，然后再由人寿保险公司支付终身年金。

（二）智利社会保障基金的投资管理

智利的社会保障基金投资以养老保障基金为主。根据智利1980年颁布的《养老保险法》，养老保障基金的投资管理由私营机构负责，为此智利专门建立了私营性质的股份制基金管理公司（AFP）。股东可以是法人，也可以是个人，但不能是官方机构。目前，智利有约20家私营基金管理公司，大股东均是商业银行。

智利将巨额社会保障基金交由多家私营基金管理公司的同时，全面引入竞争机制，实行市场化运作。各个基金管理公司在社会保障市场上充分竞争，围绕社会保障基金大做文章，在争取客户、服务客户、满足客户合理需求等方面各显其能，与客户及相关组织建立和维持良好的关系，并注意与内部员工改善关系，提高内部员工的工作热情和质量。智利有关法律规定：私营基金管理公司要取得社会保障基金的受托经营资格，不仅要有一定规模的注册资本，而且要保持4 000人以上的客户。对投保人而言，他们可以根据各公司的服务质量、投资收益率等自由选择基金管理公司。从而激发相关公司努力改善管理水平，降低投资风险，给投资者尽可能满意的回报，从根本上杜绝公立机构固有的官僚主义、低效运行的弊端。

智利的AFP将数额庞大的社会保障基金不是作为“储备金”性质的资金来管理，而是作为资本进行投资，使基金保值增值。绝大多数私营基金公司遵循安全性、收益性、流动性等原则，在资本市场精心运筹，组合投资，取得了骄人的业绩。自1981年以来，除1995年亏损2.8%，1998年亏损1.1%以外，其余年份均取得了大大高于同期国债利率的收益。尽管智利的养老金交由多个私营基金公司管理，但政府并不是做“甩手掌柜”，而是实施严格的、体系化的监管。然而，监管不等于直接干预公司的日常运作，而是通过法律法规对公司的进入和退出市场、投资项目和所占比例等方面进行监控，以确保公司的稳健运行，确保其具有足够的偿付能力。如规定投资于单一金融机构的资金不得超过养老基金的15%，投资于非金融机构的债券不得超过7%等。并根据资本市场的情况，动态调整不同投资对象的最高限额。1981年，智利将社会保障基金刚交给私营基金公司运作时，其投资对象仅限于存款和债券，到1985年方允许投资股票且最高限额为基金资产的30%，1990年方允许投资最高限额为10%的共同基金或不动产基金，1992年再扩大到外国证券的投资但不得超过基金资产的3%，带有尝试的性质，在随后几年将投资比例提高到12%。到1995年，智利社会保障基金的投资范围继续扩大到固定收益工具、变动收益工具、套期保值工具，给各基金管理公司提供了更多的投资选择。然而，投资范围的扩大最初给各基金管理公司带来的更多是无所适从，使其在相关年份并没有取得理想收益。

智利政府依靠社会保障基金的筹集与投资运作，承担着重要的财政责任。这些责任包括：负责“旧体制”下已退休的90万人所需养老金的75%部分，负责124亿美元的“认可债券”的偿付，每年兑现5亿美元，负责个人账户储蓄不足或支取完毕的退休人员的最低养老保障（每人每月110美元），如果私营基金管理公司破产，负责受保对象最低养老基金及高于部分的75%。规模巨大的社会保障基金，为资本市场提供了充足的资金来源，在一定程度上满足了智利国内的资本需求，对金融市场的稳定和发展、通货膨胀率、失业率的降低起到了重要的支撑作用。但是，这一制度虽然减轻了雇主的负担，却把负担转移到了雇员身上，特别是低收入的雇员并没有从中得到什么实惠。从近年的实践来看，私营基金公司有垄断化趋势，70%的社会保障基金掌握在最大的4家公司中，而且投保人不能参与管理。这又对政府监管提出了一个新的问题。此外，人们对高昂的管理成本也颇有微词。据估算，投保人支付的佣金高达缴费金额的15%～20%，相当于一个人一生要为基金管理公司工作四年。如果扣除佣金，记在个人账户上的利息并不高。因此，智利的养老保险投资体制也面临着不断完善和改革的问题。

二、新加坡社会保障基金的营运管理

（一）新加坡社会保障基金的筹集与发放

新加坡的社会保障制度强调自我保障原则，实行完全积累的基金模式，其典型特点是新加坡的中央公积金制度。该制度建立于1955年，由政府专门设立的中央公积金局直接进行全面的管理，类似于一个强制储蓄计划。所有非自雇人士都必须成为中央公积金的会员，雇主和雇员都必须按雇员月收入的一定比例缴纳公积金，按月存入雇员名下。1955年的缴费率是10%，由雇主和雇员各承担一半，1984年达到50%，目前基本稳定在40%。对于自雇人士，过去是自愿参加，从1992年7月起也要求他们必须在中央公积金体系中建立保健户头，以备医疗保障之需。每个中央公积金的会员都有一个账户，每月的缴费完全进入个人账户。55岁以下会员的个人账户一分为三，即普通账户、医疗账户和特别账户。普通账户的储蓄可用于住房、保险、获准情况下的投资和教育支出，医疗账户用于住院费支出和获准情况下的医疗项目支出，特殊账户中的储蓄用于养老和紧急支出。55岁以后，其个人账户变更为退休账户和医疗账户两个，其成员在中央公积金计划账户内的数额达到最低规定后，可以提取部分积蓄。公积金存款利率由政府决定。其中，普通账户和医疗账户的存款利率，采用新加坡4家主要银行如新加坡发展银行、华侨银行、华联银行和大华银行的一年期定期存款利率的算术平均值。但特别账户及退休账户由于存款期限较长，利率相对更高。

新加坡社会保障基金的发放没有统一的标准，根据个人在公积金账户上存款与投资收益的数量来定。由于公积金制度规定会员在特殊情况下可提前支取，为避免支付过多影响养老保障，自1987年起新加坡政府要求，会员达到55岁以后必须在其公积金账户中保留一笔最低存款，以保证60岁退休后可以购买相当于社会平均收入25%的最低终身年金。

（二）新加坡社会保障基金的投资管理

新加坡中央公积金管理局设理事会，由政府、职工代表、雇主和社会保障专家四方组成，主席由政府委任，日常工作由总经理负责。下设会员服务部、雇主服务部、人事部、行政部、计算机部、内部事务部六个部门。为了有效促进公积金资产的保值增值，公积金管理局下大力气实施了一系列的投资计划，规定只要年龄在 21 岁以上，不是未清偿债务的破产人，公积金账户内有足够存款的会员均可参与投资。比较典型的投资对象有中央公积金基本投资计划、新加坡巴士有限公司股票计划、非住宅房地产计划、填补购股计划等。中央公积金基本投资计划的投资工具包括股票、单位信托、黄金（投资额的 10%为上限）、政府公债、政府担保的债券、银行定期存款、储蓄人寿保险等。会员可以在扣除最低保留存款后动用高达公积金总额 80%的份额进行投资，可以独立选择投资工具，但为此必须承担可能出现的投资收益率达不到中央公积金管理局所提供的无风险收益水平，甚至出现负收益。只有投资收益中超过无风险收益的那部分，会员才有权提取。会员也可以不进行自主投资，而交给中央公积金管理局负责以获得固定的无风险收益，这些收益必须留存在公积金账户中，不得提取。新加坡巴士有限公司股票计划规定：凡年龄超过 21 周岁而且没有破产的会员，都可动用其公积金存款来购买新加坡巴士股份有限公司的股票，购买上限为 5 000 股。该股票可以委托股票经纪人出售，股票一旦售出，动用公积金购买股票的款项就会退还到该会员的公积金账户上。如果股票的持有人去世，他所拥有的股票将会交给死者的遗产管理人；非住宅产业计划允许会员用公积金储蓄投资写字楼、商店、工厂和仓库等非住宅房地产。会员可以单独投资，也可合伙购买。可以直接付款给产业发展商或卖主以购买一套非住宅产业，一次性偿还或分期偿还非住宅产业贷款。会员提款数额为普通账户中现存的 100%的公积金存款和其今后每月预计存入的资金；填补购股计划是协助新加坡人拥有国营企业私营化后所出售的股票。实施这个计划的目的，是为了推动新加坡人更多地长期持有政府控股的上市公司的蓝筹股，以优化投资结构。

新加坡中央公积金计划是强制性管理程度很高的社会保障制度。新加坡政府利用其高度社会控制能力，使公民必须为自己未来的保障进行预防性储蓄和投资。这一制度最大限度地节约了政府的社会福利开支，同时又为政府的公共设施建设，如新加坡电信、公共交通、住房建设等提供了主要的资金来源。中央公积金主要投资于政府债券，以及工业、住宅和基础设施建设，安全性较高，但收益较低，近 20 年的平均收益率约 5%。新加坡政府不承担中央公积金局的人员工资及其他支出，管理费用也非会员缴费，而是来自公积金积累余额的利息。

【本章小结】

1. 社会保障基金的营运管理是一个世界性的问题，本章选择了一些不同体制、不同经济发展水平的国家加以介绍，要求学生比较并提炼出对我国有借鉴价值的内容。

2. 日本实行多层次的社会保障制度，比较明显地体现为三个层次。其中第一、二层次由政府运营并强制公民加入，第三层次可由企业自主运营、公民自主参加。

3. 韩国的雇佣保险基金不仅对失业者进行生活救济，而且用积极的人力政策手段，事先尽可能防止失业的发生。

4. 英国强调社会保障的平等性与普遍性。作为对国家社会保障基金的补充和长期储备，法国于 2000 年成立了法国国家储备基金。东欧大多数国家在经济转轨过程中，为了保持社会的安定，对社会保障制度进行了改革。

5. 智利养老保障基金的投资管理由私营机构负责。目前，智利有约 20 家私营基金管理公司，全面引入竞争机制，实行市场化运作。

6. 新加坡的社会保障制度强调自我保障原则，实行完全积累的基金模式，其典型特点是新加坡的中央公积金制度。

【关键概念】

国民养老保障基金　雇员养老保障基金　税收合格养老保障基金

5—3—3—2 管制　报勋基金　法国国家储备基金　中央公积金

【复习思考题】

1. 日本对企业年金是如何管理的？

2. 日本为什么要对社会保障基金进行改革？改革的重点是什么？

3. 韩国社会保障基金经历了哪几个发展阶段？各有什么特点？

4. 韩国对军人保险基金有些什么规定？

5. 韩国是如何组织单位医疗保险基金组合的？

6. 韩国的雇佣保险基金与其他国家的失业保险基金有何区别？

7. 法国在微观上是怎样进行社会保障基金的营运管理的？

8. 法国国家储备基金在投资管理上有何特点？

9. 东欧社会保障制度的改革内容是什么？

10. 2001 年，瑞典对养老保障基金的营运管理进行了改革，在投资布局上进行了哪些调整？

11. 目前智利是如何筹集社会保障基金的？

12. 新加坡中央公积金的典型的投资对象有哪些？

【应用案例】

挪威国民保险基金和石油基金

一、国民保险基金

（一）挪威国民保险基金简介

人口老龄化问题给挪威带来了较大的社会保障负担。目前挪威的社会养老支出占 GDP 的 8%，在未来的 50 年里，该比重将一直呈上升态势，预计到 2050 年达到 18%的水平。为此，挪威政府一直在研究和尝试各种解决方案。1966 年 6 月，挪威国民保险基金成立，其目的是希望逐步建立金融储备，用于应付日后的社会保障支出。自成立后，国民保险基金没有用于支付，属于封闭管理的基金。国民保险基金主要来源于 1966—1979 年间每年的财政盈余，由于 1979 年之后财政不再有盈余，现在只能依靠自身的投资收益来缓慢扩大基金规模。目前国民保险基金总值为 200 亿美元，全部投资于挪威国内债券、股票市场和瑞典、芬兰、丹麦三个北欧国家的金融市场。

（二）国民保险基金的投资管理

1. 国民保险基金的组织架构

国民保险基金的董事会成员由政府任命，负责制定投资战略、风险政策、基准组合、预算审批等重要事项，拥有程度较高的自主权。董事会聘请执行总裁负责基金的投资管理和具体操作。

国民保险基金的组织架构如图 3—1 所示。

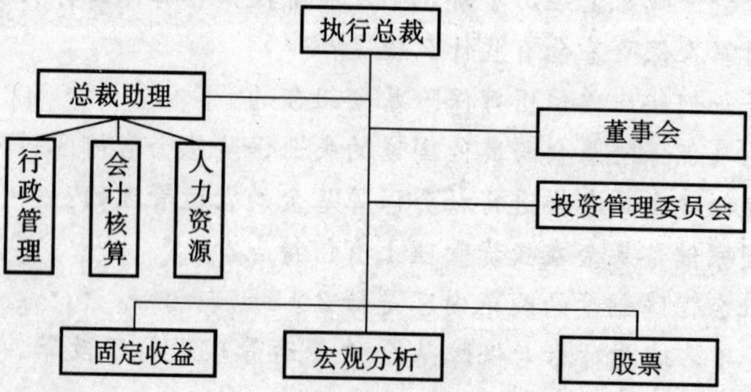

图 3—1　国民保险基金的组织架构

2. 国民保险基金的投资策略

国民保险基金的投资策略规定，股票投资不得超过20%，投资于单个挪威上市公司的股票不得超过其总份额的15%，而投资于瑞典、芬兰和丹麦的单个上市公司的股票不得超过其总份额的3%。其他资产应投资于挪威政府发行的国债以及短期银行存款、商业票据等。基准组合的构成如图3—2所示。

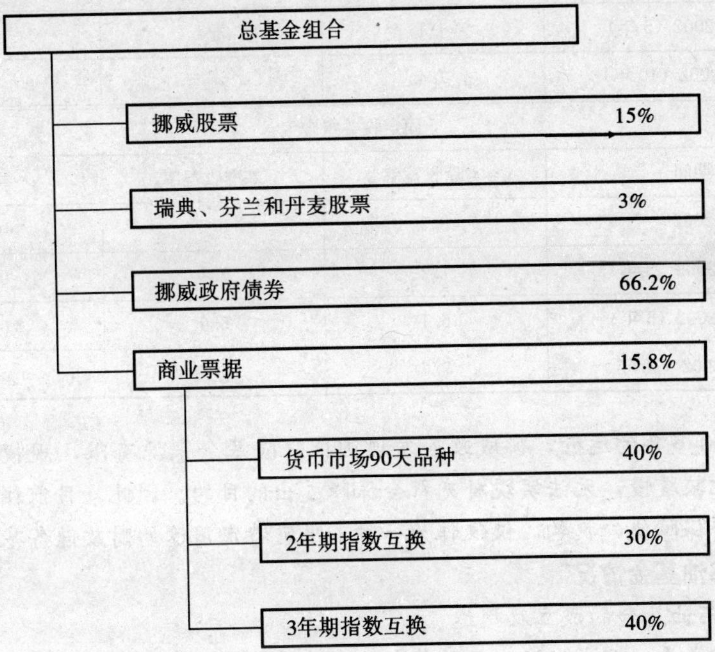

图3—2　基准组合的构成

3. 挪威国民保险基金的经营业绩

2001年挪威国民保险基金年收益率为5.2%，比2000年下降了2.3个百分点，主要是证券资产变现造成的亏损导致的。利息收入同期上升了3亿克朗，股利收入减少了3 000万克朗。其中固定收益投资实现亏损3.46亿克朗，股票投资实现亏损6.89亿克朗。支付基金管理费为3 000万克朗。考虑到浮动亏损部分后，2001年国民保险基金年收益率为4.1%，比2000年实际收益率低2.4个百分点。主要原因在于股票投资在2000年市值回报率为7.0%，而在2001年为—9.6%，对基金收益率造成了很大影响。国民保险基金1993—2002年期间平均收益比较见表3—2。

表 3—2　　　　国民保险基金 1993—2002 年期间平均收益比较

期间	实际收益率	基准收益率	差额
全部组合			
2002	1.8	1.2	0.6
2000—2002（3 年）	4.1	3.0	1.1
1998—2002（5 年）	4.1	3.4	0.7
1993—2002（10 年）	7.4		
固定收益组合			
期间	实际收益率	基准收益率	差额
2002	8.6	8.5	0.1
2000—2002（3 年）	7.2	7.1	0.1
1998—2002（5 年）	6.1	5.9	0.2
1993—2002（10 年）	7.6		

经过 30 多年的运营，挪威政府发现国民保险基金来源有限，规模较小，收益增长也比较缓慢，无法实现补充社会保障支出的目的。因此，目前倾向于把该基金与社会保障使命脱钩，仅仅作为一种不限定特定用途的财政储备基金。

二、石油基金情况

（一）石油基金的成立及用途

从长期来看，挪威经济除面临养老问题外，另外一个关系全局的问题就是石油资源消耗问题。石油收入对挪威经济具有重要的影响。目前每年石油收入约为 369 亿美元，占 GDP 的比重在 16%左右。但未来 50 年里，由于储存量有限，石油将不可避免地逐年减少，预计到 2050 年将下降到 GDP 的 2%，对挪威的工业可能产生重大影响。

1990 年 6 月，挪威议会又通过了石油基金法案，决定建立石油基金，旨在把调节石油收入和提供社会保障两个因素结合起来，予以“互补”。石油基金既可以作为“缓冲器”来“熨平”短期内石油收入的变化，作为改善财政政策管理的工具；还可以解决石油收入逐渐减少问题和提供社会保障支出的工具，为子孙后代转移一部分财富。也就是说，挪威政府建立石油基金的目的是实现石油的物理储备与金融资产的置换，以减少未来对石油收入的依赖度。石油基金 1998—2003 年的资产规模如图 3—3 所示。

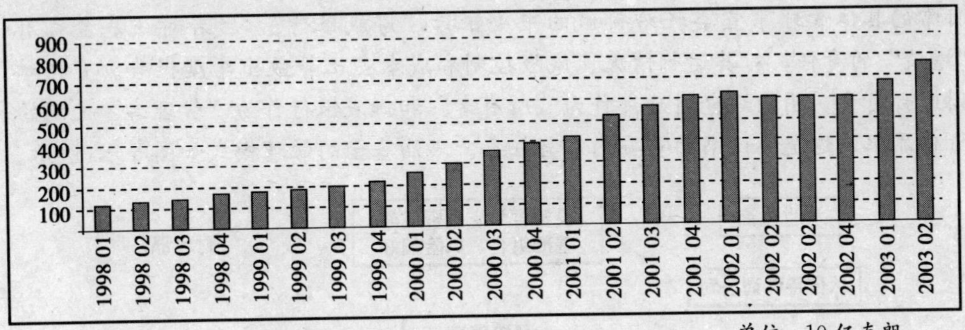

图 3—3　石油基金 1998—2003 年的资产规模

对于石油基金的性质和未来的用途，挪威议会各政党一直存在许多争论。挪威财政部的观点是，这一基金只能用于未来社会保障支出，因此，建议议会将其改名为“社会保障基金”，减少各方对于基金用途的分歧。

（二）石油基金的主要管理模式

石油基金有三个资金来源，最主要的来源是从国家直接财政收益中的转入，其次是石油公司缴纳的税费，第三部分是国家石油公司投资股份的红利。此外，有些年份政府会出售一部分持有的石油公司的股份，其获得的收入全部转入石油基金之中。石油基金的用途主要是支付不包含石油收入的国家预算赤字部分。石油基金的资金来源和使用如图 3—4 所示。

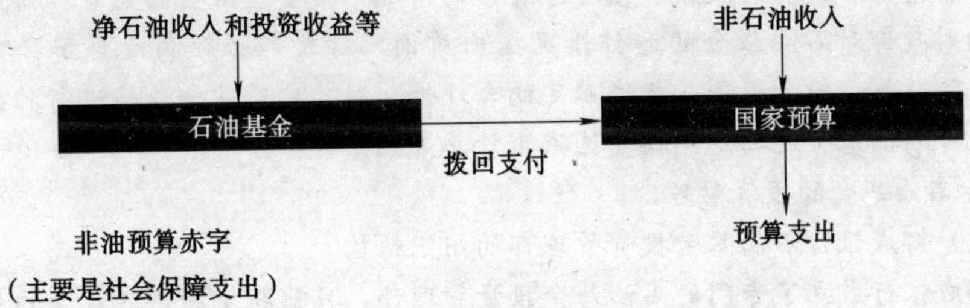

图 3—4　石油基金的资金来源和使用

1. 石油基金的管理特点

(1) 以法律形式明确基金所有人和管理人的责任

1997 年 10 月，挪威财政部颁发了“石油基金”监管条例，对该基金的投资战略和管理体制进一步做了明确规定。同年，财政部与挪威中央银行正式签署了委托管理“石油基金”的协议书，明确规定，财政部是“石油基金”的“所有人”，代表国家负责行使对“石油基金”管理权，包括制定投资目标收益率、制定风险控制指标、对负责日常管理的机构进行评估、向国会提供年度报告等。但日常的具体管理事宜委托给挪威的中央银行“挪威银行”，后者对该基金负有“增值”的责任，对其运行情况、风险控制和成本支出等做出季度报告。直接对财政部负责。明确划分财政部作为“所有者”和挪威银行作为“管理者”之间的责任界限，这是协议书的重要内容与任务。石油基金的管理模式如图 3—5 所示。

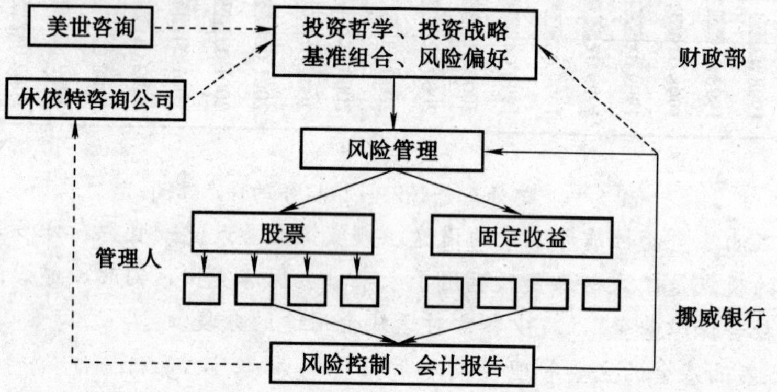

图 3—5　石油基金的管理模式

（2）各级严格监控石油基金的运作

协议书规定，挪威银行在定期向财政部提供季度报告的同时，每个季度需召开记者招待会向社会公开报告的内容，并在互联网上公布，每年还要披露是由基金的经营情况和持有的股票、债券等资产的情况，接受全社会的监督。挪威议会可以向财政部对石油基金的运作情况提出质询，财政部必须向议会解释投资目标、风险政策、投资范围等标准确定的合理性，财政部对基金业绩进行独立的评价。此外石油基金还要定期接受国家审计总署的审计。

2. 石油基金的投资管理

（1）挪威银行石油基金投资管理部的组织结构

挪威银行成立了专门的石油基金投资管理部，目前聘请原挪威最大的私人保险公司总裁担任管理部行政总裁，实行总裁负责制。下设股票、固定收益、投资支出等部门。石油基金管理部组织结构如图 3—6 所示。

（2）石油基金的投资战略

1997 年财政部发布的《石油基金监管条例》对投资目标做了原则规定，要求基金实现在可接受的风险水平下，最大化基金资产的长期国际购买力，而短期内的净值波动处于相对次要的地位。

在资产分布结构中，挪威财政部从美国养老基金的运行中得到这样的认识：投资战略对最终获取的回报率具有 90%～95%的决定性作用。投资战略就是投

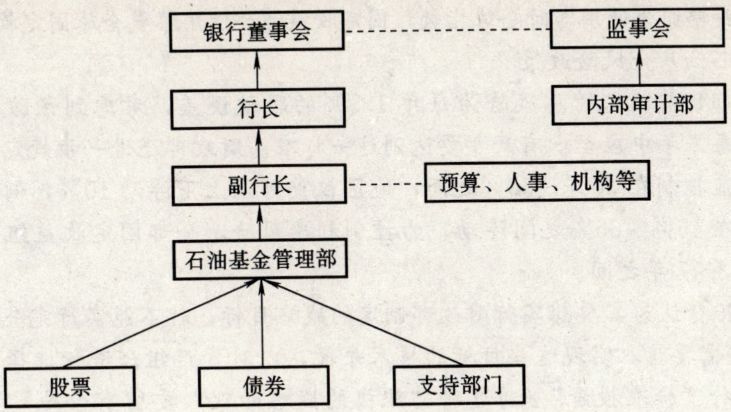

图 3—6 石油基金管理部组织结构

资资产的选择问题，即对政府债券、私人债券、股票和不动产的投资比例及其世界范围内各地区的投资分布等。财政部经过研究，并参考了国际著名基金咨询机构的建议，规定固定收入工具应占其总资产的 50%～70%，股票 30%～50%，其中在单一上市公司中持股比例不得超过 3%。在前者中，对欧洲、美洲和亚太地区的投资比重应分别为 45%～65%、25%～45%和 0～20%。在后者中，欧洲为 40%～60%，美洲和亚太地区 40%～60%。根据公认市场指数为基础编制投资基准，风险限额为每年 1.5%的跟踪误差。财政部进一步要求据此设定基准组合。

基准组合的确定程序是挪威银行根据对未来较长时期的市场情况进行预测，向财政部提出投资基准的建议。财政部根据挪威银行建议，并向聘请的国际基金咨询机构进行咨询，综合各方意见之后制定的。石油基金基准组合如图 3—7 所示。

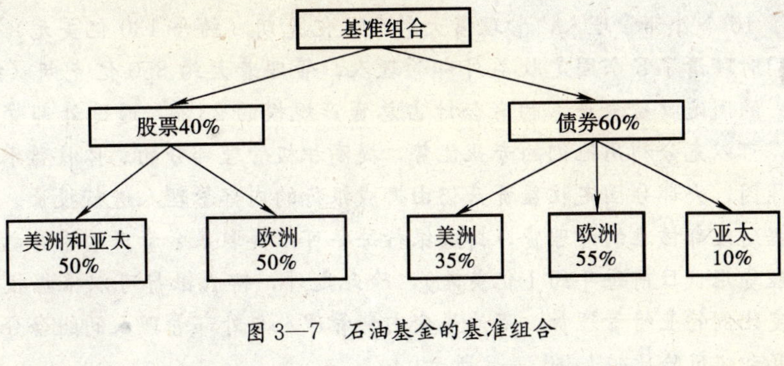

图 3—7 石油基金的基准组合

其中股票组合使用富时全球指数，固定收益组合使用黎曼全球固定收益指数。

(3) 石油基金风险政策

财政部目前确定的总风险为每年1.5%的跟踪误差，考虑到预防意外的波动，规定每三年中应至少有两年要达到这一标准。财政部还进一步规定，股票组合的比重应控制在30%～50%之间，地区权重可以上下浮动10%，例如，欧洲债券可以在45%～65%之间浮动。为控制利率风险，全部固定收益组合的修正久期应在3～7年之间。

挪威银行认为，要想实行财政部制定的战略目标，就不能实行完全的“消极管理”，这需要获取实现这些目标的技术手段，以对资产组合进行选择，而不是一味地实行“标准投资”。对这种“积极的战略管理”要留有余地，主要遵循“标准投资”，即“消极管理”的战略。但总的来说，“石油基金”的投资管理中可以分成两个“子系统”，一个是“积极管理”，一个是“消极管理”。两个系统同时运转，这是一个优势。“积极管理”的信息基础对于有效地实行指数战略是有益的，对标准指数了如指掌反过来也可以为拟议中的积极管理提供帮助。

1997—1998年挪威银行主要以实行“消极管理”为主，对基金管理公司也是这样要求的，而实行“积极管理”的资产不到1.5%。当时的考虑是想积累一些专业知识和经验，然后再做调整。现在，挪威银行认为，可以对“积极管理”予以考虑，应该集中精力选择一些不同风格和类型的外部“积极管理公司”。为实现“积极管理”，挪威银行聘请的咨询管理公司Mercer公司对基金管理人制定了一整套监控措施；此外，该公司对挪威银行投资理念与投资程序的设计发挥了较大作用。

(4) 内部、外部管理人的选择和激励

挪威银行采用公开招标的方式选择外部管理人，签订的管理合同一般没有固定期限，中标者都是国际知名的资产管理公司。截至2003年7月1日，挪威银行聘请了16个外部管理人，管理着大约910亿克朗（约合130亿美元）的股票资产，同时聘请了8个固定收益外部管理人，管理着大约350亿克朗（约合50亿美元）的固定收益资产，两者合计占总资产规模的23%。通过外部管理人进行投资，可以充分利用他们的专业优势，提高积极管理部分的总体收益水平。由于历史原因，大部分固定收益资产仍由挪威银行的内部管理人进行投资。

根据财政部核准的管理费，挪威银行每年可以提取基金资产的千分之一用于支付管理费用（目前每年约1亿美元），除此之外，挪威银行可以根据投资业绩支付一定比例的业绩管理费。石油基金内部管理人与外部管理人的组合分布、管理成本和积极风险比较如图3—8所示。

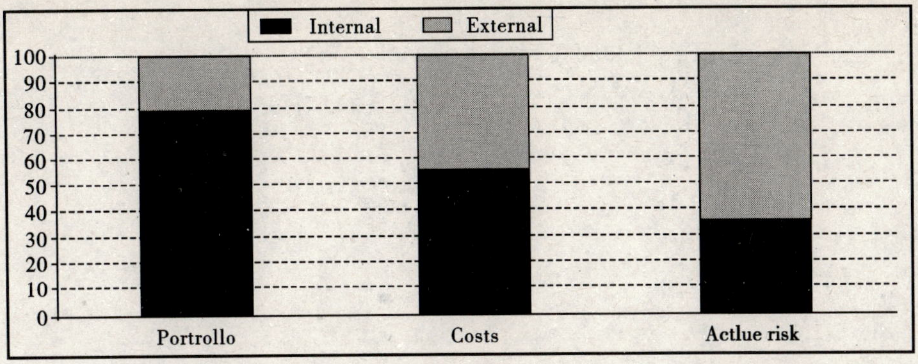

图 3—8　石油基金内部管理人与外部管理人的组合分布、管理成本和积极风险比较

(5) 石油基金的经营业绩

截至 2002 年 12 月 31 日，挪威财政部向石油基金总计转移了 6 930 亿克朗。2002 年 12 月 31 日石油基金总市值是 6 090 亿克朗，其中股票 2 298 亿，固定收入债券 3 780 亿，环境基金 12 亿。2002 年的实际净收益率略低于 2001 年。过去 6 年来其实际净收益率曲线前 3 年成上升趋势，后 3 年一路下滑，6 年的平均值为 2.53%。

第四章

我国社会保障基金的构成

学习目标

本章的主要内容有：我国基本养老保险基金的形成背景，改革开放以来我国基本养老保险基金的发展历程，我国基本养老保险基金的筹集与给付。我国医疗保险基金的形成背景，我国生育保险基金的运行现状。我国工伤保险基金的形成背景，我国工伤保险基金的筹集与给付，我国失业保险基金的形成背景。我国社会福利基金的覆盖范围，我国社会优抚基金的支出项目，我国社会救助基金的救助对象。其中重点掌握的内容有：我国基本养老保险基金年内补缴和跨年度补缴的计算方法，我国养老保险基金的长期精算估计，我国医疗保险基金运行中的突出问题，我国工伤保险基金运行中存在的问题。

第一节 我国的基本养老保险基金

一、我国基本养老保险基金的形成背景

（一）改革开放前我国基本养老保险基金的形成

我国基本养老保险基金是伴随着新中国的诞生，与基本养老保险制度一起逐步建立健全的。1951年2月25日，由劳动部和中华全国总工会拟定的《中华人民共和国劳动保险条例》经当时的政务院正式颁布实施。它规定：社会保险费全部由企业负担，缴费率为企业工资总额的3%，筹集起来的资金，30%上缴中华全国总工会作为社会保险统筹基金，70%留存企业工会基层委员会。企业工会留存的资金主要用于退休、医疗、工伤救济、丧葬补助等支出，每月结算1次，余额转入省市工会组织或产业工会委员会，作为社会保险调剂金，不足时向上级工会组织申请补助。省市工会组织或产业工会委员会的社会保险调剂金，用于在所辖范围内的基层工会组织之间按需调拨，每年结算1次，余额上缴全国总工会。1953年以前，职工养老保险主要以《中华人民共和国劳动保险条例》为依据。凡是年满60岁、一般工龄25年的男职工或50岁、一般工龄20年的女职工，只要在本企业工作满10年，即可获得本人工资35%～60%的退休金。受国家财力制约，该条例最初只在100人以上的工厂、矿场以及铁路、航运、邮电三个行业实施。到1952年年底，覆盖企业3 861家，职工302万人，连同他们供养的直系亲属在内约1 000万人，当年劳动保险费开支1.7亿元。1953年1月26日，在国家经济状况有了明显好转的情况下，通过了《保险条例实施细则修正案》，扩大了覆盖范围，缩短了“从事井下、有毒有害工作”的退休年龄，将退休金标准由按本人工资的35%～60%支付提高到50%～70%。随后几年，养老保险在快速发展的同时也存在苦乐不均、严重浪费等现象。1958年，周恩来总理专门作了《关于劳动工资和劳保福利问题的报告》，强调在发展生产的基础上逐步开展对职工的劳动保险。国务院颁布了一系列对退休、退职人员的处理办法，初步形成了以国家统包、社会统筹调剂为特征的养老保障模式。然而这一模式在文革期间受到严重破坏。1969年2月，财政部颁布了《关于国营企业财务工作中几项制度的改革意见（草案）》，明文规定：国有企业一律停止提取劳动保险金，企业的退休职工、长期病号和其他劳保开支，改在营业外列支。各级工会组织被解散，劳动部被撤销，社会保险基金统一征集、管理、调剂和支出的制度难以继续

进行。

（二）改革开放以来我国基本养老保险基金的发展

改革开放以来，我国经济发展进入了一个新的阶段，养老保障制度也被列上了议事日程。1984 年，为与企业用工制度改革相适应，有关部门首先在国有企业中进行了退休费用社会统筹、建立固定工养老保险基金的试点。1986 年，国务院颁布了《国营企业实行劳动合同制暂行规定》，要求企业、个人、国家三方共同缴纳养老保险基金，企业按工人工资总额的 15%缴费，工人按不超过本人标准工资的 3%缴费。1991 年，《国务院关于企业职工养老保险制度改革的决定》出台，确定了基本养老保险与企业补充养老保险、职工个人储蓄性养老保险相结合的制度。基本养老保险基金按照以支定收、略有节余、留有部分积累的原则统一筹集。企业缴纳的基本养老保险费，按本企业职工工资总额和当地政府规定的比例税前提取。职工个人缴纳的部分开始时可不超过本人标准工资的 3%，以后再逐步提高。企业补充养老保险由企业根据自身的经济实力，为本企业职工建立。所需费用从企业的奖励、福利费用中提取。1993 年，党的十四届三中全会通过了《中共中央建立社会主义市场经济体制若干问题的决定》，明确了养老保险基金实行“社会统筹与个人账户相结合”的原则。以此为基础，1995 年，国务院发布了《关于深化企业职工养老保险制度改革的通知》，提出了改革养老保险制度的 11 项要求。其目标是：到本世纪末，基本建立起适应社会主义市场经济体制要求，适用城镇各类企业职工和个体劳动者，资金来源多渠道、保障方式多层次、社会统筹与个人账户相结合、权利与义务相对应、管理服务社会化的养老保险体系。基本养老保险逐步做到对各类企业和劳动者统一制度、统一标准、统一管理和统一调剂使用基金。原则是：保障水平与我国社会生产力发展水平及各方面的承受能力相适应。社会互济与自我保障相结合，公平与效率相结合，政策统一，管理法制化，行政管理与保险基金管理分开。建立基本养老金正常调节机制，缴费水平可按当地职工上一年度平均工资增长率的一定比率进行调整。1997 年 7 月 16 日，《国务院关于建立统一的企业职工基本养老保险制度的决定》面世，从三个方面进行了统一：一是统一了企业和职工个人的缴费比例。企业缴费比例一般不超过企业工资总额的 20%，具体比例由各省、自治区、直辖市人民政府确定。个人缴费比例 1997 年不低于本人缴费工资的 4%，以后每 2 年提高 1 个百分点，最终达到 8%；二是统一个人账户规模。按本人缴费工资的 11%为每个职工建立基本养老保险账户。个人缴费全部计入个人账户，其余部分从企业缴费中划入。随着个人缴费比例的提高，企业划入部分应降至 3%；三是统一基本养老金计发办法。基础养老金月标准为省、自治区、直辖市或地（市）上年度职工平均工资的20%，个人账户养老金月标准为本人账户储存额除以120。

1998年3月，劳动和社会保障部成立。同年6月，国务院发布了《关于实行企业职工基本养老保险省级统筹和行业统筹移交地方管理有关问题的通知》，将铁道部、交通部、信息产业部（原邮电部部分）、水利部、民航总局、煤炭局（原煤炭部）、有色金属局（原中国有色金属工业总公司）、国家电力公司（原电力部）、中国石油天然气集团公司和中国石油化工集团公司（原石油天然气总公司部分）、银行系统、中国建筑工程总公司组织的基本养老保险行业统筹移交地方管理，以确保企业离退休人员基本养老金的按时足额发放。1999年，劳动和社会保障部出台了《关于扩大社会保险覆盖范围加强基金征缴工作的通知》，强调城镇异地就业的职工和农民合同制职工要参加单位所在地的社会保险，由社会保险经办机构为职工建立基本养老保险个人账户。国有企业下岗职工进入再就业服务中心期间，要由再就业服务中心按规定负责缴纳原来应由企业和个人负担的社会保险费，所需费用从下岗职工基本生活保障资金中列支，社会保险经办机构单独记账。下岗职工不论以何种形式实现再就业，均应按规定继续参加社会保险，原来的缴费年限和视同缴费年限连续计算，任何单位都不能以买断工龄等形式中止职工的社会保险关系。2000年12月，国务院下发了《关于完善城镇社会保障体制的试点方案》，对社会保障资金的筹集、管理以及基本养老金的发放进行了新的探索并于2001年7月率先在辽宁省试点。为弥补资金缺口，辽宁省建立了以企事业单位的社会征缴为主、中央财政予以定额补贴的中央、地方联合筹集社保基金机制。目前已覆盖企事业单位、有雇工的个体工商户和自由职业者近千万人，并部分做实了基本养老保险个人账户。2004年4月，国务院将试点范围扩大到吉林、黑龙江两省。2005年12月，天津、山西、上海、山东、河南、湖北、湖南、新疆也成为做实企业职工基本养老保险个人账户的试点省份。

改革开放以来，农村发生了很大的变化，以家庭养老为主的制度安排受到了很大挑战。1991年，民政部出台了《农村社会养老保险基本方案》，并在山东、江苏、上海等地试行。到2004年年末，全国参加农村养老保险的人数为5 378万人，205万农民领取了养老金，农村养老保险基金累计结存285亿元。

二、我国基本养老保险基金的筹集与给付

（一）我国基本养老保险基金的筹集

目前，我国基本养老保险费用采用社会统筹与个人账户相结合的部分积累模式。由单位和个人共同缴纳。单位缴费比例一般不得超过单位职工工资总额的20%，具体比例由省级人民政府确定。少数省份因离退休人数较多、养老保险负

担过重，确需超过单位工资总额的20%者，需报劳动和社会保障部、财政部审批。2005年12月14日，《国务院关于完善企业职工基本养老保险制度的决定》出台，规定从2006年1月1日起，单位缴费全部计入社会统筹基金。个人缴费一般以上一年度本人月平均工资（有条件的地区也可采用本人上月工资）为缴费工资基数，按8%的比例缴纳基本养老保险费且全部计入个人账户。新招职工以起薪当月工资作为缴费基数。从第二年起，按上一年度实际发放的月平均工资为缴费标准；单位派出的长期脱产学习人员或经批准请长假的职工保留工资关系者，以脱产或请假的上一年月平均工资作为缴费基数；单位派到境外、国外工作的职工，按本年出境（国）上年在本单位的月平均工资作为缴费基数，次年的缴费基数按上年本单位月平均工资增长率调整；失业后再就业的职工，按再就业起薪当月的工资收入作为缴费基数，从第二年起，按上一年度实际发放的月平均工资为缴费标准。本人月平均工资低于当地职工平均工资的60%者，按当地职工平均工资的60%缴费。超过当地职工平均工资的300%者，按300%缴费。超过部分不计入缴费工资基数，也不计入计发养老金的基数。

缴费单位必须按月向社会保险经办机构申报应缴纳的基本养老保险费，经社会保险经办机构核定后，在规定时间内以货币形式全额缴纳，不得减免。如果单位未按规定缴纳和代扣代缴社会保险费者，劳动保险行政部门或者税务机关将责令其限期缴纳。逾期不缴者，按日加收所欠款项2‰的滞纳金，滞纳金并入社会保险基金。单位欠费期间，职工个人可以继续缴纳养老保险费用并计算为职工实际缴费年限。出现欠缴情况后，以后缴费采用滚动分配法记账，先补缴以前的欠费及利息，剩余部分方计入当期缴费。欠费利息使用月积法计算。分为年内补缴和跨年度补缴两种情况。

年内补缴时，应补利息的计算公式是：

$$Y=\sum[n\text{月欠缴本金}\times(m-n)]\times\text{上年度记账利率}\times 1/12$$

式中 Y—— 应补利息；

n—— 本年度欠费时月份顺序号；

m—— 本年度补缴时月份顺序号。

跨年度补缴时，应缴部分包括以下3个方面：

第一是欠缴当年的利息。等于 $\sum[n\text{月欠缴额}\times(12-n+1)]\times$欠缴年度当年记账利率×1/12。

第二是欠缴年度后第一年起至补交年度前一年止的利息。等于此期间各年度应补利息之和。

第三是补缴年度当年的欠缴利息。等于［欠缴本金＋第一、二部分之和］×(补缴时月份序号－1)×补缴年度前 1 年记账利率×1/12。

（二）我国基本养老保险基金的给付

基本养老保险金的给付条件是达到法定退休年龄且满足最低缴费年限的职工。我国对法定退休年龄的要求见表 4—1。

表 4—1　　我国对法定退休年龄的要求

类别	退休条件	提前退休条件
国家高级公务员	正省部级：65 周岁 副司级以上及相当职务：60 周岁 副教授及相当职称：最长 65 周岁 教授及相当职称：最长 70 周岁	—
国家普通公务员	男：60 周岁，女：55 周岁或丧失工作能力	男：60 周岁，女：55 周岁且工作年限满 20 年
事业单位职工	男：60 周岁，女干部：55 周岁，女工人：50 周岁。工作年限满 10 年或因公致残，经医院证明完全丧失工作能力	男：50 周岁，女：45 周岁。工作年限满 10 年经医院证明完全丧失工作能力
企业职工	男：60 周岁，女干部：55 周岁，女工人：50 周岁 从事井下、高空等重体力劳动或有害健康工种者：男：55 周岁，女：45 周岁 因病或非因公致残，经指定机构鉴定完全丧失工作能力者：男：55 周岁，女：45 周岁	国务院确定地区国有破产工业企业中距法定退休年龄不足 5 年的职工 国有纺织企业中符合条件的挡车工

资料来源：孙祁祥、郑伟等著．中国社会保障制度研究．北京：中国金融出版社，2005

基本养老保险金的待遇分老人、新人和中人三种。以 1997 年国务院颁布的《关于建立统一的企业职工基本养老保险制度的决定》为界限。该决定实施前已经离退休的人员为“老人”，按国家原来的规定发给基本养老金，同时执行基本养老金按当地职工上一年度平均工资增长率的一定的比例进行调整的办法。“新人”是指该决定实施后参加工作、缴费年限（含视同缴年限）累计满 15 年的人员。退休后按月发给基本养老金。基本养老金由基础养老金和个人账户养老金组成。退休时的基础养老金月标准以当地上年度在岗职工月平均工资和本人指数化月平均缴费工资的平均值为基数，缴费每满 1 年发给 1%。① 个人账户养老金月标准为个人账户储存额除以计发月数。计发月数根据职工退休时城镇人口平均预期寿命、本人退休年龄、利息等因素确定。“中人”是指该决定实施前参加工作、

① 此为 2005 年 12 月 14 日《国务院关于完善企业职工基本养老保险制度的决定》的最新规定。

实施后退休且缴费年限累计满15年的人员。在发给基础养老金和个人账户养老金的基础上，再发给过渡性养老金。各省、自治区、直辖市人民政府按照待遇水平合理衔接、新老政策平衡过渡的原则，在认真测算的基础上，制定具体的过渡办法，并报劳动和社会保障部、财政部备案。个人账户养老金计发月数见表4—2。

表4—2　　个人账户养老金计发月数

退休年龄	计发月数	退休年龄	计发月数	退休年龄	计发月数
40	233	51	190	62	125
41	230	52	185	63	117
42	226	53	180	64	109
43	223	54	175	65	101
44	220	55	170	66	93
45	216	56	164	67	84
46	212	57	158	68	75
47	208	58	152	69	65
48	204	59	145	70	56
49	199	60	139		
50	195	61	132		

资料来源：中国劳动保障报，2005年12月15日，《国务院关于完善企业职工基本养老保险制度的决定》

城镇个体工商户、农民合同制职工以及采取多种方式灵活就业的人员，累计缴费满15年者，男满60周岁、女满55周岁，可按规定领取基本养老金。缴费年限不满15年者，其个人账户储存额一次性支付给本人，同时终止养老保险关系，不得经事后追补缴费的方式增加缴费年限。基本养老金从职工离退休次月起开始发放，按月支付。如果被保险人死亡，则从次月起停发，遗属可以按规定领取丧葬补助金。基础养老金、过渡性养老金、丧葬补助金由社会统筹基金支付。各统筹地区社会保险经办机构直接委托银行、邮局等社会服务机构发放。对有特殊困难不能到银行、邮局领取者，社会保险经办机构可直接或委托社区服务组织送发。对于国内异地居住或出国定居的离退休人员，如其向社会保险经办机构申请并办理相关手续，其基本养老金可委托亲属或他人代领。职工或离退休人员死亡时，其个人账户中个人缴费部分可以继承。已建立个人账户的职工在就职期间死亡，继承额等于其个人账户已储存的本金及利息；离退休人员死亡时，继承额等于死亡时的个人账户余额乘以离退休时个人账户中个人缴费本息占个人账户全部储存额的比例。继承额一次性支付给死亡人生前指定的受益人或法定继承人，剩余部分并入社会统筹基金。

三、我国养老保险基金的精算估计

（一）精算假设

养老保险精算的目的是：在预定的缴费水平下估计养老金的给付数额或者在预先承诺的养老金水平下估计缴费数额，这需要对参保人口的情况进行分析。因此，常用减因概率和工资增长率作为假设条件。在我国，参保人口既包括在职人口，也包括退休前退出养老保险计划但已经积累了一定养老金权利的人口、退休人口和死亡人口等。参加计划人口的数量、性别和年龄分布、已工作年数分布、开始参加养老保险的年龄分布等构成了养老保险精算的重要内容。同时，养老保险费用的缴付以职工在职存活为条件，职工死亡、残病、调离后不再缴费。因此，参保人口的死亡概率、伤残概率、调离概率和不同年龄上的退休概率等构成了养老保险精算的多个减因；另外，养老保险的缴费数额和给付高低与职工在职期间的工资水平有着直接的联系。职工工资随工龄、工作业绩、劳动生产率、通货膨胀率等因素而不断变动。在养老保险的精算估计中，一般还包括基金投资的收益率等。

（二）退休给付标准

退休给付标准以职工工资和工龄为依据，可以有若干种选择。一是固定数额。不考虑职工在职期间的收入水平和工作年限差异，对每个人给付相同数额的养老金；二是与工作年限相关。强调每一年工龄得到同等养老金的权利，不考虑在职期间工资水平的差异。例如，某职工工作 30 年，如果规定每参加养老保险一年每月可得到 30 元退休金，则年退休给付为：30×12×30＝10 800 元；三是平均工资给付。以职工参加养老保险起到退休前平均工资的一定比例乘以工龄计算。与给付标准相对应的是给付方式，在我国，只要生存即给付，到死亡时停止。

（三）精算估计方法

在精算估计上，一般采用两种方法：一是给付分配精算成本法，二是成本分配精算成本法。

给付分配精算成本法是将参保职工在退休时得到的给付分摊在每个缴费年，参保期间每年得到的养老金权利现值就是每年的成本，在职期间年成本的精算现值等于所有承诺的未来给付精算现值。具体而言还可分为传统的给付分配精算成本法和预计的给付精算成本法两种。传统的给付分配成本法根据规定的每年得到的给付数额，或者说是每参保一年在退休后得到的给付增加部分，计算每年得到的给付权利现值，确定年成本。参保期间各年得到的退休金权利之和等于退休时的年给付额；预计给付精算成本法根据预先确定的退休后给付金额，平均分配在参加养老保险的各个年份，或以工资的恒定比例分摊在各个年份。当退休后给付一定时，可以预先估计年成本。

在给付分配精算成本法下，通常需要考虑到以下3类成本：正常成本、精算债务和补充债务。正常成本指参保人在某年获得的养老金权利在计算年的现值；精算债务类似于责任准备金，它是过去累积的获得养老金权利的现值，或者是未来给付的净责任。从过去看，它是已积累的正常成本，从现在看，它是未来给付精算现值与未来正常成本之差；补充债务表现为未来给付精算现值没有被实际正常成本分摊的部分。在给付分配精算成本法中，需要从有权利得到养老金的年龄起开始分摊成本。而在建立养老保险前，并没有实际缴费，因此存在初始债务。例如，有人22岁参加工作，32岁建立养老保险，则从22～32岁这一段时期的债务即以补充成本的形式存在。随着时间的延续，也就是计划积累的精算债务与过去正常成本积累的差距。同时，养老金水平的调高、精算假设的变动以及精算假设与实际差异产生的债务，也没有反映在正常成本中，这些也属于补充债务的范畴。在给付分配精算成本法中，也可以不单独考虑补充债务。而是把建立计划时对过去的承诺、给付水平的调整以及精算假设变动等产生的债务，分摊在建立计划以后的各年，使未来年成本相应增加。

成本分配精算成本法直接以每年固定数额或工资的一定比例分配未来给付精算现值。根据不同情况，可以以个人为基础，先计算每个人的成本与债务水平，再汇总计算整体在一定时期的总成本和总债务，即个体法。也可直接计算整体的总成本和总债务，即集体法。不管是哪一种情况，都存在成本在分摊期内均匀分摊和按工资的一定比例分摊两种选择。采用个体法精算成本，如果未来给付精算现值从参保人参加养老保险的年龄起分摊，在参保年龄上，未来给付精算现值等于未来正常成本的现值。如果成本以工资的一定比例分摊，由于职工工资通常随工龄的增加而提高，以此为依据的缴费率会逐步下降；采用集体法精算成本，是把没有分摊的预计成本总额在未来分摊期内分摊。由于有不断的新增人员，给付水平也可能调整，同时精算假设的变动、精算假设与实际的差距等，产生了精算收益或损失，因此，通常每年或每二至三年在新情况下需要重新计算一次成本。这样在计划建立初年没有债务积累，第二年总成本中已有一部分成本分摊，形成债务积累。计算年成本时，需要在总成本下剔除已积累的债务，再在成本分摊期内分摊。但是，集体法年成本是未来给付现值减去计划资产和其他债务后，在未来成本分摊期内分摊的数额，它不直接产生补充精算债务。

（四）我国养老保险基金的长期精算估计

我国养老保险基金的精算估计依据可以分为人口假设和经济假设两类。人口假设包括妇女总和生育率、标准化死亡率，人口预期寿命、迁移率或迁移人数。经济假设包括养老金计划覆盖率，职工平均年工资增长率、消费价格指数、实际工资增长率、失业率、年利息率等，并构成以下长期精算估计模型框架。在预测时，精算假设通常取高、中、低三种水平，分别代表乐观情况、最可能情况和悲观情况。长期精算估计通常每年或每二三年进行一次，根据实践的变动需要及时调整精算假设，使预测结果更接近未来的实际。

我国养老保障基金的长期精算估计如图 4—1 所示。

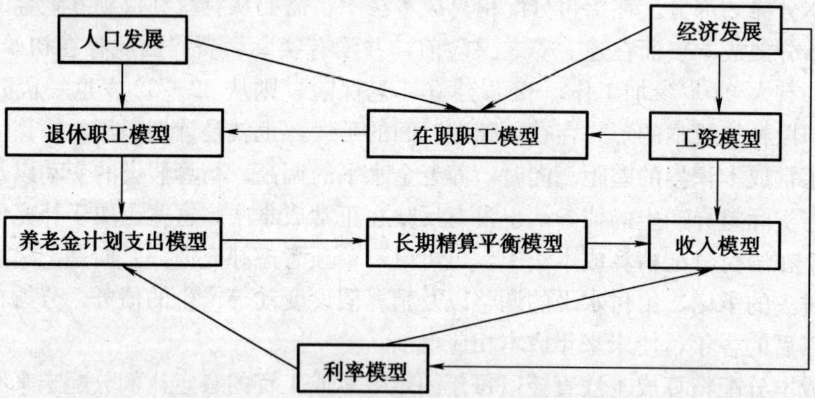

图 4—1　我国养老保障基金的长期精算估计

在上述假设的基础上，首先预测每年的收入和支出水平，再根据一定利率水平，估计一定时期的收入和支出精算现值。由于养老保险基金的年收入等于年缴费工资总额与缴费率之积，缴费工资总额又是平均缴费工资与参保的在职职工人数之积。养老保险基金的年支出包括事先承诺的退休给付、死亡给付、伤残给付等支出及相关费用。从长期来看，养老保险基金收入和支出的精算现值等于计算期内各年的收入和在一定利率下折现值的总和。如果两者大致相等，说明基本养老金在长期内是精算平衡的。经常用来衡量基金运行情况的指标有年度收支与基金率估计、年度收入率、成本率与平衡值估计。

年度收支估计是根据一定假设对某一具体年度内养老保险基金收入来源、支出去向与收支差额的估计。如果当年收入大于支出，则可在当年形成一定的积累。如果当年收入小于支出，则需要用过去年份积累的基金来补偿差额。在基金积累的筹资模式下，养老保险基金的偿付能力通常由基金率来衡量，基金率是年初累积资产与年度内支出的比例，计算公式是：

$$基金率=\frac{年初积累资产}{下年度支出}\times 100\%$$

如果基金率大于或等于100%，则年初积累的基金足以应付年度支出。如果基金率小于100%，则基金存在偿付困难的可能。

年度收入率和成本率是当年收入和成本与当年缴费工资的比例。其分子和分母都以当年价格计算，消除了价格影响，可以进行不同时期的比较，年收入率与成本率之差称为年度平衡值。其计算公式是：

$$养老保险年收入率=\frac{养老保险年收入额}{养老保险当年缴工资总额}\times 100\%$$

$$养老保险年成本率=\frac{养老保险年成本额}{养老保险当年缴工资总额}\times 100\%$$

$$年度平衡值=养老保险年收入率-养老保险年成本率$$

当年度平衡值为正数时，说明收入率大于成本率，当年能形成一定的积累。反之如果是负数，则需动用过去的基金，如果已积累的基金仍不能补足当年开支，则入不敷出的局面将难以避免。年收入率、年成本率及年度平衡在不同时期的对比分析，可以反映养老保险基金收支水平在不同时期的变动。如果年度平衡值在一定时期内保持稳定增长，说明养老保险基金积累的基金不断增多，制度偿付能力不断提高，反之则需要引起足够的警惕。

第二节　我国的医疗与生育保险基金

一、我国医疗保险基金的形成背景

长期以来，我国把城镇公民的医疗保障分为公费医疗和劳保医疗两大类。1952年，政务院发布了《关于国家各级人民政府、党派、人民团体实行公费医疗预防措施的指示》，规定公费医疗的享受范围和对象是：国家机关、党派团体和文化、教育、科研、卫生等事业单位的工作人员和退休人员，二等以上革命伤残军人、高等院校学生。待遇是：除挂号费、出诊费、住院膳食费外，其他医药费用全部或大部分由公费医疗开支，具体包括门诊、住院的检查费、药品费、治疗费、手术费等。因公负伤或特殊贡献者的住院膳食费、就医路费和假肢费也可列入报销之列。公费医疗的经费由国家财政承担，各级卫生行政部门设立专门机构进行管理；劳保医疗主要面向全民及城镇集体所有制企业的职工及离退休人员，基本依据依然是1951年颁布的《劳动保险条例》，保险项目和待遇标准与公费医疗大体相同。费用由企业按工资总额的14%提取，享受范围除职工本人外，还包括职工供养的直系亲属的医疗费补助、企业医务人员工资、医疗设备购置、医务经费等。

上述医疗保障制度运行了很长时间。20世纪80年代以来，随着其他多项改革的深入，我国对医疗保障的改革也开始提上议事日程。卫生部、财政部于1984年颁发了《关于进一步加强公费医疗管理的通知》，1989年又颁发了《公费医疗管理办法》。1992年，国务院办公厅发出了《关于进一步做好职工大病医疗费用社会统筹意见的通知》，经过1993年一年的努力，形成了当年1.4亿元的积累，这是改革开放以后我国最早的医疗保险基金的雏形。1994年4月，国家体改委、财政部、劳动部、卫生部联合颁发了《关于职工医疗保险制度改革的试点意见》，试点方向是建立社会统筹医疗基金与个人医疗账户相结合的制度。所谓社会统筹，即对社会医疗保险基金统一筹集、统一管理、统一调剂、统一使用，以实现医疗费用的互助共济、分散风险、均衡负担。原则上以地级以上行政区为统筹单位，京、津、沪、渝在全市范围内实行统筹。而建立个人医疗账户，一方面制约医患双方不必要的费用开支，减少医疗卫生资源浪费，另一方面也促使职工在年轻健康时为年老多病时积累医疗基金，缓解职工个人患重病、大病以及未来人口老龄化所带来的医疗费用支出压力。该方案1994年底在江苏省镇江市、江西省九江市试点后扩大到全国40多个城市，在取得初步成效的基础上，1998年12月15日，国务院颁布了《关于建立城镇职工医疗保险制度的决定》，要求城镇所有单位，包括国有企业、集体企业、外商投资企业、私营企业、机关事业单位、社会团体、民办非企业单位及其职工、部分乡镇企业及其职工、城镇个体经济组织业主及其从业人员，均应加入医疗保险。超过基本医疗需求的，要通过企业补充医疗险、商业医疗险解决。在管理体制上，打破了公费医疗、劳保医疗的界限，打破了不同所有制单位以及不同身份职工之间的界限，实行社会化和属地管理。

为使上述改革取得预期成效，1999年，劳动和社会保障部出台了一系列新的规定，包括《城镇职工基本医疗定点零售药店管理暂行办法》《城镇职工医疗保险定点医疗机构管理暂行办法》《城镇职工医疗保险用药范围管理暂行办法》《城镇职工医疗保险诊疗项目管理、医疗服务设施范围和支付标准意见》，使医疗保险在其所涉及的诸多领域中都做到了有章可循。2000年，出台了《关于实行国家公务员医疗补助的意见》，2002年出台了《关于加强城镇职工医疗保险个人账户管理的通知》和《关于妥善解决医疗保险制度改革有关问题的指导意见》，2003年发布了《关于进一步做好扩大城镇工医疗保险覆盖范围工作的通知》和《关于城镇灵活就业人员参加医疗保险的指导意见》，2004年又颁布了《关于推进混合所有制企业和非公有制经济组织从业人员参加医疗保险的意见》。使整个城镇居民的医疗保险不断发展和完善，覆盖人群稳步增加。

从农村医疗保障方面看，解放初期，随着农业合作社的建立，许多地方的农民自己组织起来，初步实现了医疗互助互济。20世纪60年代以后，合作医疗制度在全国广泛推开，对增进农民身体健康作出了重大贡献并得到了世界卫生组织的肯定。但是改革开放以来，由于农村家庭联产承包责任制的推行，合作医疗在广大农村地区基本解体，农民的医疗保障出现了前所未有的大倒退。2002年10月，中共中央、国务院做出了《关于进一步加强农村卫生工作的决定》，要求各级政府积极组织引导农民建立以大病统筹为主的新型农村合作医疗制度，重点解决农民因患传染病、地方病而出现的因病致贫、返贫问题。2003年，国务院转发了卫生部、财政部等部门《关于建立新型农村合作医疗制度意见的通知》，提出我国推进农村合作医疗的目标是：到2010年，在全国建立基本覆盖农村居民的、以大病统筹为主的新型农村合作医疗制度，实行个人缴费、集体扶持和政府资助相结合的筹资机制。一般以县、市为单位统筹，县级人民政府成立由有关单位和参加合作医疗的农民代表组成的农村合作医疗管理委员会，下设经办机构负责具体业务工作。经办机构的人员和工作经费列入同级财政预算，不得从合作医疗基金中提取。经办机构应定期向农村合作医疗管理委员会汇报收支、使用情况，保证参加合作医疗农民的参与、知情和监督权。从2003年起，中央财政每年对中西部地区参加合作医疗的农民人均补助10元。有条件的地方，可实行大额医疗费用补助与小额医疗费用补助相结合的办法。年内没有动用合作医疗基金的参加农民，可安排一次常规性体检。上述试点进展很快，效果良好，但由于涉及面太广，绝大多数农民的医疗保障水平还有待进一步提高。

二、我国医疗保险基金的筹集与给付

目前我国的医疗保险基金由用人单位和职工个人缴纳，基金收入由单位和个人缴纳的医疗保险费用及其利息收入、上级补助收入、下级上解收入、转移收入和财政补贴等组成。这些收入分别形成社会统筹医疗基金和个人账户医疗基金，最后缴入国库，按规定转入财政部门在指定银行开设的医疗保险基金专户。用人单位缴费率一般控制在职工工资总额的6%、职工缴费率为本人工资的2%左右。

职工缴费全部计入个人账户，用人单位缴费分为两部分：一部分划入个人账户，一般为用人单位缴费的30%，具体比例由统筹地区根据个人账户的支付范围和职工年龄等因素确定。其余部分用于建立统筹基金。统筹基金和个人账户要划定各自的支付范围，分别核算，不得互相挤占。立足于参保人的基本医疗需求，确定了较低的保障水平，规定了起付标准和最高支付限额。起付标准原则上控制在当地职工年平均工资的10%左右，最高支付限额为当地职工年平均工资的4倍左右。起付标准以下的医疗费用，从个人账户中支付或由个人自付。起付标准以上、最高限额以下的医疗费用，主要从统筹基金中支付，个人也要承担一定比例。统筹医疗基金的具体起付标准、最高支付限额以及个人负担比例，由统筹地区根据以收定支、收支平衡的原则确定。财政部门根据职工医疗保险基金预算和收支进度以及社会医疗保险事业机构的拨款申请，按月从医疗保险基金专户中拨付到社会医疗保险事业机构在银行开设的医疗保险基金支出账户中，再由社会医疗保险事业机构根据职工医疗保险合同把所需款项划拨至相关医疗单位。劳动和社会保障部会同卫生部、财政部等制定基本医疗的服务范围、标准和医药费用结算办法，明确医疗保险药品目录、诊疗项目、医疗服务设施标准及相应的管理办法，实行定点医疗机构和定点药店管理。社会医疗保险事业机构应定期进行职工医疗保险基金财务分析，并向主管部门和财政部门报告。其主要内容包括职工医疗保险基金的筹集和使用情况、预算执行情况、财务管理状况等。年度终了，编制年度财务报告，经主管部门审核汇总再报同级财政部门审核批复，列入同级政府财政决算。

目前，我国医疗保险基金运行中存在的突出问题是覆盖面窄，成本收益低。基本医疗保险的参保人数仅占城镇就业人口的一半，与全国城乡就业人口相比，覆盖率约为20%。一方面，医疗保险水平低，保障作用十分有限。另一方面，医疗保险经办机构条件苛刻，办事拖拉，报销门槛高。近年来，在全国医疗保险基金收入稳步上升的同时，统筹基金节余继续增加。与此相对应的是参保人员自费负担日益沉重，导致基本养老保险小病保不了，大病不能保。极大制约了参保人的积极性。尽管现行医疗制度改革已取得了一定的成效，过去绝大多数人采用的公费医疗和劳保医疗只占很小的比重，减轻了财政的负担，自费成了居民最主要的就医形式，在城市居民中比例达45%左右，在农村居民中更是高达80%。但是，目前我国贫富悬殊巨大，不同行业、不同单位之间存在许多差距，以自费为主要保障，实际上就等于没有保障。不仅如此，在基本医疗保障制度没有充分发挥作用之前，整个医疗体系改革严重滞后，药价虚高、回扣促销等寻租行为愈演愈烈，医疗费用持续大幅上涨已成为社会的一大公害。

三、我国医疗保险基金的精算估计

在我国现阶段的社会保障制度中，医疗保险的精算主要包括城镇基本医疗险和农村合作医疗险的精算。

（一）基本医疗险的精算

从收入的角度看，基本医疗险的筹资模式主要有三种：一是统筹分摊，即通常所说的现收现付制。它着眼于短期平衡，以当期收入用于当期支出，将测算出来的近年支付的纯保费作为依据制定本期的筹资目标，再按比例分摊给参保各方。企业和个人按工资的一定比例缴费，偿付率参照国家规定执行。特点是不分投保人的年龄、身体状况等条件，以社会共济为目标，实现不同投保人之间的横向平衡；二是预提分摊。它以个人账户中的储蓄积累作为医疗资金来源，当疾病发生需要支付费用时，动用个人账户的积累额，一般用于预付住院医疗费用。由于投保人早期身体状况较好，医疗费用支出相对较少，从而使保险费收入大于保险支出或给付，多出的部分正好作为储备资金积累起来。其特点是以一代人或几代人的资金储蓄来抵御疾病风险，并将其分散在一个相对较长的时期内。由于它强调长期平衡，因此，保险精算的目的是在较长的时期内根据收支总平衡的原则测算收费率；三是社会统筹与个人账户相结合。由国家、集体和个人三方按规定分别出资，资金筹集起来后分别计入社会统筹和个人储蓄账户。个人发生门诊或住院时费用由个人账户支付，不足部分视情况由社会统筹给付，从而达到共济互助的目的。目前这种模式已在我国许多地方试点并取得明显成效。

从支出的角度看，基本医疗险主要由医药补偿费、管理费和风险储备金三部分组成。医药补偿费是指用于补偿在医疗保险范围内发生的直接医疗费用，它取决于参保人数及该时间平均医药补偿费两大因素。由于一定时期参保人数是固定的，主要是人均医药补偿的测算，其公式是：

人均医药补偿费＝人均医药费×赔付率×保险因子

上式中，人均医药费包括门诊费用和住院费用，赔付率的计算采取不同年龄组按比例共付的办法。假定全部参保人按年龄共分为 n 组，第 i 组的人均医疗费用为 X_i，赔付率为 p_i，年龄组人口数为 q_i，基期医疗费用总额为 U，则测算的平均赔付率 Y 为：

$$Y=\frac{\sum_{i=1}^{n} X_i q_i}{U}\times 100\%$$

而保险因子＝1＋医疗服务增加率

管理费是指社保经办机构开展业务活动时所发生的各种费用。目前，我国城镇医疗保险的管理费用按规定由财政出资解决，不需要医疗保险基金负担，故可以忽略不计。风险储备金主要用于突发性疾病流行等超常风险和弥补赤字，其提取比例根据覆盖面大小和风险分散程度按医药费用的一定比例进行。通常保险的覆盖面越大，风险就越分散，风险储备金的提取比例就可以相对低一些。由于我国基本医疗险不考虑利润因素，费率原则是“收支相抵，略有盈余”，只要一定时期内发生的医疗费用支出总额与该时期筹集到的资金大体相等即可。假定以医疗保险费 P 为基础计提的管理费和风险储备金的比例分别为 r_1 和 r_2，以 C 表示医药补偿费，则：

$$P=C+Pr_1+Pr_2$$

$$P=\frac{C}{1-(r_1+r_2)}$$

再假定上一年的工资总额为 W，医疗价格指数与工资增长指数的比值为 t，可求得保险费的收取比例 P' 为：

$$P'=\frac{C/W}{1-(r_1+r_2)}\times t$$

另外，我国目前在基本医疗险的支付方式上，一般采用总额预算的办法。即由政府或其他委托保险经办机构与医疗机构商定一年内的医疗费用预算总额，政府以此数额为支付标准，医疗机构必须为保险范围内的所有人提供医疗服务，而不管医疗机构实际发生的费用是多少。在这种方式下，科学测算预算总额十分重要，目前可供选择的测算方式有以下三种：

1. 按保险人数测算。公式是：

预测年内总费用＝预测期被保险人数×人均费用×赔付率×变化系数

赔付率指由社保机构支付的医疗费在实际医疗费用中所占的比重，人均费用一般采用往年的历史资料计算而得。

2. 按提供的医疗服务量测算。公式是：

$$\text{预测年内住院总费用}=\text{年内预测总住院次数}\times\text{平均每次住院费用}\times\text{赔付率}\times\text{变化系数}$$

3. 总量测算法。公式是：

预测年内预算总额＝往年实际总费用×赔付率×变化系数

（二）农村合作医疗险的精算

农村合作医疗险分为福利型、风险型和福利风险型。福利型一般针对小病开设，只补偿门诊费用，对住院医疗费用不予报销或只支付其中的小部分。风险型针对大病重病开设，参保人门诊费用自理，因大病重病而发生的医疗费用则可以报销。风险福利型既针对大病重病，也针对小病，不论是门诊费或者是住院费都可按规定比例予以报销。由于保险类型不同，在费用测算方法上也有区别。

1. 福利型

福利型医药费用的测算比较简单。公式是：

$$\text{预测年医药补偿费}=\text{人均医药费}\times\text{参保人数}$$

$$\text{人均医药费}=\frac{\text{药费}+\text{治疗费}+\text{转诊费}+\text{药品涨价差额}}{\text{参保人数}}$$

2. 风险型

风险型医药费用的测算相对复杂。假定预测年医药补偿费为 C，规定给付起点为 d，只有住院费用超过 d 的部分才能得到补偿，参保人数为 N，根据以往住院经验测定年内发生住院费用大于 d 的概率为 p，每次补偿的比例为 R，则有

$$C=\sum_{i=1}^{N_0} X_i \cdot R$$

在上式中，$N_0=N \cdot P$，X_i 为第 i 个医疗费用大于 d 的人实际发生的医疗费用，为了简化起见，假设平均发生的实际医疗费用为 X_0，上一年的工资总额为 W，医疗价格指数与工资增长指数的比值为 t，以医疗保险费为基础计提的管理费和风险储备金的比例分别为 r_1 和 r_2，则有：

$$C=N \cdot P \cdot X_0 \cdot R$$

$$P=\frac{N \cdot P \cdot X_0 \cdot R/w}{1-(r_1+r_2)} \cdot t$$

人均应收取的保险费 $\overline{P}$ 为：

$$\overline{P}=\frac{P \cdot X_0 \cdot R/w}{1-(r_1+r_2)} \cdot t$$

3. 福利风险型

福利风险型医药费用的测算更加复杂，目前常用的是粗估法和消费构成比测算法。在粗估法下，预测年医药补偿费=(门诊费用×门诊补偿比+住院费用×住院补偿比)×增加系数。由于不同乡镇可以采用不同的门诊或住院补偿比，假定某县有 n 个乡镇，以 b_i 表示第 i 个乡镇的门诊补偿比，c_i 表示第 i 个乡镇的住院补偿比，B_i 和 C_i 分别表示第 i 个乡镇的门诊费用和住院费用，增加值系数为 i，参保人数为 N，以医疗保险费为基础计提的管理费和风险储备金的比例分别为 r_1 和 r_2，则所有乡镇预测年医药补偿费 C 为：

$$C=\sum_{i=1}^{n}(b_i \cdot B_i+c_i \cdot C_i) \cdot i$$

应收取的保险费总额 P 为：

$$P=\frac{\sum_{i=1}^{n}(b_i \cdot B_i + c_i \cdot C_i) \cdot i}{1-(r_1+r_2)}$$

人均应收取的保险费为 $\overline{P}$，$\overline{P}=P/N$。

消费构成比测算法的总体原则仍然是收支大体相等，不同之处在于预测年医药补偿费时需要以历史的医药消费构成比资料为依据。假定某地区参保人数为 N，每人集资额为 e，则可筹集到的医疗保险费为 $N \cdot e$，管理费与风险储备金的总和为 $N \cdot e\ (r_1+r_2)$，根据历史资料计算出该地区平均每人所需的医药费为 x，则预测年医药补偿费为 $N \cdot x$。由于不同级别的医疗机构费用差别很大，因此，必须在掌握了大量可靠历史资料的前提下方可采用此种方法测算。

四、我国的生育保险基金

（一）我国生育保险基金的运行现状

我国生育保险基金是国家和社会为生育妇女设置的，为其提供物质帮助，以保障其生育期间的健康和基本生活需要的资金。新中国成立后，我国的生育保险制度最早出现在政务院 1951 年颁布的《劳动保险条例》中。第 16 条规定：女工人与女职员生育产前产后共给假 56 天，产假期间工资照发。怀孕检查或分娩时，其检查费与接生费由企业行政方面或资方负担。女工人、女职员或男职工之妻生育时，发给生育补助费。1952 年 6 月 27 日，政务院发布了《关于各级人民政府、党派、团体及所属事业单位的国家工作人员实行公费医疗预防的通知》，把女工作人员生育费用纳入公费医疗项目。1955 年 4 月 26 日，国务院发布了《关于女工作人员生育假期的通知》，明确了机关、团体、事业单位女职工的生育待遇。1956 年 6 月 30 日，全国人民代表大会一届三次会议通过了《高级农业合作社示范章程》，规定特别注意使女社员在产前产后得到适当休息，生育时酌量给予物质帮助。1969 年以来，随着文化大革命的深入，生育保险也与其他社会保障一样倒退为企业保险，由女职工所在单位承担生育费用和生育带来的经济损失，使一些女性集中的企业负担过重，不能平等参与市场竞争。随着企业用工自主权的扩大，一些企业开始排斥录用女性。1988 年 7 月，国务院颁布了《女职工劳动保护规定》，1992 年，《中华人民共和国妇女权益保障法》出台。扩大了生育保险的法定范围，统一了机关事业单位和企业的生育保险制度，把带薪假期由 56 天延长到 90 天。

1994 年 12 月 14 日，原劳动部颁发了《企业职工生育保险试行办法》，倡导女职工生育费用社会统筹。并对生育保险的实施范围、基金征集原则及提取比例、统筹层次、基金列支渠道和待遇支付标准等提出了原则性的意见。1999 年又颁布了《关于妥善解决城镇职工计划生育手术费用问题的通知》，规定凡达到法定婚龄的已婚女职工，符合国家计划生育规定，均可享受 90 天的产假期，其中产前 15 天，产后 75 天。难产的，增加 15 天。多胞胎生育的，每多生育一个婴儿，增加产假 15 天。生育保险费率由当地政府根据实际情况确定，但最高不得超过工资总额的 1%，列入企业管理费用，不需要职工个人缴纳。生育保险基金由劳动部门所属的社会保险经办机构负责收缴、支付和管理。参保企业的女职工由生育保险基金支付生育津贴，按本企业上年度职工月平均工资计发。非企业单位的女职工，产假期间享受原基本工资，由本单位支付。机关、团体、事业单位的女职工，生育费用由公费医疗支付。企业女职工生育的检查费、接生费、手术费、住院费和医药费由生育保险基金支付，超出规定的医药费由职工个人负担。农村妇女生育（符合计划生育政策）的医药费由合作医疗或医疗保险基金部分报销。职工计划生育手术费，在已经建立企业职工生育保险的地区，可列入生育保险基金支付范围。没有建立企业职工生育保险的地区，在建立城镇职工基本医疗保险制度时，可以将参保单位的该项费用纳入基本医疗保险统筹基金的支付范围。

目前，我国的生育保险仍处于建立健全之中，覆盖范围十分有限。不但广大农村地区的妇女被排除在外，以非正规方式就业的城镇女性，如个体户、保姆、钟点工、临时工等，也基本享受不到生育保险。即使是已经实行企业职工生育费用统筹的地区，大部分都是层次偏低的县级统筹，抗风险能力及对生育妇女提供的保障都处于相当低的水平。

（二）我国生育保险基金的精算估计

生育保险费的收入由职工人数、生育保险的覆盖率、职工平均工资和规定的缴费率决定。其计算方法是：

年度生育保险费收入＝职工人数×生育保险覆盖率×职工平均工资×缴费率

年度生育保险支出＝医疗费用支出＋生育补贴支出

其中：医疗费用支出＝职工人数×女职工比例×女职工生育率×人均医疗费用

生育补贴支出＝职工人数×女职工比例×女职工生育率×生育津贴平均支付月数×社会月平均工资×生育津贴在社会月平均工资中的比例

在我国目前的计划生育政策下，城镇女职工一般只能生育一个孩子，而且生育年龄相对集中。因此，在一定的津贴标准和生育医疗费用规定下，很容易测算出一定时期内的生育保险费用支出，根据收支基本平衡的原则，再考虑女职工年龄和医疗费用的变动规律，可以估计出达到长期平衡目标的缴费率。

第三节 我国的工伤与失业保险基金

一、我国的工伤保险基金

（一）我国工伤保险基金的形成背景

我国工伤保险基金起源于 20 世纪 50 年代的劳动保险基金。1952 年 2 月，国家颁布了《劳动保险条例》并于 1953 年 1 月 2 日进行了修订。该条例把工伤保险定位于社会保险加上单位或雇主责任制。要求企业按工资总额的 3%缴费，建立劳动保险基金。因工致残的抚恤费和补助费从基金中支付，其他工伤补偿由企业按照规定的标准支付。1957 年 2 月 28 日，卫生部颁布了《职业病范围和职业病患者处理办法的规定》，首次将职业病列入工伤保险的保障范畴，规定对患职业病的工人、职员按因公负伤待遇处理。1969 年以后，随着社会保险全面向企业保险转变，工伤保险也改为企业直接管理。由于参保对象仅限于国家机关工作人员、国有企业和部分集体企业职工，再加上待遇水平非常低，不利于职工合法权益的保护。1978 年 6 月，国务院出台了《关于工人退休、退职的暂行办法》，调整了伤残职工退休、护理的待遇标准。1984 年以后，随着改革的深入，我国经济发展速度明显加快，企业伤亡事故率及职业病发生率迅速上升，安全生产形势十分严峻。为有效解决上述问题，1987 年 11 月 5 日及 12 月 3 日，国务院分别颁布了《职业病范围和职业病患者处理办法的规定》和《中华人民共和国尘肺病防治条例》，重新认定了 9 类 99 种职业病范围，提高了工伤职工经济补偿待遇。1988 年，原劳动部组织专门人员对工伤保障的改革方案进行了研究，并在广东、海南、福建等地开展了试点，形成了工伤保障的基本框架，即建立工伤保险待遇随物价变化相应调整的制度。适当提高丧葬费、抚恤费并建立一次性抚恤制度。建立工伤保险基金，逐步实现基金的社会化管理，工伤保险与工伤预防相结合。随着改革试点地区的扩大，全国性工伤保险改革的时机已经成熟，1996 年 8 月，原劳动部颁发了《企业职工工伤保险试行办法》，与之相配套，国家技术监督局颁布了《职工工伤与职业病伤残程度鉴定》，首次把工伤认定范围扩大到因工作紧张死亡和伤残、因公出差期间由于工作原因遭受意外事故、在上下班途中发生无本人责任的交通事故造成的伤、残、亡。2001 年 10 月 27 日，全国人大常委会颁布了《职业病防治法》，以法律形式对职业病病人的诊疗、康复费用、伤残以及丧失劳动能力的职业病病人的社会保障作出了规定。2003 年 4 月 27 日，国务院出台了《工伤保险条例》并于 2004 年 1 月 1 日起实施至今。该条例的基本内容是：凡是中华人民共和国境内的各类企业、有雇主的个体工商户，均必须强制参加工伤保险。无论劳动者与用人单位是否订立书面劳动合同、用工形式如何、用工期限长短，也不论劳动者的身份是什么，都有享受工伤保险待遇的权利。2004 年以来，以《工伤保险条例》为基准，劳动和社会保障部联合其他相关部门陆续出台了《工伤认定办法》《因工死亡职工供养亲属范围规定》《非法用工单位伤亡人员一次性赔偿办法》《关于劳动能力鉴定有关问题的通知》《关于工伤保险费率有关问题的通知》等配套文件，为健全和完善我国工伤保险的法律体系打下了坚实的基础。

（二）我国工伤保险基金的筹集与给付

目前，我国工伤保险基金的缴费主体是用人单位，不需要职工个人承担。缴费标准是本单位职工工资总额乘以单位缴费率。后者根据其风险程度不同各有区别。按照我国现行的《国民经济行业分类和代码表》，把行业分为 16 个门类、92 大类、368 中类、846 小类，分别归入风险较小、中等、较大行业。各省、自治区、直辖市工伤保险费平均缴费率原则上控制在职工工资总额的 1%左右。相关行业的基准费率分别控制在 0.5%、1%、2%左右。各地根据伤亡事故、职业病统计及统筹费用进行测算后，再确定工伤保险分类和差别费率标准。用人单位属于一类行业的，按 0.5%的基准费率征收，不实行费率浮动。属于二、三类行业的，按基准费率收取后，由统筹地区社会保险经办机构根据用人单位工伤保险费使用、工伤发生率、职业病危害程度等因素一至三年调整一次，在行业基准费率的基础上，可上下各浮动两档。上浮第一档是基准费率的 120%，第二档为 150%，下浮第一档为基准费率的 80%，第二档为 50%。以促进企业重视安全生产，减少工伤事故。为保证统筹地区发生特大事故时对工伤职工的救助能力，可建立储备金制度，并授权省级人民政府根据本地区情况确定储备金的比例和使用办法，当储备金不足以支付时，由统筹地区政府垫付。

参保单位发生工伤事故后，可将工伤职工应享受的一次性伤残补助金、伤残津贴、生活护理费或一次性工亡补助金、丧葬费、供养亲属抚恤金及鉴定申请人垫付的劳动能力鉴定费，填表报送所属统筹地区社保机构业务岗，经确认后由掌握工伤保险基金的社会保险机构将相关费用拨付到参保单位，再发放给工伤职工。伤残等级的评定由劳动保障、人事、卫生等部门和工会组织、经办机构和用人单位组成的劳动能力鉴定委员会及其医疗卫生专家库执行。医疗费用包括治疗、康复性费用、假肢、矫形器、假眼、假牙和配置轮椅等辅助性器具所需费用、住院伙食补助费、交通和食宿费、工资福利及护理费。后三项由所在单位支付，其余由统筹基金负责。

不容忽视的是，近年来，我国工伤保险在快速发展的同时也存在诸多明显的问题。由于起点不高，覆盖率远没有达到保障所有目标人群的标准。国有或集体的大企业参保情况相对乐观，相当一部分安全生产相对薄弱的中小型企业、乡镇企业、私营企业，特别是煤炭、建筑、运输等危险性较大的行业中的企业、个体工商户等还徘徊在工伤保险的门外。究其原因，一方面是部分统筹地区将高危行业或事故频率高的企业排除在外，另一方面相对较高的保费也让高危企业对参与工伤保险缺乏积极性。而且从参保、缴费、申报工伤事故到领取保险金，一系列过于烦琐的手续让许多有心参保的企业望而却步。导致一些非公有制企业发生事故后，因无力赔偿，不得不由政府承担无限责任。从工伤待遇的结构看，主要集中在医疗与伤残方面，许多因职业病等原因导致的损害还没有得到合理补偿。从工伤保险基金的征收与使用方面看，也有诸多漏洞。一些企业上缴保费时，故意少报或瞒报职工人数。一些企业平时不参保，事故发生后再补办手续骗取保费，而错综复杂的关系也为暗箱操作提供了成功的可能。在财务处理上，由于我国目前对企业工伤保险费用的处理没有统一规定，有的计入生产成本，有的列入管理费用或营业外支出，也有的从职工福利费中支付。部分医院对工伤职工采取小伤大治、小病大医的作法，造成不必要的浪费，降低了工伤保险基金的使用效率。而且工伤保险费的行业差别费率档次少且粗。例如，海洋捕捞与淡水养殖两个风险差异很大的行业被归入相同行业类别中，且都缴纳 0.8%的费用，难免会影响后者的参保积极性。一些地区存在费率只浮不降的现象，造成基金超额收缴，产生不合理结余。预防工作落后和待遇支付过低使相当数量的工伤职工的合法权益得不到保证。

（三）我国工伤保险基金的精算估计

我国工伤保险的收入主要来源于企业缴费及其投资收益。企业按照统一的费率或行业差别费率以工资总额为基数缴纳，职工个人不缴费。在一定的缴费率下，工伤保险行业年度收入等于职工人数、工伤保险覆盖率、平均工资、缴费率几者的乘积，年度工伤保险费总收入等于各行业年度收入之和。

$$\begin{matrix}\text{年度工伤}\\\text{保险费总收入}\end{matrix}=\sum\left(\begin{matrix}\text{行业职}\\\text{工人数}\end{matrix}\times\begin{matrix}\text{行业工伤}\\\text{保险覆盖率}\end{matrix}\times\begin{matrix}\text{行业职工}\\\text{平均工资}\end{matrix}\times\begin{matrix}\text{行业}\\\text{缴费率}\end{matrix}\right)$$

工伤保险的成本主要由以下因素决定：工伤事故发生概率、不同等级的伤残概率和死亡概率、伤亡给付标准、护理标准、就医期间其他补贴标准、工资增长率和投资收益率等精算假设。在我国还包括事故预防费、职业康复费、安全奖励金、宣传和科研费、工伤保险经办机构管理费、劳动鉴定委员会办公经费等。在精算估计上分为以下四种情况：

1. 医疗给付支出

医疗给付支出取决于工伤事故概率、医疗费用分布规律、医疗期间的生活补贴标准。工伤事故概率用单位时间内工伤人数在同期职工总人数中的比例衡量，医疗费用分布规律是不同程度工伤治疗或康复所需的医疗费分布，它决定于工伤种类和医疗价格，医疗期间的生活补贴标准根据不同时期的制度规定执行。在上述数据基础上，某年平均每一职工的医疗成本等于不同行业不同等级工伤概率 A 乘以相应等级工伤平均医疗费用 P 之积。行业医疗总成本 Z 等于平均每一职工医疗成本与行业职工人数 R 之积，医疗期间的生活补贴 S 等于工伤医疗职工人数乘以工伤职工年平均工资 W 再乘以平均医疗期。平均补贴年数为 B，工伤医疗总成本为 Y，则有：

$$Y=Z+S$$

$$Z=\sum ARP$$

$$S=\sum ARWB$$

2. 一次性伤亡给付支出

一次性伤亡给付支出取决于伤残概率、工亡概率和规定的给付标准。其计算方法是：

$$\begin{matrix}\text{一次性伤残}\\\text{给付成本}\end{matrix}=\sum\left(\begin{matrix}\text{职工}\\\text{人数}\end{matrix}\times\begin{matrix}\text{不同等级的}\\\text{伤残概率}\end{matrix}\times\begin{matrix}\text{不同等级给付水平相当}\\\text{于过去工资的月数}\end{matrix}\times\begin{matrix}\text{职工平均}\\\text{月工资}\end{matrix}\right)$$

$$\begin{matrix}\text{一次性工亡}\\\text{给付成本}\end{matrix}=\begin{matrix}\text{职工}\\\text{人数}\end{matrix}\times\begin{matrix}\text{工亡}\\\text{概率}\end{matrix}\times\begin{matrix}\text{工亡给付相当于}\\\text{过去工资的月数}\end{matrix}\times\begin{matrix}\text{职工平均}\\\text{月工资}\end{matrix}$$

一次性伤亡给付总成本＝一次性伤残给付成本＋一次性工亡给付成本

3. 定期给付支出

定期给付支出主要针对因工伤而完全或部分致残的职工的生存、护理及遗属抚恤而估算。其估算方法是：

$$\begin{matrix}\text{工伤定期给付}\\\text{年度支出总额}\end{matrix}=\begin{matrix}\text{全残抚恤}\\\text{金年支出}\end{matrix}+\begin{matrix}\text{部分伤残抚}\\\text{恤金年支出}\end{matrix}+\begin{matrix}\text{护理费}\\\text{年支出}\end{matrix}+\begin{matrix}\text{遗属抚恤}\\\text{金年支出}\end{matrix}$$

$$\begin{matrix}\text{全残抚恤}\\\text{金年支出}\end{matrix}=\sum\left(\begin{matrix}\text{职工}\\\text{人数}\end{matrix}\times\begin{matrix}\text{各类全}\\\text{残概率}\end{matrix}\times\begin{matrix}\text{职工}\\\text{平均工资}\end{matrix}\times\begin{matrix}\text{各类全残抚恤金}\\\text{在工资中的比例}\end{matrix}\right)$$

$$\text{部分伤残抚恤金年支出}=\sum\left(\text{职工人数}\times\text{部分伤残概率}\times\text{伤残平均工资损失}\times\text{伤残抚恤金在工资损失中的比例}\right)$$

$$\text{护理费年支出}=\sum\left(\text{职工人数}\times\text{各类伤残概率}\times\text{各级护理比率}\times\text{职工平均工资}\times\text{各级护理费在工资中的比例}\right)$$

$$\text{遗属抚恤金年支出}=\sum\left(\text{职工人数}\times\text{工亡概率}\times\text{平均每个工亡职工供养的遗属人数}\times\text{职工平均工资}\times\text{遗属抚恤金在工资中的比例}\right)$$

4. 其他项目支出

根据工伤保险发展目标需要，在一定的支出份额假设下估计。假定某年与工伤保险补偿相关的其他支出在总支出中的比例为 $k\%$，当年工伤保险补偿性支出为 B，则其他项目支出额为 $B\cdot k\%/(1-k\%)$。

二、我国的失业保险基金

（一）我国失业保险基金的形成背景

长期以来，我国传统的经济理论一直认为，社会主义公有制实现了生产资料与劳动力的直接结合，不可能也不应该存在失业。但这种理论很快就受到了严重的挑战，20 世纪 70 年代末，大批知青返城使有限的就业岗位供不应求，城镇失业现象严重。但当时在理论上仍不承认失业，而被称为待业。80 年代中期，随着国有企业改革的深入，竞争机制被引入了就业领域，1986 年 7 月，国务院颁布了《国营企业实行劳动合同制暂行规定》和《国营企业职工待业保险暂行规定》，成为改革开放后我国失业保险制度建立的最初标志。待业保险适用范围包括：宣告破产的国营企业职工，濒临破产的国营企业在法定整顿期间被精简的职工，国营企业辞退的职工，国营企业终止、解除劳动合同的合同制工人。待业保险基金由国营企业按职工标准工资总额的 1%缴纳，在税前列支。职工待业期间可以根据工龄的长短分别领取本人标准工资 50%～75%的待业救济金。工龄在 5 年及 5 年以上的，领取救济金的期限最多为 24 个月，5 年以下的最多 12 个月。随后几年，我国陆续发布了近 10 项有关失业保险的法令条规，对建立健全失业保险制度作了积极的探索。1993 年 4 月，国务院出台了《国有企业职工待业保险规定》，扩大了覆盖范围，除原有人员外，被企业除名和开除的职工、按照其他法规和地方政府规定享受失业保险的职工，实行企业化管理的事业单位职工也有权按既定标准领取失业保险金。改变了失业救济金的计算办法，由按本人标准工资的一定比例给付改为按社会救济金的 120%～150%计发。同时全面开展再就业服务工作，包括职业介绍、提供就业信息、就业咨询辅导、定期或不定期的人才市场等，为减少失业创造条件。1994 年以后，宏观经济运行出现了很大变化，由高速增长到相对萧条、由通货膨胀到通货紧缩，再加上诸多企业减员增效，下岗失业人员大量增加。为较好地解决这个问题，1999年1月20日，国务院颁布了《失业保险条例》，这是我国首次将“待业”改称为“失业”，表明我国失业保险制度的真正建立。该条例将城镇企事业单位的所有职工均纳入了失业保险范围。凡非自愿失业、办理了失业登记并有求职要求者、按规定履行缴费义务的失业人员都可申请享受失业保险待遇。农民合同制工人连续工作满1年，所在单位缴纳了失业保险费，劳动合同期满未续订或提前解除劳动合同的，由社会保险经办单位根据其工作时间长短，支付一次性生活补助。但失业人员在领取失业保险金期间，有下列情形之一者：如重新就业、应征服役、移居境外、享受基本养老保险待遇、被判刑收监或劳动教养、无正当理由拒不接受当地人民政府指定的部门和机构介绍的工作者，须停领失业保险金并取消其他失业待遇。

（二）我国失业保险基金的筹集与给付

失业保险基金的来源主要有各参保单位缴纳的费用及利息、财政补贴、缴费滞纳金和社会捐赠。目前企业缴费率一般为企业职工工资总额的2%，城镇职工按本人工资的1%缴纳，农民合同制工人免缴。如果企业工资高于当地平均工资水平的300%时，高出部分免缴，低于60%时，按工资总额的60%缴纳。各省级政府可根据本行政区域失业人员数量和失业保险基金余额，适当调整区域内失业保险金的费率并报国务院批准。失业保险金在有条件的城市实行市级统筹并在省级范围内建立调剂金。当地方保险基金以及调剂金不足使用时，应由地方财政按规定补贴。单位或个人以货币形式或与社保经办机构约定的其他形式全额缴费。其中个人缴费由所在单位从基本工资中代扣，单位若未及时缴纳，则从欠费之日起，按日加收千分之二的滞纳金。失业保险费用由社保经办机构征收后，应存入财政部在国有银行开设的社会保障基金专户，实行收支两条线管理。失业保险金待遇包含医疗补助金、丧葬补助金、抚恤金、职业培训和职业介绍补贴等，具体标准按各省级政府的有关规定执行，但应低于当地最低工资标准，高于城市居民最低生活保障标准。失业保险经办机构根据失业人员累计缴费时间核定保险金领取期限，缴费时间在1年以上5年以下者，领取期限最长为12个月。5年以上10年以下者，最长为18个月。10年以上者，最长为24个月。重新就业后再次失业者，缴费时间重新计算。再次失业领取保险金的期限可以与前次失业应领取而尚未领取的失业保险金期限合并计算，但最长不得超过24个月。失业保险金按月发放，由经办机构开具单证，失业人员凭单证到指定银行领取。失业人员失业前所在单位与本人户籍不在同一统筹地区的，其失业保险金的发放和其他待遇由两地劳动保障部门协商确定。协商未能一致的，由上一级劳动保障部门指定。失业人员在领取失业保险金期间死亡者，其家属可持有效证明向经办机构领取一次性丧葬补助金和其供养配偶、直系亲属的抚恤金。失业人员当月尚未领取的失业保险金可由家属一并领取。

目前，我国失业保障对象仅限于城镇企业职工。在农村，除少数进城的合同制工人享受有限的失业保险待遇之外，农民基本上被排除在体制之外。许多单位和职工认为失业保险是“一平二调”“劫富济贫”，再加上传统的以单位为服务对象的社会保险体系不能适应新形势下分散化、流动性强的就业格局，漏保现象比较严重。失业保险的作用发挥不充分，给付水平低，给付金额与失业者失业前的收入没有一个科学合理的替代比例。有资格领取失业保险金的人员领取水平一般只有原工资的25%～37%，不但难以保障自己的基本生活需要，更不可能顾及技能培训和家属赡养。在失业保险费用的筹集上，有的地方由社保经办机构直接征缴，有的由税务机关代缴。由于监管不严，再加上对有资格参与失业保险的缴费单位缺乏激励机制，在实际征缴过程中，常常出现财政部门、企业和社保机构的相互推诿，影响基金的及时到位。在经济发达的大中城市和沿海地区，统筹层次高，经济实力强，失业保险金的发放相对公平，而经济落后的地区则难免出现捉襟见肘的困境，导致专项用于失业人员知识培训和职业介绍的经费难以保证。许多地方对失业保险金的领取资格审核不够严格，一些垄断行业以自愿解除劳动合同为条件、获得高额经济补偿的人员，本不应享受失业保险待遇，但由于种种原因，经办机构仍然为其发放了失业保险金。相当一部分省市都存在一边就业、一边领取失业保险金的人群，损害了社会风气，增加了道德风险。而且随着宏观经济结构调整和国有企业改革的深化，就业渠道相对萎缩，下岗与失业并轨、两条保障线合并为一条，使登记失业人群数量上升，新增劳动力在未来一段时间内难以下降，对失业保障的需求明显提高，失业保险金支出刚性增长，资金压力有迅速加大的可能。

（三）我国失业保险基金的精算估计

根据我国失业保险条例，失业保险基金的收入来源是参保单位及职工缴纳的保险费用、财政补贴和基金投资收益三部分。财政补贴依据国家政策确定，投资收益取决于具体的投资环境，年度失业保险缴费额等于年度从业人口数、失业保险覆盖率、覆盖人口的年平均工资水平与规定的失业保险缴费率几者的乘积。失业保险基金的支出范围包括失业保险金、医疗补助金、丧葬补助金、抚恤金、职业培训补贴金等，其中以失业保险金为主。它取决于被保失业率与参保人数，被保失业率指有权利领取失业保险的人数与全面保险覆盖下的失业人数的比例。由于一些失业者不满足失业保险金的领取条件如缴费期限不够标准、超出规定领取期限等，因此，被保失业率总是低于失业保险覆盖下的失业率，假定两者相等，根据以下公式，可以估计出年度失业保险金支出额。

$$\text{年度失业保险金支出额}=\frac{\text{适龄劳动}}{\text{从业人口}}\times\frac{\text{失业率}}{1-\text{失业率}}\times\text{失业保险覆盖率}\times\text{领取比例}\times\frac{\text{失业保险金}}{\text{人均年支出额}}\times\text{平均支付时期}$$

上式中，适龄劳动从业人口根据人口变化趋势、劳动力参加率等因素作出预测，失业保险覆盖率根据政策要求和过去的实施情况作出估计，领取比例根据经验数据得出，失业保险金人均年支出额根据不同地区失业保险金水平确定，平均支付时期在规定的 1～2 年之间，也可根据经验数据估算。

失业保险年度收入与支出的差距，形成当年的增加值，可以按规定用于投资并取得收益。年初失业保险基金加上当年的收支差额及投资收益，形成下一年的基金值，再与下一年的预计支出比较，可以测算失业保险基金满足下一年支出的程度。从长期来看，失业保险长期平衡的缴费率是根据长期内失业率和失业支出水平预测估算的。假定预测期为 n 年，第 I 年的失业保险基金支出为 $(UC)_i$，失业保险的缴费率为 $k\%$，第 I 年失业保险缴费收入为 $(UI)_i$，利率为 j，第 I 年的社会平均工资为 S_i，工资年增长率为 $g\%$，第 I 年失业保险覆盖率为 $h_i\%$，第 i 年职工人数为 P_i，则 n 年内失业保险基金支出在预测年初的现值为：

$$(PVUC)_1=(UC)_1+(UC)_{2v}+(UC)_{3v^2}+\cdots+(UC)_{nv^{n-1}}$$

失业保险缴费在预测年初的现值为：

$$\begin{aligned}(PVUI)_1&=(UI)_1+(UI)_{2v}+(UI)_{3v^2}+\cdots+(UI)_{nv^{n-1}}\\&=k\%S_i[P_1h_1+(1+g)P_2h_{2v}+\cdots+(1+g)^{n-1}P_2h_{2v^{n-1}}]\\&=k\%S_1(PVPH)_1\end{aligned}$$

上式中，$(\mathrm{PVPH})_1$ 为 n 年内失业保险覆盖职工人数在利率 j' 下的现值 $j'=\frac{j-g}{1+g}$，则缴费率 $k\%=\frac{(PVUC)_1}{S_1\ (PVPH)_1}$。

根据预测的失业率、失业保险覆盖下的职工人数以及失业费用支出额，在假定的工资增长率和利率下，利用上述公式可以估算出维持长期精算平衡的失业保险金的缴费率。

第四节 我国其他类型的社会保障基金

一、我国的社会福利基金

我国社会福利基金的覆盖范围主要是向老年人、儿童、残疾人提供的福利，职工福利以及住房保障方面的福利。

（一）老年福利

从老年福利方面看，目前，我国从中央到地方都建立了离退休人员管理机构，在农村地区则由基层政府负责向符合条件的老年人提供福利。建立福利院和敬老院，收养生活没有保障的老年人，并扩大对社会上一般老年人的安置，为老年人解决生活照料、医疗服务以及精神孤独问题。开展向老年人送温暖活动，由基层街道或农村村委会为生活困难的老年人提供包户服务，建立包户服务组，订立包户服务协议。建立老年人健康检查制度，部分有条件的单位或社区组织出面。定期召集老年人开展身体检查，发现疾病，及时治疗。建立老年病医院或设立老年病科，对老年人实行挂号、看病、取药三优先。为丰富老年人的精神文化生活，在经济条件较好或老年人相对集中的地方，建立老年活动站、老年中心等，为老年人休闲娱乐提供场所等。

（二）儿童福利

从儿童福利方面看，1950 年，教育部、卫生部、内务部发出《关于托儿所、幼儿园几个问题的联合通知》，要求根据需要和可能积极发展托儿所、幼儿园，并对托儿所、幼儿园的经费来源、保教人员培训等作了具体规定。在 1951 年颁布的《劳动保险条例细则》中也强调：企业女职工有 4 周岁以内子女 20 人以上，工会基层委员会与企业行政方或资方协商，可以单独或联合其他企业设立托儿所，其住房设备、工作人员工资及一切经常性费用，完全由企业行政方或投资方负责。1986 年 4 月，国务院颁布了《中华人民共和国义务教育法》，1990 年 2 月，原国家教育委员会出台《幼儿园管理条例》，1994 年，《中华人民共和国母婴保健法》颁布实施。根据这些法律法规，设立了独生子女保健津贴，规范了幼儿园管理，实施义务教育，推动了儿童健康、教育和托幼事业的发展。1994 年 12 月，原劳动部发布《未成年工特殊保护规定》，2002 年 10 月，国务院颁布《禁止使用童工规定》，为维护未成年人的合法权利，规定禁止单位招用不满 16 岁的未成年工，禁止不满 16 岁的未成年人个体开业。1996—1998 年，政府拨款对儿童福利院进行了大规模改造，民政部等六部委联合发出《关于进一步发展孤残儿童福利事业的通知》，指导维护孤残儿童的生活、教育和医疗等权益。民政部承担了孤儿、弃婴、伤残儿童的照顾工作，兴办了多种类型的福利机构，并配备了工作人员，使孤儿、弃婴得到保育教育，伤残儿童得到医治和照顾。

（三）残疾人福利

从残疾人福利方面看，新中国成立至今，我国残疾人福利经历了初创、停顿和再发展三个阶段。20 世纪 50 年代，新中国刚刚成立，广大残疾人改变了流离失所的局面，普遍得到了收养和救济，政府陆续举办了一些盲、聋、哑学校，社会福利机构和福利企业，初步解决了部分残疾人生活、入学和就业问题，残疾人的基本物质生活需要和政治权利得到了应有的保证。文革期间，受多种因素影响，残疾人事业被迫停顿，改革开放以后，随着我国经济发展速度的加快，社会财力日益增强，国家加大了对残疾人福利事业的投入。1990 年 12 月 28 日，我国通过了《中华人民共和国残疾人保障法》，规定国家和社会应采取康复措施，帮助残疾人恢复或补偿其功能，以康复机构为骨干，社区康复为基础，残疾人家庭为依托，以实用易行的康复内容为重点，为残疾人提供有效的康复服务。国家设立残疾人教育机构，组织和扶持盲文、手语的研究和应用，特殊教材的编写与出版，多家电视台和电台专门开设了残疾人手语新闻节目和残疾人专题广播栏目，在公共图书馆开设盲人有声读物馆，成立残疾人艺术团以丰富残疾人的生活等。

以上针对老年人、儿童、残疾人等特殊人群提供的福利，所需资金主要来自于我国中央和地方政府的财政资金，基本不存在投资问题。

（四）职工福利

我国的职工福利是在政府直接规划、指导和参与下建立起来的。1950 年 6 月，《中华人民共和国工会法》颁布，规定工会有改善工人、职员群众物质生活与文化生活各种设施的责任，并规定各级政府应该拨给工会必需房屋与设备作为举办集体福利之用。1953 年 1 月，政务院财政经济委员会规定，国营企业可提取一定比例的附加工资，其中占工资总额 25%的福利补助金，主要用于福利方面的经常性补助和补足职工食堂、浴室、理发室等开支减去收入后的差额。由于政策支持，再加上与职工自身的利益密切相关，各企事业单位在全国统一的福利基金制度支撑下，通过设置多种类型的福利补贴项目和兴办各种封闭的自我服务体系，将职工日常生活中的大量消费需求包揽下来。在福利刚性的驱动下，职工福利基金严重收支失衡，侵蚀企业利润，挤占企业其他生产资金，影响企业生产的发展。1992 年 6 月 16 日，中共中央、国务院《关于加快发展第三产业的决定》要求“大部分福利型、公益型和事业型第三产业单位要逐步向经营型转变，实行企业化管理”，同时将现有福利补贴纳入工资分配范畴。企业可根据需要与可能，自主决定兴办必要的集体福利，或为职工提供带薪休假、补充保险、专项资助等个人福利；国家机关、事业单位的职工福利费，主要由财政拨款。国家统一规定，按全体职工月平均工资的2%提取，开支不足时，由单位行政经费予以补助。在营运管理上以现收现支为主，很少用于投资。

（五）住房保障

我国的住房保障经历了两个明显不同的阶段。长期以来，公有住房分配基本遵循供给制和福利制的模式，由国家出资兴建以极低的租金交给职工使用。国家只有有名无实的所有权，职工则拥有有实无名的使用权。改革开放以后，我国开始了住房商品化建设的探索，最初的销售对象主要是效益好的单位，部分购房款甚至由国家或地方财政直接支付，故住房价格一开始即建立在很高的起点上，最终形成了具有中国特色的房价收入比极度悬殊的格局。1994 年 7 月，国务院颁布了《关于深化城镇住房制度改革的决定》，1995 年 2 月，发布了《国家安居工程实施方案》，1998 年 1 月，住房改革全面铺开，通过市场化购买成为居民拥有住房的主要方式。为保证居民具备有支付能力的购房需求，国家在允许商业银行发放住房贷款的同时，建立了住房公积金制度。用人单位和职工按规定标准缴存住房公积金，存入职工住房公积金账户。职工在购买、修造、翻建、大修自住房时，可以向住房公积金管理中心申请贷款。有以上 4 种情况和偿还购房贷款本息及所付房租超过规定标准的，还可提取公积金账户内的存储余额，支配使用。在公积金的营运管理上，必须坚持“房委会决策、公积金中心运作、银行专户、财政监督”的原则，确保住房公积金资金专款专用，安全有效运行。

二、我国的社会优抚基金

我国为军人提供保障的社会优抚基金是财政支出的重要组成部分。我国的军人保障产生于土地革命时期，当时，为了巩固与扩大红军队伍，各革命根据地普遍开展了优待红军及其家属的工作。1931 年，由中华苏维埃共和国政府颁布的《土地法》中就明确规定：红军指战员应分得的土地，由中华苏维埃政府设法替他耕种。1932 年 1 月，中华苏维埃工农兵第一次全国代表大会在江西瑞金召开，会上通过了《中国工农红军优待条例》，随后出台了一些相关的补充法规，使红军战士及其家属的经济权益，尽可能不低于根据地内一般居民的生活水平。抗日战争时期，中国共产党领导下的各抗日根据地先后制定了大量关于优待、抚恤和安置抗日军人及其家属的法律法规。建国初期，1950 年 12 月 11 日，经中央人民政府政务院批准，内务部公布了五个优抚法规，即《革命烈士革命军人家属优待暂行条例》《革命工作人员褒恤暂行条例》《革命残废军人优待抚恤暂行条例》《革命军人牺牲、病故褒恤暂行条例》和《民兵民工抚恤暂行条例》，并拿出专门的资金对符合条件的对象进行优抚，对促进我国军队的建设起了重要作用。目前，我国对军人的优抚保障主要有以下几个方面：一是伤残优抚。由政府出资，建立伤残军人休养院或疗养院，根据伤残等级，从生活、疗养、休养各方面对无家可归的伤残军人进行供养和服务。对特等、一等革命伤残军人，按当地干部标准由国家供应商品粮，对生活不能自理的军人，国家通过民政部门发给相当于当地二级普通工人工资标准的护理费。将伤残军人的抚恤待遇分为伤残抚恤金和伤残保健金两种。伤残抚恤金是发给退出现役后没有参加工作的伤残军人的经济资助，伤残保健金是发给继续在部队服现役，或服役后参加工作，或享受离退休待遇的伤残军人的经济资助；二是军人福利待遇。包括为减轻军人生活负担和家务劳动而兴办的集体福利如军人食堂、军人住宅、军人医疗卫生设施，为丰富军人文化生活而兴办的战士文化活动中心、部队图书馆和俱乐部，为照顾部分军人生活上的特殊开支，减轻个人负担而建立的补助制度，如夫妻两地分居补助、探亲休假补助、干部家属随军安置补助等。军人退役年龄规定具有特殊性，担任师级职务的军官可比地方职工提前 5 年退休；三是军人救济。主要是针对有特殊困难的军人所给予的一种临时性资助。

我国的社会优抚基金主要来自于中央财政资金，基本不存在投资问题。

三、我国的社会救助基金

我国的社会救助基金目前主要用于最低生活保障方面的支出，而医疗、就业与司法救助所占比例甚小，而同时由于农村最低生活保障尚在建立健全中，而且一般纳入农村扶贫体系，在此不予涉及。故此处的最低生活保障主要指城镇居民最低生活保障。

改革开放以前，我国实行普遍就业与平均主义的分配体制，尽管社会财富十分有限，但贫困问题并不突出。随着经济体制改革的深入，激烈的经济变革和社会变迁在提高整个社会富裕程度的同时，也使部分群体的生活陷入了困境。尤其是国有企业改革，减员增效导致了大量职工下岗失业，失去了工资收入。部分企业处于停产、半停产或破产状态，在岗职工工资水平低，不能满足自己及其家人的基本生活需要。为了维持社会稳定，各地纷纷建立社会救助基金，1993 年 6 月，上海市率先建立城镇居民最低生活保障，在全市范围内按最低生活保障线标准救助生活困难的居民，拉开了我国城市社会救助制度改革的序幕。在随后不到两年的时间里，厦门、青岛、福州、大连、无锡、广州等城市也相继建立最低生活保障。到1996年底，在全国建立了最低生活保障的城市已达101个。1997年9月，国务院发出《关于在全国建立城市居民最低生活保障的通知》，要求把建立城市居民最低生活保障当成一项重要工作来抓，并就保障对象、范围标准和保障资金落实问题作了规定。1999年9月28日，国务院颁布了《城市居民最低生活保障条例》，标志着我国的城镇居民最低生活保障制度已经建立起来。该条例第二条规定："持有非农业户口的城市居民，凡共同生活的家庭成员人均收入低于当地城市居民最低生活保障标准的，均有从当地人民政府获得基本生活物质帮助的权利。此处的收入是指共同生活的家庭成员的全部货币收入和实物收入，包括法定赡养人、扶养人或者抚养人应当给付的赡养费、扶养费或者抚养费，不包括优抚对象按照国家规定享受的抚恤金、补助金。"该条例第六条规定："城市居民最低生活保障标准，按照当地维持城市居民基本生活所必需的衣、食、住费用，并适当考虑水、电、燃煤（燃气）费用以及未成年人的义务教育费用确定。"

最低生活保障资金来源，最初以上海为代表的部分地区采取财政和单位分担的方式来解决，大连和武汉率先实现了全部由财政负担。1999年，国务院规定："城市居民最低生活保障所需资金，由地方人民政府列入财政预算，纳入社会救济专项资金支出项目，专项管理，专款专用。"2001年11月，国务院办公厅发出了《关于进一步加强城市居民最低生活保障工作的通知》，要求中央财政根据各地财政状况、最低生活保障任务和地方财政努力程度，加大对财政困难地区城市居民最低生活保障资金的专项转移支付力度，使得最低生活保障有了稳定的资金来源。目前，在管理体制上，由民政部负责全国城镇居民最低生活保障的管理工作，县级民政机构、街道办事处以及镇人民政府负责本行政区域内城镇居民最低生活保障的具体管理审批工作，居委会根据管理审批机关的委托，承担城镇居民最低生活保障的日常管理和服务工作。

我国的社会救助基金主要来自于中央和地方政府的财政资金，基本不存在投资问题。

【本章小结】

1. 我国基本养老保险基金目前采用社会统筹与个人账户相结合的部分积累模式，基本养老保险基金的精算估计依据分为人口假设和经济假设两类。

2. 我国基本医疗保险基金由用人单位和职工个人缴纳，分别形成社会统筹医疗基金和个人账户医疗基金，目前运行中存在的突出问题是覆盖面窄。

3. 我国生育保险基金是国家和社会为生育妇女设置，以保障其生育期间的健康和基本生活需要，由劳动部门所属的社会保险经办机构负责收缴、支付和管理。

4. 我国工伤保险基金的缴费主体是用人单位，不需要职工个人承担。缴费标准是本单位职工工资总额乘以单位缴费率。后者根据其风险程度不同各有区别。

5. 我国失业保险基金的来源多样化。失业保险金待遇的具体标准按各省级政府的有关规定执行，但应低于当地最低工资标准，高于城市居民最低生活保障标准。

6. 我国社会福利基金的覆盖范围主要是老年人、儿童、残疾人福利，职工福利以及住房保障福利。社会优抚基金是为军人提供保障的基金，社会救助基金目前主要用于最低生活保障方面的支出，且基本限于城镇居民。

【关键概念】

减因概率　给付分配精算成本法　成本分配精算成本法　正常成本
精算债务　补充债务　年度收支估计　公费医疗　劳保医疗
大病统筹　统筹分摊　预提分摊

【复习思考题】

1. 我国基本养老保险基金对待老人、新人和中人在待遇上各有什么规定？
2. 我国基本养老保险基金常用哪种方法进行精算估计？各有什么特点？
3. 经常用来衡量我国基本养老保险基金运行情况的指标有哪些？
4. 我国医疗保险基金费用在筹集上对单位和个人各有什么要求？
5. 我国医疗保险基金运行中存在哪些问题？
6. 我国基本医疗保险的筹资模式有几种？
7. 我国农村合作医疗险有哪些类型？各有什么特点？
8. 我国工伤保险基金是如何筹集与给付的？
9. 我国工伤保险基金运行中存在哪些问题？你认为应该如何解决？
10. 我国失业保险基金是如何给付的？
11. 我国社会福利基金的覆盖范围有哪些？
12. 我国社会优抚基金对军人主要提供哪些优抚保障？
13. 我国社会救助基金的救助对象是什么？

【应用案例】

我国城镇职工养老金年度收支及基金率预测

王晓军教授在以下假设条件下对我国 2010—2050 年城镇职工养老金年度收

支及基金率作出了预测①。人口情况采用了世界银行1996年对中国养老保险覆盖人口的预测数据；职工平均缴费工资以社会平均工资水平为标准，以28%作为养老保险缴费的最高限，其中企业缴费的最大限度为工资总额的20%，个人缴费逐步达到个人工资的8%；以1996年社会平均工资6 210元（2005年为8 839元）为基础，并假设实际增长率在2020年以前为4%，2021—2030年为3%，2031—2050年为2%；在养老金给付标准上，对在新制度实施时已经退休的"老人"，以过去规定给付退休金。以1998年以后新参加工作并加入个人账户养老险的职工为"新人"，且假定其平均参加工作的年龄为20岁、60岁为法定退休年龄，则40年后才有新人支出。界于老人与新人之间的人群为"中人"，中人支出包括基础养老金、个人账户养老金和过渡性养老金三部分。其中，基础养老金与个人账户养老金的计发方法与新人相同，过渡性养老金则是其在新制度实施前积累的养老金权利的兑现。中人支出中，基础养老金是退休前当地年社会平均工资的20%，个人账户养老金根据个人账户在退休时的累积额发放。同时假设个人账户的累积利率在2020年前为5%，2020—2030年为4%，2030—2050年为3%，个人账户养老金以个人账户在退休时的累积额除以120计算，相当于以生存年金的方式平均发放18年，18年后由社会统筹基金支付长寿者过去从个人账户中得到的退休金部分。中人过渡性养老金采用指数调整法，计发系数取值为1.2%；在职职工的死亡给付为退还个人账户个人缴费部分的累积额，已退休职工的死亡给付为个人账户在退休时的累积额与已发放退休金的差额中个人缴费部分。其测算结果见表4—3。

表4—3　　我国城镇职工养老金年度收支及基金率预测结果

单位：百亿元（时间：2010—2050年）

年份	年收入	老人支出	中人过渡性支出	个人账户支出	在职期间死亡给付	退休后死亡给付	支出合计	收支差	累积余额	基金率（%）
2010	61.70	6.50	23.61	2.49	0.89	0.246	33.73	27.97	232.58	630
2011	65.23	5.73	26.52	3.30	1.03	0.326	36.90	28.33	272.54	671
2012	68.88	5.00	29.72	4.34	1.15	0.438	40.64	28.24	314.41	703
2013	72.62	4.31	33.06	5.50	1.28	0.577	44.72	27.89	358.02	732
2014	76.47	3.68	36.20	6.87	1.41	0.760	48.92	27.55	403.47	786

① 王晓军．中国养老金制度及其精算分析．北京：经济科学出版社，2000

续表

年份	年收入	老人支出	中人过渡性支出	个人账户支出	在职期间死亡给付	退休后死亡给付	支出合计	收支差	累积余额	基金率（%）
2015	80.37	3.10	38.78	6.87	1.71	0.873	51.33	29.05	452.70	793
2016	84.35	2.57	42.84	8.64	1.87	1.158	57.07	27.28	502.61	794
2017	88.40	2.10	47.28	10.40	2.05	1.463	63.28	25.12	552.86	798
2018	92.55	1.68	51.06	12.53	2.21	1.836	69.31	23.24	603.74	790
2019	96.77	1.33	55.86	14.59	2.40	2.234	76.41	20.36	654.28	825
2020	101.18	1.03	58.34	14.59	2.87	2.477	79.31	21.86	708.86	815
2021	104.90	0.78	63.57	16.49	3.17	2.918	86.93	17.97	762.27	801
2022	108.80	0.58	68.95	18.70	3.49	3.399	95.11	13.69	814.08	795
2023	112.90	0.42	73.76	20.52	3.92	3.827	102.45	10.45	865.23	767
2024	117.08	0.30	80.05	23.80	4.22	4.447	112.81	4.27	912.76	740
2025	121.37	0.20	84.60	28.88	4.41	5.275	123.36	−1.99	956.41	700
2026	125.65	0.13	92.27	33.46	4.66	6.072	136.58	−10.93	993.30	666
2027	129.97	0.07	98.74	38.50	4.91	6.884	149.11	−19.14	1 023.83	623
2028	134.26	0.03	107.50	43.90	5.14	7.649	164.22	−29.95	1 045.07	579
2029	138.52	0.00	117.90	48.96	5.42	8.287	180.56	−42.04	1 055.28	564
2030	142.86	0.00	123.46	48.96	6.53	8.214	187.16	−44.30	1 063.74	522
2031	145.78	0.00	132.41	55.86	6.69	8.693	203.66	−57.88	1 059.05	485
2032	148.69	0.00	139.76	62.77	6.84	8.953	218.32	−69.62	1 042.37	441
2033	151.54	0.00	149.65	70.17	6.95	9.437	236.21	−84.67	1 009.83	396
2034	154.44	0.00	160.70	77.60	7.06	9.930	255.30	−100.86	959.46	358
2035	157.40	0.00	172.83	77.46	8.31	9.374	267.97	−110.57	896.86	315
2036	160.48	0.00	181.47	84.97	8.48	9.860	284.78	−124.30	817.40	268
2037	163.55	0.00	193.28	92.34	8.66	10.325	304.61	−141.06	717.22	221
2038	166.82	0.00	206.09	99.28	8.93	10.664	324.96	−158.14	594.94	172
2039	170.23	0.00	219.14	105.88	9.23	10.967	345.21	−174.98	449.70	129
2040	173.85	0.00	222.62	105.41	11.01	10.250	349.30	−175.45	296.74	83

续表

年份	年收入	老人支出	中人过渡性支出	个人账户支出	在职期间死亡给付	退休后死亡给付	支出合计	收支差	累积余额	基金率（%）
2041	177.85	0.00	224.27	112.09	11.52	10.721	358.60	−180.75	130.83	35
2042	182.02	0.00	233.26	118.40	12.12	10.847	374.63	−192.61	−55.24	−15
2043	186.43	0.00	226.94	125.15	12.71	11.077	375.88	−189.45	−247.45	−65
2044	191.03	0.00	219.95	133.03	13.13	11.767	377.88	−186.85	−446.67	−119
2045	195.74	0.00	209.26	140.32	13.83	12.488	375.89	−180.16	−649.16	−175
2046	200.64	0.00	194.56	148.06	14.49	13.055	370.16	−169.52	−851.14	−232
2047	205.66	0.00	179.97	157.83	14.81	13.825	366.43	−160.78	−1 054.47	−291
2048	210.63	0.00	165.79	166.05	15.43	14.817	362.08	−151.45	−1 258.65	−354
2049	215.54	0.00	149.34	174.13	16.19	15.852	355.51	−139.97	−1 461.55	−417
2050	220.47	0.00	132.41	183.65	17.06	17.006	350.12	−129.65	−1 664.28	

从表4—3中可知，在2024年前，基本养老险的年度收入均大于年度支出，积累了一定的资金实力。但从2025年起，年度支出开始大于年度收入，过去积累的基金正在被逐步消耗，从2042年起，积累的基金被完全耗尽，以后年度收不抵支的部分，将不能依靠制度本身来解决，到2050年养老基金的净负债将达到16.64万亿元。如果不提高养老保险的缴费标准或者提高基金的投资回报率，制度在长期内将面临严重的赤字。从基金率角度考察，在2019年前逐年提高，到2019年达到最高值825%。以后随着支出的增加开始下降，到2040年下降到100%以下，从2042年起出现负值，赤字在所难免。

第五章

我国社会保障基金的管理体制

学习目标

本章的主要内容有：全国社会保障基金的形成背景，全国社会保障基金的管理模式，全国社会保障基金的税收与监管。社会统筹与个人账户结合的社会保障基金管理机构，社会统筹与个人账户结合的社会保障基金管理目标，部分省市结合社会保障基金管理体制的具体做法。我国企业年金的形成背景，我国企业年金的受托管理与账户管理，我国企业年金的托管要求。我国农村社会保障基金的形成背景，我国农村社会保障基金的积极效应，我国农村社会保障基金存在的问题与发展思路。其中重点掌握的内容有：全国社会保障基金境外投资的管理规定，北京市基本养老保险待遇的计发标准，我国企业年金的建立条件与费用收支制度，我国企业年金的投资管理，我国农村社会保障基金的典型模式。

第一节 全国社会保障基金的管理体制

一、全国社会保障基金的形成背景

新中国成立后，伴随着我国社会保障制度建立的同时是对社会保障基金的管理。按照当时的规定，机关事业单位的保险金全部由财政支出，不需要单独管理。城镇企业的社会保险金头两个月全数存入中华全国总工会账户，从第3个月起，按三七比例分别存入中华全国总工会账户和该企业基层工会委员会账户，由中华全国总工会委托中国人民银行代理保管。文革期间，由于各级工会组织受到冲击而处于瘫痪状态，社会保障储备基金主要由政府独家管理，而真正意义上的投资应该起源于20世纪90年代。1991年6月，国务院发布的《关于企业职工养老保险制度改革的决定》中明确指出：企业和职工个人缴纳的基本养老保险费必须转入社会保险管理机构在银行开设的“养老保险基金专户”，实行专项储存、专款专用。对存入银行的基金，按同期储蓄存款利率计息，所得利息并入基金，积累基金的一部分可以投资购买国家债券。1992年1月，民政部制定了《县级农村社会养老保险基本方案》，规定农村社会养老保险采取完全积累制，基金运作主要是存银行、买国债。1993年11月，党的十四届三中全会明确提出在我国“建立社会统筹和个人账户相结合的多层次养老和医疗保险体系，形成社会保险基金筹集、营运的良性循环机制。社会保障行政管理和社会保险基金经营要分开，社会保险基金的经办机构在保证基金正常支付和安全性流动性的前提下，可依法把社会保险基金主要用于购买国家债券，确保社会保险基金的保值增值”，上述规定奠定了我国社会保险基金投资的基本框架。1995年3月，国务院《关于深化企业职工养老保险制度改革的通知》又补充规定：养老保险基金的结余额，除留足两个月的支付费用外，80％左右应用于购买由国家发行的社会保险基金特种定向债券，任何单位和个人不得自行决定基金的其他用途。社会保险基金持有的特种国债不能提前变现，不得向银行办理抵押贷款。在1991至1996年间，由于银行存贷款利率及债券票面利率一直处于上升趋势，全国企业职工失业保险和养老保险基金结余用于投资国债的余额从30.53亿元增加到103.27亿元，占1996年财政收入的1.4％，社会保险基金投资国债占当年基金结余的比重从18.74％增加到29.51％，而且取得了良好的名义收益率。但从1996年以后，我国银行存款利率连续8次下调，降到了解放以来的最低水平。由于养老保险结余资金大多留存于省一级政府，失业、医疗和其他社会保险结余资金大多留存于县一级政府，相对分散的管理加大了监控的难度，2000 年 12 月，国务院出台了《完善城镇社会保障体系的试点方案》，要求对社会统筹基金与个人账户基金实行分别管理，社会统筹基金不能占用个人账户基金。个人账户基金由省级保险经办机构统一管理，按国家规定存入银行，全部用于购买国债，所得收益全部并入基金并免征税收。

2000 年 9 月，为进一步夯实我国社会保障体系的基础，国务院决定建立全国社会保障基金。该基金专门用于今后可能发生的各项社会保障支出，其性质是为了应付我国社会保障体系即将面临的人口老龄化高峰的压力而建立的储备基金，今后我国社会保障体系的资金缺口将由它来承担补充的重任。为使这部分基金不断发展壮大，2001 年 11 月，国务院专门设立了由其直接领导的全国社会保障基金理事会。明确理事会的任务是：管理中央财政拨入的资金、管理变现部分国有资产所获资金、划入基金的股权资产、减持境外上市国有股所获收入以及其他形式筹集的资金。根据财政部与劳动和社会保障部共同下达的指令和确定的方式拨出资金，制定基金的投资经营策略并组织实施，在规定的范围内对基金资产直接投资，挑选、委托专业性的资产管理公司进行投资运作以实现保值增值，定期向社会公布基金资产、收益、现金流量等情况，就社会保障机制的相关问题向国务院提供建议。2006 年 2 月 9 日，劳动和社会保障部、财政部联合发出通知，继续扩大做实企业职工基本养老险个人账户的试点省份，对试点的中西部地区，中央财政给予补助，补助部分可由省级政府委托全国社会保障基金理事会投资营运并承诺一定的收益率。

二、全国社会保障基金的管理模式

全国社会保障基金的管理模式如图 5—1 所示。

(一) 全国社会保障基金理事会

按照国务院 2000 年 11 月《关于印发全国社会保障基金理事会职能配置、内设机构和人员编制规定的通知》，全国社会保障基金理事会的机构设置分为三个层次。一是理事会，包括理事长、副理事长和理事，主要负责全国社会保障基金的重大战略决策。理事长、副理事长由国务院任命，理事由国务院聘任，其中理事长是理事会的法定代表人和最高负责人；二是专业委员会，包括投资决策委员会、风险管理委员会与专家评审委员会。分别负责投资决策、风险管理与专家评审等相关事务；三是具体的职能部门，包括办公厅、投资部、股权资产部、法规及监管部、财务部等，分别对所辖范围内的事务负责。理事会的职责是：(1) 制

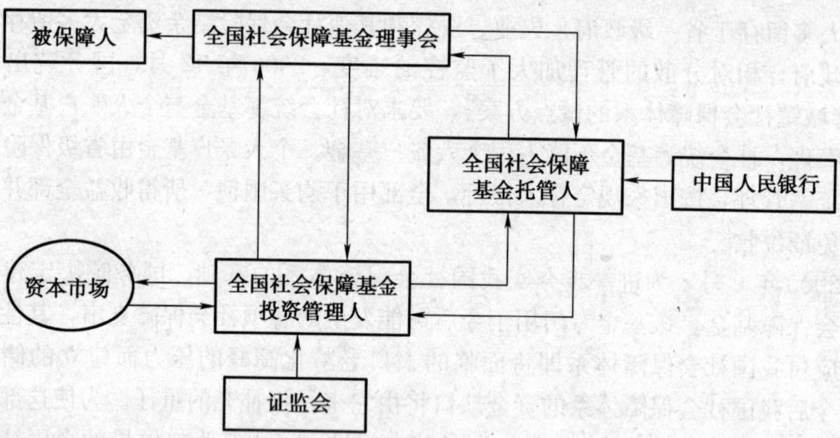

图 5—1　全国社会保障基金的管理模式

定全国社会保障基金的投资经营策略并组织实施；（2）选择并委托全国社会保障基金的投资机构和托管机构，对全国社会保障基金资产进行投资运作和托管，检查投资运作和托管情况，并在规定范围内对全国社会保障基金资产进行直接投资运作；（3）负责全国社会保障基金的财务管理与会计核算，定期编制会计报表，起草财务会计报告，定期向社会公布全国社会保障基金的资产、收益、现金流量等财务状况；（4）根据财政部、劳动和社会保障部共同下达的指令和确定的方式拨出资金。

全国社会保障基金的资产独立于其他任何相关单位的资产。它与全国社会保障基金理事会在财务上分别建账、分别核算。其中减持国有股筹集的国有股存量发行收入由主承销机构在取得收入 2 日内缴入财政部预算预置的指定科目，财政部在 5 日内拨给全国社会保障基金理事会。从 2001 年开始，新增发行彩票公益金的 80％需上交全国社会保障基金。2002 年 6 月，国务院规定除海外发行上市外，对国内上市公司停止执行《减持国有股筹集全国社会保障基金管理暂行办法》，改为向全国社会保障基金划拨国有企业股份。这部分股份在 2005 年 5 月证券市场股权分置改革之后按规定条件由理事会决定持有或套现。对于海外上市的国有企业，原来要求将初次发行所筹资金的 10％转交全国社会保障基金，由理事会进行管理营运。但自 2004 年 2 月全国社会保障基金取得在海外市场投资的权利后，境外企业可以直接将股票交给全国社会保障基金。

全国社会保障基金的投资原则是：在保证基金资产安全性、流动性的前提下，实现基金资产的增值。投资范围包括银行存款、国债和其他具有较好流动性的证券投资基金、上市股票、信用等级在投资级以上的企业债券、金融债券等。

其中，银行存款和国债的投资比例不得低于50%，且银行存款的比例不得低于10%，在一家银行的存款不得高于全国社会保障基金银行存款总额的50%。企业债券、金融债券的投资比例不得高于10%，证券投资基金、股票投资的比例不得高于40%。对上述比例财政部与劳动和社会保障部可以根据金融市场情况和全国社会保障基金投资情况报国务院调整。全国社会保障基金理事会可直接进行的投资运作仅限于银行存款和在一级市场上购买国债。其他投资须委托专门的投资管理机构进行，并授权有资格的金融机构托管。

（二）全国社会保障基金投资管理机构

全国社会保障基金投资管理机构是受理事会委托，作为基金投资营运的代理人执行“专家理财”的职能。按照2001年12月财政部与劳动和社会保障部共同颁发的《全国社会保障基金投资管理暂行办法》，我国社会保障基金的投资管理机构必须具备以下条件：其一，在中国注册、经中国证监会批准具有基金管理业务资格的基金管理公司及国务院规定的其他专业性投资管理机构。基金管理公司实收资本不少于5 000万人民币，在任何时候都维持不少于5 000万元人民币的净资产。其他专业性投资管理机构需具备的最低资本规模另行规定。其二，具有2年以上的在中国境内从事证券投资管理业务的经营机构，且管理审慎，信誉较高，最近3年没有重大的违规行为，并具有完善的法人治理结构。其三，有与从事全国社会保障基金投资业务相适应的专业投资人员。同时具有完整有效的内部风险控制制度，内设独立的监察稽核部门，并配备足够数量的称职的专业人员。凡被认可的投资管理机构，必须与理事会签订委托资产管理合同，对双方的权利义务、资产管理方式、投资范围、收益分配等内容作出规定，并报财政部、劳动和社会保障部、中国证监会备案。受托的投资管理机构必须履行以下职责：一是按照投资管理政策及全国社会保障基金委托资产管理合同，管理并运用全国社会保障基金资产进行投资；二是建立全国社会保障基金投资管理风险准备金，完整保存全国社会保障基金委托资产的会计凭证、会计账簿和年度财务会计报告15年以上；三是编制全国社会保障基金委托资产财务会计报告，出具全国社会保障基金委托资产投资运作报告，保存全国社会保障基金投资记录15年以上。另外，单个投资管理机构管理的全国社会保障基金资产投资于1家企业所发行的证券或单只证券投资基金，不得超过该企业所发行证券或该基金份额的5%。按成本计算，不得超过其管理的全国社会保障基金资产总值的10%。委托单个全国社会保障基金投资管理机构管理的资产，不得超过年度全国社会保障基金委托资产总值的20%，投资管理机构管理的全国社会保障基金资产投资于自己管理的基金必须经理事会认可。

（三）全国社会保障基金托管机构

全国社会保障基金托管机构是受理事会委托，作为基金资产的保管代理人执行托管职能的机构。需要具备的条件是：设有专门的基金托管部门，实收资本不少于80亿元，有足够的熟悉托管业务的专职人员，具备安全保管基金资产的条件以及安全、高效的清算交割能力。其主要职责是：尽职保管全国社会保障基金的托管资产，执行投资管理机构的投资指令，并监督其投资运作，如果发现其投资指令违法违规者，及时向理事会报告。办理全国社会保障基金名下的资金结算，完整保存全国社会保障基金理事会的会计账簿、会计凭证和年度财务报告15年以上。取得托管资格的机构，必须与理事会签订全国社会保障基金委托资产托管合同，并报财政部、劳动和社会保障部、中国证监会、中国人民银行备案。另外，托管机构与投资管理机构在人事、财务和资产上各自独立，其高级管理人员不得在对方兼任任何职务。

三、全国社会保障基金的境外投资管理

为更好地参与国际金融市场，在更广阔的领域内分散风险提高收益，2006年4月30日，国家对全国社会保障基金境外投资做出了规定，基本内容包括以下三个方面：

（一）全国社会保障基金境外投资管理人与托管人的选择

全国社会保障基金境外投资管理人应该具备的条件是：财务稳健，资信良好，风险控制指标符合所在国家或地区法律规定和监管机构的要求；经营资产管理业务达6年以上，最近一个会计年度管理的资产不少于50亿美元（或等值货币）；从业人员符合所在国家或者地区的有关从业资格要求，有健全的治理结构和完善的内控制度，经营行为规范，近3年未受到所在国家或者地区监管机构的重大处罚；在中国境外设立并登记注册，所在国家或者地区的法律和金融监管制度完善，监管机构与证监会签订监管合作谅解备忘录，并保持着有效的监管合作关系。全国社会保障基金理事会应参照国际通行原则，组织评选和确定全国社会保障基金境外投资管理人。评选结果应在评选结束后10日内向财政部、劳动和社会保障部、证监会和外汇局报告。并与境外投资管理人签订委托资产管理合同，合同除应符合一般委托经营的惯例外，还应符合以下要求：（1）合同文字以中文为准，但根据合同需要、市场实务或惯例需以外文为准的，应附中文译本；（2）明确受托人应遵循利益回避的原则、应负的责任和忠实义务，对投资品种或者工具的限制、对投资于任一上市公司股票、债券或其他有价证券总金额的限制，对任一上市公司股票占该公司已发行股份总数比例的限制；（3）明确受托全

国社会保障基金净资产价值及收益率的计算方式；（4）明确全国社会保障基金理事会可聘请会计师事务所对境外投资管理人管理的全国社会保障基金资产进行审计。

全国社会保障基金境外资产托管人应该具备的条件是：最近一个会计年度实收资本不少于50亿美元（或等值货币）或托管资产规模不少于5 000亿美元（或等值货币），国际公认评级机构最近3年对其长期信用评级在A级或者相当于A级以上，有足够的熟悉托管业务的专职人员，具备安全、高效的结算和交割能力，有符合要求的经营场所、安全防范设施以及与全国社会保障基金托管业务有关的其他设施，有完善的内部稽核监控制度和风险控制制度，近3年未受到所在国家或地区监管机构的重大处罚。在中国境外设立并登记注册，所在国家或者地区的法律和金融监管制度完善，监管机构与银监会已签订监管合作谅解备忘录，并保持着有效的监管合作关系。全国社会保障基金理事会应参照国际通行原则，组织评选和确定全国社会保障基金境外资产托管人。评选结果应在评选结束后10日内向财政部、劳动和社会保障部、银监会、证监会和外汇局报告。并与境外资产托管人签订全国社会保障基金境外资产托管合同。

（二）全国社会保障基金境外投资与外汇管理的要求

全国社会保障基金进行境外投资时，必须遵循以下要求：（1）资金来源为以外汇形式上缴的境外国有股减持所得。境外投资比例按成本计算，不得超过全国社会保障基金总资产的20%。（2）投资品种限于境外中资银行和国际公认评级机构最近3年对其长期信用评级在A级或者相当于A级以上的外国银行的存款。国际公认评级机构对其评级在BBB级或者相当于BBB级以上的外国政府债券、国际金融组织债券、外国机构债券和外国公司债券。中国政府或者企业在境外发行的债券。国际公认评级机构对其评级在AAA级或者相当于AAA级的银行票据、大额可转让存单等货币市场产品。在境外证券交易所上市的股票。在证券市场上公开发行的基金。在金融市场上流通的衍生金融工具，投资目的仅限于风险管理需要，严禁用于投机或放大交易。财政部会同劳动和社会保障部批准的其他投资品种或工具。（3）单个全国社会保障基金境外投资管理人管理的基金委托资产投资于一家机构发行的单只证券和基金，不得超过该证券和基金份额的10%，按成本计算，不得超过其管理的全国社会保障基金境外委托资产总值的20%。但理事会委托境外投资管理人以机构投资者身份参与境外上市配售以及定向配售者或理事会将其持有股票委托给境外投资管理人投资运作者除外。根据投资运作情况，财政部会同劳动和社会保障部可对境外投资品种和比例进行调整。（4）理事会委托单个境外投资管理人管理的资产，不得超过全国社会保障基金境外投资委托资产总值的50%。投资管理费和托管费可参照国际同类产品费用标准确定，并报告财政部、劳动和社会保障部。

在外汇管理方面，全国社会保障基金理事会应参照国际惯例以及境外投资需要，在境外资产托管人处开立全国社会保障基金境外外汇资金账户。外汇资金账户开立后5个工作日内，理事会应将开户情况向外汇局备案。全国社会保障基金境外外汇资金账户的收入范围是：从境内外汇存款账户汇入的资金；出售投资产品所获资金；境外投资收益；境外投资相关收入以及经外汇局批准的其他收入。支出范围是：汇回境内外汇存款账户的资金；买入投资产品支付的资金；境外投资相关支出（含相关税费）以及经外汇局批准的其他支出。社保基金会汇出、汇入本金或收益超过5 000万美元（或等值货币），应提前3个工作日向外汇局备案。经国务院批准，外汇局可根据国际收支形势要求社保基金会调整汇出、汇入外汇本金或收益的时间。

（三）全国社会保障基金境外投资报告制度

全国社会保障基金理事会有权要求境外资产托管人向外汇局报送下列相关信息：(1) 社保基金会汇出、汇入外汇资金后2个工作日内，报告资金汇出、汇入情况；(2) 每月初5个工作日内，报送上月全国社会保障基金境外投资有关情况；(3) 每个会计年度初始3个月内，报送上一年度全国社会保障基金境外投资有关会计报表。

全国社会保障基金理事会应对全国社会保障基金境外投资管理和托管情况进行监督、检查和评估，按季度、半年、年定期向财政部、劳动和社会保障部报告有关情况。全国社会保障基金境外投资发生重大事件，理事会应立即向财政部、劳动和社会保障部和外汇局报告。

四、全国社会保障基金的税收与监管

按照规定，全国社会保障基金理事会是财政全额预算拨款单位，不需要基金本身支付任何费用。对理事会及投资管理机构运用全国社会保障基金取得的银行存款利息收入、债券利息收入、股息红利收入、证券投资差价收入以及其他收入等，均免收营业税和所得税。投资管理机构可按不高于全国社会保障基金委托资产净值的1.5%提取管理年费，托管机构按不高于托管资产净值的0.25%提取托管年费。为应对全国社会保障基金可能出现的投资风险，投资管理机构必须按当年收取的委托资产管理手续费的20%提取风险准备金，专项用于弥补全国社会保障基金的投资亏损，并在托管银行专户存储，余额达到全国社会保障基金托管资产净值的10%时可不再提取。理事会按基金净收益的20%提取一般风险准备金，当全国社会保障基金发生重大亏损、依靠投资管理机构的风险准备金不足以弥补时方可使用。一般风险准备金余额达到基金资产净值的20%时可不再提取。财政部会同劳动和社会保障部拟定全国社会保障基金管理运作的有关政策，对其投资和托管情况进行监督，中国证监会和中国银监会按照各自的职责对全国社会保障基金的投资管理机构和托管机构的经营活动进行监督。理事会可在委托资产管理合同中规定对投资管理机构的业绩奖励措施，但必须报财政部与劳动和社会保障部批准。

第二节 社会统筹与个人账户结合的社会保障基金管理体制

本节所指的社会统筹与个人账户结合的社会保障基金管理体制，其管理对象主要是城镇居民，部分地方还包括进城务工人员，但不包括农民。

一、社会统筹与个人账户结合的社会保障基金管理机构

我国社会统筹与个人账户结合的社会保障基金实行分级管理的原则，从中央到地方设置了一套各有分工的管理机构。

（一）劳动和社会保障部

劳动和社会保障部成立于1998年，专门负责劳动和社会保障领域的行政事务。其管理架构如图5—2所示。

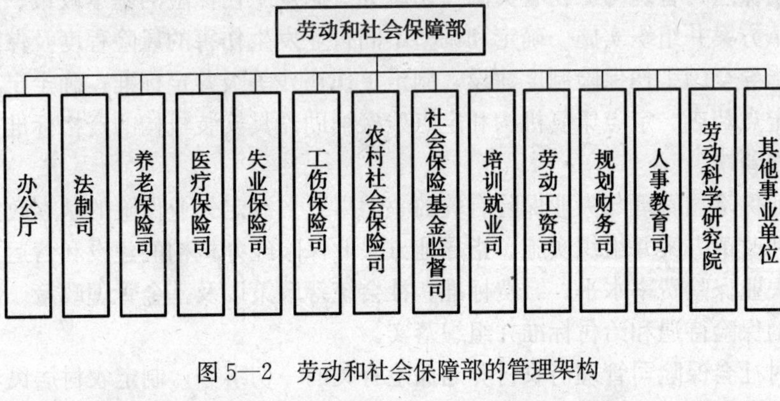

图5—2 劳动和社会保障部的管理架构

办公厅是组织协调和综合处理部内行政、后勤及其他杂务的职能部门。

其他事业单位是劳动和社会保障部根据业务需要及部内具体情况而设置的。

劳动科学研究院除了研究一些劳动保障领域的基本理论外，主要根据不同时

期出现的新情况、新变化开展调查研究，为制定政策法规提供动态依据。

人事教育司负责管理部机关、直属企事业单位的人事教育及地方劳动和社会保障系统的干部教育培训工作。

规划财务司负责制定劳动和社会保障事业的发展规划，管理数据统计、科技项目、社会保障经费、国有资产、世界银行对中国提供的援款、贷款项目。

劳动工资司管理劳动关系的调整，对企业工资分配进行宏观调控，并在一定程度上协调劳资关系。

培训就业司管理城乡就业与职业培训，使其符合社会发展需要。

养老保险司管理与养老保险有关的一切事务。制定养老保险的基本政策、发展规划和改革方案并组织实施。根据经济发展情况确定和调整基本养老保险费率、缴费标准、社会统筹政策、个人账户管理政策，基本养老保险基金的管理规则并监督落实。制定企业职工退休政策及基本养老金的待遇项目、领取条件、死亡职工遗属待遇和非因公伤残职工待遇政策和给付标准，制定补充养老保险规则和政策并引导实施。

医疗保险司管理与医疗、生育保险有关的一切事务。制定医疗、生育保险的基本政策、发展规划和改革方案并组织实施。制定医疗、生育保险费率的确定办法、缴费标准、社会统筹政策、个人医疗保险账户的管理政策，社会医疗保险基金的管理规则并监督落实。制定参保职工医疗和生育期间的待遇项目、给付标准，确定定点医院、药店的管理办法及费用结算办法，明确药品、诊疗、医疗服务设施的范围与支付标准。草拟补充医疗保险的规则和政策并引导实施。

工伤保险司管理与工伤有关的一切事务。制定工伤保险的基本政策、发展规划和改革方案并组织实施。确定和调整不同行业发生伤害的风险程度及保险费率标准。指导全国工伤保险制度建设，制定工伤伤残等级鉴定标准，确定定点医疗单位、定点药店、定点康复机构和定点残疾辅助器具安装机构的资格标准，协助协调工伤纠纷。

失业保险司管理与失业保险有关的一切事务。制定失业保险的基本政策、发展规划和改革方案并组织实施。指导地方失业保险经办机构的建设和营运。确定和调整失业保险费率水平、缴费标准、社会统筹政策以及基金管理政策。制定失业人员的保险待遇和给付标准并组织落实。

农村社会保险司管理与农村养老保险有关的一切事务。制定农村居民养老保险的基本政策、发展规划和改革方案并组织实施。制定农村养老保险费用的筹集办法、基金管理和经办机构的设立和营运规则，明确农村养老保险的待遇项目、给付条件和给付标准。探讨不同经济背景下农村养老保险社会化管理服务的可行性、操作方案并引导实施。

社会保险基金监督司负责社会保险基金运作的全过程监控。制定社会保险经办机构的执业标准、内部审计规则和审计人员资格认证制度。明确有关机构承办社会补充养老保险、补充医疗保险业务的资格并对其运作过程实施监督。建立健全监督网络、举报系统，保证信息畅通，受理投诉举报，保证各项社会保险基金安全高效运转。

（二）省级及以下社会保障基金管理部门

目前我国所有的省、直辖市、自治区都设置了与劳动和社会保障部相对应的行政主管部门，负责执行国家社会保障政策，落实保障方案。并组建了专门的社会保障经办机构，负责社会保障事务的登记、接收，征缴社会保障费用，建立并保存缴费记录，发送个人账户通知单，发放或委托发放基本养老金，协助行政主管部门建立健全社会保障基金信息管理系统等。各地的社会保障经办机构在名称上稍有区别，有的地方叫“社会保险基金管理中心”“社会保险事业管理局”，有的地方叫“社会保险事业局”“就业保障局”，还有的地方叫“社会劳动保险公司”等。县级及以上各级社会保障行政主管部门负责本行政区域内的社会保障基金管理工作，基金的预算决算编制、收入支出核拨由各级财政部门下设的社会保障机构具体负责。由于企业职工基本养老保险基金目前尚属于预算外资金，各级财政部门下设的社会保障机构要单独编制预决算报告，其预决算及其他统计数字均应包括在预算外资金的总数中。从基层管理方面看，社会保障事务大多由单位工会或人力资源部门负责。由于部分外商投资企业、合资企业或私营企业不承办保管员工人事档案的事务，进入这些企业的员工一般都将档案存入相应的人才交流中心，企业或员工可以委托后者帮助办理社会保障基金及其他相关事务。

从社会保障基金的资金管理方面看，我国实行养老、医疗、失业三项保障费用集中，统一征收后存入财政部门在国有商业银行开设的社会保障基金财政专户中，再按不同险种的统筹范围，分别划入基本养老保险基金、基本医疗保险基金和失业保险基金。各保障项目单独核算，实行收支两条线管理。基本养老保险基金存入社会保障基金财政专户后，按银行同期储蓄存款利率计息。基金收支相抵后的期末余额扣除财政和社会保障主管部门商定的、最高不超过国家规定预留的费用，全部用于购买国家发行的特种定向债券和其他类型的政府债券外，不得进行其他任何形式的直接或间接投资。为了加强对社会保障基金的有效管理，国务院要求各地方政府设立社会保障基金监督委员会，负责本地区范围内社会保障基金营运管理的监督工作。目前，全国绝大多数县市区基本上都已设立了这个机构。以云南省一级为例：主管社保的政府领导（副省长）任主任，副主任 5 个，分别是联系政府领导的副秘书长、劳动和社会保障厅厅长、财政厅副厅长、审计厅副厅长、监察厅副厅长。委员则包括民政、卫生、药监、地税、银行、银监、国资、经贸等各部门人员。另外，还有两个企业的董事长为参保单位代表，省总工会推荐的一个全国劳动模范为职工代表，一个医院院长、一个法学教授、一个财会教授为专家代表，都在委员之列。这一组成方式在各地方都相似，监督范围涉及社会保障基金从征收到支出的各个环节。

二、社会统筹与个人账户结合的社会保障基金管理目标

社会统筹与个人账户结合的社会保障基金管理即我们前面提到过的部分积累制，保障费用由国家、单位和个人共同负担。企业缴纳本企业所有职工工资总额的20%左右，进入统筹账户。个人缴纳本人工资的8%左右，计入个人账户。个人退休后，既从统筹基金账户按规定领取养老保障金，又从个人账户领取养老保障金，领取标准是：每月领取金额＝个人账户总额/120，相当于在10年之内把个人账户的资金全部领完。10年领完之后，再从社会统筹账户按以前的标准领取，直至被保障人去世。该模式的最终目标是实现全国统筹，但目前仅仅是省级甚至省级以下的统筹。由于这种模式于90年代中期才开始酝酿，因此，存在做实个人账户的问题。

1998年，劳动和社会保障部成立后，1999年，国务院组织了多方力量，选择辽宁省作为试点省份，建立独立于企业、事业单位之外，保障制度规范化、资金来源多样化、管理服务社会化的保障体系。试点思路是完善城镇企业职工基本养老保险，解决下岗职工的安置，结束旧的劳动关系，完成再就业中心向失业保险的并轨工作，实施城镇居民最低生活保障。推进城镇企业职工的基本医疗保险，探索社会保障基金的筹资途径和管理办法。到2003年，辽宁省社会保障改革试点取得了预期进展，全省做实个人账户基金110亿元，全部上缴到省社会保险经办机构，实现了省级社会保障基金的统一管理。关闭了所有的企业再就业服务中心，企业用发放补偿金的形式与156.6万人解除了劳动关系，并轨人员人均领取经济补偿金7 340元并进入失业保险序列。全省符合条件的城镇困难居民基本纳入了最低生活保障范围，全省覆盖养老、医疗等五种社会保险，城镇居民最低生活保障、社会保障统计和社会保障基金管理的计算机网络系统正式建成并正常运转。全省90%以上的街道建立了社区服务中心（站），退休人员、登记失业人员和城镇居民最低生活保障对象以各种形式纳入了社会化管理。2004年4月，国务院在总结辽宁省试点经验的基础上，将试点范围扩大到了黑龙江、吉林两省。

2005年，劳动和社会保障部制定了《关于完善企业职工基本养老保险制度

的决定》，对做实个人账户提出了以下要求：其一，对不同参保对象分别处理。以推行个人账户做实政策为时间界限，职工在建立个人账户之前已经退休者，其个人账户不再做实，由统筹基金负担。已经参保尚未退休者，以前没有做实的账户不再做实，以后再逐步做实。在推行个人账户做实政策之后参保者，个人账户从参保缴费开始就逐步做实。其二，采用静态算账、动态做实的方法。静态算账即中央财政以起步年份缴费工资总额为基数计算补助金额，动态做实即地方以各年度个人缴费工资总额为基数，按做实比例计算做实资金并实现积累。个人账户规模按 2%起步，先逐步达到 5%，再最终达到 8%。中央财政对东部沿海经济发达地区不予补助，对其他地区按每做实 1 个百分点补助 0.75 个百分点，最高不超过 3.75 个百分点。在 5%的基础上继续做实到 8%所需资金由地方解决，中央不再补助。其三，努力实现社会保障基金的保值增值。已经做实的个人账户基金由省级社会保障部门统一管理，全部购买国债，东部经济发达地区已经做实的个人账户基金，在保证资金安全的前提下，允许由省级社会保障部门根据国家有关政策开展投资营运管理。

三、部分省市两结合社会保障管理体制的具体做法

（一）北京市

北京是我国的首都，在社会保障体系的建立和社会保障基金的管理方面一直处在全国的领先地位。2006 年 12 月 4 日，北京市人民政府颁布了《北京市基本养老保险规定》，就基本养老保险基金的管理、基本养老保险个人账户的建立与基本养老保险待遇作出了相关规定。

1. 基本养老保险基金的管理

按照规定，北京市劳动保障行政部门负责组织、指导、监督和管理全市基本养老保险工作；区、县劳动保障行政部门负责监督和管理本行政区域内的基本养老保险工作。市和区、县劳动保障行政部门设立的社会保险经办机构，依法负责登记、征收、支付和稽核等基本养老保险的具体工作；市社会保险经办机构负责制定具体管理制度，规范业务流程。北京市财政部门负责基本养老保险基金的财务监督和管理工作；审计机关负责对基本养老保险基金的收支和管理情况进行监督。北京市社会保险监督委员会负责对基本养老保险法律、法规、规章和政策的执行情况以及基本养老保险基金的管理工作进行监督。北京市社会保险监督委员会由政府代表、企业代表、工会代表和离退休人员代表组成。北京市劳动保障行政部门会同有关部门做好企业退休人员社会化管理工作，为退休人员提供社会化服务。鼓励企业在参加基本养老保险的基础上建立企业年金，提倡被保险人参加

个人储蓄性养老保险。

基本养老保险基金由下列部分构成：企业和被保险人缴纳的基本养老保险费，基本养老保险费利息和其他收益，财政补贴，滞纳金，其他可以纳入基本养老保险基金的资金。基本养老保险基金纳入社会保险基金财政专户，实行收支两条线管理。企业和被保险人应当按时、足额缴纳基本养老保险费。城镇职工缴纳的基本养老保险费，由所在企业从其本人工资中代扣代缴。企业以货币形式全额缴纳基本养老保险费。个体工商户和灵活就业人员按照本规定确定的缴费基数和缴费比例按月缴纳。城镇职工以本人上一年度月平均工资为缴费工资基数，按照8%的比例缴纳基本养老保险费，全额计入个人账户。缴费工资基数低于北京市上一年度职工月平均工资60%的，以北京市上一年度职工月平均工资的60%作为缴费工资基数；超过本市上一年度职工月平均工资300%的部分，不计入缴费工资基数，不作为计发基本养老金的基数。

企业以全部城镇职工缴费工资基数之和作为企业缴费工资基数，按照20%的比例缴纳基本养老保险费。企业缴纳的基本养老保险费在税前列支。城镇个体工商户和灵活就业人员以本市上一年度职工月平均工资作为缴费基数，按照20%的比例缴纳基本养老保险费，其中8%计入个人账户。社会保险经办机构应当对企业和被保险人缴纳的基本养老保险费建立缴费记录，并负责保存，保证其完整、安全。企业和被保险人有权查询缴费记录。企业应当每年向本单位职工公布上一年度缴纳基本养老保险费情况。社会保险经办机构应当在每年4月30日前发布核对被保险人上一年度缴费记录的公告，并在公告中确定核对缴费基数和补缴基本养老保险费的时间。

2. 基本养老保险个人账户

社会保险经办机构应当按照国家有关规定为被保险人建立基本养老保险个人账户。个人账户由被保险人缴纳的基本养老保险费和个人账户储存额的利息构成。个人账户储存额每年参考银行同期居民存款利率计算利息。个人账户储存额只能用于被保险人养老，不得提前支取。被保险人死亡后，个人账户储存额或者余额中个人缴纳的基本养老保险费及其利息可以依法继承，其余部分并入基本养老保险基金。被保险人在北京市统筹范围内或者跨统筹范围流动时，其基本养老保险关系和个人账户的转移，按照国家和北京市有关规定办理。

3. 基本养老保险待遇

基本养老保险基金支付下列保险待遇：(1) 被保险人的基本养老金；(2) 被保险人退休后死亡的丧葬补助费；(3) 国家和本市规定的其他支付项目的费用。基本养老保险基金发生支付困难时，由北京市财政部门予以支持。

被保险人达到国家规定的退休条件并办理相关手续的，缴纳基本养老保险费累计缴费年限满 15 年者，自劳动保障行政部门核准后的次月起，按月领取基本养老金。基本养老金由社会保险经办机构负责发放。1998 年 7 月 1 日以后参加工作，符合按月领取基本养老金条件的被保险人，其基本养老金由基础养老金和个人账户养老金组成。基础养老金月标准以北京市上一年度职工月平均工资和本人指数化月平均缴费工资的平均值为基数，缴费每满 1 年发给 1%。个人账户养老金月标准为个人账户储存额除以国家规定的计发月数；1998 年 6 月 30 日以前参加工作，2006 年 1 月 1 日以后符合按月领取基本养老金条件的被保险人，除按月领取基础养老金和个人账户养老金外，再发给过渡性养老金。2006 年 1 月 1 日以后达到退休年龄但个人累计缴费年限不满 15 年的被保险人，不发给基础养老金。个人账户储存额一次性支付给本人，同时发给一次性养老补偿金，终止基本养老保险关系。2005 年 12 月 31 日前已经离退休的人员，仍按照原国家和北京市规定的标准发给基本养老金，并执行基本养老金正常调整办法。被保险人死亡后，按照国家规定享受丧葬补助费和供养直系亲属救济费。

被保险人领取基本养老金的最低标准由北京市劳动保障行政部门会同有关部门拟定，报市人民政府批准后向社会公布。基本养老金最低标准，随经济发展和居民消费价格指数变动情况适时调整。被保险人领取的基本养老金低于最低标准的，按照基本养老金最低标准发给。

企业不参加基本养老保险或者不按时足额缴纳基本养老保险费的，由劳动保障行政部门责令限期改正，按照国务院《社会保险费征缴暂行条例》的规定予以行政处罚，并将企业违法行为的信息依法计入北京市企业信用信息系统；企业给被保险人享受基本养老保险待遇造成损失的，被保险人有权要求企业赔偿。企业和被保险人或者其他人员采用多领、冒领等手段骗取基本养老保险基金的，由劳动保障行政部门责令退还，按照国务院《劳动保障监察条例》处骗取金额的 1 倍以上 3 倍以下罚款；构成犯罪的，依法追究刑事责任。社会保险经办机构、养老保险基金划拨机构及其工作人员滥用职权、徇私舞弊、玩忽职守，致使基本养老金不能按时足额发放或者造成基本养老保险基金流失的，由劳动保障行政部门责令改正，并由有关部门对直接负责的主管人员和其他直接责任人员给予行政处分；构成犯罪的，依法追究刑事责任。

（二）广东省

广东省是一个属于经济相对发达的省份，自 2006 年 7 月 1 日起对全省企业职工基本养老保险制度进行调整完善，目前对省级社会保障基金的营运管理主要包括以下内容：

1. 个人账户记账规模与养老保险缴费基数

从2006年7月1日起，广东省统一把企业职工基本养老保险个人账户规模从本人缴费工资的11%调整为8%。2006年6月30日前的个人账户与2006年7月1日后的个人账户合并计算。个人缴费以参保人月应税工资、薪金收入为基数。参保人月应税工资、薪金高于全省上年度在岗职工月平均工资300%的，以全省上年度在岗职工月平均工资的300%为缴费基数；参保人月应税工资、薪金收入低于全省上年度在岗职工月平均工资60%的，以全省上年度在岗职工月平均工资的60%为缴费基数。参保人所在市（地级以上市，下同）上年度在岗职工月平均工资低于全省上年度在岗职工月平均工资，且本人月应税工资、薪金低于全省上年度在岗职工月平均工资60%的，可按不低于所在市上年度在岗职工月平均工资的60%为缴费基数，以后逐步过渡到以全省上年度在岗职工月平均工资的60%为缴费基数。城镇个体工商户和灵活就业人员，原则上以全省上年度在岗职工月平均工资为缴费基数。所在市上年度在岗职工月平均工资低于全省上年度在岗职工月平均工资的，也可从所在市上年度在岗职工月平均工资的60%起步，逐步过渡到全省上年度在岗职工月平均工资。

2. 享受基本养老金的条件

参保人符合下列条件之一的，可申请按月领取基本养老金：

（1）1998年7月1日后参加基本养老保险，达到国家规定退休年龄，累计缴费年限（含视同缴费年限，下同）满15年的；

（2）1998年6月30日前参加基本养老保险，2013年6月30日前达到国家规定的退休年龄，累计缴费年限满10年的；

（3）1998年6月30日前参加基本养老保险，2013年7月1日后达到国家规定的退休年龄，累计缴费年限满15年的；

（4）1998年6月30日前应参保未参保，1998年7月1日以后办理参保补缴手续，达到国家规定的退休年龄，累计缴费年限满15年的。

3. 基本养老金计发办法

（1）1998年7月1日后参加基本养老保险的参保人，基本养老金由基础养老金和个人账户养老金组成。基础养老金月标准为：基础养老金=（全省上年度在岗职工月平均工资+本人指数化月平均缴费工资）÷2×缴费年限（含视同缴费年限）×1%，参保人指数化月平均缴费工资低于全省上年度在岗职工月平均工资的60%的，基础养老金月标准为：基础养老金=（全省上年度在岗职工月平均工资×a+本人指数化月平均缴费工资）÷2×缴费年限（含视同缴费年限）×1%，a=本人平均缴费指数÷0.6，可随广东省区域经济发展情况进行适当调整。基础养老金从基本养老保险统筹基金中支付；个人账户养老金月标准为：以本人首次领取基本养老金时个人账户储存额除以计发月数，计发月数按国家规定执行。个人账户养老金从本人个人账户基金中支付。

(2) 1998 年 6 月 30 日前参加基本养老保险，2006 年 7 月 1 日以后符合按月领取基本养老金条件者以及 1998 年 7 月 1 日后参加基本养老保险，参保前具有按国家规定的视同缴费年限，2006 年 7 月 1 日后符合按月领取基本养老金条件者，还可在计发基础养老金和个人账户养老金的基础上，再计发过渡性养老金。首次领取的过渡性养老金月标准为：1998 年 6 月 30 日前参加基本养老保险者，以首次领取基本养老金时本人视同缴费账户总额除以 120；1998 年 7 月 1 日后参加基本养老保险，2006 年 6 月 30 日前已具有按国家规定的视同缴费年限的，以本人视同缴费账户总额除以 120；2006 年 7 月 1 日后开始具有按国家规定的视同缴费年限的，以本人视同缴费账户总额除以个人账户计发月数。过渡性养老金从基本养老保险统筹基金中支付。

4. 过渡期养老金的计发办法

为保证基本养老金新计发办法与原计发办法的平稳过渡，设置 5 年过渡期（2006 年 7 月 1 日至 2011 年 6 月 30 日），过渡期内实行将新办法与原办法对比并按差额计发基本养老金的做法。

(1) 过渡期内申领基本养老金的参保人，按新办法计算的基本养老金低于按原办法计算的基本养老金的，其差额部分作为补差计发。按新办法计算的基本养老金高于按原办法计算的基本养老金的，高出部分按下列比例计发：2006 年7月 1 日至 2007 年 6 月 30 日期间首次领取待遇的计发 10%，2007 年 7 月 1 日至 2008 年 6 月 30 日期间首次领取待遇的计发 30%，2008 年 7 月 1 日至 2009 年 6 月30 日期间首次领取待遇的计发 50%，2009 年 7 月 1 日至 2010 年 6 月 30 日期间首次领取待遇的计发 70%，2010 年 7 月 1 日至 2011 年 6 月 30 日期间首次领取待遇的计发 90%。2011 年 7 月 1 日以后申领基本养老金的，按新办法计发。

(2) 过渡期内按原办法计算的基本养老金，统一按 2006 年 6 月 30 日止的标准执行，即基础养老金以所在市 2004 年职工月平均工资为基数（2006 年 6 月尚未统一全市基础养老金计发基数的，按 2006 年 6 月实际计发基数），过渡性养老金计算到 2001 年 6 月 30 日，调整计算到 2005 社会保险年度，个人账户储存额计算到 2006 年 6 月 30 日止，除数按 120 计算。

5. 一次性保险待遇

参保人达到国家规定的退休年龄但未达到按月领取基本养老金条件的，可一次性领取个人账户储存额，同时终结养老保险关系。其中 1998 年 6 月 30 日前参加基本养老保险的参保人、1998 年 7 月 1 日后参加基本养老保险且养老保险费全部由个人缴纳的参保人，还可享受一次性养老保险待遇，所需费用从基本养老保险统筹基金中支付。一次性养老保险待遇标准为：缴费每满 1 年，发给 1 个月本人指数化月平均缴费工资。达到国家规定的退休年龄但未达到按月领取基本养老金条件的广东省户籍参保人，可以不申领一次性基本养老保险待遇，参照城镇个体工商户和灵活就业人员的费基、费率继续缴费，直至达到按月领取基本养老保险金条件时为止。此类参保人最后参保地为非本人户籍所在地的，应将养老保险关系转入本人户籍所在地继续缴费；如在最后参保地连续缴费满 5 年以上的，也可在最后参保地继续缴费。继续缴费期间计算缴费年限，不支付基本养老保险待遇。

6. 提高统筹层次与社会化服务水平

从 2006 年 7 月 1 日起，广东省要求各市统一全市养老保险缴费比例。积极创造条件，加快实现基本养老保险省级统筹。在实行基本养老保险省级统筹前，强化基本养老保险基金省级调剂制度。各市应严格按规定向省上缴养老保险调剂金。应上缴的省级养老保险调剂金，由各级地方税务机关按规定比例，直接划入省财政厅社会保障基金财政专户。未按规定上缴省级调剂金的，由省财政厅在税收返还或专项财政补助中抵扣。逐步做实基本养老保险个人账户，实现个人账户基金的保值增值。同时加大对街道、社区社会化管理服务基础设施建设的投入，健全社会化管理服务网络。从实际出发，不断拓宽社会化管理服务内容，积极探索开展居家养老护理服务、兴建退休人员公寓等方面的工作，满足退休人员日益增长的服务需求。加大对地方社会保险经办工作的投入，提高社会保险经办管理和服务水平。“十一五”期间，各地要完成社会保险经办综合服务大厅、档案库房和信息系统建设，建立健全高效运转的社会保险经办管理服务体系。

第三节 我国企业年金的管理体制

一、我国企业年金的形成背景

我国的企业年金是指企业及其职工在依法参加基本养老保险的基础上，自愿建立的补充养老保险制度。是企业按照一定的规则筹集资金并投资营运而形成的补充养老保险基金。从我国企业年金的形成背景看，它是随着我国经济体制改革的不断深入，在企业补充养老保险的基础上逐步发展起来的。1991 年，国务院颁布了《关于企业职工养老保险制度改革的决定》，指出“国家提倡、鼓励企业实行补充养老保险和职工参加个人储蓄性养老保险，并在政策上给予指导。劳动部门所属的社会保险管理机构，是非营利性部门，负责具体经办补充养老保险业务”，首次明确提出了企业补充养老保险问题。1994年，《中华人民共和国劳动法》颁布，第75条的内容是“国家鼓励用人单位根据本单位实际情况为劳动者建立补充保险”，为我国企业年金制度的建立提供了法律依据。1995年，国家在《关于深化企业职工养老保险制度改革的通知》中规定：国家在建立基本养老保险，保障离退休人员基本生活的同时，鼓励建立企业补充养老保险和个人储蓄性养老保险。企业按规定缴纳基本养老保险费后，可以在国家政策的指导下，根据本单位经济效益情况，为职工建立补充养老保险。1995年12月，原劳动部下发了《关于印发〈关于建立企业补充养老保险制度的意见〉的通知》，勾勒了发展企业补充养老保险的基本框架。对企业建立补充养老保险的实施主体和条件、决策程序、管理组织、资金来源、记账方式、计发办法、供款方式与供款水平、享受条件和待遇给付等，都提出了指导性的意见。

2000年12月，国务院出台了《关于完善城镇社会保障体系试点方案》，第一次将企业补充养老保险正式更名为“企业年金”，可以被认为是企业年金在我国正式登台的标志。事实上，英语中的“年金”是商业人寿保险中的专用术语，它更多体现的是资金营运的商业化性质，还不如企业补充养老保险更能准确反映我国的实际情况。在这个方案中，国务院首次提出了企业年金市场化管理的思路，认为“有条件的企业可以为职工建立年金，并实行市场化营运和管理。企业年金实行基金完全积累，采用个人账户方式进行管理，费用由企业和职工个人缴纳，企业缴费在工资总额4%以内的部分，可在成本中列支。该方案首先在辽宁省试点，后来一些效益好的企业积极响应。到2002年末，我国企业年金余额已达260亿元左右。近年来，企业年金在继续发展的同时，一些问题也开始出现。由于企业年金与企业效益密切相关，部分垄断企业凭借垄断地位，超额设立年金，违规开展投资营运，一方面扰乱了金融市场尤其是证券市场的秩序，另一方面也为以后拉大不合理收入差距埋下了隐患。从总的情况看，企业年金表现出明显的“两热两冷”现象：一是从执行系统看，劳动管理部门是上面热、下面冷，部分省份连主管部门都无法对企业年金作出一个准确的解释，更不要提有效的监控与管理了；二是机构热，企业冷。许多非银行金融机构为了在可能大有潜力的企业年金市场上占领先机，纷纷加大宣传力度，制造舆论，游说企业，争取对企业年金的管理与投资营运权，而企业出于多方面的考虑，并没有表现出相应的热情。为了给我国不断发展壮大的企业年金市场提供规范的环境，2004年以来，一系列有关企业年金的法律法规相继出台。2004 年 4 月，劳动和社会保障部公布了《企业年金试行办法》，同月，劳动和社会保障部会同中国银监会、中国证监会、中国保监会，以四部委的名义联合发布了《企业年金基金管理试行办法》，拉开了企业年金规范管理的序幕。2004 年 8 月，《企业年金管理指引》发布，该指引不但是企业、基金管理机构的操作读本和业务指南，也是政府部门实施监管的标准和依据。2004 年 11 月，《关于企业年金基金证券投资有关问题的通知》和《企业年金基金证券投资登记结算业务指南》同时发布，解决了企业年金直接入市的开户和清算等操作性问题。2004 年 12 月，劳动和社会保障部颁布了《企业年金管理运营机构资格认定暂行办法》《企业年金基金管理运作流程》《企业年金基金账户管理信息系统规范》和《企业年金基金管理机构资格认定专家评审规则》共四个文件，这些法律法规的出台形成了我国企业年金营运管理的整体框架，也为我国企业年金的稳定发展奠定了制度基础。

二、我国企业年金的建立条件与费用收支制度

在我国，建立企业年金的条件有三个：一是企业依法参加基本养老保险并履行缴费义务，二是具有相应的经济负担能力，三是已建立集体协商机制。建立企业年金，应当由企业与工会或职工代表通过集体协商确定，并制定企业年金方案。国有及国有控股企业的企业年金方案草案应当提交职工大会或职工代表大会讨论通过。企业年金方案应对参加人员范围、资金筹集方式，职工企业年金个人账户管理方式以及基金管理方式、计发办法和支付方式、支付企业年金待遇的条件，组织管理和监督方式、中止缴费的条件等作出明确规定。并将年金方案报送所在地区县以上地方人民政府劳动保障行政部门，中央所属大型企业的企业年金方案，应当报送劳动和社会保障部。劳动保障行政部门自收到企业年金方案文本之日起 15 日内未提出异议的，企业年金方案即行生效。

企业年金所需费用由企业和职工个人共同缴纳。企业缴费的列支渠道按国家有关规定执行，职工个人缴费可以由企业从职工个人工资中代扣。企业缴费每年不超过本企业上年度职工工资总额的 1/12。企业和职工个人缴费合计一般不超过本企业上年度职工工资总额的 1/6。企业缴费应当按照企业年金方案规定比例计算的数额计入职工企业年金个人账户，职工个人缴费额计入本人企业年金个人账户。企业年金基金由企业缴费、职工个人缴费、企业年金基金投资运营收益等项组成。实行完全积累，采用个人账户方式进行管理，可以按照国家规定投资运营。投资运营收益，按净收益率计入企业年金个人账户。

职工在达到国家规定的退休年龄时，可以从本人企业年金个人账户中一次或

定期领取企业年金。职工未达到国家规定的退休年龄的，不得从个人账户中提前提取资金。出境定居人员的企业年金个人账户资金，可根据本人要求一次性支付给本人。职工变动工作单位时，企业年金个人账户资金可以随同转移。职工升学、参军、失业期间或新就业单位没有实行企业年金制度的，其企业年金个人账户可由原管理机构继续管理。职工或退休人员死亡后，其企业年金个人账户余额由其指定的受益人或法定继承人一次性领取。

三、我国企业年金的受托管理与账户管理

（一）受托管理

在我国，建立企业年金的企业，应当确定企业年金受托人（以下简称受托人），受托管理企业年金。受托人可以是企业成立的企业年金理事会，也可以是符合国家规定的法人受托机构。企业年金理事会由企业和职工代表组成，也可以聘请企业以外的专业人员参加，其中职工代表应不少于 1/3。除管理本企业的企业年金事务之外，不得从事其他任何形式的营业性活动。理事会成员必须诚实守信，无重大违法记录，并不得以任何形式收取费用。如果是其他法人受托机构，应当具备下列条件：经国家金融监管部门批准，在中国境内注册。注册资本不少于 1 亿元人民币，而且在任何时候都维持不少于 1.5 亿元人民币的净资产。具有完善的法人治理结构，取得企业年金基金从业资格的专职人员达到规定人数。具有符合要求的营业场所、安全防范设施和与企业年金基金受托管理业务有关的其他设施。具有完善的内部稽核监控制度和风险控制制度，近 3 年没有重大违法违规行为。

企业年金受托人应当履行的职责是：（1）选择、监督、更换账户管理人、托管人、投资管理人以及中介服务机构。（2）制定企业年金基金投资策略，编制企业年金基金管理和财务会计报告，根据合同对企业年金基金管理进行监督。（3）根据合同收取企业和职工缴费，并向受益人支付企业年金待遇。接受委托人、受益人查询，定期向委托人、受益人和有关监管部门提供企业年金基金管理报告。发生重大事件时，及时向委托人、受益人和有关监管部门报告。（4）按照国家规定保存与企业年金基金管理有关的记录至少 15 年。法人受托机构具备账户管理或投资管理业务资格，可以兼任账户管理人或投资管理人，但应当保证各项管理之间的独立性。如果法人受托机构违反与委托人合同约定，利用企业年金基金财产为其谋取利益，或为他人谋取不正当利益，依法解散、被依法撤销、被依法宣告破产或被依法接管，被依法取消企业年金基金受托管理业务资格的或者委托人有证据认为更换受托人符合受益人利益，或者有关监管部门有充分理由和

依据认为更换受托人符合受益人利益者，则法人受托机构的职责终止。

（二）账户管理

1. 账户管理人的概念

为动态掌握我国企业年金资产的真实情况，必须设置企业年金的账户管理人。所谓账户管理人，是指受托人委托管理企业年金基金账户的专业机构。在我国，账户管理人应当具备下列条件：（1）经国家有关部门批准，在中国境内注册的独立法人；（2）注册资本不少于 5 000 万元人民币，具有完善的法人治理结构，取得企业年金基金从业资格的专职人员达到规定人数；（3）具有相应的企业年金基金账户信息管理系统，符合要求的营业场所、安全防范设施和与企业年金基金账户管理业务有关的其他设施；（4）具有完善的内部稽核监控制度和风险控制制度。

2. 账户管理人应当履行的职责

账户管理人应当履行的职责是：（1）建立企业年金基金企业账户和个人账户，记录企业、职工缴费以及企业年金基金投资收益；（2）及时与托管人核对缴费数据以及企业年金基金账户财产变化状况，计算企业年金待遇；（3）提供企业年金基金企业账户和个人账户信息查询服务，定期向受托人和有关监管部门提交企业年金基金账户管理报告；（4）按照国家规定保存企业年金基金账户管理档案至少 15 年。

不管是受托人或账户管理人，一旦其与企业年金有关的职责终止，应当按照规定聘请会计师事务所对受托管理或账户管理情况进行审计，将审计结果报委托人或受托人并报有关监管部门备案。

四、我国企业年金的托管要求

（一）托管人应具备的条件

按照规定，我国的企业年金需要专门的托管人托管。托管人是指受托人委托保管企业年金基金财产的商业银行或专业机构。按照规定，单个企业年金计划托管人由一家商业银行或专业机构担任。托管人必须具备的条件是：（1）经国家金融监管部门批准，在中国境内注册的独立法人，净资产不少于 50 亿元人民币；（2）取得企业年金基金从业资格的专职人员达到规定人数，具有保管企业年金基金财产的条件，具有安全高效的清算、交割系统；（3）具有符合要求的营业场所、安全防范设施和与企业年金基金托管业务有关的其他设施；（4）具有完善的内部稽核监控制度和风险控制制度。商业银行担任托管人，应当设有专门的基金托管部门。

（二）托管人应履行的职责

企业年金托管人应当履行的职责是：（1）安全保管企业年金基金财产。以企业年金基金名义开设基金财产的资金账户和证券账户；（2）对所托管的不同企业年金基金财产分别设置账户，确保基金财产的完整和独立；（3）根据受托人指令，向投资管理人分配企业年金基金财产。根据投资管理人投资指令，及时办理清算、交割事宜。负责企业年金基金会计核算和估值，复核、审查投资管理人计算的基金财产净值；（4）及时与账户管理人、投资管理人核对有关数据，按照规定监督投资管理人的投资运作。定期向受托人提交企业年金基金托管和财务会计报告，定期向有关监管部门提交企业年金基金托管报告；（5）按照国家规定保存企业年金基金托管业务活动记录、账册、报表和其他相关资料至少15年。

企业年金托管人发现投资管理人的投资指令违反法律、行政法规、其他有关规定或合同约定的，应当拒绝执行，立即通知投资管理人，并及时向受托人和有关监管部门报告。托管人发现投资管理人依据交易程序已经生效的投资指令违反法律、行政法规、其他有关规定或合同约定的，应当立即通知投资管理人，并及时向受托人和有关监管部门报告。

企业年金托管人不能挪用托管的企业年金基金财产，不能把托管的企业年金基金财产与其固有财产混合管理，也不能与其托管的其他财产混合管理。如果托管人接受了两家以上的企业委托，不能把不同企业托管的年金基金财产混合管理。

五、我国企业年金的投资管理

为取得良好的投资效果，我国的企业年金可以委托他人进行投资管理。投资管理人，是指受托人委托投资管理企业年金基金财产的专业机构。

（一）投资管理人应具备的条件

企业年金投资管理人应当具备的条件是：（1）经国家金融监管部门批准，在中国境内注册，具有受托投资管理、基金管理或资产管理资格的独立法人；（2）综合类证券公司注册资本不少于10亿元人民币，且在任何时候都维持不少于10亿元人民币的净资产，基金管理公司、信托投资公司、保险资产管理公司或其他专业投资机构注册资本不少于1亿元人民币，且在任何时候都维持不少于1亿元人民币的净资产；（3）具有完善的法人治理结构，取得企业年金基金从业资格的专职人员达到规定人数。具有符合要求的营业场所、安全防范设施和与企业年金基金投资管理业务有关的其他设施；（4）具有完善的内部稽核监控制度和风险控制制度，近3年没有重大违法违规行为。

（二）投资管理人应履行的职责

企业年金投资管理人应当履行的职责是：（1）对企业年金基金财产进行投资，及时与托管人核对企业年金基金会计核算和估值结果；（2）建立企业年金基金投资管理风险准备金，定期向受托人和有关监管部门提交投资管理报告；（3）根据国家规定保存企业年金基金财产会计凭证、会计账簿、年度财务会计报告和投资记录至少15年；（4）有下列情形之一的，投资管理人应当及时向受托人和有关监管部门报告：企业年金基金财产市场价值大幅度波动的。减资、合并、分立、依法解散、被依法撤销、决定申请破产或被申请破产的。涉及重大诉讼或仲裁的，董事、监事、经理及其他高级管理人员发生重大变动的。可能使企业年金基金财产价值受到重大影响的其他事项。

（三）投资管理人具体投资过程中的要求

企业年金投资管理人在具体投资过程中，应该符合以下要求：

1. 投资原则

必须遵循谨慎、分散风险的原则，充分考虑企业年金基金财产的安全性和流动性，实行专业化管理。投资管理人的董事、监事、经理和其他从业人员，不得担任托管人或其他投资管理人的任何职务。投资管理人与托管人不得为同一人，不得相互出资或相互持有股份。

2. 投资范围

在我国，企业年金的投资范围限于银行存款、国债和其他具有良好流动性的金融产品，包括短期债券回购、信用等级在投资级以上的金融债和企业债、可转换债、投资性保险产品、证券投资基金、股票等。年金基金财产的投资，按市场价计算一般应当符合下列规定：（1）投资银行活期存款、中央银行票据、短期债券回购等流动性产品及货币市场基金的比例，不低于基金净资产的20%；(2)投资银行定期存款、协议存款、国债、金融债、企业债等固定收益类产品及可转换债、债券基金的比例，不高于基金净资产的50%。其中，投资国债的比例不低于基金净资产的20%；（3）投资股票等权益类产品及投资性保险产品、股票基金的比例，不高于基金净资产的30%。其中投资股票的比例不高于基金净资产的20%。根据金融市场变化和投资运作情况，劳动和社会保障部会同中国银监会、中国证监会和中国保监会，适时对企业年金基金投资管理机构、投资产品和比例进行调整；（4）单个投资管理人管理的企业年金基金财产，投资于一家企业所发行的证券或单只证券投资基金，按市场价计算，不得超过该企业所发行证券或该基金份额的5%，也不得超过其管理的企业年金基金财产总值的10%；(5)投资管理人管理的企业年金基金财产投资于自己管理的金融产品须经受托人同意，企业年金基金不得用于信用交易，不得用于向他人贷款和提供担保。投资管理人不得从事使企业年金基金财产承担无限责任的投资。

3. 投资收益分配及费用

企业年金的账户管理人根据企业年金基金财产净值和净值增长率，按周或按日足额记入企业年金基金企业账户和个人账户。受托人提取的管理费不高于受托管理企业年金基金财产净值的0.2%。账户管理人的管理费按每户每月不超过5元人民币的限额，由设立企业年金计划的企业另行缴纳。托管人提取的托管费不高于托管企业年金基金财产净值的0.2%。投资管理人提取的管理费不高于投资管理企业年金基金财产净值的1.2%。根据企业年金基金管理情况，劳动和社会保障部会同中国银监会、中国证监会和中国保监会，适时对有关管理费或托管费进行调整。投资管理人从当期收取的管理费中，提取20%作为企业年金基金投资管理风险准备金，专项用于弥补企业年金基金投资亏损。企业年金基金投资管理风险准备金在托管银行专户存储，余额达到投资管理企业年金基金财产净值的10%时可不再提取。

4. 投资信息披露

企业年金受托人、账户管理人、托管人和投资管理人应当按照规定向有关监管部门报告企业年金基金管理情况，并对所报告内容的真实性、完整性负责。受托人应当在每季度结束后15日内向委托人提交季度企业年金基金管理报告，并应当在年度结束后45日内向委托人提交年度企业年金基金管理报告，其中年度企业年金基金财务会计报告须经会计师事务所审计。账户管理人应当在每季度结束后10日内向受托人提交季度企业年金基金账户管理报告，并应当在年度结束后30日内向受托人提交年度企业年金基金账户管理报告。

托管人应当在每季度结束后10日内向受托人提交季度企业年金基金托管和财务会计报告，并应当在年度结束后30日内向受托人提交年度企业年金基金托管和财务会计报告，其中年度财务会计报告须经会计师事务所审计。投资管理人应当在每季度结束后10日内向受托人提交经托管人确认的季度企业年金基金投资组合报告，并应当在年度结束后30日内向受托人提交经托管人确认的年度企业年金基金投资管理报告。

5. 投资监督检查

法人受托机构、账户管理人、托管人、投资管理人开展企业年金基金管理相关业务应当向劳动和社会保障部提出申请。法人受托机构、投资管理人向劳动和社会保障部提出申请前应当先经其业务监管部门同意，托管人向劳动和社会保障部提出申请前应当先向其业务监管部门备案。劳动和社会保障部收到法人受托机构、账户管理人、托管人、投资管理人的申请后，应当组织专家评审委员会，按照规定进行审慎评审。经评审符合条件的，由劳动和社会保障部会同有关部门确认公告，经评审不符合条件的，应当书面通知申请人。专家评审委员会由有关部门代表和社会专业人士组成。受托人、账户管理人、托管人、投资管理人开展企业年金基金管理相关业务，应当接受劳动保障行政部门的监管。受托人、托管人和投资管理人的业务监管部门按照各自职责对其经营活动进行监督。

第四节 我国农村社会保障基金的管理体制

一、我国农村社会保障基金的形成背景

新中国成立后，为了保障农民的基本生活需要，维护农村经济的发展和农业生产的稳定运行，各地方政府根据本地农村的实际情况，在自然就业的基础上建立了合作医疗、对无子女的农村老年人实行带有社会救济性质的“五保户”制度等内容广泛的社会保障制度，但以养老为核心的社会保障基金由于时间长、资金量大等多种原因，始终没有建立起来。改革开放以后，随着城镇社会保障制度的广泛铺开，民政部根据国家“七五”计划要求，从 1986 年开始探索，1991 年在山东等地组织了较大规模的试点。1992 年，民政部在总结试点经验的基础上，制定了《县级农村社会养老保险基本方案（试行）》，其基本精神是：实行政府引导与农民自愿相结合的办法，鼓励农民参加养老保险体系。保险费用以个人缴纳为主，集体补助为辅，采取个人账户基金储备积累的保险模式，个人缴费和集体补助全部记在个人名下。农村养老保险基金以县级为平衡核算单位，根据国家政策管理营运。个人账户基金积累期实行分段计息，参保人满 60 周岁后根据其个人账户基金积累本息和平均余额确定养老金发放标准。针对当时许多农民心存疑虑的问题，民政部组织人员开展了声势浩大的宣传工作，强调建立农村养老保险体系是惠及亿万农民、协调城乡经济发展的重要举措，是着力解决农村社会经济发展中的突出矛盾，解决农民最现实、最直接问题的具体体现，是正确处理改革、发展与稳定的关系，推动社会可持续发展的迫切要求。这一工作取得了明显的效果，既扩大了农村社会养老保险的参与人群，又加深了许多农民对社会养老保险的认识。到 1995 年年初，已有 30 个省、自治区、直辖市的 1 400 多个县（市、区、旗）开展了这项工作，26 个省、自治区、直辖市人民政府颁发了开展农村社会养老保险的文件，有的还制定了农村社会养老保险的地方性法规。全国

参加社会养老保险的农村人口已有近 5 000 万人，积累保险基金 32 亿元，形成了一定的规模。山东、江苏、上海、浙江、湖南、福建、江西等省市积累的基金都超过亿元。山东省有 1 600 多万农村人口参加社会养老保险，积累保险基金 13 亿元，其中烟台市 13 个县（市、区）的 197 个乡镇全部开展农村社会养老保险，全市积累基金近 4 亿元。上海市有 85 万农村人口参加社会养老保险，占应参加保险对象的 65%，积累基金 2.3 亿元。这些地区初步形成了省、市、县、乡上下贯通的管理体系，基本的操作程序比较规范，逐步健全了管理制度，保险基金能够按规定要求增值，开始走上正常运转的轨道。

1995 年 10 月 19 日，国务院办公厅转发了民政部《关于进一步做好农村社会养老保险工作意见的通知》，通知指出，在农村群众温饱问题已基本解决、基层组织比较健全的地区，逐步建立农村社会养老保险制度，是建立健全农村社会保障体系的重要措施，对于深化农村改革、保障农民利益、解除农民后顾之忧和落实计划生育基本国策、促进农村经济发展和社会稳定，都具有深远意义。各级政府要切实加强领导，高度重视对农村养老保险基金的管理和监督，积极稳妥地推进这项工作。通知提出了以下三点要求：一是从实际出发，分类指导。经济比较发达的地区要积极引导农民参加社会养老保险，制定地方法规，完善各项管理，初步建立农村社会养老保险制度。经济中等发达地区要在现有工作基础上，积极稳妥地推进，逐步建立农村社会养老保险制度。经济欠发达地区可选择条件较好的县（市、区）和乡（镇）进行试点，逐步积累经验。二是推广规范操作，逐步完善管理体系。各级民政部门要把加强管理摆上重要位置，推行和普及规范化操作，推广和运用计算机个人账户管理系统，提高管理质量和服务水平，确保个人保险编号、缴费情况等基本要素的完整准确。要主动加强同有关方面的联系和协作，建立健全各级农村社会保险管理机构，完善管理服务体系。三是切实加强基金的管理和监督。农村社会养老保险积累基金数额大、周期长，各级政府要严肃财经纪律，严格基金运作，建立健全各项财务会计制度，保证基金安全无风险并规范运营加大增值。现阶段养老保险基金主要通过购买国债和存入银行增值，任何部门都不得挪作他用或用于直接投资。要逐步建立由有关方面组成的基金监督委员会。结合财政、金融和税收体制改革，加强对农村社会养老保险基金管理的政策研究，逐步建立适应社会主义市场经济体制的基金增值运营机制和基金管理监督体系。

1998 年，我国农村社会养老保险基金的管理工作由民政部划归到劳动和社会保障部。针对当时农村社会养老保险基金在经济落后地区难以推行、在经济发达地区挪用现象严重等问题，1999 年，国务院认为，我国还不具备普遍开展农村社会养老保险、设立农村社会养老保险基金的条件，对已开办的农保业务，要清理整顿，区别情况，妥善处理，有条件的地方可以向商业保险过渡。随后，劳动和社会保障部根据国务院文件精神，深入调研，认真开展农保整顿规范工作，在历年进行农保基金核算和统计的基础上，2001 年 5 月，在全国范围内进行了农保基金的调查摸底。要求所有管理农保基金的经办机构对基金逐笔进行清理核对，并对基金运营风险作出评估。在自查的基础上，上级对下级抽查面在 30% 以上。根据各地上报数据汇总，截至 2000 年年底，全国农保基金积累总额 198.58 亿元，其中责任金 191.53 亿元（占基金总额的 96.45%），调剂金 7.05 亿元（占基金总额的 3.55%）。历年累计收取保费 165.82 亿元，基金运营收益 32.76 亿元。在 198.58 亿元基金中，存银行、买国债和交财政管理共 158.99 亿元，占基金总额的 80.06%；非银行金融机构存款、购买金融债券和企业债券共 22.55 亿元，占 11.35%；委托贷款、购买股票、直接投资和拆借挪用等其他资金共 17.05 亿元，占 8.59%。从资产状况看，可正常收回本息的基金 184.53 亿元，占基金总额的 92.93%；收回本息有困难的基金 12.7 亿元，占基金总额的 6.39%；已确定不能收回的基金 1.35 亿元，占基金总额的 0.68%。为此，劳动和社会保障部采取了加大力度回收有风险的基金、修订农保财务会计制度、完善养老金计发办法等措施，并于 2003 年 11 月，出台了《关于认真做好当前农村养老保险工作的通知》，确立了基本切实可行的农村社会养老保险基金营运管理的发展方向，为实现农民老有所养和建设农村小康社会奠定了经济基础。

二、我国农村社会保障基金的积极效应与典型模式

经过 20 多年的发展，我国以农村社会养老保险为主的农村社会保障体系初步建立，与之相对应的农村社会保障基金规模稳步扩大。全国绝大多数省、自治区、直辖市已将农村社会保险机构职能划入劳动和社会保障部门，或单独设立农村社会保险处，或将其职能合并到养老保险处或社会保险处。全国已经建立了部、省、地、市、县、乡、村六级农村社会保险工作网络和一支有一定实践经验的工作队伍，为大规模开展农村社会保障工作奠定了扎实的基础。

（一）积极效应

1. 提高了农村人口的养老保障质量

我国的经济体制改革是从农村开始的，家庭联产承包制的推行充分调动了农民的生产积极性，促进了农村生产力的发展。农民收入增加的同时，生产、生活的风险也在加大，为此，国家“七五”计划提出“抓紧研究建立农村社会保险制度”，这是与当时农村经济体制改革相配套的。随着农村工业化、城镇化、现代

化，如果依然坚持“就业靠土地，保障靠家庭”，将阻碍农村剩余劳动力的转移和农村生产力的发展，因此，迫切需要建立健全适合农村特点的养老保险制度，解除农民的后顾之忧。由于农村生产单位和分配主体的变化，原来依附于集体经济的保障制度已基本解体，农民的保障观念和保障形式发生极大的变化。计划生育政策的推行弱化了传统的家庭养老功能，越来越多的农民对以自我保障为主的新型保障方式有了更大的认同。由于城镇交流和农村文化教育的发展，农民的思想观念和消费观念发生很大变化，他们希望老年有经济自主权和养老的主动权。建立农保制度顺应了农民思想观念的变化，改善了家庭关系，促进了农村的精神文明建设，有利于维护农村的社会稳定。中国有 13 亿人口，9 亿在农村，农业、农村和农民问题是关系改革开放和现代化建设全局的重大问题。没有农民的小康就没有全国人民的富裕生活，没有农村的社会保障，我国的社会保障体系就不可能完善。因此，农村养老保障体系的建立，拓宽了农村家庭养老的外延，改变了部分农民的生育观念，在提高农民生存质量、统筹城乡经济发展、建设和谐社会等方面都有不可低估的重要作用。

2. 建立了农村社会养老保险的责任分担机制

在农村社会养老保险基金的筹集、营运、给付等各个环节，均体现了农民本人、农村集体、地方政府或中央政府对不同责任的分担。与城镇社会保障类似，农村社会养老保险基金的主要筹资方式是“个人缴费为主、集体补助为辅，国家政策扶持”，体现效率优先兼顾公平的原则。对个人缴费与集体补助比例不作硬性规定，各地可根据自己的经济发展情况和集体经济实力确定。在与农民自愿协商的基础上，建立多方筹资机制，把土地补偿费、土地出让金、安置补助费、计划生育奖励基金、粮食风险基金、地方财政投入、农村集体积累等均纳入社会养老基金的资金来源。个人缴费和集体补助，全部计入个人账户，养老水平的高低与养老金的多少取决于参保对象个人账户上资金的大小，权益清楚，没有历史包袱。缴费期间分段计息，增值没有承诺，基金营运管理的责任小。参保对象缴费期间死亡，个人账户上已经积累的余额全部退给其指定受益人或法定继承人。根据国民年表，农村社会养老保险以开始领取养老保险基金者的平均寿命为平均领取分摊年限，规定 10 年保证期。如果参保对象自开始领取养老保险基金不满 10 年即死亡，可以由指定受益人或法定继承人继续领满 10 年或选择一次性领取剩余保险金。

3. 较好地适应了农村经济变革的要求

由于我国农村社会养老保险基金不存在现收现付问题，基金储蓄积累及投资收益全部计入个人账户，是个人在不同年龄段的收入再分配。参保农村居民的老年收入取决于自己年轻力壮时为未来已经提前储备的养老保障，与人口结构关系不大，是应对人口老龄化危机的良好对策。而且，个人缴费及投资收益完全进入个人账户，保险关系转移方便。在目前农村劳动力流动性大，进城农民工、小城镇农转非人员和农村劳动者身份经常发生互换的情况下，能够灵活地适应农村经济变革的要求，可以覆盖农村各类从业人员，并在必要时方便地与城镇职工养老保险关系衔接。

（二）典型模式

目前，在我国农村社会养老保险基金营运管理中，已经形成了一批具有示范意义的典型模式。

1. 个人账户与储备调剂金相结合的模式

以北京市大兴区为代表。北京作为首都，郊区经济远比一般农村发达，大兴模式的保障对象是管辖范围内的所有农民，政府采取有效措施，促进镇、村已经建立的各种补助制度向规范的农村社会养老保险制度过渡。将参保对象的最低缴费标准确定为原则上不低于本区当年农村最低社会保障标准的120%，确定了缴费的自动增长机制，缴费标准与经济发展水平密切相关，增强了制度的适应性，有利于制度的稳定持续发展。大兴区政府每年拨付专项资金作为农村社会养老保险待遇调整的储备调剂金，确保参保人员年老后生活水平始终高于农村最低生活保障水平，使参保农民有机会分享城市化、工业化的成果。

2. 集体统筹与个人账户相结合的模式

以广东省东莞市为代表。东莞市的农村社会养老保险以我国城镇养老保险为参照物，又体现了自己的地方特色，具有集体统筹与个人账户相结合、社会保险与集体福利相结合的特点。农村居民的基本养老保险待遇与参保对象的缴费基数和缴费年限挂钩。参保对象的缴费基数按每人每月400元核定，从2002年1月1日起，每年递增2.5%，2001年至2005年，缴纳比例为11%，集体负担6%，个人负担5%，其中个人负担部分每5年增加1%，2016年后保持在14%不变。个人缴费的全部加集体缴费的3%记入个人账户，剩余的3%记入集体统筹账户，属于整个统筹范围内的全部参保农民所有。参保对象的个人账户统一按缴费基数的一定比例建立，养老保障待遇的领取标准是150元的基础养老金加上个人账户余额的1/120。

3. 农村社会养老保险基金贴息模式

以安徽省霍山县为代表。安徽省霍山县曾经是一个国家级贫困县，经济基础落后，在农村社会养老保险基金的筹集上，实行以个人缴费为主。随着农村费改税政策的深入推广，村集体经济进一步削弱，农村社会养老保险基金中本就不多的集体补助失去了资金来源，为避免好不容易建立起来的农村社会养老保险基金可能面临难以继续推行的困境，安徽省霍山县采取对农村社会养老保险基金实行财政贴息的措施，由县财政在每年预算中按上年末农村社会养老保险基金已累积余额的2%给予补贴，纳入财政统筹账户，由县财政管理。走出了一条通过财政贴息激励农民参保的创新之路，对其他不发达地区的农村具有一定的借鉴价值。

4. 农村社会养老保险证质押贷款模式

以新疆维吾尔自治区呼图壁县为代表。从1998年年初起，呼图壁县农村社会养老保险办公室在全面暂停农民投保的同时，针对已有成千上万人投保的现实，本着高度负责的精神，开始探索用保险证质押贷款的形式来确保已经建立的农村社会养老保险基金保值增值问题。1998年春，为帮助农民搞好春耕生产和配合县政府调整产业结构，呼图壁县农村社会养老保险办公室在五工台、大丰两镇选择了几个条件比较好的行政村进行试点，借款事项仅限于农户购买生产资料和发展奶牛业。2001年年底，呼图壁县农村社会养老保险办公室正式与中国农业银行签订了委托贷款协议，使此项工作置于金融机构的监管之下。呼图壁县委县政府又以文件的形式肯定了用保险证质押贷款的做法，保险证质押贷款项目进入了全面发展时期。质押贷款的范围也由原来的农户生产性贷款，扩展到生活性贷款，如医疗、教育等，个别行政村甚至用于购置变压器等社区发展项目，对支持当地农村经济的发展作出了一定贡献。

三、我国农村社会保障基金的问题与发展思路

（一）我国农村社会保障基金存在的问题

我国地大物博，人口众多，农民占人口总数的绝大比例。各地农村经济发展水平差异很大，要建立起覆盖大多数农民的农村社会养老保险体系并配备以足够的保障基金，绝不是一朝一夕能够办到的，现有的农村社会养老保险也存在着明显的问题。

1. 认识不统一，发展不平衡

自农村社会养老保险工作开展以来，有关方面对要不要建立、能不能建立农村社会养老保险制度一直存在分歧。一种观点是：农民就业靠土地，保障靠家庭。国家无力也不需要承担数亿农民的养老责任。另一种观点则认为：农村经济体制改革以来，随着家庭联产承包责任制的普遍实施，原农村集体承担的社会保障功能基本解体，计划生育政策使大多数农村家庭子女减少，家庭养老难以为继。城镇化、生态环境建设及其他原因，使得农村人多地少的问题日益突出，土地的养老功能也在弱化，政府必须为农民的养老问题提供制度保障。

由于认识不一致，再加上监管没有跟上，自1999年农村社会养老保险整顿规范以来，除上海、北京、江苏南部等原来工作基础较好的地区外，其他地方的农村社会养老保险工作基本处于停滞状态，参保人数下降，基金规模缩小，制度覆盖面进一步变窄。经济发达地区的农民不仅当前收入水平高，未来保障也很完善；而经济不发达地区尤其是中西部地区的农民大多处于无保障或低保障状态。

2. 管理体制不顺

由于农村社会养老保险发展方向不明确，一些农村社会养老保险经办机构编制不明，经费没有保障，许多经办机构借用其他单位的办公场所，使用各不相同的业务软件，人员队伍整体素质参差不齐。各个部门协调不力，工作效率偏低。在开展农村社会养老保险的工作过程中，重征缴、轻发放，重义务、轻权利，老百姓不愿意接受。群众不知道该交多少，更不知道将来会得多少。免征农业税以后，农村社会养老保险基金中集体补助的部分在多数地方缺乏资金来源保证，保障方案的互济层面小，仅限于70岁以前短寿身故对象与78岁以上长寿者之间的互相调剂。对参保农民而言，等于是把自己的钱交给别人管理，将来再用于自己的养老保障，远不如把钱放在自己手上自己管理，也正因为如此，许多农民对参加农村社会养老保险并没有多少热情，降低了制度的群众基础。

3. 农村社会养老保险基金流失严重

目前，我国农村社会养老保险基金以县级管理为主，管理层次低，监督措施不到位，农村社会养老保险基金被挪用现象较为普遍。在极个别地方还存在部分农村社会养老基金不进财政专户、报表虚列、多头开户等违规问题。前几年，劳动和社会保障部对某省农村社会养老基金的营运情况进行了抽查，在12个县中发现违规营运基金1.2亿元，其中由当地政府干预拆借给企业或政府有关部门的占55%，存入当地信托投资公司、农村信用社等机构的占45%，农村社会养老保险经办机构费用5%。随后，在国家开展的金融整顿中，一批金融机构被行政关闭或撤销，原存入这些机构的部分农村社会养老基金的债权没有及时清偿，给参保农民带来了一定的经济损失，也使许多徘徊在农村社会养老保险体系之外的农民犹豫不决。

（二）发展思路

应该说，短时期内要让农村社会养老保险工作有一个跨越式发展很不现实，但对其未来的发展方向，已经引起了极大的关注。从管理层到学术界，越来越多的人认识到，农村社会养老保险体系建立健全的关键是农村社会养老保险基金的科学管理。农村社会养老保险基金的管理包括静态和动态两个方面，静态管理是指对农村社会养老保险费用筹集上汇、养老待遇给付与基金结余的日常管理，动态管理是指运用一定的策略开展基金的投资以实现保值增值。有代表性的观点有以下两种：一是委托现有金融机构对农村社会养老保险基金进行托管投资，或者设立专门的农村社会养老保险基金管理公司。政府主管部门可制定投资管理规则，明确投资范围与投资限制，提高农村社会养老保险基金的盈利能力；二是加大政府或集体支持力度，激发农民的参保积极性。如在经济不发达地区推广财政贴息给农村社会养老保险基金，提高其积累能力。改变现行制度设计中参保对象必须达到年龄后才能动用基金的规定，探索允许农民在需要时通过保险证质押贷款方式，解决其生产、生活中的资金周转需要，将单一的农村社会养老保险个人账户扩展为多功能的综合账户等。有关这一领域的研究仍在继续中。

【本章小结】

1. 全国社会保障基金是为了应付我国人口老龄化高峰压力而建立的储备基金，今后我国社会保障体系的资金缺口将由它来承担补充的重任。

2. 全国社会保障基金的资产独立于其他任何相关单位的资产，与全国社会保障基金理事会在财务上分别建账、分别核算。全国社会保障基金理事会是财政全额预算拨款单位，基金本身不需要支付任何费用。

3. 我国社会统筹与个人账户结合的社会保障基金实行分级管理的原则，从中央到地方设置了一套各有分工的管理机构。该模式的最终目标是实现全国统筹，但目前仅仅是省级甚至省级以下的统筹。

4. 我国的企业年金是在企业补充养老保险的基础上逐步发展起来的。建立企业年金，应当由企业与工会或职工代表通过集体协商确定，并制定企业年金方案，确定企业年金受托人。

5. 改革开放以后，民政部从1991年开始进行农村社会养老保险的试点，目前已形成了多种有代表性的模式。体现出了明显的积极效应，但也存在着突出的问题。

【关键概念】

全国社会保障基金　　劳动和社会保障部　　静态算账与动态做实
企业年金理事会

【复习思考题】

1. 全国社会保障基金理事会的任务是什么？
2. 全国社会保障基金的投资原则是什么？

3. 全国社会保障基金的投资管理机构必须具备哪些条件？

4. 我国是怎样管理全国社会保障基金境外投资的？

5. 劳动和社会保障部在社会统筹与个人账户结合的社会保障基金管理中的职责是什么？

6. 我国省级及以下社会保障基金管理部门是如何进行基金管理的？

7. 在社会统筹与个人账户结合的社会保障基金管理中，北京市与广东省各有什么特点？

8. 在社会统筹与个人账户结合的社会保障基金管理中，劳动和社会保障部对做实个人账户有哪些要求？

9. 在我国，建立企业年金的条件有哪些？

10. 在我国，企业年金的账户管理人应当具备哪些条件？

11. 在我国，企业年金的投资范围是什么？

12. 我国农村社会保障基金的积极效应体现在哪些方面？其典型模式有几种？

13. 我国农村社会保障基金运行中存在哪些问题？你认为应该如何解决？

【应用案例 1】

社保基金为何大案频发

截至 2006 年年初，中国各项社保基金规模已超过 1.8 万亿元。每一个基金的缴纳者只知道社保基金管理中心在管理自己的“保命钱”，却很难知道这笔钱是如何被管理的。事实上，“泛行政化”的社保基金运作和管理机制本身就值得关注。2006 年 7 月底，多起涉案金额巨大的社保基金被挪用案件经媒体披露，公共基金管理问题再次成为舆论焦点。

早在 2004 年 3 月，山西省太原市中级人民法院就宣判了一起涉案数额巨大的社保基金挪用诈骗案。几名被告人共挪用社保基金 7 659 万元，金融诈骗涉案金额近 1.8 亿元。2002 年 9 月，因诈骗农村社会养老保险金 2 000 万元，原海南达龙实业有限公司总经理龙泉润被判处死刑。2007 年 5 月，河北省电力公司社保中心原基金管理员秦援非挪用 3 817 万元社保基金炒股票，被廊坊市中级法院以挪用公款罪一审判处有期徒刑 15 年。

统计显示，在 1986 年至 1997 年间，全国有上百亿元社会保险基金被违规动用。据不完全统计，1998 年以来，全国清理回收挤占挪用基金 160 多亿元，至

2005年年底，还有10亿元没有回收入账。“十五”期间，劳动和社会保障部接到挤占挪用基金举报案件96件。

此类案件频频发生，社保基金运作及管理机制是否存在缺陷？

1993年，国务院曾发布《企业职工养老保险基金管理规定》（国务院令第117号），其中允许各级社保管理机构对历年滚存结余的养老保险基金，在保证各项离退休费用正常开支6个月之需、留足必要周转金的情况下，运用一部分结余基金增值。

117号文对社保基金增值保值的方式作了明确规定：一是购买国库券以及国家银行发行的债券，二是委托国家银行、国家信托投资公司放款。除此之外，“各级社会保险管理机构不得经办放款业务，不得经商、办企业和购买各种股票，也不得为各类经济活动作经济担保。”

然而，20世纪90年代初，全国上下处于令人振奋的投资热潮中。地方社保基金管理机构也难免蠢蠢欲动，更被投机商人推波助澜。对于117号文中允许投资的规定如获至宝，而对其中的禁止条例要么视而不见，要么暗度陈仓。

据了解，当时有相当多地方的社保基金运作都是通过地方劳动局下属的社会保险公司，以多种形式投资，投资项目既有委托国家银行或国家信托投资公司放款，也有社保实业公司对外合作商办企业。经过层层控股和复杂的补充协议，资金往往流向了房地产和股市等高风险领域。

仅仅一年，各地社保基金竞相投资的混乱场面愈演愈烈，危机四伏。1994年，原劳动部、财政部联合发布《关于加强企业职工社会保险基金投资管理的暂行规定》，明令禁止社保基金“在境内外进行其他直接投资和各种形式的委托投资”，以“刹车令”的形式叫停投资。

1996年4月，国务院办公厅发出《关于一些地区挤占挪用社会保险基金等问题的通报》，重申社保基金结余“主要用于购买国家债券”，“仍有结余的应按规定存入银行专户，不得用于其他任何形式的投资”。直到1998年，各地社保基金的违规投资才基本停止。当年，劳动和社会保障部成立，同期组建社保基金监督司，对前几年的历史旧账进行全面清理与回收。

尽管经过大规模的整顿和清理，时至今日，挪用、盗用社保基金的大案仍时有发生。究其根源，与社保基金的管理架构错位密切相关。

目前，每个人的社保基金都由当地的社保基金管理中心代为管理。各级管理中心的归口管理单位为劳动和社会保障部社会保险事业管理中心。该中心是劳动和社会保障部直属事业单位。各地管理中心目前大都也为事业单位编制。而这些大大小小的管理中心却承担相当多的行政职能，与政府有着千丝万缕的联系，有的甚至就是政府的一个部门。

这种“泛行政化”的制度设计，在没有法人资产和独立的经济利益约束下，不能独立承担民事责任的社保基金管理中心很难建立起有效的监督管理机制、规范的会计审计、信息披露制度和风险防范机制，即使有健全的法律法规也极易成为美丽的陪衬。

社保基金管理中心既不是独立的金融企业，也不是政府机构，社保基金管理中心这一政府直属事业单位的面孔使其既难以保障社保基金所有者的权益，又因缺乏监管而不具备承担金融风险的能力。而在实际运作中，社保基金的所有者——每一个社保基金的缴纳者始终无法拥有真正意义上的管理和监督权。因此，在地方或部门利益的驱使下，社保基金常常会被当作“准”政府资金支配使用。

地方政府与各类资金的关系一直是中央政府极为重视的事情。以前极易发生的地方财政资金被挤占、贪污和挪用现象，由于实现了国库收支两条线的管理有了相当的改观。在会计常识中，管钱的不能管账，管账的不能摸钱，这是最基本的一条准则，而社保基金管理中心尽管有种种规定，但实际上难脱钱账一手抓之嫌。事实上，规范社保基金管理的《社会保险基金监督管理条例》仍在起草制定之中，对于社保基金监管的法律依据亦嫌不足。

最新消息表明，劳动和社会保障部将协同财政部、国家审计署、国家税务总局等部门全力加强社保基金监管，“收好、管好、用好每一分钱”。目前对部分省市违规使用社保基金的情况进行专项审计的工作已在紧锣密鼓地部署之中。同期，国家审计署审计长李金华表示，今后审计部门将把老百姓关心的医疗、养老保险作为审计重点。

【应用案例 2】

上海社保资金腐败案的启示

管理着上海老百姓保命钱的社保局，陷入了上海自改革开放以来的最大腐败案中。随着上海社保局局长祝均一日前被隔离审查，包括上海宝山区区长秦裕在内的一些涉案人员在接受调查或被双规。为了彻底查清此案，中央已经派出超过百人的调查组常驻上海。根据上海社保局下属年金中心提交的起诉书，年金中心先后将 34.5 亿元的资金，通过委托资金运营的方式，拆借给一家民营投资公司，用于收购高速公路等资产。

启示一：还有多少公共资金被挪用?

近年来，包括住房公积金、养老金、甚至防治艾滋病专款在内的公共资金屡屡被大量挪用，如湖南郴州贪官李树彬先后44次挪用贪污住房公积金超1亿元，多次前往澳门赌场大肆挥霍；从1993年开始，广州8.9亿元养老保险金被挪用，无法完全追回；河北保定航空证券保定营业部原总经理携带委托理财的3亿元住房公积金潜逃……最近，被称为艾滋大县腐败书记的河南省上蔡县原县委书记杨松泉在受贿等约1 000万元的涉案金额中，也有相当比例与“防艾”救命资金有关。

这么多公共资金成了腐败分子的个人“提款机”，成了小团体和其他利益小圈子共同分享的“蛋糕”，这使我们不得不怀疑有关部门对公共资金的管理与监督能力，也使我们不能不追问除了上海等已经发案的城市和部门，全国其他看似风平浪静的城市和部门的公共资金是否也有类似的漏洞，甚至漏洞更加严重。我们期待审计监督部门能够早发现、早审查，以便早日亡羊补牢将公共资金的损失控制在最小。

启示二：还有哪些秘书在狐假虎威？

据新华社发布的电文称：有关部门在对上海市劳动和社会保障局违规使用社保资金问题进行核查中发现，中共上海市宝山区委副书记、区长秦裕涉嫌严重违纪。刚上任的宝山区区长秦裕2002年担任上海市市长秘书，后任市政府办公厅副主任。而秦裕接受调查的原因，与他任宝山区长以前做领导秘书时的作为有关。联想到被称为“河北第一秘”的李真收受1 000余万元的腐败案，以及李真之前的一系列秘书腐败案，如1996年，陈希同的秘书陈健受贿40.9万元……让我们不能不对一些秘书的腐败能量刮目相看。

这些秘书虽然官职并不很大，但是由于处在领导和下级官员群众之间的“把关人”的特殊位置，往往被视作领导身边的红人被高看一等。一些秘书随即飘飘然起来，不仅有了一人之下众人之上的感觉，甚至背着领导“挟天子令诸侯”，干起瞒天过海的勾当。因此，对秘书腐败不能小看，必须严格监督，看看还有多少秘书游离在反腐败的监督之外。

启示三：还有多少腐败分子在蒙骗百姓？

据报道，在秦裕当选为区长的“施政纲领”讲话中，他表示将在区长岗位上做到“三个始终坚持”：“始终坚持革命工作的激情和冲劲，求真务实、真抓实干……始终坚持把维护好、发展好人民群众的利益作为衡量政府工作的唯一标准……始终自觉接受人大代表及区人大的监督，勤政廉政、严格自律。”不论是在“施政纲领”中掷地有声“三个始终坚持”的表白，还是“冒着酷暑四处调研”，或者是周围同事的评价，秦裕怎么看都像一个好官，怎么看都不像会与上海改革开放以来的最大腐败案有什么瓜葛。

但是，事实并非如此。如今善于人前作秀、背后作孽的官员太多了，而群众的眼睛也常常被假象蒙蔽。所以，我们不能不追问：还有多少把自己装扮成好官的腐败分子在蒙蔽我们？我们期待着有关部门早日揭去他们身上的“画皮”，让他们不再为害百姓。

其实上海社保腐败案并非单一案例。仅 2006 年上半年，全国就已先后查处了河南省濮阳市劳动保障局以减免企业应缴 870 多万元养老保险费为代价换取 6 辆轿车使用权案、黑龙江省阿城市社保局将 918 万元借给企业用作流动资金和担保利息案、浙江省温州市劳动保障局计财处用社保基金 600 万元购买国信优先股案等一批违规案件。这些案件和上海社保腐败案呈现出共同特点：社保资金被管理部门随意支配甚至侵吞，已经接近于监守自盗。

不能说相关部门没有建立社保资金的管理制度。早在 1994 年，鉴于原劳动部 1993 年 107 号文件关于部分社保资金交给社会信贷机构运作以实现增值的规定，造成了社保资金管理的混乱，原劳动部和财政部 1994 年联合发文，禁止再将社保基金拿到市场上营运，已经投出去的钱要收回。但很显然的是，这一规定并不完善。社保资金在社保管理部门封闭运作，公众监督缺位，致使一些社保部门擅自借出资金用于“保值增值”的违规现象禁而不止，上海社保资金案就是其典型案例。

必须承认，随着社保资金总额的增多，社保资金如何保值增值，确实是个必须面对的问题。关于这一点，劳动和社会保障部农村社会保险司副司长刘从龙曾坦言：“第一这些钱必须运营，第二不能违规，第三还得多挣点钱。”照理说，把社保资金的蛋糕做大一点，既可以减轻财政负担，也可以减轻职工负担，其动机不难理解。但问题在于数额庞大的社保资金一旦被默许市场化运营，不仅自身面临风险，而且难免成为“红顶商人”盯上的一块肥肉，而手握重权的官员就难免被收买。

从上海社保腐败案目前披露的案情看，正是由于官员与“红顶商人”的勾结，才导致上海年金中心将数十亿的资金“大手笔”投资高速公路，甚至进军电气市场。在这整个过程中，公众对社保资金的流向是不知情的。社保资金被秘密拆借，联结起灰色资金链条，并以此搭建起权钱交易的桥梁。社保资金不透明的管理状态，直接构成了官员与“红顶商人”违规支配社保资金的黑幕，致使原劳动部和财政部 1994 年就已出台的关于社保资金收支两条线的规定，形同虚设。

“制度反腐”需要无懈可击的制度。从根本上说，社保基金管理暴露出的危机并不是因为保值增值的动机有什么问题，而是如何保值增值的制度过于粗疏。

从这个意义上说，上海社保腐败案的教训在于，如何通过制度完善约束官员的权力。社保资金如何避免成为管理部门的“自留地”，如何禁止官员凭权力支配社保资金的市场化流向，如何构建社保资金征缴、支付、管理和发放的科学运行机制，为社保资金寻找一种安全的增值模式，应该成为“制度反腐”必须面对和解决的问题。

第六章

我国社会保障基金的投资对象

学习目标

本章的主要内容有：债券的定义与票面要素，债券的特征，债券的种类。政府债券的定义与类型，公司债券的定义与类型，国际债券的定义与类型。投资基金的定义与发展历史，投资基金的类型，投资基金的运作程序，投资基金的投资要求与信息披露。股票的定义与特点，普通股的分类标准及结果，优先股的类型，我国股票的分类。资产化证券的业务流程，社会保障基金的其他投资对象。其中重点掌握的内容有：政府债券的发行目的，不同类型公司债券的特点。封闭式基金与开放式基金的区别，成长型基金、收益型基金和平衡型基金在投资工具选择上的不同取向。普通股股东的权利，优先股根据优先权利不同的分类结果，我国股权分置改革的基本思路及其市场影响。

第一节 债券

一、债券概述

（一）债券的定义与票面要素

债券是表明债权债务关系的书面凭证，证明持有人有按照约定条件（面值、利率和偿还期限等）向发行人取得利息和到期收回本金的权利。完整的债券一般应包含以下几个票面要素：

1. 票面价值

债权的面值包括货币种类和票面金额两个基本内容。货币种类和票面金额取决于发行者的需要，国内债券的货币种类为本币，外国债券的货币种类为债券发行国的货币，欧洲债券的货币种类为发行国以外的货币，主要为欧洲美元和欧洲日元等。

2. 偿还期限

债券的偿还期是指债券发行之日到清偿本息之日的时间间隔。一般为三类：偿还期在1年以下的，称为短期债券；偿还期在1年到10年之间的，称为中期债券；偿还期在10年以上的，称为长期债券。债券偿还期的确定主要取决于债务人的资金需求期限、未来市场的利率变化趋势以及证券市场的发达程度等因素。

3. 利率

债券的利率是利息与债券票面金额之比。债券利率有固定利率和浮动利率之分，前者发行时确定利率并延续到期满，后者则随某个基准利率的变动而变动。影响债券利率的主要因素有银行利率水平、发行人的资信状况、债券偿还期限和资本市场资金供求状况等。

4. 发行主体

债券发行主体即债券的发行单位，是对债券承担还本付息义务的主体。只有把发行主体清楚、明白地表示出来，债券持有人的权益才能得到有效的保护。

需要说明的是，上述几个要素可以在票面上以文字形式印制出来，也可以用公告或条例的方式告知投资者，只要符合相关法律规定，均能得到管理部门和投资者的认可。

（二）债券的特征

1. 返还性

债券一般都规定了偿还期限，由债务人按期向债权人支付利息并到期偿还本金。因为债券反映的是借贷关系，任何借贷行为都是在一段时期内发生的，有借有还使得债券的发行单位不能无限期占用他人的资金，也使债券投资者的风险处在相对较低的水平。

2. 流动性

流动性是指任何一种资产在不承受损失的情况下转化成现金的能力。流动性首先取决于市场为债券买卖所提供的便利程度，其次取决于投资者将债券转化为现金时，是否需要在价格上蒙受损失。如果债权的发行单位信誉卓著，或者流通市场较为发达，债券持有者能够迅速将债券转让就不会在价值上遭受损失。一般而言，债券作为金融市场上的投资工具，其流动性要比银行存款高。

3. 安全性

安全性是指债券持有人的收益相对固定，不受或较少受发行者经营情况的影响。一般来说，流动性好的债券其安全性也较高。而且债券的安全性与发行单位的资信情况密切相关。通常发行单位规模越大，实力越强，债券的安全性越高。反之，发行单位规模越小，实力越弱，债券的安全性越低。为了保证债券投资者的权益不受损害，各个国家的债券主管部门都对债券发行主体的资格做了规定，达不到一定标准的单位无权在证券市场上以发行债券的方式筹集资金。

4. 收益性

收益性是指持有债券能为其投资者带来一定的收益。这种收益可以表现为两种形式，一是债券利息，二是在流通市场上转让时的价差收益。从理论上讲，债券收益通常比银行存款高，比股票稳定。也正因为如此，各国政府主管部门在确定社会保障基金的投资对象时，均把债券当成固定收益工具的主要内容。

（三）债券的种类

债券种类很多，按照不同的标准分类有不同的结果。

1. 按债券形态分，可以分为实物债券、凭证式债券与记账式债券

实物债券具有标准的票面格式，很多国家通过法律或法规对其票面格式作出了明确要求。发行时需要专门印制，投资者通过票面可以清楚地了解债券的发行单位、发行日期与到期日期，债券的票面金额、还本付息方式等。由于债券代表的是资金，既包括本金又包括利息。因此，印制实物债券的纸张质量要求较高，债券到期发行单位收回后，由于债权债务关系已经结束，为避免出现纠纷，已到期的实物债券必须销毁，这就难免产生资源浪费。随着发行经验的丰富和市场的不断完善，目前实物债券在整个债券市场上所占的比例越来越小，凭证式债券没有标准的票面格式，也不需要专门印制，它只是投资者认购债券的一种收款凭

证。我国于1994年开始发行这种债券。其操作程序是：当某发行单位经管理部门许可取得债券发行资格后，可以在规定的发行期间内，通过中介机构（一般是银行储蓄网点或其他有权经营债券发行业务的非银行金融机构）面向社会或特定投资者公告发行信息，中介机构根据投资者的认购数量填写实际的缴款金额，以“凭证式债券收款凭证”的方式记录债权，从购买之日开始计息。这种债券不能上市流通，在持有期内，投资者如果需要提取兑取，只能由原销售网点收购。提前兑取时，除本金外，利息按实际持有天数及相应的利率档次计算，经办机构按兑付本金的2‰收取手续费；记账式债券是利用账户的方式、通过电子计算机系统发行和交易的债券，是无纸化债券的典型形式。其优点是发行时期短、效率高，交易手续简便，成本低、流动性好。我国于1994年开始发行这种债券，最初仅在上海证券交易所与深圳证券交易所发行。投资者如果计划参与这种债券的投资，必须先在证券交易所开户。后来，随着债券市场规模的扩大，记账式债券的发行和交易逐步扩展到部分银行，为提高交易效率，投资者到银行开立记账式债券的账户时，一般有投资金额起点限制。

2. 按计息方式分，可以分为单利计息债券、复利计息债券、贴现计息债券与累进利率计息债券

单利计息债券是指在计算利息时，不论期限长短，只按债券的票面金额计算利息，本年所产生的利息不作为本金参与下一期利息的计算标准。其计息公式是：

$$债券利息=债券的票面金额\times既定利率\times债券期限$$

复利计息债券是指计算利息时，按一定期限（一般为1年）将所生利息作为本金加入下一期利息的计算标准。由于本金越来越大，所生利息也会相应增多。其计算公式为：

$$债券利息=A(1+r)^n-A$$

式中 A——债券的票面金额；

r——债券的既定利率；

n——债券期限。

一般而言，在债券票面金额相同、期限相同、既定利率相同的情况下，用复利计息比用单利计息数额更高，对投资者而言可取得更大的收益，对发行单位而言则必须付出更多的成本。

贴现计息债券又叫零息债券。其特点是在债券票面上不规定利率，发行时按贴现利率以低于票面金额的价格发行，到期时仍按票面金额偿还的债券。其发行价格与票面金额之间的差额构成了投资者的收益。例如，某贴现计息债券期限

1 年，贴现利率为 5%，则票面金额 100 元的债券其发行价格为 95 元。由于贴现计息债券是预扣利息，可以减少投资者的投资本金，其实际收益率应高于票面利率。在大多数情况下，贴现计息债券主要是短期债券。

累进利率计息债券是利率随投资时间的长短等比例变动的债券。这种债券有最短持有期和最长持有期的要求，后期利率比前期利率高，有一个递增率，呈累进状态。例如，某债券期限 5 年，最短持有期 1 年，基础利率是 3%，以后每年递增 0.5%，到第 5 年为 5%。投资者持满 1 年以上不到 2 年者按 3%计息，持满 2 年以上不到 3 年者，按 3.5%计息，持有时间越长，利率越高。这样主要是鼓励长期持有，便于发行单位更加充分地使用资金。其计息公式是：

$$I_n = An\left[i + \frac{(n-1)r}{2}\right]$$

式中 I_n——持满 n 年的债券利息额；

A——债券的票面金额；

I——基础年利率；

n——持有年限；

r——每年的利率递增比例。

3. 按发行主体分，可以分为政府债券、公司债券与国际债券

这部分内容下面将分别予以介绍。

二、政府债券

（一）政府债券的发行目的

政府债券是政府为了筹措资金而向投资者发行的、承诺在一定时期支付利息并到期偿还本金的债务凭证。对于任何一个国家的政府来说，要维持政府机构的正常运转并实现一定的政治经济目标，没有庞大的资金保证是不可能的。当政府依靠正常的财政收入不足以满足支出需要时，则往往借助发行债券的方式来达到筹措资金的目的。早在第一次世界大战期间，为了保证在战争中处于有利地位，英国就利用国民的爱国热情，通过向国民借债的方式发行了世界上最早的政府债券。自那以后至今，发行债券筹措资金为绝大多数国家的政府普遍采用。与其他债券相比，政府债券具有安全性高、流动性强的特点并赋予投资者免税待遇。由于政府债券是以政府的信用为担保而发行的，只要政府存在，为了取信于民，就会承担起还本付息的责任来。在所有的债券中，政府债券的信用是最高的，通常被称为“金边债券”。政府债券是一种低风险的投资选择，为控制社会保障基金的风险，政府债券在其投资组合中往往占有较大的比例。同时，政府债券的发行

量一般较大，为方便投资者转让买卖，许多国家不仅允许政府债券在证券交易所上市买卖，还允许其在柜台市场上交易，使其流动性大大增强。为了鼓励人们踊跃参与政府债券的投资，大多数国家规定：对于投资政府债券所获得的利息收入，可以免征所得税。因此，在与其他债券名义利率相等的情况下，购买政府债券可以得到更多的实际收益。但为了降低筹资成本，在有市场需求的前提下，政府债券的票面利率一般都会比其他债券略低。

目前，政府发行债券的目的主要有三个，即弥补财政赤字、筹措建设资金和执行某项特殊政策。财政赤字是指政府财政支大于收形成的资金缺口，为弥补财政赤字而发行的国债称为赤字国债。财政收支不平衡是一种经常性的现象，当政府出现财政赤字时，可以有多种解决办法，如动用历年结余、增加税收、向中央银行借款等。但如果过去没有结余或结余有限，则无法动用。增加税收必须经过一定的法律程序，经常修改税法可行性不大且副作用不小。增加个人税收易引起人们的反感从而降低对政府的认同感，增加企业税收会加重企业的负担，打击其生产积极性最终影响整个经济的正常发展。向中央银行借款可能促使中央银行增加货币发行量，产生通货膨胀。权衡之下，发行政府债券的政策效果相对更好，因此，成为弥补财政赤字的一种普遍手段；筹措建设资金的目的是用于某些大型基础性设施和公共设施的投资。政府不但负有对整个国家进行宏观管理的职责，还有承担推动经济发展的任务。在推动经济发展的三大要素消费、出口与投资中，政府的影响力是有很大差别的。消费的主体是企业和居民个人，出口是参与国际市场上的竞争，政府主要通过政策引导来体现自己的意图。而只有在投资领域尤其是政府投资领域，政府才具有更强的控制能力。而投资的前提是资金，当政府现有的资金不足以完成某些影响经济发展速度、关系国计民生的重要项目时，发行政府债券成为一种必需且可行的手段，为执行某项特殊政策而发行的债券一般称为特种国债。随着政府职能的扩大，当政府为了实现某个特定的宏观调控目标需要资金时，也可以采用发行债券的方式。前几年，我国政府为了执行“提高中低阶层的货币收入”的政策，就曾经专门发行过特种国债。我国台湾省为了执行“耕者有其田”的政策，也发行过与之对应的“稻谷债券”。正是由于特种国债的存在，给政府宏观调控提供了很大的便利和弹性空间。

（二）政府债券的发行方式

所谓政府债券的发行方式，即政府通过什么渠道卖出债券收回资金。一般而言，政府可以有三种选择，即拍卖招标、中央银行包销和定向发售。

1. 拍卖招标

拍卖招标的操作程序是：当政府计划发行某期国债时，由财政部通过一定的的信息渠道将发行数量、发行条件及其他发行要素予以公告，有意参与此期国债发行的机构可以在规定的时间、地点进行竞争以确定发行资格。我国于 1991 年起采用这种方式，由于最初对投标机构的资格未作限定，难免增加组织工作的难度。1993 年，我国出台了《中华人民共和国国债一级自营商管理办法（试行)》，明确国债一级自营商是经有关部门审核认定的参与财政部国债招标发行，开展分销零售业务，维护国债市场顺利运行的金融机构，包括银行、证券公司和其他非银行金融机构。

招标分为竞争性招标与非竞争性招标。竞争性招标又叫价格招标，要求投标机构既投数量又投价格，包括美国式招标和荷兰式招标两种情况。美国式招标是按照投标机构所报价格从高到低的顺序中标，中标机构分别以各自所报价格取得发行资格。荷兰式招标的过程与美国式招标类似，区别是所有中标机构以相同的价格来认购中标的国债，该价格是达到发行量的最低价。由于荷兰式招标有助于降低发行成本，所以，我国已有多期国债的发行采用这种方式；非竞争性招标又叫数量招标，投标机构只投数量不投价格，发行价格由财政部统一确定。该种方式主要用于国债大量集中发行的时候，为了鼓励更多的机构参与，财政部往往确定非常优惠的价格，从而加快国债发行进度，提高筹资效率。

2. 中央银行包销

中央银行包销的操作程序是：当政府计划以这种方式发行某期国债时，由财政部与中央银行协商，就国债发行要素达成一致意见，签订包销协议。财政部将该期国债的发行事宜全部委托给中央银行运作，中央银行则在规定的时间内把发行资金划入财政部指定的账户。这种发行方式的最大优点是筹资时间快，如果国家遇到突发性事件紧急需要资金，无疑是最佳选择。但缺点是受中央银行包销能力的限制较大，由于中央银行是管理机构而非经营机构，尽管拥有发行货币的特权，但货币发行量的多少要受诸多因素的制约。由中央银行包销国债，主要是利用其领导整个银行体系的优势，通过组织所管辖的商业银行来完成发行任务。如果某一时期商业银行资金紧张，则难免增加中央银行的压力。

3. 定向发售

定向发售是指政府专门向某些特定机构发行，如社会保障基金、人寿保险公司、部分金融机构等。例如，1998 年 8 月 18 日，财政部向中国工商银行、中国农业银行、中国建设银行、中国银行定向发行了 2 700 亿元的国债，期限 30 年，年利率 7.2%，所筹资金用于补充四大国有商业银行的资本金。面向社会保障基金定向发售政府债券在许多国家已有先例，在我国也有很大的运作空间。

三、公司债券

公司债券是公司按照法定程序发行、约定在一定期限内还本付息的信用工具。与政府债券相比，公司规模有大有小，信用能力有高有低，为了保证证券市场的稳定运行，国家对公司债券的发行一向都严加管理。公司既要取信于管理部门又要取信于投资者，必须在债券种类的设计上体现出自己的特色。因此，在绝大多数国家的债券市场上，公司债券的数量远远小于政府债券，而种类则远远多于政府债券，按不同的标准分类，也有不同的结果。

（一）按行业分，公司债券包括金融债券与企业债券

1. 金融债券

金融债券的发行主体是银行及非银行金融机构。20 世纪 60 年代以前，由于商业银行奉行资产管理理论，只能通过吸收存款来增加资金来源，不允许发行债券。20 世纪 60 年代以后，负债管理理论开始对商业银行的经营产生影响，管理部门放开了金融机构发行债券的限制，许多金融机构也纷纷利用发行债券的方式来筹措资金。由于欧美国家的金融机构大多采用股份有限公司的组织形式，因此对金融债券的发行管理与企业债券一样，适用于同样的法律法规。只有日本对金融债券的发行制定了专门的法律条款。

我国金融债券的发行开始于 1982 年，由中国国际信托投资公司在日本东京证券市场上发行日元债券筹集外汇资金。1985 年，中国工商银行、中国农业银行在国内发行金融债券开办特种贷款。1993 年，中国投资银行首次被批准在境内发行外币金融债券。1994 年，国家开发银行、中国进出口银行、中国农业发展银行三家政策性银行成立，数次通过发行债券的方式筹集资金，当年仅国家开发银行就 7 次发行总额达 758 亿元的金融债券。2004 年 6 月，《商业银行次级债券发行管理办法》颁布实施。商业银行次级债券是指商业银行发行的、本金和利息的清偿顺序列于商业银行其他负债之后，先于商业银行股权资本的债券。由于巴塞尔协议将商业银行次级债券列为附属资本，故商业银行在核心资本达不到资本充足率的要求时，可以通过发行债券来充实资本金。从非银行金融机构方面看，2003 年 8 月，中国证监会发布《证券公司债券管理暂行办法》，并于 2004 年 3 月 1 日核准中信证券公司、海通证券公司、长城证券公司发行公司债券 42.3 亿元，给当时处于困境中的证券行业带来了很大的帮助。2004 年 10 月，中国证监会和中国银监会制定并发布《证券公司短期融资券管理办法》。明确证券公司短期融资券是证券公司以短期融资为目的，在银行间债券市场发行的约定在一定期限内还本付息的金融债券，为增强证券公司的流动性开辟了新的融资渠道。总体来看，金融机构实力雄厚，信用良好，金融债券收益率高于政府债券，

是社会保障基金投资对象的理性选择。

2. 企业债券

企业债券的发行主体是工商企业。按照国际惯例，只有股份有限公司才能公开发行债券。按照我国目前的规定，有三类公司可以发行企业债券：股份有限公司、国有独资公司、两个以上的国有企业或国有投资主体投资设立的有限责任公司。同时发行单位还必须具备以下条件：股份有限公司的净资产不低于人民币3 000万元，有限责任公司的净资产不低于人民币 6 000 万元；累计债券总额不超过净资产额的 40%，最近 3 年平均可分配利润足以支付企业债券 1 年的利息，募集资金的投向必须用于审核机构批准的用途，不得用于弥补亏损和非生产性支出。凡是前一次发行的债券尚未募足者，或对已发债券以及其他债务有违约、延期支付本息的事实且仍处于继续状态者，不得再次发行企业债券。

改革开放以后，我国企业债券的发行开始于 1984 年，当时全国并无统一的法规，主要是一些企业自发的行为。1987 年 3 月，国务院颁布了《企业债券管理暂行条例》，并开始编制企业债券发行计划。随后企业债券发行迅速扩张，仅1992 年就达 350 亿元，且出现了一些不规范的集资行为。为了扭转这种局面，1993—1995 年，国家采取了一系列措施整顿企业债券的发行，在整顿工作初见成效以后，自 1996 年起，管理部门安排了一批国家重点建设项目如铁路、石油、石化、电力、三峡工程等发行债券筹集资金。2005 年 5 月，中国人民银行发布了《短期融资券管理办法》《短期融资券承销规程》和《短期融资券信息披露规程》，允许符合条件的企业在银行间债券市场向机构投资者发行短期融资券。企业短期融资券的发行为我国债券市场注入了新的活力，也拓宽了企业的融资渠道。但由于企业经营情况要受多种因素的影响，难免存在较大的风险，而社会保障基金对资产的安全性要求甚高，故对企业债券的投资一般均有信用等级的最低限制和投资比例的最高限制。

（二）按特点分，公司债券包括若干种，比较有代表性的是抵押公司债券、担保公司债券、承担公司债券、收益公司债券与可转换公司债券等

1. 抵押公司债券

抵押公司债券要求公司在发行债券时提供一定的财产为抵押，如果债券到期公司不能承担还本付息义务，投资者可以通过为法定程序变卖抵押品收回投资或减少损失。抵押的目的主要是降低风险，如果抵押品的价值不能准确评定，则难以起到降低风险的作用，因此，公司发行抵押债券时必须经过资产评估这一程序。

2. 担保公司债券

担保公司债券要求公司在发行债券时以第三者的信用或财产担保。由于信用

属于无形资产，在操作过程中更加简便，在实际运作过程中以第三者的信用为担保的债券较为常见。对于担保人来说，如果债券到期，发行单位无力还本付息，担保人必须承担起偿付责任。也正因为如此，假定对被担保对象的真实情况缺乏了解，盲目的担保行为隐含有很大的风险。

3. 承担公司债券

承担公司债券是在购并行为中，甲企业以债券形式承担乙企业的债务。不同的企业在经营过程中会面临差异很大的结果，甲企业产销两旺，需要扩大规模，乙企业产品滞销，债台高筑，但还有一些资源可供利用。如果双方协商，由甲企业购并乙企业，而且乙企业的法人主体不再存在，无疑甲企业应该偿还乙企业已欠下的债务。但如果短期内要求甲企业拿出大笔资金，难免存在周转上的困难，而通过发行债券的方式把债务推迟一段时间，对于各方当事者来说都是一个多赢的结果。

4. 收益公司债券

收益公司债券的特点是：发行单位只负责偿还本金，利息多少根据收益而定。这种债券最早出现在美国的铁路债券中，后来一些公用事业公司在筹集资金时得到了一定的推广和运用。但对于普通公司而言，发行这种债券难免会出现销售上的困难。

5. 可转换公司债券

可转换公司债券是指发行单位事先承诺，允许投资者在一定的期限内按照约定条件转换成股票的债券。对投资者来说，转换前可获得债券利息回报，转换后又能以股东身份分享公司成长的收益。对发行公司来说，转换前可降低筹资成本，转换后又能增加自有资本。但在不同市场背景下究竟是有利于投资者还是有利于发行公司，存在很大的变数，需要参与者科学判断。

四、国际债券

国际债券是一国政府、金融机构、工商企业或国际组织为筹措和融通资金，在国外金融市场上发行的，以外国货币为面值的债券。国际债券的重要特征是发行者和投资者属于不同的国家、筹集的资金来源于国外金融市场。国际债券的发行和交易既可用来平衡发行国的国际收支，也可用来为发行国政府或企业引入资金从事开发和生产。

依发行债券所用货币与发行地点的不同，国际债券又可分为外国债券和欧洲债券。

（一）外国债券

外国债券是一国政府、金融机构、工商企业或国际组织在另一国发行的以当地国货币计值的债券，比较有代表性的是扬基债券与武士债券。扬基债券是外国机构在美国发行的美元债券。第二次世界大战后，美国经济快速发展，逐步放开了国内资本市场。美元在国际市场上广泛通用，在一定程度上等同于世界货币。美国允许外国机构到美国证券市场上去发行美元债券，为了控制风险，发行主体只能是外国政府或由政府担保的机构，必须经过美国标准普尔公司的信用等级评定且达到规定的信用级别；武士债券是外国机构在日本发行的日元债券，其管理办法与扬基债券类似。

（二）欧洲债券

欧洲债券是一国政府、金融机构、工商企业或国际组织在国外债券市场上以第三国货币为面值发行的债券。例如，法国一家机构在英国债券市场上发行的以美元为面值的债券是欧洲债券，欧洲债券的发行人、发行地以及面值货币分别属于3个不同的国家。欧洲债券产生于20世纪60年代，是随着欧洲货币市场的形成而兴起的一种国际债券，60年代以后，由于美国资金不断外流，美国政府被迫采取一系列限制性措施，1963年7月，美国政府开始征收“利息平衡税”，规定美国居民购买外国在美发行的证券，所得利息一律要付税，1965年，美国政府又颁布条例，要求银行和其他金融机构限制对国外借款人的贷款数额。这两项措施使外国借款者很难在美国发行美元债券或获得美元贷款。另外，在70年代，许多国家有大量盈余美元，需要投入借贷市场获取利息，于是一些欧洲国家开始在美国境外发行美元债券，这就是欧洲债券的由来。

欧洲债券最初主要以美元为计值货币，发行地以欧洲为主。20世纪70年代后，随着美元汇率波动幅度增大，以德国马克、瑞士法郎和日元为计值货币的欧洲债券的比重逐渐增加，同时，发行地开始突破欧洲地域限制，在亚太、北美以及拉丁美洲等地发行的欧洲债券日渐增多。欧洲债券自产生以来，发展十分迅速，1992年债券发行量为2 761亿美元，1996年的发行量增至5 916亿美元，在国际债券市场上，欧洲债券所占比重远远超过了外国债券。欧洲债券之所以对投资者和发行者有如此巨大的魅力，主要有以下几个方面的原因：其一，欧洲债券市场是一个完全自由的市场，债券发行较为自由灵活，既不需要向任何监督机关登记注册，又没有利率管制和发行数额限制，还可以选择多种计值货币；其二，发行欧洲债券筹集的资金数额大、期限长，而且对财务公开的要求不高，方便筹资者筹集资金。欧洲债券通常由几家大的跨国金融机构办理发行，发行面广，手续简便，发行费用较低；其三，欧洲债券的利息收入通常免交所得税，以不记名方式发行，并可以保存在国外，适合一些希望保密的投资者需要。欧洲债券安全性和收益率高。债券发行者多为大公司、各国政府和国际组织，一般都有很高的信誉，对投资者来说是比较可靠的。同时，欧洲债券的收益率也比较高。

龙债券也是欧洲债券的一种。所谓龙债券，是指在除日本以外的亚洲地区发行、以非亚洲国家和地区的货币为计价货币的债券。以按年付息、到期还本的长期固定利率债券居多，龙债券一般以美元为计价货币，也有少量的加拿大元、澳元。

第二节 投资基金

一、投资基金的定义与发展历史

投资基金是公共投资的集合体，它是众多投资者的零星资金通过组织者按照一定的规则予以集中而成的投资机构大户资金，该资金由代理投资的基金管理公司进行专业的管理与投资，投资收益缴纳税收和提取代理服务费用外，其余均归购买基金的投资者分享。

作为一种大众化的投资工具，投资基金在不同国家名称不同，在美国叫共同基金，在英国和香港叫单位信托基金，在我国叫证券投资基金。一般认为，世界上最早的投资基金是 1868 年出现在英国的海外开发信托基金。当时产业革命的成功使英国的生产力水平迅速提高，其殖民地和海外贸易遍及全球，许多未经开发的殖民地存在大量的投资机会，但对于英国的大多数投资者来说，尽管以占领国的身份在殖民地有着种种特权，但每个国家都有自己的特点，如果不了解情况贸然投资难免风险太大。于是人们便萌发了汇集大家的资金，委托专门机构营运管理的想法，这一想法得到了英国政府的支持，海外开发信托基金就是英国政府出面组建的。自那以后，投资基金在许多国家先后得到了不同程度的发展。

在我国，早在 1987 年，中国银行和中国国际信托投资公司即开始组建投资基金，并与香港的金融机构联手，在香港推出了中国概念基金。但当时的主要活动领域是在国际证券市场，对国内市场的影响甚小。1992 年 6 月，深圳市颁布了《深圳市投资信托基金管理暂行规定》，同年 10 月 8 日，深圳投资基金管理公司宣告成立，这是我国第一家规范化的投资基金管理公司。该公司在 1992 年 12 月推出了规模为 5.8 亿元的天骥投资基金，但动作偏慢。在其前面 1 个月，即 1992 年 11 月，淄博乡镇企业设立基金，被认为是我国国内最早的投资基金。1993 年初，我国投资基金发展迅速，问题日益突出，为了规范市场，1993 年 5 月，管理部门出台文件加强了对设立投资基金的限制。自那以后一直到 1997

年，投资基金在我国基本处于停滞的状态。为了推动股票市场的发展，增加股票市场上的有效资金供应，给更多的国有企业通过发行股票改善资本结构创造机会，1997年11月，国务院颁布了《证券投资基金管理暂行办法》，使基金行业在我国得到了更大规模的发展。2004年6月1日，《中华人民共和国证券投资基金法》正式实施，以法律形式确立了投资基金在我国资本市场及社会主义市场经济中的地位。2006年以来，随着股票市场的恢复性上涨，投资基金出现了前所未有的火爆场面，成为许多家庭和个人基本的投资工具。

二、投资基金的类型

（一）根据组织形态的不同，投资基金可分为公司型基金和契约型基金

1. 公司型基金

公司型基金（corporation funds）是以营利为目的的股份制投资公司形式组建的基金，基金公司通过发行股份筹集资金，投资者通过购买基金公司股份而成为其股东，享有基金收益的索取权。

2. 契约型基金

契约型基金（contract funds）是依据一定的信托契约组织起来的基金，作为委托人的基金管理公司通过发行收益信托凭证筹集资金，并将其交由受托人（基金保管公司）保管，本身则负责基金的投资营运，而投资者则是收益人，凭基金收益凭证索取投资收益。

（二）根据运作方式的不同，投资基金可分为开放型基金和封闭型基金

1. 开放型基金

开放型基金（open-end funds）是指基金发行总额不固定，基金单位总数随时增减，投资者可以按基金的报价在国家规定的营业场所申购或赎回基金单位的一种基金。开放型基金的基金单位总额是可以追加的，投资者可以根据市场状况和自己的投资决策决定是否申购或赎回，而购买或赎回的价格是由基金资产净值决定的，其中，基金资产净值（Net Asset Value，简称NAV）=(总资产－总负债)÷股份总数或受益凭证单位数。

最初，开放型基金只能通过基金公司或商业银行转让买卖，随着基金市场的发展，又出现了上市开放型基金（Listed Open-ended Funds，简称LOF)，其特点是可以在证券交易所之外的市场申购、赎回，也可以在证券交易所内交易，并通过转托管机制把两个市场有机地联系在一起。2004年10月14日，南方基金管理公司募集设立了“南方积极配置证券投资基金”并于2004年12月20日在深圳证券交易所上市，为我国第一只LOF基金。

2. 封闭型基金

封闭型基金（close-end funds）是指基金经理公司在设立基金时，限定了基金的发行总额，在初次发行达到了预定的发行计划后，基金即宣告成立，并进行封闭，在一定时期内不再追加发行新的基金单位的一种基金。在封闭期内，投资者不能向基金管理公司要求赎回，而只能采取在证券交易所上市的办法解决基金的流通问题，封闭期满后，投资者可以直接向基金赎回现金。

（三）根据投资特点的不同，投资基金可分为成长型基金、收益型基金和平衡型基金

1. 成长型基金

成长型基金（growth funds）是指把追求资本的长期增值作为其投资目的、并且注意为投资者争取一定收益的投资基金，风险大，收益也较大，适合能承受高风险的投资者，其投资对象主要是市场中有较大升值潜力的小公司股票，有时也会投资于新兴的、但目前经营比较困难的行业股票。

2. 收入型基金

收入型基金（income funds）是指以能为投资者带来高水平的当期收入为目的的投资基金，损失本金的风险小，长期成长的能力也小，适合比较保守的投资者，其主要投资于绩优股以及派息较高的债券、可转让大额定期存单等收入较高而且比较稳定的有价证券。

3. 平衡型基金

平衡型基金（balanced funds）是指既追求长期资本增值，又追求当期收入的投资基金，谋求收入和成长的平衡，其主要投资于债券、优先股和部分普通股，这些有价证券在投资组合中有比较稳定的组合比例，风险和收益介于成长型和收入型基金之间。

（四）根据投资对象的不同，投资基金可分为股票基金、债券基金、货币市场基金、衍生基金、杠杆基金、对冲基金、套利基金和指数基金等

1. 股票基金

股票基金（stock funds）是指以股票为投资对象的投资基金，是最原始、最基本、各国采用最广泛的一种基金形式。

2. 债券基金

债券基金（bond funds）是指以债券为投资对象的投资基金，规模仅次于股票基金。

3. 货币市场基金

货币市场基金（money market funds）是指以国库券、大额银行可转让存

单、商业票据、同业拆借等货币市场短期有价证券为投资对象的投资基金，属于货币市场范围。按照我国《货币市场基金管理暂行办法》的规定，目前我国货币基金的投资对象是现金，1年及1年以下的银行定期存款、债券回购、中央银行票据，剩余期限在397天及以内的债券等。不得投资股票、可转换债券、剩余期限在397天以上的债券、信用等级在AAA级以下的企业债券。

4. 衍生基金

衍生基金（derivative funds）是投资于期货、期权、互换等衍生性金融工具的投资基金，一般采用保证金的方式进行交易。

5. 杠杆基金

杠杆基金（lever funds）通过确定不同的杠杆比率，以借入资金的方式扩大投资规模。这两类基金都存在获得高收益的可能，但同时也需要承担很大的投资风险，在绝大多数情况不作为社会保障基金的投资选择。

6. 对冲基金

对冲基金（hedge funds）是指在金融市场上进行套期保值交易，利用现货市场和衍生市场产品对冲的投资基金。

7. 套利基金

套利基金（arbitrage funds）是在不同的金融市场上利用其价格差异低买高卖进行套利的投资基金，理论上具有低风险稳回报的特点，但对投资技巧要求甚高。

8. 指数基金

指数基金（index funds）是以某一特定指数所包括的样本公司股票为投资对象的投资基金。由于指数波动一般小于个别股票的波动，可以在一定程度上控制投资风险。目前，典型的指数基金是ETF基金（Exchange Traded Funds），即交易所指数基金，1991年最早出现在多伦多证券交易所。2004年12月30日，我国华夏基金管理公司以上证50指数为参照物，募集设立了“上证50交易所开放式指数基金”，并于2005年2月23日在上海证券交易所上市。2006年2月21日，易方达深圳100ETF基金正式发行，是深圳证券交易所推出的第一只ETF基金。

（五）其他分类

根据投资对象的货币种类分，投资基金可分为美元基金、日元基金、欧元基金等。美元基金是指投资于以美元为计价货币金融工具的投资基金，日元基金是指投资于以日元为计价货币金融工具的投资基金，欧元基金是指投资于以欧元为计价货币金融工具的投资基金。

根据资金来源和运用地域的不同，投资基金可分为国际基金、海外基金、国内基金、离岸基金。国际基金是指资金来源于国内，并投资于国外市场的投资基金，海外基金是指基金的发行对象为境外投资者，而投资对象是国内的有价证券；国内基金是指资金来源于国内，并投资于国内市场的投资基金；离岸基金是指基金的资金从国外筹集并投资于国外金融市场的基金。

三、投资基金的运作程序

（一）投资基金的发起与设立

设立投资基金必须具备两个条件：首先要有拟设立基金的法人，即基金发起人；其次必须确定基金的性质并拟定相关文件。

1. 发起人

根据我国《证券投资基金管理暂行办法》的规定，基金的发起人必须具备一些基本条件：主要发起人是按照国家有关规定设立的证券公司，信托投资公司、基金管理公司，每个发起人的实收资本不少于3亿元，基金的主要发起人有3年以上从事证券投资的经验及连续盈利的记录，基金发起人有健全的组织结构和管理制度，财务状况良好，经营行为规范等。发起人拥有申请设立基金、出席或委派代表出席基金持有人大会、取得基金收益、依据有关规定转让基金单位、参与基金清算、取得基金清算后的剩余资产等权利，同时负有公告招募说明书、遵守基金契约、基金不能成立时及时退还所募集资金本息和按比例承担费用等义务。

2. 必须的相关文件

根据我国《证券投资基金管理暂行办法》，基金发起人申请设立基金，应当向中国证监会提交下列文件：申请报告，发起人名单及协议，基金契约（投资基金正常运作的基础性文件）和托管协议，招募说明书（投资基金的说明性文件），证券公司、信托投资公司作为发起人的，经会计师事务所审计的发起人最近3年的财务报告，律师事务所出具的法律意见书，募集方案，中国证监会要求提交的其他文件。

（二）投资基金的组织结构

投资基金主要由基金投资人（受益人）、基金管理人、基金托管人和基金销售人几个要素组成。其中，基金持有人也就是基金投资人，指基金单位或受益凭证的持有人。可以是自然人，也可以是法人。基金持有人是基金资产的最终所有人，其权利包括本金受偿权、收益分配权及参与持有人大会表决的权利等；基金管理人是指具有专业的投资知识与经验，根据法律、法规及基金章程或基金契约的规定，经营管理基金资产，谋求基金资产的不断增值，以使基金持有人收益最大化的机构；基金托管人是投资人权益的代表，是基金资产的名义持有人或管理机构。为了保证基金资产的安全，按照资产管理和资产保管分开的原则运作基金，基金设有专门的基金托管人保管基金资产。基金销售代理人是基金管理人的代理人，代表基金管理人与基金投资人进行基金单位的买卖活动，一般由投资银行、证券公司或者信托投资公司担任。

（三）投资基金的价格与费用

1. 基金的价格

（1）封闭型基金

封闭型基金的价格包括发行价格和交易价格。发行价格主要由基金面值、基金的发行与募集费用、基金的销售费用组成。由于我国封闭型证券投资基金的发行采取上网定价的方式进行，因此，其价格中不包括基金的销售费用，因此发行价格＝基金单位金额＋发行手续费＝基金单位金额＋基金单位金额×发行手续费率。

（2）开放型基金

开放型基金的价格是指基金持有人向基金公司申购和赎回基金单位的价格。申购价格仍然是以基金单位的资产净值为基础，但是由于开放型基金可以随时进行申购或者赎回，在交易中基金管理人的报价通常包括卖出价（认购价）和买入价（赎回价）两种价格，其中，卖出价＝基金单位资产净值＋首次购买费；买入价＝基金单位资产净值－赎回费。

2. 基金的费用

投资基金的费用一般包括三类。一是在基金的设立、销售和赎回时发生的费用，该部分费用由投资者直接承担，二是基金在运作过程中的管理费用，三是基金在买卖证券时的交易费用。二、三类费用都由基金管理公司在基金资产中支付。目前，我国的封闭型基金主要包括基金发行费（基金面值的1%）、交易佣金（交易额的0.25%）、过户登记费（上交所0.05%，深交所0.002 5%）、分红手续费（0.3%）、基金管理费（固定费率一般为基金资产的1.5%，另加业绩报酬费）、基金托管费（一般为基金资产的0.25%）等。开放型基金的费用主要包括认购费（1%～1.5%）、申购费（1.5%～2%）、赎回费（一般为0.5%）、转托管费、开户费、非交易过户费、分红手续费（有些为免费）等。

在我国，凡是在证券交易所上市的基金，不管是封闭型基金，还是LOF基金，投资者均可开立专门的基金账户进行基金的买卖，中介机构仅收取5元人民币的开户手续费。拥有股票账户的投资者可以直接进行基金的买卖。对基金的交易行为免征印花税，基金的交易佣金最高为0.25%。

（四）投资基金的投资要求与信息披露

为了避免投资基金利用资金优势操纵市场，引导基金分散投资降低风险，按照《中华人民共和国证券投资基金法》（以下简称《证券投资基金法》）的规定，我国投资基金应该主要投资于在国内依法公开发行上市的股票、政府债券、金融债券或企业债券等。开放型基金还可以将部分资产投资于商业票据和银行存款单等，以保证资产的流动性。为了贯彻分散化投资的原则，要求任何一只基金投资于股票、债券的比例，不得低于该基金资产总值的80%，持有一家上市公司的股票不得超过该基金资产净值的10%，投资于国债的比例不得低于该基金资产净值的一定比例等。禁止基金之间相互投资，限制同一家基金管理公司管理的多只基金之间的相互交易，禁止基金从事债券信用交易，禁止以基金资产进行房地产投资或开展抵押、担保、资金拆借、贷款等业务活动。为了防止内幕交易，任何一只投资基金不能买卖其基金管理人、托管人发行股票、债券，也不能买卖与其基金管理人、托管人有控股关系的股东或与其基金管理人、托管人有其他重大利害关系的公司发行的证券或者承销期内承销的证券。

为了提高投资基金的运作透明度，加强投资行为的监管，按照《证券投资基金法》的规定，投资基金的管理人、托管人及其他当事人必须依法披露基金信息并保证信息的真实性、准确性和完整性。公开披露的信息包括：基金招募说明书，基金合同，基金托管协议及募集情况，基金份额上市交易公告书，基金资产净值与单位净值、基金份额申购、赎回价格，基金资产的季度组合投资报告、财务会计报告、中期与年度基金报告、临时报告，基金份额持有人大会决议，基金管理人、托管人涉及基金业务有关部门的重大人事变动及法律诉讼等。在信息披露过程中，不得有虚假记载、误导性陈述或重大遗漏，不得对投资业绩进行预测、违规承诺收益或承担损失，也不得诋毁其他基金管理人、托管人或基金份额发售机构。为了保证信息披露的及时性，投资基金年度报告经注册会计师审计后，在投资基金会计年度结束后90日内公告。中期报告在投资基金会计年度前6个月结束后30日内公告。年度报告与中期报告必须按照中国证监会要求的形式进行披露，并反映基金在报告期间所有重大事项。

（五）投资基金的资产估值

投资基金的资产估值是指计算、评估基金资产和负债的价值，以确定基金资产净值和基金单位净值的过程，目的是客观、准确地反映基金资产在某一时点上的价值。经过估值后，先确定基金资产净值，再计算出基金单位净值，即为开放型基金申购与赎回提供价格依据，也是封闭型基金投资价值的真实体现。按照规定，基金管理人应当于每个交易日当天对基金资产进行计算，只有在下列特殊情况下才可暂时停止：基金投资所涉及的证券交易所遇法定节假日或因故停业时，开放型基金出现巨额赎回时，因不可抗拒的力量或其他情形致使基金管理人、托管人无法准确评估基金资产价值时。根据2001年财政部颁布的《证券投资基金会计核算办法》，投资基金在估值时应该遵循以下原则：（1）任何上市流通的有价证券，以估值日该有价证券在证券交易所挂牌的市价（平均价或收盘价）估值，估值日没有交易者，以最近交易日的市价估值；（2）未上市的股票，如果是配股和增发新股，按估值日在证券交易所挂牌的同一股票的市价估值，如果是公开发行的股票，按成本估值；（3）配股权证从配股除权日起到配股确认日止，按市价高于配股价的差额估值，如果市价低于配股价，则估值为0。如果有确切证据表明按上述方法估值不能客观反映基金的公允价值，基金管理人可根据具体情况，并与托管人协商后，按最能反映其公允价值的价格估值。

基金因各种原因（存续期满或其他特殊原因）不再经营运作，计划清算解散时，必须请清算小组对基金资产进行清算，清算结果应该报证监会批准并且公告。清算后的全部剩余资产，按基金持有人持有的基金单位占基金资产的比例，分配给基金持有人。

四、投资基金的收益分配与税收

投资基金的收益是指基金在投资营运过程中所产生的超过本金部分的价值，主要来源是投资于货币市场工具或持有现金的利息收入、作为上市公司的股东而获得的红利或股息收入以及因有价证券卖出价高于买入价而获得的价差收入等。基金当年获得的全部收益扣除有关的费用如基金管理费、设立时的开办费、基金托管费、注册会计师和律师的中介服务费等的余额被视为基金当年的净收益，净收益弥补以前年度亏损后的余额作为收益分配的基础。按照我国目前的规定，基金收益分配的比例不得低于基金当年净收益的90%，必须采取现金分配的形式，每年至少分配一次，每份基金单位享有同等分配权。但收益分配后基金单位净值不能低于面值，基金投资亏损，或当年虽有收益，而基金单位净值仍然低于面值者，不进行收益分配。

目前，我国对基金管理公司征收所得税和营业税。基金管理人运用基金买卖股票按照0.4‰的税率征收印花税。对个人投资者买卖基金获得的差价收入，暂不征收个人所得税，企业投资者买卖基金单位获得的差价收入并入企业所得税征收。投资者从基金分配中获得的利息、股息、红利由上市公司和发行债券的企业向基金派发股息红利时代扣代缴20%的个人所得税，基金向个人投资者分配股息红利时不再代扣代缴个人所得税。个人投资者从基金分配中获得的企业债券的差价收入，应该按税法规定征收个人所得税，由基金在分配时代扣代缴，企业从基金分配中获得的债券差价收入，暂不征收企业所得税。

第三节 股票

一、股票的定义与特点

（一）股票的定义

股票是股份有限公司发给股东证明其投资入股的凭证，股票持有人有权享受规定的权利，并承担相应的责任和风险，股票不能退股，但可转让流通。由于只有股份有限公司才能公开发行股票，故认识股票先要从了解股份有限公司开始。股份有限公司是把公司资产分成相等金额、集资合营的企业组织形式，股东对公司债务所承担的偿还责任，以所持有的股份为限，与自己的其他财产无关。股份有限公司是现代企业最常见的组织形式和产权制度，是股份制经济的标志性结果。股份制产生的根源是生产要素属于不同的经济主体，而在生产力不断发展和资本有机构成不断提高的情况下，单个经济主体所拥有的生产要素难以满足其经营活动的需要，各经济主体在共同利益的作用下，通过联合出资的方式将生产要素集中起来使用。最早的股份制公司是 1604 年产生于英国的莫斯科公司，该公司主要从事海外贸易业务。由于当时欧洲各国贸易竞争激烈，航海技术不发达，海外贸易不但要与天气、海盗做斗争，而且要遭遇殖民地人民的反抗，投资风险很大，莫斯科公司在此背景下应运而生。但当时还只是简单地面向特定对象集资合营，并没有相应的规章制度。真正意义上的股份有限公司是 1681 年英国的利凡特公司①，该公司首次以发行股票的方式公开募集资金，吸收了 242 名股东，股东把资金长期留在公司使用，公司每年根据经营情况进行利润分配。到 17 世纪末，英国已有约 100 家股份有限公司，在 18 世纪英国的工业革命中，股份制立下了汗马功劳，并使英国的经济在第二次世界大战前的若干年都远远领先于世界各国。因此，当其他国家发展本国经济时，股份制得到了广泛的重视和普遍的借鉴、推广与运用。

作为一种投资入股的凭证，股票具有一定的格式。从股票的发展历史看，最初的股票票面格式既不统一，也不规范，由各发行公司自行决定。随着股份制经济的发展和完善，许多国家对股票票面格式提出了要求。《中华人民共和国公司

① 有的翻译为土耳其公司。

法》规定：股票采用纸面形式或国务院证券监督管理机构规定的其他形式。股票应载明的事项主要有公司名称、公司成立的日期、股票种类、票面金额及代表的股份数、股票的编号。股票由法定代表人签名，公司盖章。发起人的股票应当标明“发起人股票”字样。随着电子交易系统的广泛使用，目前我国绝大多数股份有限公司的股票采用无纸化凭证形式，但还原成票面格式，也应符合上述要求。股票的制作和发行必须经国务院证券监督管理机构的核准，任何个人或者团体，不得擅自印制、发行股票。

（二）股票的特点

1. 收益性

收益性是指股票可以为持有人带来收益，这也是股份制之所以能够发展起来的最重要的原因。股票的收益来源可分成两类，一是来自于股份有限公司。认购股票后，投资者即对发行公司享有经济权益，这种经济权益的实现形式是从公司领取股息或红利。二是来自于股票流通。股票持有者可以持股票到依法设立的证券交易场所进行交易，当股票的市场价格高于买入价格时，卖出股票就可以赚取差价收益，这种差价收益称为资本利得。

2. 风险性

风险性是指持有股票可能产生经济利益损失的特性。股份有限公司发行股票是一种筹措自有资本的手段，对于认购股票的人来说，购买股票就是一种投资行为。股票风险的内涵是预期收益的不确定性。股票可能给它的持有者带来收益，但这种收益是不确定的。主要取决于公司的盈利情况，公司盈利能力强，投资者可以得到丰厚的回报，公司盈利能力差，投资者只能得到较少的回报，如果公司亏损，投资者将无利可分，并且有义务与其他股东一起共同献计献策寻找弥补亏损的可行性方案，如果公司破产，投资者以其认购的股份为限对公司承担责任，存在血本无归的可能。同时，股份有限公司通过发行股票筹措的资金，发行完毕即按规定用途投入到公司的生产循环周转中，而股票仍留在证券市场，独立于真实资本之外进行着独立的价值运动，是一种虚拟资本。股票的市场价格会随公司的盈利水平、市场利率、宏观经济状况、政治局势等各种因素的影响而变化，如果股价下跌，投资者会因股票贬值而蒙受损失。

3. 流动性

流动性是指股票可以在依法设立的证券交易所上市交易或在经批准设立的其他证券交易场所转让。股票作为一种所有权凭证，与它代表的财产权有不可分离的关系。行使股票所代表的权利，必须以持有股票为条件。股东权利的转让应与股票占有的转移同时进行，股票的转让就是股东权利的转让。股票持有人虽然不能直接从股份有限公司退股，但可以在股票流通市场上很方便地卖出股票来变现。流动性也是股票投资者“用脚投票”的现实途径，一旦投资者发现自己所持有的股票或业绩下降，或管理不规范，或信息披露虚假面临较大的风险时即可及时卖出，在规避投资风险的同时也可在一定程度上促使发行公司改善经营管理，提高业绩水平，从整个市场来看，可以引导资金流向，优化资源配置。

4. 无限期性

无限期性是指股票是一种没有确定投资期限的法律凭证。股票的有效期与股份有限公司的存续期限密切相关，只要发行公司存在，投资者就永远拥有对公司的权利。这种关系实质上反映了股东与股份公司之间比较稳定的经济联系。对于股份有限公司来说，通过发行股票募集到的资金，在公司存续期间是一笔稳定的自有资本，给公司利用这笔资本去争取尽可能高的收益提供了从容的时间和条件；对投资者而言，股票代表着股东的永久性投资，尽管股票持有者可以出售股票而转让其股东身份，但股票所代表的权利并未因转让而消失，只是由一个投资者转给了另一个投资者。

二、普通股

（一）普通股的特征

普通股是指投资者拥有对公司经营管理的一系列权利但是没有固定收益的股票，通过发行普通股所筹集的资金，成为股份有限公司注册资本的基础。按照《中华人民共和国公司法》规定，普通股股东可以用货币出资，也可以用实物、知识产权、土地使用权等可以用货币估价并可以依法转让的非货币财产作价出资。但是，法律、法规明确不得作为出资的财产除外。没有固定收益，即要求股东把自己的利益与公司的利益更加紧密地结合在一起，从关心自己的利益出发，推动公司改善经营管理。拥有一系列权利，又给股东直接或间接地参与公司经营管理创造了条件。一般而言，普通股股东的权利表现在以下几个方面：

1. 重大决策参与权

普通股股东可以通过参加股东大会的方式，以所持有股份的多少对公司重大事务行使表决权。股东大会是股份有限公司的权力机构，由全体普通股股东组成。股东大会依法行使以下职权：决定公司的经营方针和投资计划，选举和更换非由职工代表担任的董事、监事，决定有关董事、监事的报酬事项，审议批准董事会报告，审议批准监事会或监事报告，审议批准公司的年度财务预算方案、决算方案，审议批准公司的利润分配方案和弥补亏损方案，对公司增加或减少注册资本做出决议，对发行公司债券做出决议，对公司合并、分立、解散、清算或者变更公司形式做出决议，修改公司章程等。股东大会一般每一年或半年定期召开一次，当出现董事会认为必要或监事会提议召开等情形时，也可召开临时股东大会。股份有限公司召开股东大会，应当保证普通股股东享有出席会议的平等权利。股东会议由股东按出资比例行使表决权，但公司章程另有规定的除外。股东大会做出的决议必须经出席会议的股东所持表决权过半数通过。但是，涉及修改公司章程、增加或减少注册资本的决议，以及公司合并、分立、解散或者变更公司形式的决议，必须经出席会议的股东所持表决权的2/3以上通过。股东大会选举董事、监事，可以依照公司章程的规定或者股东大会的决议，实行累积投票制。累积投票制是指股东大会选举董事或者监事时每一股份拥有与应选董事或者监事人数相同的表决权，股东拥有的表决权可以集中使用。股东可以亲自出席股东大会，也可以委托代理人出席股东会议。代理人应当向公司提交股东授权委托书，并在授权范围内行使表决权。

2. 盈利分配权与剩余资产分配权

所谓盈利分配权，是指普通股股东有权按照实缴的出资比例参与公司利润的分配。为保证公司的稳健经营，普通股股东行使盈利分配权有一定的限制条件，许多国家在公司法或者其他法律中对股份有限公司红利的支付条件作了明确规定。一般要求只能用留存收益支付，红利的支付不能减少其注册资本，公司无力偿债时不能进行盈利分配。我国有关法律规定，公司缴纳所得税后的利润，在分配普通股股息前，应按如下顺序处理：弥补亏损，提取法定公积金，提取法定公益金，提取任意公积金。所谓资产分配权，是指普通股股东在股份有限公司解散清算时，有权要求取得公司的剩余资产。由于股份有限公司由全体股东出资设立，当公司不再经营时，股东当然有权收回自己的投资。普通股股东行使剩余资产分配权也有一定的先决条件，在公司解散清算时，其剩余资产的分配应按下列顺序进行：支付清算费用，支付公司员工工资和劳动保险费用，缴付所欠税款，清偿公司债务。在完成以上事项后如果还有剩余资产，再按照股东持股比例分配。

3. 优先认股权

优先认股权是指当股份有限公司为增加公司资本而决定增加发行新的股票时，原普通股股东享有按其持股比例、以低于市价的某一特定价格优先认购一定数量新发行股票的权利。赋予普通股股东这种权利，可以保证其在股份有限公司股本发生变动时自己原有的持股比例不受影响，对于希望维持对公司控制能力的大股东来说，这种权利十分重要。对于中小股东来说，也是保证其持股价值不受或少受损失的必要措施。因为当公司增资扩股后，如果其盈利短期内没有相应增加，公司的每股税后利润会因此而减少，原普通股股东以优惠价格优先购买一定数量的新股，可以从中得到补偿或取得收益。享有优先认股权的股东可以行使权利认购新发行的普通股以扩大持股数量或降低持股成本，也可将该权利以一定价格转让出去，从中获得一定的报酬。

除了以上权利外，《中华人民共和国公司法》规定，普通股股东还有权查阅公司章程、股东名册、公司债券存根、股东大会会议记录、董事会会议决议、监事会会议决议、财务会计报告，对公司的经营提出建议或者质询。当然普通股股东也需承担相应的义务，不得滥用股东权利损害公司或其他股东的利益，不得滥用公司法人独立地位和股东有限责任损害公司债权人的利益。普通股股东因滥用权利给公司或者其他股东造成损失的，应当依法承担赔偿责任。普通股股东滥用公司法人独立地位和股东有限责任逃避责任，严重损害公司债权人利益的，应当对公司债务承担连带责任。

（二）普通股的类型

普通股是最具投资价值也最需要投资技巧的股票。为了推动股份制的发展，给投资者改变投资方向提供必要的条件，普通股经过一定程序后均可上市流通，世界各大证券交易所交易的股票基本上都是普通股。也正因为如此，普通股流动性好，价格波动大，吸引了各种类型的投资者。社会保障基金要想取得高于市场利率的收益，精选有投资价值的普通股具有十分重要的现实意义。而对普通股的分类一般以市场表现为标准，包括蓝筹股、成长股、收益股、周期股、投机股等。

1. 蓝筹股

蓝筹股是指业绩优良、股价稳中趋升、在本行业内占据主要地位的大公司发行的股票。由于业绩优良，长期持有这种股票，投资者可以通过公司分红得到满意的回报。由于股价稳中趋升，投资者如果需要抽回资金或改变投资方向，也能在不承受损失甚至取得盈利的情况下转手卖出。也正因为如此，蓝筹股无疑是理想的投资对象，但对于任何一家公司所发行的股票来说，要长期保持蓝筹股的地位是非常困难的，不同的市场背景下也有着不同的蓝筹股。

2. 成长股

成长股是指具有成长潜力的公司所发行的股票。这种成长潜力主要表现在两个方面，一是行业方面的成长潜力，二是业绩方面的成长潜力。前者一般是新兴行业的公司，由于新兴行业刚刚开始发展，还有很大的市场空间，如果公司能够抓住商机，就能领先市场；后者可能是规模偏小或过去经营情况不太理想的公司，由于多种原因，销售收入、利润总额等迅速扩张。选择成长股比选择蓝筹股更加困难，不同的投资者对其成长性的认识时间是不一致的。如果投资者能在其股票价格较低时提前介入，即存在取得超额收益的可能。

3. 周期股

周期股是指生产经营情况与经济周期运行密切相关的公司所发行的股票。众所周知，许多国家的宏观经济都存在周期性的变化，并分为危机、停滞、复苏、繁荣四个阶段。判断一个国家经济发展处于什么阶段有很多观测指标，而固定资产投资规模最具权威性，因此，一些与固定资产投资相关性强的行业如建材、水泥、玻璃等公司所发行的股票被视为周期股。这种股票的特点是：公司利润在繁荣时期增多，股价上升；在经济危机时期减少甚至亏损，股价下跌。

4. 收益股

收益股是指不受或较少受经济周期影响的股票，主要是公用事业公司发行的股票。由于公用事业公司一般有着稳定的消费群体，经济繁荣时营业收入可能增加，经济衰退时也不至于减少太多，因此，其业绩相对稳定，股票价格波动小于整个市场或其他股票，是一种稳健的投资选择。

5. 投机股

投机股是指发行公司业绩差、股票价格波动大的股票。由于业绩差，理性的投资者应该避而远之，由于价格波动大，存在着若干次低买高卖的机会，对于敢于冒险的投资者来说有着不可抗拒的吸引力。但即使如此，也只是抱着投机的心理去短期参与。

三、优先股

（一）优先股的特点

优先股是指有固定收益但没有参与公司经营管理权利的股票。对股份有限公司而言，优先股的存在可以筹集长期稳定的公司股本，再加上股息率固定，可以减轻利润的分派负担并在一定程度上控制筹资成本。由于优先股股东没有表决权，可以避免公司经营决策权的改变和分散。对投资者而言，由于优先股股息收益稳定可靠，投资风险相对较小，不失为一种比较安全的投资选择，在国外为社会保障基金、商业性保险公司等稳健型机构投资者大量持有。

优先股的特点主要体现在以下几个方面：

1. 股息率固定

普通股的股息是不固定的，它取决于股份有限公司的经营状况和盈利水平。而优先股在发行之时就约定了固定的股息率，在正常情况下，只要公司经营状况和盈利水平没有出现太大的变化，公司都需要按照事先约定的标准向投资者支付股息。

2. 股息支付时间优先

由于优先股股息事先固定，不需要等公司年度经营结束，进行财务决算后再来讨论分配方案。许多优先股的发行公司在招股说明书中即确定了优先股股息分配的时间，大多在当年 12 月前后进行分配。而普通股则不同，按照我国目前的规定，股份有限公司应在每年 1 月 1 日起至 4 月 30 日止，公布上一年的财务报表，并由公司董事会提出分配预案，确定召开股东大会的时间，再由股东大会讨论确定是否分配以及分配方案。即使分配，普通股股息的到账时间也会大大晚于优先股。

3. 剩余资产分配顺序优先

如果股份有限公司解散或破产进行清算时，在对公司剩余资产的分配上，一般需要按照以下顺序进行：支付工资、缴纳税收、偿还债务、对优先股股东分配、再对普通股股东分配。优先股股东的分配顺序排在债权人之后、普通股股东之前。也就是说，优先股股东可以优先于普通股股东分配公司的剩余资产，尽管一般是按优先股的面值清偿，但从这个意义上来讲，优先股的投资风险小于普通股。

优先股的具体优先条件由各公司的公司章程加以规定。一般包括：优先股分配股息的顺序和时间，优先股分配公司剩余资产的顺序和标准，优先股股东的权利和义务，优先股股东转让股份的条件等。在通常情况下，股份有限公司在确定涉及优先股股东权益的议案时，也允许优先股股东参与表决，但对其行使表决权的条件一般都有限制性要求。

（二）优先股的类型

优先股一开始即是作为吸引投资的一项手段而产生的。不同的投资者侧重于不同的优先权利，从而产生了多种类型的优先股。有代表性的优先股有以下几种：

1. 累积优先股

所谓累积优先股，是指公司因受多种因素影响，无力发放或全额发放当年预定的股息时，可以累积到下一年。尽管优先股有固定的股息，但优先股毕竟是股票而非债券，公司如果经营效益不好，也是有权不发放股息的，这样对于投资者的吸引力肯定会下降从而影响其筹资效果。股份有限公司发行累积优先股的目的，主要是为了保障优先股股东的收益不致因为公司盈利状况的波动而受到损害。没有发放的股息可以累积起来，待以后年度一起支付，有利于保护优先股投资者的利益。例如，某股份有限公司规定其优先股年股息率为 5%，如果去年因利润减少只发放了 3%，而今年经营情况良好，则今年应该发给优先股股东的股息率是7%（5%+2%），这样两年平均下来，优先股股东仍得到了年股息率5%的回报。

2. 参与优先股

所谓参与优先股，是指股东除了按规定得到固定的股息外，还有权按一定比例与普通股股东一起参加公司盈利的分配。例如，某参与优先股固定的年股息率为3%，同时股东还可按20%的比例参与普通股股东分红。如果某公司今年效益很好，普通股分红比例为20%，则参与优先股的回报为固定股息率3%再加4%（20%×20%），两部分相加达7%，尽管比普通股20%的收益要少，但已远远高于固定的股息率。反过来，如果公司当年不对普通股股东分配，但参与优先股的投资者仍能得到3%的回报。这种股票特别适合那些既希望取得额外收益，又不愿意承担太大风险的投资者。

3. 可转换优先股

所谓可转换优先股，是指投资者在一定条件下可以按照公司规定的标准将优先股转换成其他种类的股票。在大多数情况下，可转换优先股的转换对象是普通股票。尽管可转换优先股可以给投资者提供固定的收益，投资风险不大，但也正因为如此，其价格波动小，对激进的投资者缺乏足够的吸引力。再加上优先股无权参与公司重大事务的决策，对希望通过大量持股而对公司经营产生影响的机构投资者也难以产生长期投资的兴趣。而可转换优先股则能较好地解决上述问题。总体而言，可转换优先股的设计思路与可转换债券类似，在实际市场运行中，其发行数量小于可转换债券。

4. 可赎回优先股

所谓可赎回优先股，是指股份有限公司承诺在发行后一定时期内，可按特定的价格由发行公司赎回。尽管股票从某种意义上说是无限期的，永久性的，但部分发行公司尤其是新设立的公司，在招股时为了增加对投资者的吸引力或者增强投资者的信心，在招股说明书中明确规定优先股的赎回条款，而且特定的价格往往高于股东的认购价，有利于扩大筹资规模或加快筹资进度。

5. 股息率可调整的优先股

所谓股息率可调整的优先股，是指股票发行后，股息率可以根据情况按规定标准给予调整。这种股票与一般优先股股息事先固定的特点不同，它的股息率是可变动的。股息率可调整的优先股最早产生于20世纪80年代的美国，当时美国经济处于滞胀的困境之中，许多股份有限公司原定的优先股股息率经常低于通货膨胀率，这既损害了原优先股股东的利益，又增加了新的优先股股票的发行难度，为了适应形势的需要，带有创新性质的股息率可调整的优先股应运而生。对于调整参照对象、调整幅度与调整频率等，发行公司需要在招股说明书中明确规定，以免产生歧义，增加操作难度。

四、我国对股票的分类

（一）按投资主体分，包括国家股、法人股、社会公众股

改革开放以后，我国在试点的基础上建立了具有中国特色的股票市场，也根据我国的具体情况，按投资主体的不同性质，将股票分为国家股、法人股和社会公众股三类。

1. 国家股

国家股是指以国有资产投入股份有限公司而形成的股份以及某些公司进行股份制改造时原国有资产折算成的股份。国有资产折价入股必须按国务院及国有资产管理部门的有关规定办理资产评估、确认、验证等手续。国家股从资金来源上看，主要有三个方面：一是原国有企业改组为股份有限公司时所拥有的净资产，二是由代表国家投资的政府部门向新组建的股份有限公司的投资，三是取得国家授权代表国家投资的经济实体向新组建的股份有限公司的投资。国家股由国务院授权的部门或机构持有，或根据国务院决定，由地方人民政府授权的部门或机构持有。国家股股息收入由国有资产管理部门监督收缴，依法纳入国有资产经营预算并根据国家有关规定安排使用。国有资产管理部门应考核、监督国有股持股单位权利的正确行使和义务的履行，维护国家作为投资者的合法权益。国家股可以转让，但转让应符合国家的有关规定。

2. 法人股

法人股是指企业法人或具有法人资格的事业单位和社会团体以其依法可支配的资产投入股份有限公司形成的股份，法人股以法人记名。如果是具有法人资格的国有企业、事业及其他单位以其依法占有的法人资产向独立于自己的股份有限公司出资形成或按照法定程序取得的股份，一般称为国有法人股，是国有股权的一部分。作为股份有限公司发起人的企业法人或具有法人资格的事业单位、社会团体，在认购法人股时，可以用货币出资，也可以用实物、工业产权、非专利技术、土地使用权等作价出资，但必须进行资产评估，不得高估或者低估作价。

3. 社会公众股

社会公众股是指社会公众依法以其拥有的财产投入公司时形成的可上市流通的股份。在社会募集方式下，股份有限公司发行的股票，除了由发起人认购一部分外，其余部分可以向社会公众公开招股。《中华人民共和国证券法》规定，社会募集公司申请股票上市的条件之一是：向社会公开发行的股份不低于公司股份

总数的25%，公司股本总额超过人民币4亿元的，向社会公开发行股份的比例不低于10%。

由于历史原因，长期以来，我国股票市场存在股权分置现象。除了社会公众股外，国家股、法人股不能在证券交易所上市流通。因此，前一类股票被称为流通股，后两类股票被称为非流通股，违背了股票同股同权同利的基本原则，也产生了一些深层次的市场问题。2005年4月29日，经国务院批准，中国证监会发布了《关于上市公司股权分置改革试点有关问题的通知》，启动了我国股权分置改革的试点工作。经过两批试点，在取得了一定经验的基础上，2005年8月23日，中国证监会、国务院国有资产监督管理委员会、财政部、中国人民银行、商务部联合发布了《关于上市公司股权分置改革的指导意见》，2005年9月4日，中国证监会发布了《上市公司股权分置改革管理办法》，全面铺开了我国股权分置改革的工作。改革目的是通过非流通股股东和流通股股东之间的利益平衡协商机制，消除不同投资主体股份转让的制度性差异，为国家股、法人股可上市交易作出制度安排。改革遵循公开、公平、公正的原则，由各方股东在平等协商、诚信互谅、自主决策的基础上进行。中国证监会依法对股权分置改革各方主体及其相关活动实行监督管理、组织指导。证券交易所根据中国证监会的授权和有关规定，对上市公司股权分置改革工作实施一线监管，协调指导，并为非流通股的可上市交易办理相关手续。公司股权分置改革的动议，原则上应当由全体非流通股股东一致同意提出，并委托公司董事会召集股东大会，审议公司股权分置改革方案。改革方案必须兼顾全体股东的即期利益和长远利益，有利于公司发展和市场稳定，并可根据公司实际情况，采用控股股东增持股份、上市公司回购股份、预设原非流通股股份实际出售的条件、预设回售价格、认沽权等具有可行性的股价稳定措施。相关股东大会投票表决改革方案，需经参加表决的股东所持表决权的2/3以上通过，并经参加表决的流通股股东所持表决权的2/3以上通过。改革后公司原非流通股股份的出售，应当遵守以下规定：自改革方案实施之日起，在12个月内不得上市交易或转让。持有上市公司股份总数50%以上的原非流通股股东在上述规定期满后，通过证券交易所挂牌交易出售原非流通股股份，出售数量占该公司股份总数的比例在12个月内不得超过5%，在24个月内不得超过10%。到2007年4月，股票分置改革已完成绝大部分工作，并造就了2006年波澜壮阔的股市行情，使包括社会保障基金在内的各类投资者获得了巨大的投资收益，并对我国以后的股票市场运行产生了长远的影响。

（二）按投资币种和范围分，包括A股、B股、H股、N股、S股等

1. A股

A股是指在上海证券交易所与深圳证券交易所用人民币买卖的股票，过去一般被称之为内资股。入世之后，我国逐步以“合格的境外金融机构投资者”（即QFII）的方式放开了外国资本进入中国股票市场的限制，因此，A股已经不是纯粹意义上的内资股了，但其用人民币交易的特征仍然没有发生变化。

2. B股

B股是以人民币标明面值，以外币认购、买卖，在上海与深圳证券交易所上市交易的股票，过去一般被称为外资股。随着我国外汇储备的增加，从2001年2月起，国家放开了对境内居民参与B股交易的限制，境内投资者逐渐成为B股市场重要的投资主体。境内居民个人可以用现汇存款和外币现钞存款以及从境外汇入的外汇资金从事B股交易，但不能使用外币现钞。境内居民个人与非居民之间不得进行B股协议转让，境内居民个人所购B股不得向境外转托管。经有关部门批准，B股或者其派生形式，如认股权凭证和境外存股凭证，可以在境外流通转让。公司向B股股东支付股息及其他款项，以人民币计价和公布，以外币支付。

3. H股、N股、S股

H股是指注册地在我国内地、上市地在香港的外资股。香港的英文是HONG KONG，取其字首，在香港上市的外资股就称为H股。依此类推，纽约的第一个英文字母是N，新加坡的第一个英文字母是S，则在纽约、新加坡上市的外资股分别称为N股与S股。在H股中，占重要地位的是红筹股。所谓红筹股，是指在中国境外注册、在香港上市但主要业务在中国内地或大部分股东权益来自中国内地的股票。早期的红筹股大多是一些中资公司收购香港中小型上市公司后重组而形成的，后来主要是内地一些省市或中央部委将其在香港的窗口公司改组并在香港上市后形成的。目前红筹股已经成为内地企业进入国际资本市场筹集资金的重要渠道。

第四节 其他投资对象

按照我国有关政策的规定，社会保障基金的投资对象包括银行存款、政府债券以及其他具有良好流动性的金融工具，如上市流通的投资基金、股票、信用等级在投资级以上的企业债券、金融债券等有价证券，以及经国务院、财政部、劳动和社会保障部批准的其他投资业务。债券、投资基金、股票已在前面有所涉及，根据国外社会保障基金的投资经验和我国的实际情况，下面就资产化证券、银行存款和部分贷款、产业投资进行简单的介绍。

一、资产化证券

资产化证券又叫资产证券化，是指运用一定的方法，把不能立即变现，但有稳定预期收益的资产经过一定的组合，配合以相应的抵押担保，将其转换为可以公开买卖的证券的过程。与传统融资方式相比，它具有以下特点：一是将多个原始权益人未来能产生现金流的资产清理、估算、重组，通过发行债券的方式售出以取得资金，增加资产的流动性和变现能力。二是投资者的风险取决于可预期的现金收入，而与原始权益人的经营状况无关。技术手段的采用还可有效地降低风险。三是不改变原始权益人的股本结构。可提高资产营运效率，增加融资渠道，并可保留资产的管理决策权。作为金融市场的前沿业务之一，资产证券化需要构造科学合理的交易结构，严谨有效的运作机制来保证融资成功，其整个业务流程如图 6—1 所示。

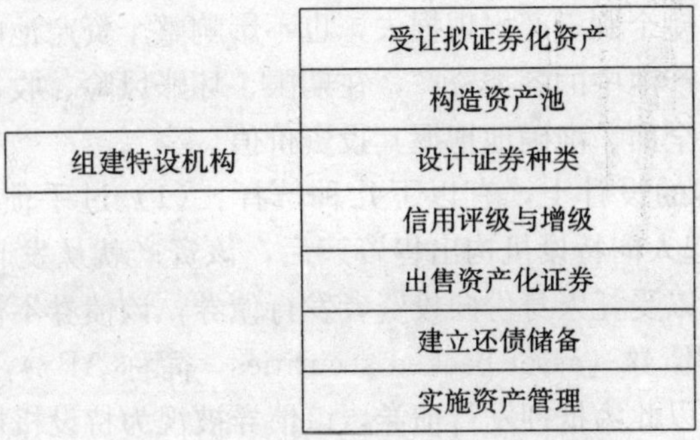

图 6—1　资产化证券的整个业务流程

（一）组建特设机构，受让拟证券化资产

特设机构又称 SPV，即 Special Purpose Vehicle 的简称。其主要职能是购买、包装、经营证券化资产。按国际惯例，SPV 可选择公司制、信托制和有限合伙三种形式。凡具有稳定现金流的企业、单位和政府部门均可作为 SPV 的发起人。SPV 设立的最初资本是支持债券发行的应收账款和融资费用与发债收入的差额。发起人可根据资金需求、资产质量和规模、资本市场状况等，界定用于证券化的资产和融资规模。SPV 一经成立，即可与原始权益人签订合同，将拟证券化资产转移到自己名下，目的在于确保万一原始权益发生破产，证券化了的资产不会被清算，从而保障投资者权益。为了降低资产证券化的风险，该机构的活动受到法律的严格约束，如不得破产或兼并重组，不得发生无关的负债或担

保，除证券化必须的业务外，不得从事其他经营活动等。

为了确保资产证券化业务具有良好的市场基础，SPV在受让拟证券化资产时，必须严格审核标准，要求作为证券化对象的资产至少应具备以下条件：(1)高稳定性，即具有较高的变现价值，能在未来产生可预测的稳定的现金流，且现金流入的期限易于把握；(2)低风险性，有持续一段时期的低违约率、低损失率的记录，原所有者已持有相当时间且具有一定的信用价值；(3)规范性，即具有标准化、高质量的合同条款，本息的偿还分摊于整个存续期间。拟证券化的资产一经确认，SPV即应与原始权益人签订合同，支付相应对价，以确定对资产“真实出售”的法律依据。

(二)构造资产池，设计证券化工具

构造资产池即把各类证券化资产对象按一定的标准，组合、打包，使之成为资产化证券的发行保证。由于拟证券化资产可能是银行贷款、应收账款等金融资产，也可能是土地、机器、存货等实物资产。因此，SPV在构造资产池时，应遵循两个原则：(1)分散原则，即在同一个资产池中的资产，尽可能做到规模小、数量有限，即使个别资产出现损失，也不影响整个资产池的质量。(2)相近原则，即同一个资产池中的各类资产，在期限、坏账风险、收益水平等方面大体相当，便于投资者全面、准确地把握其投资价值。

在证券化工具的设计上，有以下几种选择：(1)过手债券(pass-through securities)，即发起人向特设机构出售资产后，该资产就从发起人的资产负债表中移出。特设机构以受托人身份向投资者发行债券，该债券不被视为特设机构债务。(2)资产支持债券(asset-backed securities，简称ABS)，即特设机构将所购金融资产重组后以此为抵押发行债券，该债券被视为特设机构债务。(3)转付债券(pay-through securities)，兼有前两者的特点，与资产支持债券相似，被证券化资产应视为特设机构债务。与过手债券相似，需指定用这些资产所产生的现金流来还本付息。(4)抵押贷款责任债券(collateralized mortgage obligation，简称COM)，作为转付债券的衍生形式，它将债券设计成期限不同、还本付息各异的几个级别，各级别风险与收益均有较大差别。(5)剥离债券(STRIP)，即以同一个资产组合为抵押，发行两种不同利率的债券，其典型形式是同时出现的纯本金债券与纯利率债券。

(三)进行信用评级与增级，开展证券发售

信用评级即由专业性机构按照一定的标准，对资产证券化的信用等级作出评估。与一般评级不同的是，评级机构必须首先确认资产证券化方案中的交易结构，在法律上是否已将资产信用和原始权益人的信用隔离，然后再根据不同证券的特点考核其近期还本付息或履行合同的可能性。由于大多数证券化资产的信用和现金流特征与投资者的需求都存在一定差距。为尽可能扩大市场需求，降低发行成本，一般还需进行信用增级。信用增级包括内部增级和外部增级。内部增级即由发起人自己充当信用担保人。担保形式主要有超额抵押、设计优先次级债权结构、建立储备账户等。外部主要有由信用良好的银行开具函、保险公司提供保险及政府担保等。为保证信用评级的有效性，在资产证券化存续期间，评级公司还根据 SPV 的财务状况、风险因素等的变化适时调整。在此基础上，SPV 利用自己的网络，也可通过投资银行或其他中介机构，向投资者推介并售出资产化证券，收回资金。同时，组织发行完毕的证券到相关市场挂牌交易，为投资者提供必要的流动性便利。

（四）建立还债储备（debt service reserve），实施资产管理

建立还债储备是保证 SPV 持续经营的重要条件。还债储备的资金来源有两个：（1）直接从发债收入中提取，数量约为此发行总额每半年的平均付息额。（2）视 SPV 的营运情况，在债券还本期开始前一年起，逐次将资金划入还债储备，还债储备实行独立账户管理，即还债基金账户（sinking fund）。在资产化证券存续期间，受托人可使用账户上的存款进行流动性强、低风险性的投资，以保证到期还本付息。为进一步规避还款风险，SPV 还需与担保人签订还债支持协议，保证一旦 SPV 发生还款风险，担保机构能够有效地承担相关责任。另外，在实施资产管理的过程中，SPV 还负有维护资产池、分配现金流、保持证券流动性等义务。对于滚动方式运作的资产池，SPV 还应通过良好的业务经营，提供源源不断的资产，维持资产池的规模。

由于有实物资产抵押，资产化证券的风险低，收益相对较高，能够符合社会保障基金的投资要求。2005 年 3 月，中国人民银行宣布在我国启动资产证券化业务试点，国家开发银行和中国建设银行成为首批试点单位，2005 年 12 月 12 日，国家开发银行的首期信贷资产支持证券产品开始在银行间债券市场发行，这只开创中国资产证券化先河的证券被命名为“开元”。2005 年 12 月 15 日，中国建设银行的首期住房抵押证券化产品上市发行，总额超过 30 亿元。随着这项业务的推开，会给社会保障基金提供更多的选择余地。

二、银行存款与部分贷款

（一）银行存款

对社会保障基金而言，银行存款是一种最简单的投资，而且一般认为这种投资是无风险的。不过也正因为如此，这种投资的收益率比较低。银行活期存款可

随时提取，定期存款在有特殊需要时，只要损失一定的利息也可提前变现，几乎具有完全的资产流动性，社会保障基金可以灵活地选择各种期限的存款方式。为了体现对社会保障事业的支持，国家规定对存入银行的社会保障基金给予优惠利率。特别是在通货膨胀水平比较高的时候，选择带有保值功能的浮动利率存款方式，还可在抵补通货膨胀损失的同时取得满意的收益。需要指出的是，尽管把社会保障基金存入银行，操作程序简单，但要准确预测一段时期内社会保障基金的收支情况，尽可能避免提前变现而产生的利息损失以及回避由于利率变动的风险，也是需要运用专业知识进行周密策划的。

（二）贷款

在我国，社会保障基金能否经营贷款业务没有明确规定，但通过银行以抵押或信托方式间接参与贷款在其他国家已有现实的范例。例如，众多拉美国家就把社会保障基金与住房信贷政策结合起来，由基金向符合条件的家庭或个人提供住房抵押贷款。一方面中低阶层通过向社会保障储备基金借贷取得了自己的住房，另一方面由于社会保障储备基金在贷出款项的同时取得了相关住房的抵押权，所以，这种贷款违约风险较小，还可按照市场利率取得收益。另外，信托贷款是在社会保障储备基金选定项目的情况下，委托银行放贷，收益归社会保障基金，银行获取一定的手续费。目前我国相当一部分国有企业经济效益不佳，而民营企业总体上尚未达到一定的规模和质量，再加上市场秩序不规范，诚信意识相对较差，社会保障基金不宜以企业作为信托贷款的选择对象，而适度参与某些战略物资如石油、棉花、粮食等的专项储备贷款，客观上具有一定的可行性。

三、产业投资

产业投资是指对具有前途的产业部门进行投资，从而形成真实资产的存量增加。这种投资方式在我国经济快速发展的黄金时期尤具增值潜力，是资本积聚速度较快的投资方式。

社会保障基金进行产业投资需注意产业定位。投资方向以国家的产业政策为主导，主要投资与技术含量高、产业回报率较好、继续发展和有市场潜力的产业，追逐其中市场潜力大、产业关联度高、经济效益好、有助于形成新的经济增长点的项目。可以科技为主导，投资于处在初创期和发展期的高科技企业，如通信、计算机、生物、医药等领域。期限上应侧重中长期投资。近年来，我国一些营利性基础设施运作良好，回报稳定。在国际上，也有一些发展中国家通过政府行政手段让社会保障基金优先进入重大基础设施项目投资的先例。因此，在我国，各地的电力、铁路、干线公路项目可以纳入社会保障基金未来的投资视野。

另外，从全国范围看，房地产尤其是经济适用房建设还有很大的潜力可挖。一般而言，住房需求取决于一国或地区的人口数量和结构、经济发展速度和人均可支配收入。目前我国贫富差距偏大，占人口绝大多数的中低阶层收入增长有限，他们对住房的需求不仅取决于质量，更取决于价格。而许多地方高档住房价格昂贵，空置严重，经济适用房供不应求，社会保障基金在周密测算成本、收益的基础上，通过适当的参与方式也可找到可行性的运作空间。

【本章小结】

1. 按照政策规定，我国社会保障基金的投资对象包括银行存款、政府债券以及其他具有良好流动性的金融工具，如上市流通的投资基金、股票、信用等级在投资级以上的企业债券、金融债券等有价证券，以及经国务院、财政部、劳动和社会保障部批准的其他投资业务。

2. 债券是表明债权债务关系的书面凭证。按发行主体分，债券分为政府债券、公司债券与国际债券。

3. 投资基金是公共投资的集合体，它由专门的基金公司进行管理与投资，投资收益缴纳税收和提取服务费用外，其余均归基金投资者分享。

4. 股票是股份有限公司发给股东证明其投资入股的凭证，股票持有人有权享受规定的权利，并承担相应的责任和风险，股票不能退股，但可转让流通。根据股票的不同性质，股票分为普通股与优先股两种。

5. 资产化证券，由于有实物资产抵押，风险低，收益相对较高。银行存款、部分贷款业务与产业投资等也可以作为社会保障基金的投资对象。

【关键概念】

债券　凭证式债券　记账式债券　零息债券　政府债券　公司债券
国际债券　抵押公司债券　担保公司债券　承担公司债券
收益公司债券　可转换公司债券　龙债券　欧洲债券　投资基金
公司型基金　契约型基金　开放式基金　封闭式基金　成长型基金
收益型基金　平衡型基金　股票　普通股　优先股　蓝筹股
成长股　收益股　周期股　投机股

【复习思考题】

1. 一张完整的债券一般应包含哪些票面要素？

2. 如何理解债券流动性的特点？

3. 凭证式债券与记账式债券有何区别？
4. 政府债券有哪些发行方式？
5. 在我国，企业发行债券应该具备哪些条件？
6. 公司型基金和契约型基金有何区别？
7. 开放式基金和封闭式基金有何区别？
8. 成长型基金、收益型基金和平衡型基金各有什么特点？
9. 我国对投资基金的投资原则有哪些要求？
10. 如何理解股票的特点？
11. 普通股股东具有哪些权利？
12. 不同市场表现的普通股各有什么特点？
13. 优先股根据优先权利的不同包括哪些类型？
14. 我国对于股票是如何分类的？分类结果有哪些？
15. 我国股权分置改革的基本思路是什么？将会产生哪些市场影响？
16. 简述资产化证券的业务流程。

【应用案例】

我国可转换公司债券发展的历史回顾与现实状况

1991 年，海南省琼能源股份有限公司发行了可转换债券，这是我国境内最早出现的可转换债券。1997 年 3 月，《可转换公司债券管理暂行办法》出台，南宁可转换债券、丝绸可转换债券、茂炼可转换债券、机场可转换债券等先后发行。这些可转换债券中，除茂炼可转换债券因特殊情况被赎回外，其余几只可转换债券大部分都已成功转换成了股票。不过由于当时企业融资观念以股权融资为主导，加上债券的发行程序、条款设计方面都存在不足，所以，可转换债券迟迟打不开局面。

鉴于可转换债券的种种问题，2001 年 4 月，中国证监会发布了《上市公司发行可转换公司债券实施办法》。而上市公司希望通过可转换债券融资的愿望也不断增强，仅 2001 年就有 60 多家上市公司公布了发行可转换债券的计划，拟融资的规模在 400～500 亿元之间，可转换债券市场的扩容高潮大有一触即发之势。面对管理层和上市公司对可转换债券的热情，可转换债券市场的发展并不尽如人愿，甚至还遭遇到投资者的冷遇。阳光可转换债券在 2001 年 4 月份发行时超额认购倍数还高达 13.9 倍，其后万科可转换债券的超额认购倍数就降到了 2.65

倍，水运可转换债券再减为1.26倍，直到丝绸可转换债券第2期在采用了回拨机制后，主承销商仍然包销了2.18亿元的余额，而后燕京可转换债券同样出现了主承销商包销的尴尬局面。从超额认购倍数高达十几种到余额包销，整个历程不到半年。

2002年，可转换债券除了在一级市场上遭受冷遇外，在二级市场上的表现也让投资者大跌眼镜。新发行可转换债券交易价格除了阳光可转换债券以101.40元开盘、万科可转换债券有一定涨幅外，其他新券纷纷以跌破发行价直接登场。2002年秋天，通程控股、彩虹股份等宣布放弃发行可转换债券，威孚高科将发行可转换债券变更为发行普通公司债或者利用国债融资，浪潮信息等公司公告放弃可转换债券发行改为配股。

可转换债券的尴尬终于引起了一些优秀上市公司的深思，为了在股票市场低迷时能够通过可转换债券的发行成功筹资，2003年，许多拟发行可转换债券的上市公司与主承销商采取了包括降低转换价格的溢价率，缩短转股期限，提高可转换债券利率，附加有利的修正、回售条款，提高补偿利率等措施，正是这些条款的修改提高了可转换债券的投资价值，得到了越来越多的投资者尤其是机构投资者的认可。在众多修改可转换债券方案的案例中最为引人注目的就是雅戈尔的创新性方案和新钢钒的开拓性方案。

一、雅戈尔的创新性方案

2002年10月，雅戈尔作为一家拟发行可转换债券的上市公司，适时率先修正了其可转换债券发行条款，使拟发行的雅戈尔可转换债券的债券价值和转股期权价值大幅度提高，具有较高的投资价值。

以往发行的可转换债券，基本上都采用固定利率来确定可转换债券的票面利率，例如燕京啤酒发行总量7亿元、期限5年的可转换债券，其票面利率定为年利率1.2%。雅戈尔则采用浮动的递增利率来取代固定利率，从而使可转换债券的票面利率具有一定的弹性。根据“累进递增”条款，第一年定为1%，第二年定为1.8%，第三年定为2.5%。为什么雅戈尔要修改公司发行可转换债券中的利率条款呢？除了适应可转换债券偏弱的市场走势之外，利率水平的历史低位也是引起考虑的重要因素。未来利率稳定及小幅回升的预期，使得原来采用固定票面利率的可转换债券面临可预期的利率风险，这无疑也会降低可转换债券的市场吸引力。而采用浮动的递增利率取代固定利率来确定可转换债券的票面利率，显然有利于降低投资风险。这一小小的变化是上市公司适时顺应市场变化的一大进步。

雅戈尔还提出，在公司可转换债券发行6个月到36个月的期限内，如果股价连续15个交易日低于当期转股价的85%时，可转换债券持有人有权将全部或部分可转换债券以面值107%（含当期利息）回售给公司，而修改前的条款是按102%的价格回售给公司。这是在股市低迷的环境下，通过适当放宽转股条件以增强投资者持券信心的一个必要措施。我国《可转换公司债券管理暂行办法》第17条规定："上市公司发行可转换公司债券的，以发行可转换公司债券前1个月股票的平均价格为基准，上浮一定幅度作为转股价格。"由于2002年我国股票市场持续走低，随着大盘价值重心的下移，初始转股价与正股价的差距拉大，在一定程度上降低了已上市可转换债券的转股期权价值，影响可转换债券在二级市场的表现。相比较而言，雅戈尔可转换债券的初始转股价格降低了溢价幅度，缩小了与正股价的差距，同时也降低了转股市盈率。

此外，雅戈尔还通过向下修正条款提升了其可转换债券看涨期权的价值。向下修正条款是可转换债券发行公司的正股价由于证券市场系统性风险等原因出现大幅下调的情况下通过调低转股价格来保护债券持有人利益的应急条款。在现行有关规范可转换债券的法规中，没有对可转换债券条款中转股价特别是向下修正条款约定的制约，公司可以自由约定。与其他已上市可转换债券条款相比，雅戈尔可转换债券的修正可能性较大，而修正幅度限制较小，修正次数不受限制，具有一定的可操作性。

二、新钢钒的开拓性方案

新钢钒可转换债券于2002年11月7日公布调整发行方案，并于次年1月22日发行。其递增利率、利息补偿、转股价强制修正等条款的推出，使可转换债券发行出现了重大创新和突破。

新钢钒此次发行的可转换债券期限设定为5年，转股时间为可转换债券发行后6个月，即2003年7月22日起至可转换债券到期日2008年1月22日。新钢钒可转换债券票面年利率采用了递增方式：第一年为1.5%，第二年为1.8%，第三年为2.1%，第四年为2.4%，第五年为2.7%。此外，利息补偿条款明确：在公司可转换债券到期日之后的5个工作日内，公司除支付第五年利息外，还将按每年2.7%的利率，补偿支付到期未转股的可转换债券持有人的相应利息。

新钢钒可转换债券的初始转股价格为5.80元，是根据募集说明书公布日前30个交易日公司股票的平均收盘价格为基础上浮0.2%而确定的。据悉，这样的转股溢价比例较已发行的可转换债券低了很多。更重要的是，新钢钒可转换债券转股价强制修正的条款还规定，如果股价连续30个交易日内有20个交易日收盘低于当期转股价的90%，董事会必须对转股价进行修正，且修正幅度不得低于10%。

根据此次发行的一般性回售条款规定，在新钢钒可转换债券存续期内的最后12个月内，可转换债券持有人有权将其持有的全部或部分可转换债券以面值103%（含当期利息）的价格回售予公司。这项无条件回售条款的设定，也是新钢钒可转换债券的一大特色。

从雅戈尔宣布可转换债券发行条款修订，到新钢钒作为第一只修改募集条款后的可转换债券发行，可转换债券发行出现了明显有利于持有人的趋势。2003年全国共有16家公司发行了185.5亿元人民币的可转换债券，为2002年5家公司41.5亿元发行额的4倍多。2004年共12家公司发行了209.03亿元的可转换债券，尤其是进入2004年第4季度，可转换债券的规模出现了爆发性增长，同比增幅达48.13%，累计存量超过334.92亿元。

三、华菱可转换债券回售风波

进入2005年后，由于中国证券市场经历了长达4年的单边下跌，沪深两市跌幅最高超过了50%，有相当一部分上市公司的股票价格了跌破净资产。据统计，截至2005年6月30日，沪深两市29只可转换债券中有24只的正股价在转股价下方运行，占可转换债券总量的82.8%，有7只可转换债券正股价已跌破净资产，占24.1%，有4只可转换债券转股价低于或等于每股净资产，占13.79%。另据股权分置改革有关文件的规定“股权分置改革方案实施的股权登记日后的第一个交易日，证券交易所不计算股票的除权参考价，不设涨跌幅度限制”。但根据已实施股权分置改革上市公司的股票开盘情况，其股价都有一个自然除权的过程，而所有发行可转换债券的上市公司在其发行时也未预料到解决非流通股流通问题会是以送股方式进行，在其可转换债券募集说明书中均没有此类情况的转股价格调整约定。也就是说在实施股权分置改革时，其转股价不进行调整。因此，随着股权分置改革的推进，可转换债券的潜在风险逐渐暴露了出来。

2005年5月18日，华菱管线股份有限公司发布公告称：“因股票连续5个交易日收盘价低于当期转股价的95%，公司董事会决定，将公司转股价格从5.01元修正为4.50元，此次转股价格的股权登记日为5月18日，当日公司可转换债券转股停止1天，5月19日开始恢复转股并执行修正后的转股价。”随后就有5家持有华菱可转换债券的机构联合要求华菱管线公司按照约定条款对可转换债券进行回售，由此引爆了华菱可转换债券回售风波。根据华菱可转换债券的回售条款规定：“在可转换债券转股期内，如果股票收盘价连续15个交易日低于当期转股价格的85%时，可转换债券持有人有权将持有的全部或部分可转换债券以面值107%的价格回售予公司。”华菱可转换债券修正转股价的公告正是在其股价满足回售条件的最后一个交易日发出的，当日停止转股一天，正股继续交易。双方争论的焦点是停止转股一天的5月18日是否属于连续15个交易日内。在《可转换公司债券管理暂行办法》《上市公司发行可转换公司债券实施办法》中只规定了可转换债券发行人和持有人每年分别有一次赎回权和回售权，对回售期的长短没有明确规定。

此次华菱可转换债券回售风波中虽然华菱管线并非恶意修正转股价，但其转股价向下修正条款规定："当公司A股股票在可转换债券转股期内连续5个交易日收盘价的算术平均值低于当期转股价格的95%时，公司董事会有权向下修正转股价格，但修正后的转股价格不低于关于修正转股价格的董事会召开前5个交易日公司A股股票收盘价格的算术平均值"。从中不难看出，一是没有对转股价的修正次数做出限制，二是没有对转股价的最低限做出限制。这就存在一年内多次修正转股价和转股价低于每股净资产的可能。多次修正转股价虽然规避了回售风险，但损害了可转换债券持有人的利益。而将转股价修正到每股净资产之下又侵害了公司股东的权益，使投资者和发行公司都将面临较大的风险。

2006年中旬以来，随着股权分置改革的深入，再融资重新启动，可转换债券又出现了新的品种。2006年5月27日，新钢钒股份有限公司宣布将原可转换债券方案调整为分离交易的可转换公司债券发行方案。发行规模为人民币32亿元，每张债券的认购人可以无偿获得公司派发的不超过25份的认股权证。分离交易可转换债券本质上是附设认股权证的企业债券，即上市公司以较低利率发行债券，并附送若干公司认股权证以弥补低利率，待上市后，债券和权证分开交易，权证行权价格不低于发行时的股价。较之增发、配股等传统股权融资方式，对老股东更有利。基于这些因素，发行分离交易可转换债券有更为严格的条件。与普通可转换债券相比，分离交易可转换债券的权、债在上市后分开交易，因此，其定价比普通可转换债券更为直观。

近年来，随着股权分置改革的基本完成，可转换债券市场再度活跃。由于以可转换债券方式进行再融资，可以延缓股本扩张对业绩的稀释，而且发行条件相对宽松，可以预期这种融资方式仍将获得很多上市公司的青睐。

第七章

我国社会保障基金的投资策略

学习目标

本章的主要内容有：均值方差模型的基本观点，单指数模型与多指数模型的联系与区别，资本资产定价模型，资本资产套利模型；江恩理论的具体内容，波浪理论的特点，道式理论，对称理论与随机漫步理论；价格指标，成交量指标，心理指标；组合投资中的资金分配技巧，投资时机的选择依据，经典组合投资方法。其中重点掌握的内容有：使用均值方差模型的假设条件，在单指数模型中β值的估计方法。江恩的周期循环理论，对称理论的结论。相对强弱指标的判断原则，ARBR 指标的判断原则。不变比例投资法与可变比例投资法，渔翁撒网法与反式渔翁撒网法。

第一节 组合投资理论

社会保障基金规模大，时间长，必须借助一定的组合技巧，通过多元化的投资来达到保值增值的目的。现代组合投资理论是研究在不确定结果的条件下，理性的投资者应该怎样作出最佳投资选择，把一定数量的资金按合适的比例，分散投放在许多种不同的资产上，以实现投资者效用最大化的目标。它最早是由美国著名经济学家马柯威茨（Harry Markowitz）于 1952 年系统提出来的，其基本思想是：证券组合的风险随着组合所包含的证券数量和种类的增加而降低，资产间关联性极低的多元化证券组合可以有效地降低非系统风险，因此，构建证券组合的主要目的是有效地降低风险，即在风险一定的条件下实现收益的最大化，或在收益一定的条件下，使风险达到最低。后经多名经济学家的完善，形成了包括均值方差模型、单指数模型、多指数模型、资本资产定价模型等一整套完整的理论体系，为社会保障基金的组合投资活动提供了有现实指导意义的理论依据。

一、均值方差模型

均值方差模型的主要内容是：在进行基本分析和技术分析的基础上选定投资对象，对投资对象的收益率、方差和协方差做出估计，确定构成有效边界的投资组合的组成部分和位置，找出最佳投资组合，即找出无差异曲线与有并行边界的切点。由于每个证券组合（或证券）在未来的收益率是不确定的，投资者不可能做出完全可靠的在未来获取最高收益的决策，而只能是在两个相互制约的目标之间寻求平衡。

假设某种证券在某一时期内的收益率为：

$$\text{收益率}=\frac{\text{期末值}-\text{期初值}}{\text{期初值}}\times 100\%$$

用公式表示为：

$$R_t=\frac{P_t-P_0}{P_0}\times 100\%$$

此处，P_t 既包括价格收入，也包括红利收入。如果一个投资组合中包含 N 种资产，每种资产已实现收益率分别记为：R_1，R_2，…，R_n，各证券的加权系数为：X_1，X_2，…，X_N，且 $\sum_{i=1}^{n}X_i=1$，$X_i\geqslant 0$，则投资组合 P 的收益率为：

$$R_p = X_1R_1 + X_2R_2 + \cdots + X_nR_n = \sum_{i=1}^{n} X_iR_i$$

显然，投资组合的收益率是各种金融资产收益率的加权平均值。

由于收益与投资之间存在时间上的滞后，投资者在进行决策时只能根据经验和所掌握的资料，来对未来的收益进行判断和预测，形成预期收益。假定某证券在 t 时刻的价格 P_t 以及在时间段［0，t］内的红利收入 D_t 为随机变量，因此，证券投资的未来收益率 R_t 亦为随机变量。用 R_1，R_2，…，R_n 来描述各种收益率出现的可能性，则证券未来收益率的概率分布见表 7—1。

表 7—1　　证券未来收益率的概率分布

收益率 R	R_1	R_2	…	R_n
概率 P	P_1	P_2	…	P_n

根据概率论中求数学期望的公式，可得该投资组合的期望收益率：

$$E(R) = R_1P_1 + R_2P_2 + \cdots + R_nP_n = \sum_{i=1}^{n} R_iP_i$$

例如，假定某投资组合包括招商银行与中国联通两只股票，投资比例分别为 40%与 60%，年期望收益率分别为 15%和 10%，则该组合的期望收益率 $E(R)$ 为：

$$E(R)=x_1E(R_1)+x_2E(R_2)$$
$$=40\%\times0.15+60\%\times0.1=12\%$$

人们在进行投资决策时，有必要对风险作出合理的度量，在现代投资组合理论中，经常用标准差（或方差）来度量风险，假定某证券未来收益率 R 的概率分布如上表，则其标准差 $\alpha^2(R)$ 为：

$$\alpha^2(R) = [R_1 - E(R)]^2P_1 + [R_2 - E(R)]^2P_2 + \cdots + [R_n - E(R)]^2P_n$$
$$= \sum_{i=1}^{n}[R_i - E(R)]^2P_i$$

从现实情况看，不同证券之间往往具有相互关联性。例如，一种股票价格的上涨往往伴随着另一种股票价格的上涨或下跌。用来衡量两种特定证券间的关联程度的指标是协方差。假定有 N 种证券，第 i，j 个证券的收益率为随机变量 R_i 与 R_j，数学期望值分别为 $\overline{R}_i$ 与 $\overline{R}_j$，标准差分别为 α_i 与 α_j，那么，证券 I 与 j 证券之间的协方差 α_{ij} 为：

$$\alpha_{ij} = [(R_i - \overline{R}_i)(R_j - \overline{R}_j)]$$

协方差反映两种证券协同变化的数量，其绝对值依赖于每个证券收益与自身期望收益的偏离程度。$\alpha_{ij}>0$ 时，表明这两种证券的收益率同向变动。$\alpha_{ij}<0$ 时，表明这两种证券的收益率反向变动。$\alpha_{ij}=0$ 时，这两种证券的收益率没有关系，两者没有协同变化的趋向。当 $i=j$ 时，协方差实际上就是方差。

在投资活动中，假定收益率的分布不随时间推移而变化，实际收益率的变化来自于同一分布的不同表现。这样，就可以使用历史数据来估计协方差，即用样本协方差来代替协方差，样本协方差的计算公式是：

$$\alpha_{ij}=\frac{1}{n}\sum_{k=1}^{n}(R_{ik}-\overline{R}_i)(R_{jk}-\overline{R}_j)$$

标准化后的协方差，称为相关系数。假定证券 I 与 j 之间的相关系数为 ρ_{ij}，则：

$$\rho_{ij}=\alpha_{ij}/\alpha_i\alpha_j$$

ρ_{ij} 取值在$+1$与-1之间。如果 $\rho_{ij}=1$，表明 I，j 两种证券的收益率完全相关，等于$+1$则是完全正相关，-1则是完全负相关。如果 $\rho_{ij}<1$，则不完全相关，$\rho_{ij}=0$，则没有相关关系。

马柯威茨在以上分析的基础上，提出了以下假设：其一，市场是有效的，每个投资者都掌握了充分信息，了解每种证券的期望收益率及其方差；其二，各种证券收益率之间是相关的，其相关程度可用相关系数及协方差来表示。投资者是风险规避型的，投资目的是在既定风险水平上使收益最大或在既定收益水平上使风险最小；其三，投资者以期望收益率的高低及标准差的大小作为选择投资方案的依据。如果风险高，则要求额外的收益作为补偿，即期望收益率与风险程度正相关。在此基础上，马柯威茨认为，投资即是一个寻求有效组合的过程，而有效边界就是由所有有效组合在风险与收益平面上所形成的曲线，如图 7—1 所示。

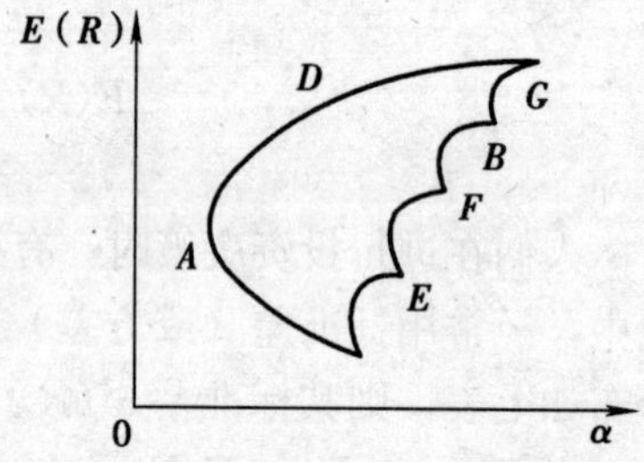

图 7—1　有效组合与有效边界

在图 7—1 中，横轴 α 为标准差，纵轴 $E(R)$ 为期望收益率，A 是最小方差组合，曲线 ADG 代表有效边界，它由所有满足有效边界假设的证券组合连接而成。把在各种风险水平上收益最大，以及在期望收益率水平上风险最小的证券挑选出来，即可得到最佳投资组合。

二、单指数模型

在均值方差模型中，有关标准差、协方差的计算过于复杂，在处理含有大量证券的投资组合中难以操作，威廉·夏普的单指数模型即弥补了这一缺陷。夏普发现了经济周期、市场利率、通货膨胀、技术更新、生产成本等因素的变化，会对几乎所有的公司都产生影响，而且影响方向相同，只是程度不一。因此，夏普将存在于公司之外对所有公司都产生影响的因素看成一个整体，除此之外影响股票价格变动的就是公司自身内部的因素。投资风险只包括宏观因素带来的系统性风险和企业特定因素带来的非系统性风险。夏普的这一区分是理论上的创新，大大减少了选择资产组合时需要估计的工作量。假定 R_i 代表第 i 种证券的收益率，R_m 代表股票价格指数的收益率，a_i 代表证券收益中独立于市场的部分，β_i 代表证券收益率对股票价格指数的敏感程度，e_i 代表随机扰动因素，也就是非预期的公司特有时间的影响。则有：

$$R_i=a_i+\beta_i R_m+e_i$$

这就是单指数模型，它将证券收益分为两部分，一部分依赖市场，另一部分独立于市场。单指数模型有两个基本假设：其一，e_i 的均值为 0，$E(e_i)=0$，对于一切 $i\neq j$，e_i 与 e_j 不相关，即协方差 $E(e_ie_j)=0$。它意味着，各种证券有规则变动的唯一理由是它们与市场一起变动；其二，市场指数和独立的证券收益率不相关，即协方差

$$\text{cov}(e_i, R_m)=E[(e_i-0)(R_m-\overline{R}_m)]=0$$

在上述假设的基础上，证券收益的组合率为：

$$R_p=\sum_{i=1}^{n}x_iR_i=\sum_{i=1}^{n}x_i(a_i+\beta_iR_m+e_i)=a_p+\beta_pR_m+e_p$$

式中，a_p、β_p 与 e_p 分别为 a_i、β_i 与 e_i 的加权平均，因此，证券组合的预期收益率为：

$$\overline{R}_p=\sum_{i=1}^{n}x_i\overline{R}_i=\sum_{i=1}^{n}x_i(a_i+\beta_i\overline{R}_m)=a_p+\beta_pR_m$$

证券组合的方差为：

$$\begin{aligned}\alpha_p^2&=E[R_p-\overline{R}_p]^2=E[(a_p+\beta_pR_m+e_p)-(a_p+\beta_p\overline{R}_m)]^2\\&=\beta_p^2\alpha_m^2+\alpha_{ep}^2\end{aligned}$$

在单指数模型中，需要对 β 值进行估计。

1. 估计历史的 β 值，方法是利用一组反映个别证券事后的收益、市场指数收益率的 n 个历史数据，根据最小二乘法对下列时间序列进行回归，即可求出 β 值。

$$R_{it}=a_i+\beta_iR_{mt}+e_{it}$$

在上式中，R_{it} 表示证券 i 在第 t 期的收益率，R_{mt} 表示第 t 期市场指数的收益

率，a_i 是回归线的纵轴截距，β_i 是回归线的斜率，e_{it} 是剩余项。求出下式的偏导数，并令它们等于零，就能得到 β 系数的估计值。

$$Q=\sum_{i=1}^{n}[R_{it}-(a_i+\beta_i R_{mt})]^2$$

令 $\frac{\partial Q}{\partial a_i}=0$，$\frac{\partial Q}{\partial \beta_i}=0$，则：

$$\beta_i=\frac{\alpha_{im}}{\alpha_m^2}=\frac{\sum_{t=1}^{n}[(R_{it}-\overline{R}_i)(R_{mt}-\overline{R}_m)]}{\sum_{t=1}^{n}(R_{mt}-\overline{R}_m)^2}$$

2. 估计未来的 β 值，有以下方法可供选择。第一种方法是以最近一期的历史 β 值，作为未来一段时期内 β 值的预测值，即：$\beta_{i,t+1}=\overline{B}_{i,t}$。第二种方法是用自相关分析法，求相邻时期 β 值之间的关系，进而预测未来一个时期的 β 值，即：$\beta_{i,t+1}=a_i+b_i\bar{\beta}_{i,t}+e_i$。第三种方法是分析 β 值的变化趋势，预测未来一个时期的 β 值，即：$\bar{\beta}_{i,t}=f(t)$。第四种方法是考虑公司特征对 β 值的影响，如公司规模、盈利的稳定性、财务杠杆、资产流动性等。即：$\beta_t=a_0+a_1\beta_{t-1}+a_2S_{t-1}+a_3L_{t-1}+\cdots$

单指数模型把影响证券收益率的因素简化为一个，而在现实市场中，的确存在更多的因素对证券收益产生影响，用多指数模型来考察市场应该更为客观。假定证券收益率受到若干个因素 I_i，I_2，…，I_k 的影响，则证券收益率 R_i 对这 K 个指数的敏感性为：

$$R_i=a_i+b_{i1}I_1+\cdots+b_{ik}I_k+e_i$$

上式即多指数模型，式中：I_i，I_2，…，I_k 为 K 个指数，b_{i1}，b_{i2}，b_{ik} 为证券 I 对这 K 个指数的灵敏性，e_i 为证券 i 的剩余收益部分，是一个随机变量。

多指数模型的三个假设是：其一，e_i 的均值为 0，$E(e_i)=0$，对于一切 $i\neq j$，e_i 与 e_j 不相关，即协方差 $E(e_ie_j)=0$；其二，剩余收益 e_i 与指数 I_j 之间的协方差为：$E[e_i(I_j-\overline{I}_j)]=0$；其三，对于一切 $i\neq j$，指数 I_i 与指数 I_j 之间的协方差为：$E[(I_i-\overline{I}_i)(I_j-\overline{I}_j)]=0$。

根据上述假设条件，可以导出证券 i 的预期收益率 $E(R_i)$、证券 i 收益率的方差 α_i^2 和证券 I 与证券 j 之间的协方差 α_{ij}。

$$E(R_i)=E(a_i+b_{i1}I_1+\cdots+b_{ik}I_k)=a_i+b_{i1}E(I_1)+\cdots+b_{ik}E(I_{ik})$$

$$\alpha_i^2=E(R_i-\overline{R}_i)^2$$

$$\alpha_{ij}=E(R_i-\overline{R}_i)(R_j-\overline{R}_j)$$

运用上述方程，可以估计出投资对象的预期收益率、方差和协方差，从而推算出均值方差模型中的有效边界，然后给定无风险收益率，就能识别出切点证券组合，投资者以此为依据，可以制定最优投资组合方案。

三、资本资产定价模型

资本资产定价模型是威廉·夏普于 1964 年在其论文《资本资产价格：风险条件下的市场均衡理论》中提出来的。它包含以下基本假设：其一，投资者依赖考察一段时间内证券组合的预期收益和标准差来评价证券组合。当给定两个其他方面等同的证券组合时，投资者将选择具有较高收益率或者较小标准差的组合；其二，单一一种资产无限可分，投资者能按任意数量比例购买他所期望的资产，可以用同样的无风险利率贷出或借入货币，税收和交易成本不予考虑；其三，所有投资者具有齐次预期，他们对证券的预期收益率、标准差和协方差看法一致，可以免费和不断地获取有关信息。

根据上述假设条件，每一个投资者都将获得相同的切点证券组合以及同样的有效边界，最优风险资产组合完全由市场确定，与投资者的偏好无关。假定投资组合 M 不仅包括普通股票，而且还包括其他种类的投资，如债券、优先股票、不动产等。当市场达到均衡时，组合 M 就成为一个有效组合，所有有效组合均可视为无风险证券 R_f 与市场组合 M 的再组合，它是一条连接 R_f 与 M 的射线，这条射线被称为资本市场线，如图 7—2 所示。

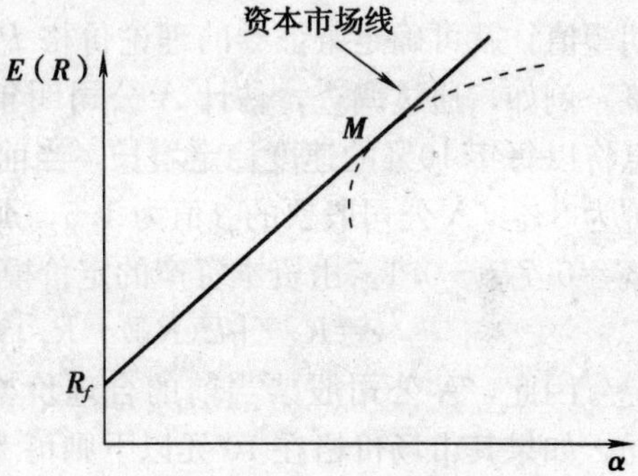

图 7—2 资本市场线

资本市场线揭示了有效组合的收益与风险之间的均衡关系，由于 R_f 与 M 点的坐标分别为（0，R_f），（α_m，$E(R_m)$），因此，资本市场线方程为：

$$E(R_p)=R_f+\left[\frac{E(R_m)-R_f}{\alpha_m}\right]\alpha_p$$

式中 $E(R_p)$，α_p——有效组合 P 的期望收益率和标准差；

$E(R_m)$，α_m——市场组合 M 的期望收益率和标准差；

R_f——无风险证券收益率。

由于市场组合 M 即最优投资组合，这样就引出了被动的但很效的指数化投资策略。一方面，按照市场组合比例来构筑有风险资产的组合，等于实现了风险的分散化；另一方面，按照投资者的风险偏好程度，将资金分别投入到风险各异的资产组合中去，能够反映市场总体价格水平的指数，如著名的标准普尔指数、日经 225 指数、英国金融时报指数、恒生指数，以及中国的上证综合指数、深证成分股指数等。以各类指数为基础开发的指数产品，往往可以用来作为有风险投资组合的替代品。这种指数化的投资策略，在西方国家被养老基金、共同基金等金融机构广泛采用，并被用做评估其他主动式投资策略绩效的依据。

在资本资产定价模型中，还有两个很有参考价值的指标。第一个指标是资产估值。根据证券投资收益率的计算公式：

$$R_t=\frac{D_t+P_t-P_0}{P_0}$$

资产的期望收益率为：$E(R_t)=\dfrac{E(P_t+D_t)-P_0}{P_0}$

整理上两式可得： $P_0=\dfrac{E(P_t+D_t)}{E(R_t)+1}$

因此，如果确定了期望收益率 $E(R_t)$ 与风险的关系以及未来价格和红利的期望值，就可确定某证券的理论价格 P_0，进而与其市场价格比较，作出投资决策。例如，通过调查，估计 A 公司明年每股股息可达 0.7 元，并且今后每股股息将以每年 10%的速度稳定增长，当前的无风险利率为 5%，市场组合的风险溢价为 8%，A 公司股票的 β 值为 1.5，那么，A 公司股票当前的合理价格 P_0 是：$P_0=0.7/k-0.1$。由资本资产的定价模型得：

$$k=R_f+[E(R_m)-R_f]\beta_p=5\%+8\%\times1.5=0.17$$

因此，A 公司股票当前的合理价格 $P_0=0.7/k-0.1=0.7/0.17-0.1=10$ 元，如果其市场价格在 10 元以下则可考虑买入。

第二个指标是 α 系数。许多投资者花费大量时间寻找不适当定价的证券，这样的证券有两种：一种是价格被低估的证券，这种证券的期望收益率高于它的可比证券的恰当的期望收益率，另一种证券是价格被高估的证券，如果使用资本资产定价模型，当市场处于均衡状态时，恰当的期望收益率为：$E(R_i)=R_f+[E(R_m)-R_f]\beta_i$，此时，反映证券期望收益率与其恰当的期望收益率之差就是 α 系数，它反映市场价格被误定的程度。假定证券 i 的期望收益率为：

$$\overline{R}_i=a_i+\beta_i E(R_m)$$

则证券 i 的 α 系数 α_i 为：

$$\alpha_i=[\alpha_i+\beta_i E(R_m)]-\{R_f+[E(R_m)-R_f]\beta_i\}=\alpha_i-R_f+\beta_i R_f$$

如果 $\alpha_i>0$，表明其市场价格被低估，有买入价值。如果 $\alpha_i<0$，表明其市场价值被高估，需要择机卖出以回避风险。

四、资本资产套利模型（APT）

资本资产套利模型由斯蒂芬·A·罗斯于1976年提出。套利是指利用同一资产如实物资产或证券在不同市场上存在的价格差异，通过低买高卖赚取利润的过程。其基本假设是：市场处于竞争均衡状态；投资者喜欢更多的财富而不是更少的财富；资产的回报率可用因素模型表示。套利定价理论要求证券的收益率同一组影响它的因素线性相关，假设证券收益率普遍受到若干个共同因素 F_1，F_2，…，F_k 的影响，用等式表达即：

$$R_i = a_i + b_{i1}F_1 + \cdots + b_{ik}F_k + e_i$$

上式中，a_i 表示所有因素都取零值时的证券 i 的期望收益率水平，b_{ik} 为证券 i 的收益率对第 k 个因素的敏感程度，e_i 为证券 i 的剩余收益部分，或随机误差项，它的均值等于零，方差等于 $E(e_i)^2 = \alpha_{e_i}^2$。因此，如果市场上存在着许多种各具特点的证券，那么，从理论上讲，就有可能产生各种投资组合。虽然投资组合的构成对象可以不同，但在均衡状态下，它们必须提供相同的预期收益率。否则，套利者就会抓住机会迅速采取行动，买进预期收益率较高的证券，卖出预期收益率较低的证券。套利活动会使前者的价格上升，从而导致相应证券组合的预期收益率降低。同样，套利活动也会使后者的价格下跌，导致相应证券组合的预期收益率上升。这样的变动将一直持续到两个证券组合的预期收益率相等为止。投资者将资金适当地分配于选定的投资对象，可以构成对每个因素具有任意灵敏度，并且非系统风险小到可以忽略不计的若干个投资组合。假定 R_f 为无风险借贷利率，λ 为增加每单位单位证券投资所带来的预期收益率增量，b 为证券种类。则对于任意一种证券组合，都有：

$$R_i = R_f + b_{i1}\lambda_1 + b_{i2}\lambda_2 + \cdots + b_{ik}\lambda_k$$

上式就是套利定价理论的资产定价公式，也是证券的均衡预期收益率。在套利定价理论模型中，无风险利率是重要的组成部分，在具有许多种投资对象可供选择的情况下，完全有可能建立一个充分分散化并且各种因素的灵敏度为零的投资组合。这种投资组合的收益率一定等于无风险收益率 R_f，这个结论是衡量其他预期收益率的基础。

自资本资产定价模型和套利模型问世后，众多业内人士依照不同方法、采用不同数据对其作了检验，产生了著名的三因素模型，即小盘股效应、价值型股票效应和价格反转现象，对构建投资组合也具有重要的指导意义。

小盘股效应的代表人物班日（Banz）于1981年发现，在相同 β 系数的情况下，较高总市值的股票的超额收益往往低于较低总市值的股票的收益。以后，这一效应被许多研究人员在不同的证券市场中得到了证实。价值型股票效应的代表人物法马（Fama）、弗朗兹（French）在1992年和1996年以及纳克里修（Lakonishok）、谢利弗（Shleifer）等在1994年研究发现，投资于价值型股票比投资于成长型股票能够取得更好的长期收益。法马于1997还采用美国、日本、法国等8个国家1975—1995年间证券市场的数据，检验并得出了几乎在全球范围内均存在价值型股票效应的结论。价格反转现象的代表人物德邦特（Debondt）和萨纳（Thaler）于1985年发现，在证券市场中，长期收益存在反转现象，用股票在过去3～5年的持有期收益排序构建组合，在过去平均收益高的所谓“赢家组合”在未来的长期收益较低，而过去平均收益低的“输家组合”在未来的平均收益较高。因此，对于任何类型的投资对象，都不能无限期持有。

第二节 股票投资理论

在社会保障基金的诸多投资对象中，由于股票价格受多种因素影响，会出现经常性的波动。了解股票价格的波动规律，准确把握其低买高卖的时机，是社会保障基金取得良好收益的重要途径。目前，股票已经成为一种大众化的投资工具，有关股票投资的理论也十分繁杂，此处选择一些市场影响比较大的理论加以介绍。

一、江恩理论

威廉·江恩是股票期货市场的传奇人物。他是20世纪初最伟大的市场炒家，他的市场分析方法是以数学及几何学作为理论并应用天文学的原理，总结出的一套独特的、完整的、独树一帜的测市方法。其准确度之高，令市场人士甚为推崇。1909年10月，美国一家杂志社对江恩进行实地访问，在杂志社人员的监督下，江恩在一个月的25个交易日中，共进行了286次买卖。其中264次获利，22次亏损，成功率竟达92.3%。更令人惊奇的是，江恩运用的资金在25个交易日增长了10倍，确实令人难以置信。在上述买卖中，平均每次买卖只相差20分钟，在其中一个交易日中，他进行16次买卖，其中8次均为当天波动的高点和低点。事实证明，江恩是一个出色炒家。

江恩用了10年研究自然定律与投资市场之间的关系，他认为自然定律是一切市场波动的基础。金融市场是根据波动法则运行的，这种法则一经掌握，分析者可以预测市场某特定时间的准确价位。每一种股票或期货都拥有一个独特的波动率，主宰该市场价位的涨跌。江恩理论主要包括周期循环理论、轮中之轮理论、波动法则、角度线与周年日现象、价位百分比法等。

（一）周期循环理论

江恩周期循环理论的时间架构是江恩交易年。所谓江恩交易年，即根据宇宙自然法则巧妙地建立起价格运动与时间的统一关系。是将一个圆形 360°划成 24 份，从而分别计算出中期循环。江恩以春分点作为分割的起点，春分点是太阳回归的时间，其分割的比率则将圆形一分为二、为三、为四、为八，在八的基础上又细分为 24 等份。将市场的重要低点、重要高点及市场的波动幅度化为时间单位，计算其八分一、四分一、三分一、二分一的时间幅度；此外，亦以一倍、两倍、三倍、四倍及八倍的时间幅度计算市场周期的转折点。从而得出周期运动的 10 个重要支持和阻力位，不论时间周期或价格波动循环皆在其中。江恩通过对市场的长期观察和研究，发现了期货、股票市场循环周期有长短之分。长期循环有 90 年、82 年、60 年、49 年、45 年、30 年、20 年；中期循环有 15 年、10 年、7 年、5 年、3 年、2 年、1 年；短期循环有 7 个月、105 天、90 天、45 天、21 天等。这些长短不等的循环周期之间存在着某种对应关系。

江恩周期循环理论的三个重要结论是：（1）市场常以 10 年为周期运行，10 年共 120 个月，在 120 个月的 1/815 个月，1/430 个月，1/340 个月，2/380 个月，2/460 个月，3/490 个月都会出现市场转折。例如，若一个 10 年循环以一个市场底部为起点，10 年后又将出现一个新的市场底部；如以一个市场顶部为起点，10 年后又将重现一个市场顶部。一般而言，10 年循环除了中间必要的调整，如此一个重要顶部起，3 年后出现一个顶部，再经过 3 年又出现一个顶部，再经过 4 年才出现 10 年循环的最后顶部。如果 10 年循环按照 5 年上升和 5 年下降规律运行，则 5 年升势中有 2 年上升，1 年下跌，2 年上升完成前 5 年循环；5 年跌势中有 2 年跌，1 年反弹，2 年下跌来完成后 5 年循环；（2）无论 7 天及其倍数，7 周及其倍数，7 月及其倍数，7 年及其倍数，乃至 77 周和 77 个月，诸如 14 年、21 年、28 年、42 年和 49 年，都是市场重要的转折点。在一个上扬行情中，一般在 14～21 天中出现调整趋势。在下跌行情中，14～21 天中也会出现反弹；（3）当市场上涨或下跌 30 天，甚至更长后，下一个需要留心头部和底部的时间周期大约是 6～7 周，这将是一个买卖点，需要根据这些阻力位设置止损操作，以保护投资。如果市场反弹或下跌 45～49 天以上，那么下一个时间周期大约是 60～65 天，这是熊市中反弹以及牛市中调整的最常见的平均时间。

（二）轮中之轮理论

轮中之轮是指一个大的循环周期之中，还有长期、中期、短期等周期。例如，江恩30年周期中，既有20年周期，又有10年、5年、1年等周期，还有360个月周期以及360乘30个日周期。当然，还可以分下去，轮中之轮将周期圆图划分成24等份。24等分法主要用来分析各种长短周期的交替作用及在相关分割点上出现的重要波动。江恩认为，1天是1个小周期，1天可分割为24小时，每个小时为15度共360度。同理，1年可分为12个月，每个月又一分为二，合为24等份。根据上述天文历法原理，江恩精心设计了轮中之轮的圆图，即在一个360度的圆形图中，不论外圈或内圈，皆以24个单位划分。在圆周上，划分为24等份，每一等份为15度，这24个15度，又受制于45度、90度、135度、180度、225度、270度、315度、360度。而在内圈，在圆周上亦分割成24等份，即第一圈从1至24，第二圈从25至48，以此类推。把轮中之轮理论运用于股市上，24可以表示24点、240点，或价位2.4元、24元等。在该理论中，角度线至关重要。一旦运行至45度、90度、135度、180度、225度、270度、360度的角度线上时，大市或个股最有可能出现转势。

（三）波动法则

江恩波动法则的核心是：当上升行情出现回吐时，最重要的支撑位为50%回吐水平，其次为25%与75%。当时间及价位都运行至8的倍数时，股市就会出现转折。由市场的重要低位开始，计算该水平的1/2倍、1/3倍、1/4倍及1/8倍的上涨高度，或2倍、3倍、4倍及8倍的水平，上述水平将成为市场的重要支撑及阻力位。一般而言，市场在低位水平时，走势大致受制于1/8倍的阻力位且经常反复。但在高水平时，市场将较少遇到阻力，从而表现出一段连续的上升行情。在股票投资中，盈亏赔赚均在波动中产生，关键是向上波动多高是顶峰，向下波动多低是底。江恩认为，决定回调比率的关键因素有二：其一是以历史上的重要峰顶、谷底价位的倍数或百分比分析其回调支撑或阻力位；其二是以二分法、三分法、四分法、八分法及其倍数作为回调的支撑或阻力位。从中可知，不论上涨或下跌，波动的50%、25%、75%、100%等都是最重要的回调位置。从高点开始的波动比率，总是在回调三浪的基础上然后上扬，目标先至前期最高点，再进行整理，之后在50%处回落，继之100%，升幅越大，回调比率相应增大。投资者根据预测的回调比率，在一定区间设立回调带，一旦市场波动超出预期，即可根据上升或下跌行情，分别买进或卖出。

（四）角度线与周年日现象

江恩角度线以时间和价位之间的相互比例来判断大市或个股的未来走势。他认为：由市场双底，三重底分别延伸而上的两条线，如会合于某个时间价位水平，说明价位水平有可能是上升趋势的顶部。相反，由市场双顶、三重顶分别延伸而下的江恩线，如会合于某个时间价位水平，该点可能是下跌趋势的底部；市场的历史性顶部或底部延伸出来和江恩线若会合在某个时间及价位上，这一点可能是一个重要的转折点。

周年日现象是江恩从宇宙运行时空结构入手，发现股价指数总是在一些周年日出现重复现象。他认为将市场数十年来的走势进行统计，研究市场重要的顶部及底部出现的月份，便可知道市场的顶部及底部会常在哪一个月出现。市场重要顶部及底部的周年纪念日必须密切留意，市场出现转势，经常会在历史性高低位的月份出现。市场经过重要的顶部或底部后的 1 年、2 年，甚至 10 年，都是重要的时间周期。某些消息导致市场大幅波动，如战争、金融危机、货币贬值等，这些日期的周年要特别留意。

（五）价位百分比法

江恩价位百分比法就是通过计算指数和个股最高价与最低价的百分比以及极限最高价和最低价的百分比来发现未来的价格走势。江恩指出：每个最低价和某个未来的最高价之间存在着一种关系，而且最低价的百分比可以指出在什么价位会出现下一个最高价。在这个价位，投资者可以冒很小的风险卖出股票。极限最高价或任何小头部都与未来的底部或最低价位有关，最高价的百分比预示着未来在哪里会出现最低价，在这个价位，投资者可以冒很小的风险买进股票。最重要的阻力位是任何最高价或最低价的 50%，其次是指数或个股最高价或最低价的 100%。

二、波浪理论

波浪理论是技术分析大师艾略特（R. N. Elliot）提出的一种价格趋势分析理论，其核心是根据大海的潮汐及波浪的变化规律，来描述股票以及商品价格的波动规律性及其走势。它是一套全凭观察得来的规律，可以用于分析股市指数、期货价格的走势，是当今世界在股市分析理论中运用得最多，而又是最难以了解和精通的一套理论。投资者可以根据波浪理论，来预测股票价格未来的走势。从某种意义上说，波浪理论与江恩理论的某些方面有类似之处，但它似乎比江恩理论更直观。

波浪理论认为：不管是股票还是商品价格的波动，都与大自然的潮汐、波浪一样，一浪跟着一浪，周而复始，具有相当一致的规律性，表现为周期循环的运动，且呈现出以下几个特点：

1. 股价指数的上升和下跌将会交替进行。

2. 推动浪（即与大市走向一致的波浪）和调整浪是价格波动的两个最基本

形态，而推动浪可以再细分成5个小浪，一般用第一浪、第二浪、第三浪、第四浪、第五浪来表示，调整浪也可以划分成3个小浪，通常用A浪、B浪、C浪表示。

3. 在上述8个波浪（5个上升浪3个下降浪）完毕之后，一个循环即告完成，走势将进入下一个八波浪循环。

4. 时间的长短不会改变波浪的形态，因为市场仍会依照其基本形态发展。波浪可以拉长，也可以缩短，但其基本形态永远不变。

波浪的基本结构如图7—3所示。

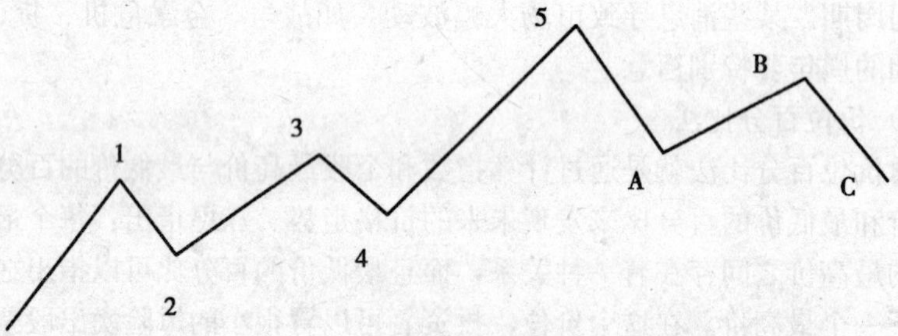

图7—3　波浪的基本结构

根据艾略特的阐述，图7—3的基本含义如下：

第一浪是八浪循环的开始，由于这段行情的上升出现在空头市场跌势后的反弹或反转，买方力量并不强大，加上空头继续存在卖压，因此，在此类第一浪上升之后出现第二浪调整回落时，其回档幅度往往很深。第一浪的涨幅通常是五浪中最短的行情。几乎所有的第一浪都处于构造底部的阶段。

第二浪是下跌浪。由于市场人士误以为熊市尚未完结，其调整下跌的幅度相当大，几乎吃掉第一浪的升幅。当行情在此浪中跌至近底部时，市场出现惜售心理，抛售压力逐渐减轻，成交量逐渐减小时，第二浪调整宣告结束。

第三浪是涨势往往最大、最有爆发力的上升浪。市场中投资者信心恢复，成交量大幅上升。这段行情持续上涨的时间往往最长，幅度也最大。传统图表中的突破信号经常出现在第三浪中。

第四浪是行情大幅劲升后的调整浪，通常以较复杂的形态出现，经常出现倾斜三角形的走势，第四浪的特点是该浪的底点不会低于第一浪的顶点。

第五浪的涨势通常会小于第三浪，并且经常出现上攻失败的情况。

对于第A浪，市场中大多数投资者认为上升行情尚未逆转，此间仅为一个暂时的回档现象，但是，实际上A浪的下跌在第五浪中通常已有警告信号。

B浪表现通常是成交量不大，一般而言是多头的逃命线，然而由于是一段上升行情，很容易让投资者误以为是另一波段的涨势，形成“多头陷阱”，许多投资者在此期间买入后被套牢。

C浪是一段破坏力较强的下跌浪，其跌势较为强劲，跌幅大，持续的时间也较长，而且经常出现全面性下跌。

上述8浪构成一个完整的市场周期，每一浪都是基本浪，都可向下一层次划分出子浪，而子浪也可更进一步地向再下一层次划分，由此形成了复合的浪形。在上升阶段中，可看做1大浪，由5个子浪组成；5个上升子浪也为5浪上升、3浪下降的结构，为21个小浪；把21个小浪再细分到其下一层次，就得到89个小浪。在下降阶段也如此。

三、道式理论

道式理论即美国道·琼斯指数的创始人查姆斯·道有关股市波动的技术分析理论。在介绍道式理论之前，有必要先介绍一下道·琼斯指数。

道·琼斯指数是国际上影响最大，使用最广的股票价格指数，它于1884年6月3日开始编制，最初选用样本股票12种，用算术平均数法计算。1897年分成工业指数与运输业指数两大类，1929年又增加了公用事业类。到1938年道·琼斯指数的样本股票达三类65种，并一直延续至今。目前，道·琼斯指数包括四种，分别是道·琼斯工业平均数、道·琼斯运输业平均数、道·琼斯公用事业平均数与道·琼斯综合指数。道·琼斯公司创始人在长期关注市场计算指数的同时，借助于一定的技术方法，分析并预测了当时工业平均指数与铁路业平均指数的升降涨跌趋势，形成了著名的道式理论，对以后的技术分析产生了广泛的影响。他是第一个通过选择具有代表性和敏感性股票的平均价格来反映股票市场整体趋势的人。

道式理论主要包括以下内容：

（一）平均指数包容消化一切因素

这一原则表明，所有可能影响股市供求关系的因素都必须由平均指数来表现。平均指数反映的是无数投资者的综合市场行为，平均指数在其每日的波动过程中包容消化了各种已知的、可预见的事情，以及各种可能影响公司股票供求关系的情况。即使发生天灾人祸后，也能被迅速消化，并包容其可能的后果。

（二）市场具有三种趋势

股票价格在波动中形成趋势，而其最重要的是基本趋势。它通常持续一年或更长时间，并导致股价增值或贬值20%以上，基本趋势在其波动过程中穿插着与其相反的次等趋势。次等趋势由小趋势或者每日的波动组成，并与被间断的基本趋势一同被划分为中等趋势。用大海的运动来与之对比，主要趋势如潮汐，次等趋势如浪涛，暂时趋势则是浪涛上的涟漪。如果把牛市比做浪潮，不管是涨潮还是退潮，波浪都一直在涌动，不断冲击着海岸。涨潮时，每一个波浪都较前一个波浪更有力度，退潮时也一样。与此同时，海面上一直不断地被小波浪、涟漪及风冲击着，它们有的与波浪的趋势相同，有的相反，有的则横向穿行。

（三）大趋势包括两个阶段

1. 基本的上升趋势

上升趋势通常分为三个阶段。第一阶段是建仓，熊市末尾牛市开始之际，所有经济方面的坏消息已经被市场所消化，此时聪明的投资者已经预见到趋势即将反转。因而买进股票，并逐渐抬高买价以刺激抛售；第二阶段是一轮十分稳定的上涨，交易量随着经济形势的好转不断增加，上市公司也开始被关注。这一阶段，高明的投资者往往能获得很大的收益；最后，投资者蜂拥而上，迎来第三阶段，市场高峰出现。此时所有消息都令人乐观，价格惊人地上扬并不断创造“崭新的一页”，新股也趁势大量发行、上市。这一阶段，报纸上好消息连篇累牍，经济捷报频传，从市面上看起来谁也不想卖出股票，但是，那些在熊市的底部买进股票的投资者，开始派发，这一阶段的最后一个时期，交易量惊人地增长。

2. 基本的下跌趋势

下跌趋势通常也分为三个阶段。第一阶段是出货或派发。这一阶段之初，尽管升势逐渐减弱，但交易量仍居高不下；第二阶段为恐慌阶段。买方的减少使得卖方变得更为急躁，跌势加速，当交易量达到最高值时，股价也几乎是直线落至最低点。恐慌阶段通常与当时的市场环境相差甚远。之后，可能存在一个相当长的回调或整理阶段；在熊市最后一个阶段，由于某些投资者因需要而不得不抛出股票，加之坏消息被证实，而且预计行情还会继续看跌时，这一轮熊市就结束了。

然而，没有两个熊市或牛市是完全相同的。可能缺少三个阶段中某一个阶段，而且任何一个阶段都没有一定的时间限制。例如，牛市的第三阶段是一个绝好的投机机会。这一阶段可能持续一年，也可能不过一两个月甚至一两个周；又如，熊市的恐慌阶段通常在几天或几个星期之内就结束。

（四）两种平均指数必须相互验证

所谓两种平均指数必须相互验证，是指工业股指数与铁路股指数应相互验证。也就是说除非两个平均指数都同样发出看涨或看跌的信号，否则就不可能发生大规模的牛市或熊市。如果只有一个平均指数突破了前一趋势的峰值，那还不是真正的牛市。当然两个市场倒也不必同时发出上涨信号，不过在时间上越近越好。如果两个指数背离，即工业指数上升而铁路业指数下跌，或工业指数下跌而铁路业指数上涨，则于实际操作没有太大的指导意义，应谨慎小心。道式理论认为交易量作为验证指标具有重要的价值。当价格在顺着大趋势发展时，交易量也应该相应递增。如果大趋势向上，那么在价格上涨的同时，交易量应该日益增加，而当价格下跌时，交易量应该日益减少。而在下降趋势中，情况正好相反，当价格下跌时，交易量会随之增加，而当价格上涨时交易量则萎缩。

（五）一轮趋势的结束标志

通常只有当反转信号明确地显示出来时，才意味着一轮趋势的结束。对于那些急躁的投资者，不要过快地改变立场而招致损失。牛市不会永远上涨，而熊市也迟早会跌至最低点，当一轮新的基本趋势首先被两种指数的变化所反映出来时，不论近期有任何回调或间歇，其持续发展的可能性都是最大的，但随着这一轮基本趋势的发展，其继续延伸的可能性就越来越小。例如，当一轮牛市延续数月之后，买入股票而能保证卖出获利的空间肯定低于牛市初期。

四、对称理论与随机漫步理论

（一）对称理论

对称理论的创始人不详，其理论依据是：自然界中广泛存在着对称和反对称现象，股票市场的价格波动同样存在着大量对称和反对称走势。在市场走势方面，对称既包括时间上的对称——时间周期理论，也包括空间上的对称——分形几何理论，并且有正对称和反对称之分，所谓正对称，就是指两段分形图内部的对应细节同向运行齐涨共跌；反对称就是指两段分形曲线图内部的对应细节反向运行，此升则彼跌，此见顶则彼见底。

根据时间周期理论，时间是推动市场价格运动的最重要因素，时间周期因素能决定在什么时间价格出现逆转拐点，以及在什么时间价格将会重新出现回归。时间的自然循环周期由一系列时间不等的周期组成，是分析市场重要时间拐点的主要工具，其中大部分理论要点都包含在江恩周期理论当中，如以年、月、星期、日为单位的周期，十年循环周期等。

分形几何理论是混沌学的一个分支，分形几何的概念是由贝努瓦·曼德勃罗（Bemit Mandelbmt）于 20 世纪 70 年代创造的，指在所有尺度上自我重复的图形。简单地讲，分形意味着自相似性，是在不同尺度上的一种对称。根据曼德勃罗对棉花历史价格数据的分析，每个价格变化带有很强的随机性和偶然性，但反映价格变化的日曲线与其他时间段上每日、每周、每月价格变化的曲线具有很高的吻合度，而最重要的是曲线中拐点的分布体现出很好的对应性能。

对称理论的结论是：其一，在重要的动向段和拐点上第7年和第7个月的市场周期将会形成正对称或反对称的分形几何走势。股价走势中每个重要拐点的分布存在对应性，而且对应点的重要位置大致相当；其二，市场分段运行，历史新高或历史新低以及年内最高、最低点都是最重要的拐点。这些拐点绝大部分都有迹可寻，在时间周期上严格对应着历史走势上的重要拐点，这是市场走势分段的标志；其三，市场走势的分形几何曲线往往会在重要的拐点上出现转换，但依时间周期相互对应的拐点，其后引出的分形曲线并不要求一致；其四，分形曲线的时间计算以自然日为标准而不是交易日。遇到假日休市会产生蒙蔽效应，并压缩休市前后的部分曲线从而出现局部变形。但经一段时间后（一般少于3个交易日）又会恢复原来的走势重合。换言之，根据该理论得出的急升急跌趋势相当准确，但时间可能提前或延后。

（二）随机漫步理论

随机漫步理论的创始人是美国的库特诺。随机漫步理论认为，股价的现时变动是没有规律性的，既不是昨日股价变动的结果，也不能预示明天是上涨或下跌，完全是随机的。由于流入股市的信息资料一般而言都是公开披露的，而且每个投资者都可以根据这些信息进行分析和决策。所以，股票现在的价格基本上代表了投资者的看法，而且接近股票的内在价值，市价会围绕股票的内在价值而随意地上下波动。

库特诺在1962年提出过一份研究报告，他以45种股票为研究对象，以一周为间隔，发现股价的确呈随机变动状态。他还把参与股票交易的人分为两类：一类是专业者，另一类是非专业者。前者是一些了解市场情况的专家，人数较少。他们从可靠的基本分析中了解股票的内在价值，并对股票价格的波动趋势进行较为准确的预测。后者无法正确地掌握股票的真正价值。由于专业者了解股票的内在价值之间的差额并从中赚取利润。非专业者因为买卖股票的盲目性经常以较高的价格买进股票，以较低的价格卖出股票，结果使股票市场价格逐渐趋向价值中心，抵消了股价的过度波动。1965年，美国芝加哥大学的法马（Eugene F. Fama）对道·琼斯30种工业股票价格的平均数进行分析，结果得出了类似的结论。

随机漫步理论认为股价变动的历史轨迹不能用做预测未来股价的依据，但其并不否定利用其他历史性资料作为预测未来价格变动的有效性。而且，从随机漫步理论对股票价格波动的解释来看，认为股票价格是围绕其理论价值而上下波动的。随机漫步理论的实践意义在于，当股价偏离其内在价值过大时，投资者可以从容地进行买入和卖出。如果股价大大高于股票的内在价值，投资者可选时卖出；反之，则买入。必须指出，随机漫步理论的可靠程度取决于它所依附的市场。如果市场是理性的，信息是准确而且充分的，买入内在价值高的股票将是明智的低风险选择。反之，这种理论的实践价值将受到直接制约。

第三节 常用技术指标

目前，用来分析和预测股票市场的技术指标越来越多，虽然各有特色，但基本原理大同小异。为了简洁和实用，此处主要介绍相对而言使用更为广泛的技术指标。

一、价格指标

(一) 移动平均线

移动平均线是由一段时期股票价格平均数值连成的曲线，分为短期、中期和长期三种。分析它的主要目的在于确定三种不同期限的移动平均线的交叉点，以选择买卖时机。

1. 移动平均线的分类及计算方法

按计算方法的不同，移动平均线可分为算术移动平均线（MA）、加权移动平均线（WMA）和指数平滑移动平均线（EMA）。

(1) 算术移动平均线（MA）的计算公式是：

$$MA=\frac{C_1+C_2+C_3+\cdots+C_n}{n}$$

式中 C——某日收盘价；

n——移动天数。

“移动”是指以某天为周期，在新的数据加入后，把最前一天剔去。

例如，计算 5 日平均数，则：

$$\text{第一天 } MA_1=\frac{C_1+C_2+C_3+C_4+C_5}{5}$$

$$5MA_2=\frac{C_2+C_3+C_4+C_5+C_6}{5}$$

依次移动下去，每天都可以得到一个平均数，连成一线，即为 5 日移动平均线。中、短期算术移动平均线的计算方法也与此类似。

(2) 加权移动平均线（*WMA*）根据其计算方法的不同可以分为线性加权、阶梯式加权以及平方系数加权三种情况。

以 5 日周期为例，第 1 日权数为 1，第 2 日权数为 2，第 3 日权数为 3 等。线性加权移动平均线的计算公式是：

$$WMA=\frac{C_1\times 1+C_2\times 2+\cdots+C_n\times n}{(1+2+3+\cdots+n)}$$

阶梯式加权移动平均线的计算公式是：

$$5\text{日}\ WMA=\frac{(\text{第1日收盘价}+\text{第2日收盘价})\times 1+\cdots+(\text{第4日收盘价}+\text{第5日收盘价})\times 4}{2\times 1+2\times 2+\cdots+2\times(n-1)}$$

平方系数加权移动平均线的计算公式是：

$$5\text{日}\ WMA=\frac{(\text{第1日收盘价}\times 12)+(\text{第2日收盘价}\times 22)+\cdots+(\text{第5日收盘价}\times 52)}{12+22+32+42+52}$$

(3) 指数平滑移动平均线（*EMA*）的计算公式是：

$$EMA_1=\frac{C_1\times 1}{n}+\frac{EMA(t-1)\times(n-1)}{n}$$

$$5\text{日}\ EMA=\frac{C_6\times 1}{5}+\frac{EMA_5\times 4}{5}$$

即第 6 天的收盘价除以 5，加上第 5 天的平滑数乘以 4 除以 5，计算越来越简单。

2. 移动平均线的判断原则

(1) 格兰碧八法则

格兰碧是美国著名的股票分析家，他根据 200 天移动平均线与每天股票价格平均值的关系，提出了四种买入时机及四种卖出时机，称为格兰碧八法则。其中，四种买入时机是：其一，移动平均线持续下降后慢慢走平，股票价格从平均线下方顽强向上突破时，可能有一段上涨行情；其二，移动平均线呈上升状态，股票价格跌至平均线之下时。因为若平均线趋势向上，而只是某一日的股票价格下跌，这种下跌一般只是表面现象；其三，股票价格在移动平均线之上向下跌，未跌破平均线又再度上升时。因为这表示投资机构在获利回吐，而且承接较强，仍有上升潜力；其四，移动平均线下降，但股票价格在平均线之下大幅下降时。这往往是急跌的时候，应该买进，随后会有强劲反弹。四种卖出时机是：其一，移动平均线上升后转平或下降，股票价格向下跌破至平均线之下时；其二，移动平均线持续下降，股票价格涨到平均线之上后又跌到平均线之下，看跌；其三，股票价格在平均线之下，并沿着平均线的方向上升，但未触及平均线即再次下落时；其四，移动平均线上升，但股票价格在平均线之上大幅上涨时。

上述法则主要适于单条移动平均线，在运用中较为麻烦。而且5日线发出的买卖信号太频繁，10日线、60日线等又较为迟钝。故投资机构在运用格兰碧法则时，可把最近的5日均价与当前价格进行比较，并结合成交量来确定买卖行动。

(2) 短、中、长移动平均线的组合规则

短期线首先从下穿越中、长期线而居于三线的最上方，随后中期线也移至长期线之上时，应买进。此时一般会出现黄金交叉点。所谓黄金交叉点，即中期平均线上移与长期线相交的时点，这一点标志着行情将进入上涨时期。该点出现后，短期线、中期线和长期线开始由上至下依次排列，构成顺向图形，趋势向好。

短期线渐渐下降至最下方，中期线也慢慢移至长期线之下时，宜卖出，此时一般会出现死亡交叉点。所谓死亡交叉点，即中期平均线下移与长期线相交的时点。该点意味着上涨行情的结束，并将出现短期线、中期线、长期线开始由下至上的依次排列，构成逆向图形，趋势向淡。但如果过一段时期后，短期线出现上升趋势，则可买入。

三线相交时，可视情况决定买卖。若是高位相交，宜卖，低位相交，宜买。

(二) 相对强弱指标（*RSI*）

相对强弱指标是根据某一特定时期内，股票价格或指数的变动关系去推敲其未来价格的变动方向，且根据股票价格指数的涨跌幅度及波动来显示市场强弱的指标。其计算公式是：

$$RSI=100-\left(\frac{100}{1+RS}\right)$$

相对强弱指标的数值分布介于0～100之间，常态分布在30～70之间。在强势市场中，85～95之间是卖出信号，弱势市场中，5～15之间为买进信号。市场波动不大时，65～80为卖出信号，20～35为买进信号。

相对强弱指标的判断原则是：其一，*RSI*可依头肩顶、头肩底、三角形等形态作为买卖点的信息信号。50以下为弱势市场，50以上为强势市场。在强势市场中准确性较高；其二，*RSI*值在85附近出现*M*头时可卖出，在15附近出现*W*底可买进。盘整时，*RSI*一底比一底高，表示后市可能再涨，反之则会再跌；其三、在股票价格创新高，*RSI*指标也创新高时，表示后市还有上升空间。若*RSI*值未创新高，则是下跌反转信号。反之，若股票价格创新低，*RSI*值未创新低，则是上升反转信号。如果这种反转发生在70以下及30以上区间，则具有更高的准确性。在持续性大涨大跌的市场中，*RSI*指标进入低位或高位时，可能股票价格持续大涨或大跌，而 *RSI* 指标只有微弱增减，使投资机构过早卖出或买入，造成少赚或被套之风险，故应配合其他指标运用。

（三）乖离率（*BIAS*）

所谓乖离率，是指股票价格（或加权指数）与平均股票价格（或平均加权指数）之间的差距程度，它主要辅助移动平均线的不足。乖离率由格兰碧移动平均线八条法则推演而来，根据格兰碧的观点，当股票价格突然暴跌或暴涨，距离移动平均线很远，乖离过大时，就是买进或卖出的时机。

乖离率根据计算期间的长短，可分为 10 日乖离率、30 日乖离率和 72 日乖离率。

其计算公式为：*BLAS*=（当日收盘股票价格或指数－最近 *N* 日平均收盘般价或指数）/*N* 日平均收盘股票价格或指数×100%。

一般使用乖离率判断买卖时机的原则如下：

1. 乖离率可分为正乖离率与负乖离率，若股票价格在平均线之上，则为正乖离率，反之为负乖离率。当股票价格与平均线相交时，则乖离率为零。正的乖离率越大，表示短期获利越大，则获利回吐的可能性越高，负的乖离率越大，则空头回补的可能性越高。

2. 股票价格与 10 日平均线乖离率达＋8%以上时为超买现象，是卖出时机。当其达－8%以下时为超卖现象，是买入时机；股票价格与 30 日平均线乖离率达＋16%以下为超买现象，是卖出时机。当其达－16%以下时为超卖现象，是买入时机。

3. 在大势上升时，会出现多次高价，可于先前高价的正乖离点出货。同理，在大势下跌时，也会使负乖离率加大。可于前次低价的负乖离率时进场买进。盘局中的正负乖离率不适于研判进出，应与其他技术指标一起研究判断。

4. 股票价格扶摇直上，其正乖离接近过去的最高纪录时，应该卖出获利了结。反之，股票价格出现暴跌，其负乖离率接近过去的最高纪录时，可以买进。在大势上升时，如遇负乖离，可以回跌时买进。在大势下跌时，如遇正乖离，可以回升至一个较高的价位时再卖出。具体判断时，可参考以下数据。

股票价格或指数的数据为：

5 日平均值为：－3%为买入点，＋3.5%为卖出点。

10 日平均值为：－4.5%为买入点，＋5%为卖出点。

20 日平均值为：－7%为买入点，＋8%为卖出点。

60 日平均值为：－11%为买入点，＋11%为卖出点。

（四）随机指标（*KD*）

K 线代表快速平均线，D 线代表慢速平均线。KD 指标即经过选取计算不同时期的 KSV 值（又叫未成熟随机值）并对其进行比较，来确定市场是否超卖。其中：

$$K\text{线的}RSV\text{值}=\frac{\text{第}N\text{日收盘价}-N\text{日内的最低价}}{N\text{日内的最高价}-N\text{日内的最低价}}\times 100\%$$

$$D\text{线的}KSV\text{值}=\frac{N\text{日内的最低价}}{N\text{日内的最高价}-N\text{日内的最低价}}\times 100\%$$

RSV 值的变化区间为 0～100。一般而言，K 计算 3 天，D 计算 9 天。对 RSV 进行平滑移动，得到 K 值：

$$\text{今日}K\text{值}=2/3\times\text{昨日}K\text{值}+1/3\times\text{今日}RSV$$

对 K 值进行平滑移动，得到 D 值：

今日 D 值$=2/3\times$昨日 D 值$+1/3\times$今日 K 值（或今日 D 线的 RSV 值）

KD 指标的判断原则是：

1. KD 值介于 0～100 之间

一般而言，KD 值在 50 以上时为强势市场。80 以上时为超买区，宜卖出观望。KD 值在 50 以下时为弱势市场，20 以下时为超卖区，股票价格会随时反弹，宜果断跟进买入。

2. 两线交叉

当 K 值由小变大且高于 D 值时，K 线从下方穿越 D 线，表示趋势向上，是买入信号。但要求 K，D 值在 20 左右低位交叉时才具有较高的可信度。反之，当 K 值由大变小从上方向下穿越 D 线时，表明市场即将掉头向下，尤其是 K，D 值在 80 以上高位交叉时，需要及时卖出。

3. 背驰

当股票价格走势一波高过一波时，KD 指标一波低于一波，或股票价格走低而 KD 指数抬高。背驰一般意味着趋势发生逆向转折，是值得高度注意的买卖信号。

在一些股票软件中，KD 指标经常以 KDJ 的形式出现。J 代表当日当时的成交价格，只要某天价格波动大，马上就能明显表现出来。KDJ 的判断原则与 KD 指标类似，三线低位交叉为买入信号，三线高位交叉且指数向下为卖出信号。尤其是三线高位或低位长期钝化时，一般都为相当准确的买卖时机。

（五）指数平滑异同平均线（$MACD$）

指数平滑异同平均线是利用两条不同速度（长期与中期）的平滑移动平均线来计算两者的差异状况以预测股票价格走势的指标。它由两条线构成：一条是

DIF，一条是*MACD*。

DIF（即离差值）的计算公式是：

$$DIF(n, n+m)=EMA(n)-EMA(n+m)$$

n 为天数，$n+m$ 为大于 n 的天数，以区别中期和长期，国外一般 n 的计算天数是 12 天，$n+m$ 的计算天数是 26 天。*EMA* 在移动平均线里已经介绍过，此处不予重复。

MACD 的判断原则是：其一，*DIF* 与 *MACD* 均为正值，在 *O* 轴线上时，大势向好。此时若 *DIF* 向上突破 *MACD*，应买进；若 *DIF* 向下跌破 *MACD*，应卖出；其二，*DIF* 与 *MACD* 均为负值，即在 *O* 轴线以下时，大势有下跌趋势，此时若 *DIF* 向下跌破 *MACD*，应卖出，若 *DIF* 向上突破 *MACD*，可买进，但必须快进快出。

二、成交量指标

（一）量能指标（*OBV*）

量能指标是通过对成交量的分析来预测股票价格走势的指标。其计算方法是：以某天为基期，隔天收盘时指数或股票上涨，则基期的 *OBV* 加上当天成交量为当天的 *OBV*。反之，若下跌，则用基期的 *OBV* 值减去当天成交量为当天的 *OBV*。该指标主要用来观察盘局中股市何时会突破以及突破后的未来走势。

OBV 的判断原则是：

1. 下列情况为卖出信号

（1）*OBV* 线下降，股票价格上升，表明买盘无力，应该卖出。

（2）*OBV* 线急剧上升，表明买盘力量将用尽，应该卖出。

（3）在价格上升到一个新的高点后，继续上涨形成第二个新的高点，但 *OBV* 线无力上扬，成交量反而萎缩，此时易于形成价格头部，应该卖出。

（4）*OBV* 线从正的累积数转为负数时，为下跌趋势，应该卖出。

2. 下列情况为买进信号

（1）*OBV* 线上升，股票价格下降时，表明逢低买盘踊跃。

（2）*OBV* 线缓慢上升时，表示买方力量逐渐加强。

（3）在 *W* 底形态中，如果第二底 *OBV* 线领先上扬，成交量增加，此时易于形成价格底部，应该买进。

（4）*OBV* 线从负的累积数转为正数时，应该买进。

（二）动向指标（*DMI*）

动向指标的基本原理在于寻求买卖双方力量的均衡点以及由此而造成的价格

波动及波动的循环过程。它由 4 条线组成，上升动向线$+DI$，下降动向线$-DI$，动向指数平均值 ADX，动向指数评估值 $AD\times R$。在一般情况下，在股票价格上升时，$+DI$ 值不断升高。在股票价格下降时，$-DI$ 值不断下降。

DMI 的判断原则是：其一，当$+DI$ 从下面较低的位置向上递增突破$-DI$时，显示市场内部有新的资金进场，应该买进。当$-DI$ 从下向上突破$+DI$ 时，表明市场内部有较大的力量卖出，应该顺势而为；其二，当 ADX 值降到 20 以下，而且出现横向整理走势时，市场一般表现为平稳运行，可卖出退场观望。当 ADX 值持续增加时，市场仍将维持固有的涨跌趋势。当 ADX 值在较高的位置由升转跌时，表明涨势即将结束。在下跌的市场中，如果 ADX 值也在高点并且由升转跌，说明仍有向上涨一波行情的机会，可以考虑买进；其三，$AD\times R$ 是 ADX 的动向指数评估值，其波动幅度一般比 ADX 值平缓。当$+DI$ 与$-DI$ 交叉，发出买卖信号。同时 $AD\times R$ 与 ADX 相交，则是最准确的入市或离场机会。

DMI 指标主要用来判断趋势，其计算周期的参数选择一般为 14 天。在持续上升或下降的市场上，其参考效果较为准确。

（三）容量指标（VR）

容量指标是利用某一时期，某一股票上涨日的交易量总和与下跌日交易量的总和相比较，来反映市场买卖趋势，进而判断股票价格走势的指标。其计算公式是：

VR＝{N 日内股票价格上涨日的成交量总和＋1/2(N 日内股票价格平盘的成交量总和)}×{N 日股票价格下跌日的成交量总和＋1/2(N 日内股票价格平盘日的成交量总和)}/100

VR 的判断原则是：其一，当 VR 值在 40～70 区间时，为买进区域，169～450 区间时，为卖出区域，超过 450 时，必须卖出，因为市场已经过热；其二，当股票价格或指数处于底部区域时，如果 VR 值增加而股票价格没有上升，表明有人吸货致使成交量增加，可买入。当股票价格或指数处于较高位置时，如果 VR 增加而股票价格没有继续上升，表明有人高位横盘出货，应卖出。

实践表明，利用 VR 指标观察低价圈时，相当可信，例如，在 40～70 区域买进一般都有获利机会，而在观察高价圈时，则应参考其他指标。

（四）变动比率（ROC）

变动比率是用来测量某一股票或指数在某一时期上涨或下跌动力的指标。该指标在 0 值上下波动。其判断原则是：

1. 当 ROC 由上而下跌破零时应该卖出，由下而上超越零时应该买进。

2. 当股票价格创新高，而 ROC 未配合上升，表示上涨动力减弱，即顶背离，应该卖出。当股票价格创新低，而 ROC 未配合下降，表示下跌动力不足，即底背离，应买进。

3. 当股票价格与 ROC 在低位同步上升时，表明股票价格短期会有反弹。反之，如果高位同步下降，则短期股票价格会有回落。

三、心理指标

（一）意愿指标（BR）

意愿指标按词义可理解为投资机构在市场中买卖股票的意愿。多头有买进的意愿，空头有卖出的意愿，孰强孰弱，需要 BR 来定量描述。但 BR 不是通过统计挂出买卖双方的数量来测算的，而是将综合指数的当日最高点与前收盘指数之差作为多头买入意愿，将前收盘与当日最低指数之差作为空头的卖出意愿。在某一期间 N 天内，比较多空双方的买卖意愿，以探明多空力量的相对强弱，预测股市的未来走势。

BR 值的计算方法是：假设计算周期为 N 天，前一日的多空总力量分别 Y_{p_1} 和 Y_{p_2}，ΔS_1 为当日最高指数与前收盘指数之差 $H-CY$，ΔS_2 为前收盘指数与当日最低指数之差 $CY-L$，则当日的多空总力量为：

$$P_1=Yp_1\times(N-1)/N+\Delta S_1$$

$$P_2=Yp_2\times(N-1)/N+\Delta S_2$$

意愿指标 $BR=P_1/P_2\times100$。

计算周期 N 的选择是应用 BR 的关键因素之一，需要投资机构在实际分析中不断摸索和总结。N 不可过大或过少，要使 BR 的值在大部分时间处于 25～400 区域内，这样能基本保证指标信号的可靠性与敏感性，对沪深股市，N 选择在 20 附近就可得到较好的效果。

BR 的判断原则是：其一，BR 的值在 100 上下波动，100 为多空双方的三八线。BR 大于 100，说明多方的买入意愿强烈，接盘踊跃，多方力量相对较强，大盘不断上升。BR 较长时间稳定在 100 线之上，则为多头牛市。反之，BR 小于 100，说明空方的卖出意愿占领市场，抛盘汹涌，大盘不断下降。如果 BR 较长时间受压于 100 之下，则为空头熊市。100 附近为多空临界区，如 BR 漫步于 100 附近，反映多空力量接近，争斗处于胶着状态；其二，BR 值在 25～400 之间变动时，说明对比不太悬殊，股市相对平静。BR 大于 400，表明多头迫涨，常使综合指数跳高开盘。同时警示涨势过猛，大盘已悬挂于高空，一旦多头锐减，大盘将会自由落体。相反，BR 小于空头恐慌杀跌，犹如天降倾盆大雨，空方势不可挡，常使综合指数跳低开盘，提醒投资机构，大盘跌势过度，已卸去负重，一旦雨过天晴，彩虹高挂，大盘将承时昂然而起。

（二）买卖气势指标（AR）

买卖气势指标是用来反映投资机构在一定市场背景下买进或卖出能力的指标。其计算公式是：

$$AR=\frac{(当天最高价-当天开盘价)n\text{ 天之和}}{(当天开盘价-当天最低价)n\text{ 天之和}}$$

一般 n 为 26 天较为准确。

AR 指标的判断原则是：当 AR 处于 80～120 之间时，为盘整阶段，股票价格不会急升或急跌；AR 数值较高时，表明行情活跃，到 150 以上时，风险偏大，应该卖出。处于低位时表明气势较差，过低则可买进。

在大多数情况下，AR 指标与 BR 指标经常联合使用，其判断原则是：

1. AR 指标和 BR 指标同时急速下降，而市场也随之大幅度下跌时，投资机构应抓住时机买入。

2. 在股票价格上升或下降的过程中，AR 和 BR 指标呈现某种距离性的分开。当两项指标由分开变为接近时，表示行情看涨，是买入信号。

3. 一般说来，AR 指标值比 BR 值低，当 BR 的指标降至 AR 指标值的下面时，表示行情探底，股票价格处于低位整理，应密切关注，可参照其他技术指标决定介入时机。

4. 在行情连续下跌，投资意愿低迷时，BR 指标很容易下降到 1 以下，此时若 AR 指标也降至 0.5 附近，市场将有较强的反弹意愿。

5. 若 AR 指标在 0.8～1 之间，而 BR 指标也降至 0.5 附近时，表明股票价格接近底部，投资机构可考虑及时介入。

（三）心理线（PSy）

心理线是反映某一时期投资机构买卖心理意愿以判断股票价格走势的指标。一般说来，在一段时期内，如果股票连续上涨，则想卖出实现利润的人就相对较多，人们卖出的心理则会加强，股票价格可能回落。反之如果连续下跌，则想低价买进的人就相对较多，多方力量得到加强，有上升动力，可以买进。心理线的计算方法是：

$$心理线=\frac{N\text{ 日内上涨天数}}{N\text{ 日}}\times 100$$

其中，N 日为选定的一个周期。在我国一般取两周的交易时间，即 10 天。

心理线的判断原则是：PSy 在 75 以上或 25 以下时，股票价格回跌或回升的机会较大，可以参与买卖。当 PSy 小于或等于 10 时，应果敢买入抢反弹；一段上升行情展开前，通常会有两次心理线处于低位。如果第一次未买进，第二次必须抓住时机，择机介入，卖出时也一样。

（四）涨跌比率（*ADR*）

涨跌比率又称回归式的腾落指标，即通过计算一段时期内市场中价格上涨股票的累积总和与价格下跌股票的累积总和的比率，来判断股票市场未来的走势。其计算公式是：

$$ADR(n)=\frac{\text{上涨股票个数的累积总和}}{\text{下跌股票个数的累积总和}}$$

n 一般计算 5 天。

例如，假定上交所最近一周（星期一至星期五）的上涨股票 1 730 家，下跌股票为 810 家，则该周五的

$$ADR=\frac{1\ 730}{810}=2.14$$

ADR 的判断原则是：n 日内涨跌比率上升，而且股票指数也同步上升时，股市仍有继续上升的可能；n 日内涨跌比率下跌，且股票指数也下降，股市仍将继续下降；涨跌比率上升但指数下降时，市场将有反弹机会。一般而言，当 $ADR>1.5$ 时，股市将面临较大的获利回吐压力，宜及时卖出回避风险。$ADR<0.5$ 时，超跌后的反弹将随时出现，可介入作短线投资。

（五）布林线（*BOLL*）

布林线由 4 条线构成，即 *MB*、*UP*、*DOWN* 以及适时的股票价格线。其中，*UP* 为阻力线，*DOWN* 为支撑线。阻力线与支撑线表示股票价格的变动幅度。越宽变动越大。其判断原则是：当股票价格穿过最外边的支撑或压力线时，表明买点出现；当股票价格沿着支撑或压力线上升或下降，虽未穿越该线，但已回头突破中间线时，向上是买入点，向下是卖出点。布林线具有一定的准确性，而且便于观察，故在确定买卖行动之前可作为参考指标。

第四节 组合投资策略

一、资金分配技巧

按照我国目前的规定，省级及以下管理部门统筹的城镇社会保障基金，除由中央补贴的部分交全国社会保障基金投资外，其余部分与农村社会养老保险基金

相同，只能用于银行存款或购买政府债券。在全国社会保障基金与企业年金的投资中，对存款、债券、投资基金与股票的比例，也由财政部与劳动和社会保障部作出规定并加以调整。显然基本的资金分配与组合比例并非投资策略的研究内容。但是，对于股票与基金等价格波动比较大的投资品种，政策规定的只是投资比例的最高限制，在最高限制之下如何更好地规避风险提高收益，还有很大的运作空间。客观而言，社会保障基金的组合投资与其他投资相比，除了对安全性要求更高外，并没有太大的区别。在资金分配上，下列方法既有优势也有缺点，可以比较使用。

（一）投资三分法

投资三分法是将金融资产分配在不同的投资对象上进行组合投资的一种策略。具体操作方法是：将全部资产的1/3存入银行，1/3用来购买债券、股票等有价证券，1/3用来作其他投资。在这几种资产分布中，存入银行的资产具有较高的安全性和变现能力，但缺乏有吸引力的收益。投入有价证券的金融资产虽然可能产生较好的收益，但却需要承受较高的风险。其他投资尤其是产业投资，在收益上类似甚至超过有价证券，但变现能力差。如果将资产合理地分布在上述三种形态上，则可以互相补充，相得益彰。在有价证券的投资中，也可以实行三分法。一部分资金购买债券或优先股，另一部分购买普通股，再留一部分作为预备金。在这种三分法中，投资于债券的部分虽然获利不是很理想，但比较安全可靠。因此，在国外许多投资机构一般都愿意拥有一部分风险低、安全性高的债券。购买股票虽然风险较高，但在市场向好时，往往能获得较可观的买卖差价收入，如果投资的是效益良好、前景光明的公司，甚至还可获得优厚的红利收入。而保留一部分资金作为准备金，则可以在股市出现较好的投资机会时追加投资，也可在投资失利时，用做失利后的补充和作为承担损失的资金准备。

即使是计划投资股票的资金，在不同市场背景下，也存在满仓、半仓与空仓等不同的资金分配选择。所谓满仓，是指将投入股市的资金全部买成股票，若对大市和所持有的股票看好，那么采取这种操作策略可以使收益最大化，反之则容易导致亏损最大化；所谓半仓，就是只用投资股市资金的一半操作股票，而另一半作为备用金存在资金账户里。采取这种方法的最大好处在于适当规避股市投资风险。如果投资某只股票失误出现亏损，可动用备用金在低价位补仓而摊低买进成本，为早日减亏创造条件；所谓空仓，是指将证券账户里的股票全部卖光，没有股票，只有资金。空仓可能是因股市连创高位而风险骤增，或者政策因素不明朗，市场还有创新低的可能，持币以等待买入时机，或自己手中所持股票已达到预期目标价位。在一般情况下，若大市持续上升，为适当规避投资风险，应考虑减少股票持有量。如果大市持续下跌，投资风险明显释放，也可适当增加股票持有量。

（二）比例投资法

比例投资法包括不变比例投资法与可变比例投资法两种。

1. 不变比例投资法

不变比例投资法将投资资金分为两部分：一是保护性部分，主要由风险小、价格比较稳定的债券构成；二是进取性部分，主要由比较活跃、行情看好的股票构成。在总投资中，投资机构在确定了股票与债券的比例后，随着股票价值的变化而不断地进行买或卖，以维持这一固定比例。如果股票市价总额上升，则卖出一定数量的股票，并买进债券；相反，如果所持股票的价格下跌，则卖出部分债券，买入股票。例如，某机构投资金额为100亿元，并规定投资于债券和股票的比率为1∶1，还规定只要股票价格每涨跌10%，即进行买卖操作以维持原定的比率。若股票价格上涨10%，那么股票的市价总额为55亿元，假设债券价格不变仍为50亿元，那么该机构账面资金就达105亿元，股票与债券的比率也相应变为52.4%∶47.6%，为了维持1∶1的比率不变，则需要将投资股票所取得的5亿元浮动收益的一半即2.5亿元的股票卖出，再用该资金购买债券。如果股票价格下跌10%，则股票市价总额为45亿元，债券仍为50亿元。这样股票与债券的比率就变为47.6%∶52.4%。为维持1∶1的比率不变，该机构的操作是：卖掉2.5亿元的债券购入同等金额的股票。采取不变比例投资法看似保守，缺乏灵活性，但却能以静制动，自觉适应股票行情的涨涨跌跌。保证投资机构在低价时买入，高价时卖出，而这正是投资取胜的一条基本原则。但采取这一投资法时，一个难以回避的操作难题是：怎样确定一个适当的操作频率。在上例中，该机构以涨跌10%为标准，但如果在某一时期的市场上，波动幅度很小，则长期无法操作。在上升市场中，涨10%即卖出，很可能错过更大的盈利机会，在下跌的市场中，跌10%即买入，同样也会承受继续下跌的风险。

2. 可变比例投资法

可变比例投资法是指在投资总额中，投资于股票所占的比例，应随股票价格指数的变化而调整。采用这种办法的关键首先是要确定合理的中央价值线。确定中央价值线实际上就是决定何时开始进行买卖的时间表。

例如，某机构于2007年初入市，正赶上沪深股市持续上升的市场背景。该机构将上证指数3 500点作为中央价值线，在此点位以50%的比例投资股票，50%的比例投资债券。同时计划如果上证指数每上涨50点，股票投资比例减少5%；反之，若上证指数每下降50点，股票投资则增加5%的比例，其投资操作计划见表7—2。

表 7—2　　某机构的投资操作计划

上证指数	股票投资比例	债券投资比例
3 200	80%	20%
3 250	75%	25%
3 300	70%	30%
3 350	65%	35%
3 400	60%	40%
3 450	55%	45%
3 500	50%	50%
3 550	45%	55%
3 600	40%	60%

从表 7—2 中可以看出，当上证指数在 3 200 点时，投资机构可持有 80%的股票、20%的债券。如果指数再往下跌，则卖出债券继续买进股票，直到满仓为止。总之，投资比例随股市行情的变化而变化，这就要求投资机构对市场情况和股票价格的波动保持高度关注。

（三）固定金额投资法

固定金额投资法是在投入的资金中维持固定金额的股票，而其余部分则为债券或准备金。当股票价格变动时，投资机构所持股票的市价总额也随之变动。假设股市上升，所持股票市价总额会超过计划的固定金额，这时就应卖出部分股票，以维持固定金额，并用超额部分买进债券。反之，如果股市下跌，所持股票市价总额低于原固定金额，就应卖出部分债券购买股票来弥补不足部分。就这样不间断地买进与卖出，股票总额虽然没变，但总资本则在慢慢增加。固定金额投资法的优点是操作方法简单，计算也不复杂，只需按既定的投资计划操作就行。但是这种方法也有缺点：股票价格无论如何变化，固定的股票总额总是缺乏弹性。如果卖出股票后股票价格持续上涨，投资机构就可能失去获得更大收益的机会。若买进股票后跌势不止，则不可能及时卖掉股票而不得不蒙受损失。另外，如果股票价格变化长期达不到预定的幅度，投资机构只能被动持有股票并长期占用资金，对短线投资尤其不利。

二、投资时机的确定依据

分配好资金后，确定投资时机至关重要。同样的投资对象在不同的时候介入，会有完全不同的结果。在股票的投资时机选择上，成交量、换手率是经常使用的参考指标。

（一）成交量

成交量是指某一市场或某些股票在一天交易中所撮合成交的股数，成交值则是该种股票在这一天中的总成交金额。在技术分析领域，价、量、时间是研究股票价格趋势的三个重要方面。甚至有量领先于价的论点。一般而言，股票价格与成交量是同步同方向的，成交量增加，表示市场参与者认同当前股票价格，愿意进场参与，自然而然地将股票价格推升。成交量递减，表示市场参与者信心不足或认为股票价格偏高，不愿买入或有意卖出，股票价格即将回落。当股票价格继续上升，成交量却后继无力不能随之上升时，即产生量价背离现象，为趋势反转的前兆。

（二）成交量与股票价格趋势的关系

成交量与股票价格趋势的关系可归纳为下列几种情况：其一，价格随成交量的递增而上涨，为市场行情的正常特征，此种量增价涨的关系，表示股票价格将继续上升。在一个波段的涨势中，股票价格随着递增的成交量而上涨，突破前一波的高峰，创下新高价格继续上涨。然而此波段股票价格上涨的整个成交量水准却低于前一波段上涨的成交量水准。此时，价格创新高，量却没突破，则是股票价格趋势潜在的反转信号。成交量是股票价格上涨的原动力，原动力不足，股票价格随时有回跌的可能；其二，股票价格随着缓慢递增的成交量而逐渐上涨，渐渐地成为垂直上升的喷涨行情，成交量急剧增加，股票价格暴涨。紧随着此波走势，继之而来的是成交量大幅度萎缩，同时股票价格急速下跌，表示涨势已尽，上升乏力，需要卖出以避免更大的下跌风险；其三，在一个波段的长期下跌形成谷底后，股票价格回升，成交量并没因股票价格上涨而递增，股票价格上涨乏力，然后再度跌落至谷底附近或略高于谷底，当第二谷底的成交量低于第一谷底时，是股票价格将要上涨的信号；其四，股票价格向下跌破长期以来的运行区间，同时出现大的成交量，是止跌信号，强势反转随时可能出现。

很多投资机构在操作中只注意股票价格的涨跌，而对成交量的变化却关注不够。实际上，只有对价量关系进行综合研判才能减少失误，多头市场应避免踏空，空头市场要避免做多。股市由多头转入空头，或由空头转入多头，说明投资环境已经发生变化，只有顺势而为才是正确的投资策略。长期盘整突然跳空而上，可以买进，如果突然跳空而下，需要尽快卖出。投资机构应审视整个投资环境或具体某只个股的基本情况，根据其量、价关系作出综合判断。具体而言，量、价关系经常表现为以下四种情况：一是价升量增，注意反转。在上升趋势初期，如果成交量也随之放大，显示上升趋势已经形成，投资机构可以考虑跟进。

若股票价格经过一段大涨之后，突然出现极大的成交量，价格却未能进一步上涨，通常这种情况表示买方力量转弱，行情随时有下跌的可能；二是价升量缩，减少持股。此时量、价已呈背离现象，多少意味着股票价格偏高，投资机构跟进意愿不强。此时要对日后成交量的变化加以观察，若继续上升，成交量增加，则量缩属于惜售现象。反之，则应酌量减少股票持有量，以免出现投资亏损；三是价稳量缩，底部渐成。股票价格变化不大，如果成交量萎缩，说明投资机构仍在观望，若是在下跌盘整中则表示正在逐渐筑底。如果成交量增加，而且是发生在上升趋势的初期，显示有新增资金介入，随时可能出现一波上升行情；四是价跌量增，趋势反转。在大市连跌数日之后，此时指数如果轻微续跌，成交量反而剧增，可视为买入点。如果指数开始下跌，成交量放大，则日后将形成继续下跌趋势。

以上量、价关系主要运用于对大盘的分析，而对具体的股票来说，还应注意，当股票上涨一段时间后，成交量开始萎缩，但股票价格仍继续按原有上升轨道运行，说明已有机构在一定程度上控制价格，可继续持仓。当股票价格由高点回落到某一区域内横盘整理，而此时大盘处于上升时期，股票价格突然拉升并伴有大成交量，必须提高警惕，以防出现大幅下跌。

（三）换手率

在确定投资时机时，除了成交量外，换手率也值得关注。换手率是反映买卖双方交易活跃程度的指标。由于有买才有卖，或有卖才有买，因此买方大于卖方的换手才能推高股票价格，如果卖方大于买方的换手则会使股票价格降低。换手率一般有如下三种情况：一是股票价格处于低位时换手率突然或逐步增大，股票价格会显现逐步上升的迹象，投资机构可迅速跟进；二是股票价格处于高位时换手率加大，股票价格会显现上升力度减弱的迹象，投资机构应当立即清仓；三是换手率的高低并不完全取决于股票价格高低。成熟的投资机构尤其是大资金运作，是不会盲目追涨杀跌的。如果买入股票后价格下跌，幅度不大，可以继续观望，幅度较大则要考虑是否在低位补仓、摊低成本，调整资金分配计划，具体操作应视大盘走势而定。

三、经典组合投资方法

（一）渔翁撒网法与反式渔翁撒网法

渔翁撒网法即要求投资机构同时购进多种股票，哪一种股票上涨到目标利润率水平就卖出哪种股票。这种投资方法的优点在于可以分散投资降低风险。在整个股票市场看涨的情况下，往往会出现各种股票轮流上涨的现象，投资机构可以相继以较高的价格卖出手中的股票而获取利益。即使出现熊市，但由于持有多种股票，总会有一些股票价格看涨，仍能获取利益或减少损失。这种方法也有其缺点：各种股票在短期内价格变动趋势难以把握，有可能在某种优质股票价格尚未涨到一定高度时就卖出，从而错过获取更大利润的机会，并将劣质股票长期握在手中，造成资金积压。因此，这种投资法主要在短期投资中使用。

与渔翁撒网法相对应的是反式渔翁撒网法。这种方法的操作程序与前者相反，即有选择地买进多种股票，哪种股票价格上涨，就多买进一些，哪些股票价格不升甚至下跌，就卖掉这些股票。这样就可能有更高的概率获得更多的优质股票而使盈利能力大大提高。

（二）分期买卖法

分期买卖是指投资机构在购买或卖出股票时，不是将资金或股票一次性投入或卖出，而是分成几次来完成买或卖这个过程，从而降低风险，取得预期收益。分期买入的具体操作方法是：在某一价位时买入第一批股票，在股票价格上升到一定价位时买入第二批，往后再买入第三、第四批等。在这个过程中，一旦股票价格下跌，投资机构可立即停止投入，也可根据实际情况卖出已购入的股票。分期卖出的操作方法与分期买入的方法类似，即在某价位时卖出第一批，在股票价格下跌到一定价位时卖出第二批，以后再卖出第三、第四批等。在这个过程中，如果股票价格上升，投资机构可立即停止卖出，也可根据实际情况买入股票。采取这种分期买入或卖出股票的办法虽然能有效地降低风险，但存在的缺陷也是显而易见的。如果股市行情一直看涨或看跌，分期买入或卖出股票获取的收益肯定要比一次性买入或卖出的方法要少得多。

（三）平均成本法

平均成本法又叫均衡定期投资法，是指投资机构以固定的投资数额来购买同一种股票，不管股票价格的变动如何，总是定期投入，而且这样做要维持相当长的一段时间，比如按月投放，从而使买进股票的平均成本低于股票的平均价格。一般来说，这个目的是容易达到的。因为每次的投资额固定，由于低价时买入的股数多，高价时买入的股数少，所以，在买入的总股数中，低价位购进股票占的比例就会大于高价位购进的股票比例，每股平均成本就会偏低。

平均成本法的另外一种运用手段是等级投资计划法，其着眼点在于利用股票市场短期内价格的波动来赚取差价。因此，等级投资计划法需要依据股票价格的趋势来确定，并且选择股性活跃的股票来作为投资对象。采用等级投资计划法，必须先确定股票价格等级的幅度。例如以 0.1 元、0.2 元、0.3 元或 0.5 元为一级。在确定股票价格等级幅度后，即可进入实际操作阶段。每当股票价格下降一级时，便购进一个单位。相反，每当股票价格上升一级时，便抛出一个单位。按照这个固定的计划进行买卖，可使售出股票的价格高于买进的成本，从而赚取差价。这种投资方式虽然简便有效，但要求股票价格短期内不停地上下波动，对于长期上升或长期下跌的市场，则不适用。

（四）哈奇计划法

哈奇计划法是由美国人哈奇创造的。其具体操作方法是：将所购进的股票在每个周末计算其平均价格，到了月底，再将各周的平均价格相加，得出一个月的平均价格。如果本月的平均价格与上个月的最高价格相比下降了10%，就应卖出全部股票，不再购买。等到所卖出股票的平均价格由最低点又回升10%，达到以前的水平时，再行买进。从1882年到1936年，哈奇使用这种方法达53年之久，其资产也由10万美元增加到1 440万美元。他所持有股票的期限短者3个月，长者6年。哈奇计划法是一种高度机械化的办法，既简单又实用，但是如果股市相对稳定，股票价格在较长的时期内其波动幅度达不到10%，也会给投资机构带来麻烦。

【本章小结】

1. 现代组合投资理论包括均值方差模型、单指数模型、多指数模型、资本资产定价模型等一整套完整的理论体系，可以从不同角度为社会保障基金的组合投资提供理论依据。

2. 在社会保障基金的诸多投资对象中，股票投资把握难度最大。有必要了解一些市场影响比较大的股票投资理论。如江恩理论、波浪理论、道式理论、对称理论、随机漫步理论等。

3. 用来分析和预测股票市场的技术指标很多，从大的方面看可分为价格指标、成交量指标和心理指标。

4. 社会保障基金在开展组合投资时，在资金分配上有以下方法可供选择：投资三分法、比例投资法、固定金额投资法等。上述方法既有优势也有缺点，可以比较使用。

5. 在经典投资组合方法中，有渔翁撒网法、反式渔翁撒网法、分期买卖法、平均成本法与哈奇计划法等，社会保障基金可以根据不同时期、不同市场以及不同的投资风格选择、调整，以取得理想的投资效果。

【关键概念】

均值方差模型　协方差　单指数模型　资本市场线　资本资产定价模型

资本资产套利模型　江恩交易年　江恩角度线　波浪理论　道式理论
随机漫步理论　移动平均线　黄金交叉点　死亡交叉点　相对强弱指标
乖离率　意愿指标　可变比例投资法　哈奇计划法

【复习思考题】

1. 马柯威茨关于有效组合与有效边界的假设条件是什么？
2. 单指数模型的代表人物是谁？基本观点是什么？
3. 在单指数模型中，如何对β值进行估计？
4. 写出套利定价理论中的资产定价公式并说明其含义。
5. 观察我国的证券市场，谈谈你对小盘股效应、价值型股票效应和价格反转现象的认识。
6. 如何理解江恩的周期循环理论？
7. 江恩波动法则的核心是什么？
8. 如何认识江恩的周年日现象？
9. 波浪理论有哪些特点？
10. 道式理论的主要内容有哪些？
11. 如何运用对称理论来指导具体的投资活动？
12. 如何运用随机漫步理论来指导具体的投资活动？
13. 在常用技术指标中，价格指标包括哪些内容？各有什么含义？
14. 什么是量能指标（*OBV*）？其判断原则是什么？
15. 动向指标（*DMI*）与容量指标（*VR*）有何区别？
16. 不变比例投资法与可变比例投资法有何区别？
17. 如何理解成交量与股票价格趋势的关系？

【应用案例】

全国社会保障基金投资现状与问题

一、基金规模稳步增大，资金来源受到限制

自2000年全国社会保障基金成立以来，基金规模稳步增大。2001年年初，全国社会保障基金余额为200.17亿元，到2006年年初，已达1 954.27亿元，6年增长了876.31%。从其构成来看，财政拨款占绝对多数，国有股减持收入受政策影响变动较大。2001年6月12日，国务院颁布《减持国有股筹集社会保障

资金管理暂行办法》，计划通过初次发行和增发股票时减持变现10%的国有股来充实全国社会保障基金，但由于股票市场存在诸多问题，这种减持方法仅实施了4个多月，于2001年10月22日宣告暂停，划拨到全国社会保障基金的收入约20亿元。2002年8月20日起，财政部对国有股权转让的审批重新启动，当年公告转让和得到财政部批准转让的上市公司近90家，2003年上半年又有106家上市公司共转让国有股144起，转让总股数67亿股，其中一部分与在海外上市的国有股一起形成全国社会保障基金的收入来源，但总的说来份额不大。从支出方面看，由于全国社会保障基金的设立是为了应付未来人口老龄化高峰时期的需要，故当前支出不多。2001年没有任何支出，2002年支出了60.19亿元满足当年的社会保障需要，2003年发生投资经营支出30余万元，2004年支出51.58亿元，主要是社会保障基金受托管理的原行业统筹企业基本养老保险基金的本息。

全国社会保障基金年收支构成见表7—3。

表7—3　　全国社会保障基金年收支构成　　亿元

年份	2001	2002	2003	2004	2005
基金总收入	604.93	497.85	83.15	334.85	294.41
其中：财政拨款	473.48	365	0	278.54	228.70
彩票发行收入	0	23.75	45	0	0
投资营运收入	9.67	21	34.07	45.91	52.9
国有股减持收入	121.78	88.1	4.08	10.4①	12.80
基金总支出	0	60.19	0.003 047	51.58	
其中：社保基金拨出	0	60.19	0		
投资经营支出	0	0	0.003 047		

注：此为全国社会保障基金入股交通银行而产生的股权资产准备计10.4亿元

资料来源：《2001—2004年全国社会保障基金年度报告》

全国社会保障基金年累积规模见表7—4。

表7—4　　全国社会保障基金年累积规模　　亿元

年份	2001	2002	2003	2004
年初基金余额	200.17	805.1	1 241.86	1 325.01
当年增长额	604.93	436.76	83.15	334.85
其中：财政性净拨入款	595.26	415.76	49.08	278.54
投资营运净收入	9.67	21	34.07	45.91

续表

年份	2001	2002	2003	2004
年末基金累积结余	805.1	1 241.86	1 325.01	1 659.86
其中：财政性拨款累积	795.26	1 211.02	1 260.1	1 538.64
投资营运累积	9.84	30.84	64.91	110.82
风险准备金	1.97	6.17	12.98	

资料来源：《2001—2004 年全国社会保障基金年度报告》

尽管全国社会保障基金总额稳步增长，但与未来巨大的资金缺口相比仍然很少。近年来，管理层提出了诸多拓宽全国社会保障基金资金来源的计划，如加大划拨国有资产充实基金的比例，实现财政拨款制度化，在拨款时间和额度上相对固定，以便于理事会科学拟订资产配置计划和年度投资计划，探索建立个人账户资产营运办法等，但要将上述设想真正落实还存在许多制约因素。

二、投资范围不断拓宽，投资收益偏低

2003 年以前，全国社会保障基金的投资主要集中在银行存款和国债上。在当时的背景下，由于市场利率持续下降，存款和国债收益大幅减少，而沪深股市尽管已经风险昭然，但 2000 年上证综合指数和深圳成分股指数双双扬升 50%以上的赚钱效应，仍然使许多投资者对其充满了幻想，各方面都在探讨全国社会保障基金入市的必要性和可行性并得到了决策层的认同。2001 年 7 月，全国社会保障基金理事会以战略投资者的身份获配中石化 A 股 3 亿股，每股成本 4.22 元，总投入 12.66 亿元，首开基金间接入市的先河（到 2002 年年底，此部分股票账面亏损约 2.3 亿元，亏损率 18.2%）。2003 年 6 月，全国社会保障基金理事会初步建立了直接投资运作制度，选择南方、博时、华夏、鹏华、长盛、嘉实 6 家基金管理公司作为全国社会保障基金的投资管理机构，并选择中国银行和交通银行作为托管人，通过他们进入沪深股市开展投资活动。2003 年年底，财政部报请国务院批准用全国社会保障基金的一部分外汇收入在国际资本市场上进行投资并于 2004 年 2 月 9 日得到了认可。

全国社会保障基金投资结构见表 7—5。

表 7—5　　全国社会保障基金投资结构　　亿元

年份	2001	2002	2003
基金总额	805.09	1 241.86	1 325.01
银行存款	519.99	938.79	600.17

续表

年份	2001	2002	2003
国债	264.2	273.93	385.51
委托投资	0	0	318.87
新股申购	12.66	12.66	0
企业债券	1	1	1
金融债券	5	5	5
应收利息	2.24	10.48	14.46

资料来源：根据《2001—2004年全国社会保障基金年度报告》整理

全国社会保障基金投资收益见表7—6。

表7—6　全国社会保障基金投资收益　亿元

年份	2001	2002	2003
存款利息	3.81	12.94	24.59
国债利息	5.83	7.52	7.6
其他债券利息	0.03	0.24	0.24
股票股息	0	0.3	0
委托投资收益	0	0	1.64
基金总收益	9.67	21	34.07
计提风险准备金	1.97	4.2	6.81
收益率	2.25%	2.75%	2.71%

资料来源：根据《2001—2004年全国社会保障基金年度报告》整理

从上表中可知，在全国社会保障基金的投资收益中，银行存款与国债利息一直占有举足轻重的位置。近年来，理事会加快了多元化投资的步伐。2004年，全国社会保障基金出资100亿元参股交通银行，成为其第三大股东，到2005年，这笔投资的年收益率已超过了30%。2005年12月，全国社会保障基金拟分别投资100亿元参股中国工商银行和中国银行，成为两者的战略投资者。同时，中央政府也陆续扩大了全国社会保障基金的投资范围，已发文批准其对国有资产管理管理委员会下辖的169家中央企业进行股权投资，对单个企业的投资比例上限为全国社会保障基金总资产的20%，也可投资财政部管辖的金融资产，对企业债券的投资比例也有所放宽。2005年12月23日，全国社会保障基金理事会与中国海洋石油总公司控股的中海信托、铁道部、交通银行在北京正式签约，由中海信托向全国社会保障基金理事会定向发行1年期银信合作结构化信托融资产品，为铁道部筹集30亿元的成本低于同期贷款的资金，这是全国社会保障基金首次运用信托方式大规模投资大型基础设施的试点项目。

由于全国社会保障基金的专有用途，决定了其对安全性有较高的要求，为了控制风险，管理层对其投资工具和投资比例均有详细规定。但是，从投资结果看，与实际期望还存在很大的差距。银行存款、国债及其他有固定收益的金融工具因整个利率水平不高而不可能取得理想收益。客观而言，全国社会保障基金直接入市具有长远的意义，它体现了决策部门对基金投资方向的引导，但对入市时机的选择还有诸多值得商榷的地方。证券市场是高风险的市场，股票更是高风险的投资工具。故此多元化投资被公认为是分散风险提高收益的有效手段，但在我国目前的市场环境下还很难给全国社会保障基金提供更多的投资选择。2004年，全国社会保障基金证券资产减盈增亏9.19亿元，冲抵其他投资实现的收益45.91亿元后，经营业绩下降为36.72亿元，以此计算的收益率为2.61%，拉低整个全国社会保障基金投资收益0.71个百分点。2005年，随着股权分置改革的推进，下半年股市行情好转，全国社会保障基金证券资产减亏增盈18.32亿元，经营业绩为71.22亿元，以此计算的收益率为4.16%，拉高全国社会保障基金投资收益1.04个百分点。2006年以来，由于沪深股市出现了前所未有的涨幅，社会保障基金投资于股市的部分也取得了较高的回报，但持续性难以判断。

三、管理费用高，委托代理关系有待完善

按照规定，全国社会保障基金理事会除直接进行银行存款、在一级市场买卖国债外，其他投资只能委托专业投资机构进行。而上限达1.5%的管理费用标准确实过高。而且，在选择投资管理机构时，如何科学抉择并妥善处理其中的委托代理关系，也是一个十分现实的难题。2002年年底，管理层首次挑选代理投资机构时，由于各备选公司之间包括产品设计、管理费率报价等影响竞标的因素事前事后都处于封闭和保密状态，因此，当时就有业内人士质疑这样的选择很难保证得到最优结果。委托代理关系就其实质而言仍是一种契约关系，其基本内容是委托人聘用代理人完成某项工作计划支付的报酬、代理人为了委托人的利益需达到什么目标、可以采取哪些行动等，双方通过共同认可的合同来明确各自的权利和责任。在现实经济活动中，由于委托人和代理人不同的利益主体地位，决定了两者目标的不一致性。同时又由于代理人比委托人掌握着更直接、更广泛的信息，普遍存在信息不对称现象，从而不可避免地产生逆向选择与道德风险。根据委托代理理论，可以选择的激励方案有三种：一是收入分享。让代理人分享一部分委托人的利润，代理人越努力，总利润就越大，代理人自己可分享的部分就越多；二是强迫合同。由于代理人的行动往往不好监控，而他的工作绩效相比之下则容易观察得多。委托人可以制定明确的标准，如果代理人在一定时期内的工作绩效达到了这个标准，就可以按规定付给他报酬。反之，如果代理人没有达到这个标准，则什么都得不到；三是经济竞赛。委托人把所有代理人根据各自努力程度的大小逐一排队，向多努力的代理人多支付报酬，向少努力的代理人少付报酬，这种激励方法的参照标准是代理人的相对绩效。

从我国目前的情况看，主要是第三种方式。2005 年 6 月，全国社会保障基金理事会对第一批代理机构进行了业绩考核，并执行了末位淘汰制。考核排名前两位的鹏华和博时基金分别被追加了 4.5 亿元与 3 亿元的资金，排名中间的 3 家基金视情况被减少了管理费或赎回部分资金，排名最后的华夏基金的股票组合被转至博时基金。同时甄选了数家具有相对优势的基金公司组成 10 家社会保障基金的代理投资机构。到 2005 年 12 月末，这 12 家代理投资机构已经出现了较为明显的业绩分化。其中，组合最高年度收益率达 10.17%。此外，还有 5 个股票投资组合的年收益率在 5%以上，另外 5 家投资收益率为负数，最差的年度亏损 7.01%。应该说这样的考核和结果是十分必要的，但是在我国存在制度漏洞的情况下，投资业绩好的机构也很难得到真正的认同。例如，有“社保基金投资明星”之称的鹏华基金管理公司就曾被人指责为了保住全国社会保障基金投资管理人资格，利用其管理的其他基金为全国社会保障基金抬轿，证监会甚至组织了相关调查核实此事。尽管结果不了了之，但从实际情况看，被选中的管理机构很可能同时管理多家基金甚至是自己作为发起人的基金，这就存在产生关联交易的可能。一般而言，根据业务特点，对社会保障基金管理人的监管应该包括以下内容：订立标准严格的委托管理协议，确立基金账户管理目标，监控投资管理人提供的定期绩效报告、投资组合报告以及不定期的重大事件报告并进行客观的评价。判断其投资风格是否与全国社会保障基金的资产配置政策相吻合，投资决策体系有无需要改进和完善的地方，有无为了某种特定目的而出现对倒、对敲、高位接盘等行为。而在以上几个方面的监管中，我国目前都存在一些问题，要么是制度不规范，要么是制度没有得到充分的贯彻落实。对社会保障基金理事会来说，监管过度可能会挫伤代理投资机构的积极性，监管不严又会助长道德风险，损害全国社会保障基金的合法权益。如何在两者之间寻求最佳的均衡点，还有继续深入摸索的必要。

第八章

我国社会保障基金的投资风险控制

学习目标

本章的主要内容有：我国社会保障基金投资对象的价值分析，公司分析的主要内容，行业分析与宏观分析的主要内容。股票价值的不同体现，影响股票价格的因素，股票投资风险的表现形式，股票投资风险的种类，股票投资风险的测量办法。债券的信用等级，债券的收益率曲线，债券的市场价值与持续期理论，投资基金的风险控制。我国社会保障基金的投资环境建设。其中重点掌握的内容有：公司财务分析，行业的市场类型，系统性风险与非系统性风险的区别，用价差法和离差法来测量股票投资风险的操作程序，解释债券收益率曲线的几种理论及其运用，特瑞纳指数与夏普指数的区别。

第一节 我国社会保障基金投资对象的价值分析

社会保障基金在开展投资活动前，对该不该买、买什么，有没有必要卖、什么时候卖，必须找出既能说服自己，也能引起市场共鸣的依据。由于社会保障基金主要投资于证券市场，要对投资对象的价值有真实、客观的把握，不但需要对发行股票、债券的公司的基本情况、财务状况进行分析，而且需要了解这些公司的行业现状及前景，以及某一时期国家宏观经济政策导向和这些政策对证券市场可能产生的影响。这些分析归纳起来可分为三个方面，即公司分析、行业分析和宏观分析。

一、公司基本情况分析

（一）公司性质及基本情况

1. 公司发展背景

对于公司发展背景，应主要了解公司的创立时间、主要业务，是制造企业、批发企业，还是零售企业？生产是否有季节性？是原材料供应的季节性，还是产品销售的季节性？公司的所有权结构，如证券发行的种类、规模，主要股东和持股情况等。不同性质的公司在不同时期的盈利能力和证券的市场表现是有差异的，在进行投资判断时必须慎重考虑。

2. 公司产业增长与供销关系

主要了解公司最近3年来的销售收入增长率、利润增长率、市场占有率等。考察是否出现了有较大增长的新客户和供应商，主要产品的价格、质量、特许经销保护、专利商标保护、技术敏感性，产品的年生产能力、库存量、周转率、有无预售及预售规模，与同类产品的差异程度。了解主要供应商所在行业的经济条件，各自供应量占总采购量的百分比与特殊要求。重要原材料短缺、供货中断和价格波动的可能性，长期供货合同和互相购买协议的可靠程度、与别的业务单位的关系及依赖程度，通过以上分析，判断公司是否具备正常的购销条件。

3. 公司固定资产情况

固定资产是绝大多数公司开展生产经营活动的必备条件。考察一家公司的固定资产情况，需要对社会保障基金进行以下几个方面的了解：

（1）固定资产的规模和先进程度。在市场需求充分的情况下，固定资产规模越大，产出能力越强，其通过规模效益来降低生产成本的可能性就越高，相对于同行业其他公司来说，无疑存在着更强的竞争优势。

（2）固定资产的折旧情况。由于固定资产在使用过程中会不可避免地产生有形损耗与无形损耗，必要的折旧是公司更新固定资产、采用更先进生产设备的物质基础，也是公司持续、稳定发展的前提条件。倘若企业没有按统一要求提足固定资产折旧费用，则意味着企业经营中可能存在一些问题。难免有吃光花光之嫌，指望它长久维持理想的收益是不现实的。

（3）固定资产的投保情况。由于一些特殊的企业受自然灾害影响较大，如果没有投保或者没有足额投保，则会增加经营风险。

（4）无形资产的情况。无形资产是指由知识产权和专用技术构成的资产，也包括一些为保证提供运用条件的特种权利和必要的费用支出。主要有专利权、专有技术、专营权、工业产权、场地使用权、商标、商誉等。无形资产的运用，在生产领域，可以使企业提高劳动效率，节约消耗，降低成本，提高产品的性能和质量。在流通领域，可以起到占领市场、扩大客户群体、增加销售收入的作用。部分公司仅仅因为拥有市场优势明显的无形资产，单靠转让无形资产的使用权即可取得可观收入。因此，社会保障基金对这方面的情况也应加以关注。

（二）公司经营管理能力

公司的经营管理能力集中体现在对生产要素尤其是劳动力的组织和利用上，具体体现在以下几个方面：

1. 组织机构是否健全并正常履行职责

一般而言，公开发行证券的公司必然是股份有限公司，必须设立分工明确的股东大会、董事会和监事会。虽然股东大会是公司的最高权力机构，但对于稍具规模的公司来说，由于股东遍布全国各地甚至世界各地，经常开会是不可能的。股东主要通过选举他们信得过的董事、监事来管理公司。因此，社会保障基金需要认真了解公司主要股东、董事和管理人员的声誉，他们的年龄结构、才能与成就，对国内、国际市场的了解程度等。因此，一些公司领导人的更换也可能成为证券短期涨跌的直接原因。公司高级管理人员相互之间的协作关系同样具有重要性。如果某家公司的董事长与总经理矛盾重重，互相拆台，各行其是，则对其经营业绩难以有过高指望。

2. 人力资源的调配与劳资关系的协调

首先，考察投资对象所在地区是否有充足的劳动力供给，能否在生产规模扩大时招募到符合要求的员工以保证生产过程的顺利进行。正在执行的报酬计划是否能吸引高素质的人才，工资水平是否有产业竞争力；其次，了解公司的雇员福利、养老金计划，员工利润分享计划如红利份额、奖励与补偿规定，假期政策、解雇费用、退休金以及退休后的医疗和人寿保险费用，工会协议、劳资关系、罢工历史等；最后，考察生产过程的组织是否科学合理。如产销计划是否切合实际，公司内部各部门、各环节能否形成有机整体，是否具备灵敏有效的信息反馈系统，对不断变化的经营环境及时作出反应，分析原因并采取相应的对策。

（三）公司竞争能力与市场策略

竞争是市场经济的客观现象。一个公司只有在竞争中才能生存和发展，也才有可能给社会保障基金带来良好的回报。在通常情况下，企业必须面对潜在对手进入的威胁、市场内部的竞争、来自客户和替代品的压力。全面衡量公司的竞争能力，还需要考察其科技开发潜力。了解投资对象在最近几年已完成的新技术、新工艺、新产品及在市场上的反应，已经实现或可能实现的收益。目前正在研制开发的项目、估计费用、完成时间和潜在利润。主要研究人员在所在领域的声望、技术优势及对公司的忠诚程度，研究开发费用的投入保证和产出效率等。

从市场策略方面看，一般而言，公司的市场策略可分为两种，即价格竞争与特色竞争。以价格竞争为主要手段的公司，要使自己的产品价格比其他所有竞争者都低，让消费者自动来买；以特色竞争为主要手段的公司，则要创造出自己的特色产品，使其产品虽不便宜甚至高于竞争者，但消费者仍然愿意来买。因此，成功的企业要么是行业中成本最低的生产者，要么是行业中最具产品特色的企业。然而无论是价格竞争者还是产品特色竞争者，市场份额都是非常重要的，因为规模效应可以降低产品的单位成本，在性能质量不变的情况下，规模大的企业比规模小的企业更具价格优势。在特定条件下，有的公司甚至可以达到同时有价格与特色两方面的优势，因为它新增的成本已经被规模经营的因素消化吸收了。因此，在选择投资对象时，行业中市场份额最大的公司通常是首选。

（四）公司股息分配政策

股息是指证券持有者从发行证券的上市公司领取的一种投资收入。按照规定，目前我国上市公司可以采取现金股息和股票股息两种形式。现金股息是直接用现金形式支付的股息，股票股息是以送股形式支付的股息。借助于股息分配，可能产生除权除息行情，值得社会保障基金关注。除权是针对送股，除息则针对派发现金。由于除权除息需要在股票的交易价格中将其除掉，以保证社会保障基金在分配前后投资成本大体一致。这就牵涉到一个除权除息价格的计算问题。其计算公式是：

$$除息价=股权登记日收盘价-每股所派现金$$

$$送股除权价=\frac{股权登记日收盘价}{1+送股比例}$$

$$送股、派息除权价=\frac{股权登记日收盘价}{1+送股比例}+每股所派现金$$

例如，某上市公司的上年度分红派息方案为 10 股送 5 股红股，另外每股派现金 0.2 元，并决定某月某日为该证券的除权日。假如该只证券除权日的前收盘价为 12 元，则除权除息价为：

$$\frac{12}{1+0.5}-0.2=7.8\text{元}$$

为便于识别，除权除息价由证券交易所在除权除息当日公布，并在除权的股票前加上“XR”（即 Ex-Right）字样，表示该股票当天的价格因除权而对前一个交易日的收盘价进行了修改。在除息的股票前加上“XD”（即 Ex-Dividend）字样，表示该股票当天价格因除息而对前一个交易日的收盘价已进行了修改。在既除权又除息的股票前加上“DR”字样，表示该股票当天价格因除权除息而对前一个交易日的收盘价已进行了修改。

公司股票除权除息以后，一般会出现两种情况，即填权填息和贴权贴息。填权填息，是指某公司股票在除权除息以后，股价上涨，把除权除息差价补回；而贴权贴息，是指除权除息后的股价不涨反跌，分红利润不仅没有得到反而还得承受亏损。参与不参与除权除息的运作，关键看手中的股票是否能顺利填权填息。如果长期投资，则可选择一些送股比例高的股票。如果是短期投资，则需要考虑某一时期的市场背景。在多头市场中，参与除权大多会填权受益，但在空头市场里，参与除权者大都会因贴权而亏损。如何选择，一要看大势，二要看业绩。总之，在众多炒作题材中，沪深股市每年都有一批股票产生过或将要产生耀眼的除权除息行情，值得社会保障基金高度关注。

二、公司财务状况分析

（一）财务分析的对象与方法

由于上市公司以营利为经营目的，而利润的多少需要通过数字直观地反映出来，公司的基本情况最终会通过财务状况得以体现。因此，财务分析的对象主要是财务报表。上市公司的财务报表包括资产负债表、利润表（也称损益表）、现金流量表、利润分配表。对于上市公司来说，要求每年公布两次财务报表，一次是中期报表，另一次是年度报表，一、三季度还需提供相对简单的报表。

财务报表由专业人员编制，要正确客观地评判公司的经营效果，准确把握并利用其中的信息，需要社会保障基金运用一定的方法。这些方法主要有以下三种：

1. 纵向分析法

纵向分析法即将公司数年来的财务状况或经营成果列在同一财务报表上加以比较，研究报表上同一期间各种科目之间关系的变动情况，从而确定公司财务状态变动的主要原因，并以此推断公司的发展趋势。纵向比较可分为绝对数比较、百分比比较等方式。

2. 横向比较法

横向比较法即将公司数年来某一指标的绝对金额或比率列在同一财务表上进行分析，以测定其发展趋势和程度，判断公司的发展前景。它可在财务报表上直接进行，也可通过计算某一科目或比率的增长率进行。例如，某公司 2007 年利润总额比上年增长了 30%，如果其主营业务利润反而下降，而且利润主要是风险投资收益增加所致的话，则这样的增长就是不稳定的增长，反之亦然。

3. 标准比较法

标准比较法即预先设定某一数字或同业数字作为标准，将财务报表上的数字与该标准进行比较。如果某公司业绩比上年改善，但仍低于同行业的先进水平或平均水平。则需要考察其是否还有继续提高的潜力，然后再决定有无必要对其投资。

（二）主要财务报表

1. 资产负债表

资产负债表是反映上市公司在某一特定时期如月末、季末、半年末或年末所拥有的资产、所负担的债务以及股东在公司中占有的权益状况的报表。它依据“资产＝负债＋股东权益”这个基本平衡公式编制而成。公司资产主要包括流动资产、投资和基金、固定资产、其他资产，公司负债包括短期负债和长期负债，股东权益则反映了全体股东所拥有的资产净值情况，包括股本、资本盈余和未分配利润。社会保障基金阅读资产负债表，可获得以下信息：（1）上市公司的资产、负债和股东权益是否合理？如果一家公司全部资产中，净资产所占比例过低，说明公司的外债太高，社会保障基金对该公司的安全程度应给予重视。（2）上市公司偿还债务的能力如何？如果一家公司的流动资产与流动负债相比过低的话，说明公司的偿债能力弱，在这种情况下，即使公司处于盈利状态，也可能面临短期偿债困难。（3）上市公司运用资金的能力如何？一个经营活动正常的企业，资金应当有效率地在生产经营过程中运转。如果一家上市公司的存货积压过多或账款收回的速度缓慢，说明公司资金运用能力不强。（4）股东在上市公司里所享有的权益是多少？通过资产负债表上列示的股本、净资产等数据，就可以计算出股东在公司中所享有的权益。

2. 利润表

利润表又叫收益表、损益表，是反映公司在一定时期内利润或亏损情况的报表。按最新会计制度规定，利润表应包括主营业务收入、主营业务利润、营业利润、利润总额、净利润等基本内容。通过利润表，社会保障基金可了解以下主要信息：公司在一定时期（如半年、一年等）取得了多少主营业务收入；公司在取得主营业务收入的同时，发生了哪些相关费用支出，这些费用支出是否合理，还有哪些压缩空间；公司主营业务收入减去相关费用后，主营业务利润有多少；公司除主营业务外，取得了多少其他业务利润和获得了多少投资收益；公司在某一时期由主营业务利润、其他业务利润、投资收益以及营业外收支净额构成的利润总额有多少。

利润表与资产负债表不同的是，资产负债表是一张静态表，反映的是企业在某一时点（如年末、季末、月末等）上的资产、负债和股东权益状况，损益表则是一张动态表，反映的是企业在一定时期（如半年、一年等）内实现（或发生亏损）的利润情况。

3. 现金流量表

现金流量表是反映公司在一定会计期间内有关现金或现金等价物流入流出信息的报表。这里所指的现金是公司库存现金以及可以随时用于支付的存款和其他货币资金。现金等价物是指公司持有的期限短、流动性强、价值变动风险很小的投资。按最新会计制度规定，现金流量表主要包括以下五项内容：经营活动产生的现金流量、投资活动产生的现金流量、筹资活动产生的现金流量、汇率变动对现金的影响、现金及现金等价物净增加额。

通过对现金流量表的分析，可了解公司在一定时期内现金收入的来源、支出的用途、产生现金净流量的能力以及用现金偿还债务本息的能力，造成公司现金松紧的原因等。社会保障基金可以发现以下问题：公司利润流向何处？利润增加了，为什么流动资金反而减少了？扩建厂房和购置设备的资金是从哪里来的？出售厂房设备所获得的收入是怎样处置的？等等。由于利润是在多种会计假设及人为判断的基础上计算出来的，涉及的主观因素较多。相对说来，现金流量就客观得多。现金流量的计算不涉及权责发生制会计假设，几乎造不了假，硬要造假也比较容易被发觉。虚假的合同可能做出利润，但绝对做不出现金流量。显然，利用该表分析公司的盈利能力比每股盈利更客观，有其特有的准确性。如果把利润总额看作企业盈利能力的数量指标，那么，经营活动现金流量净额就是企业盈利能力的质量指标。

4. 利润分配表

利润表是反映公司利润分配情况和年末未分配利润结余情况的报表。一般作为利润表的附表使用，主要包括利润总额、可供分配的利润、未分配利润等内容。通过分析利润分配表，社会保障基金一方面可以了解公司上缴所得税、公司积累、股息发放以及尚未分配利润的情况；另一方面通过表上的有关数字，还可以分析公司历年的积累情况和公司实力，从而作出对公司证券投资价值的判断。

三、行业与宏观分析

（一）行业分析

1. 行业的市场类型

大部分公司总是属于某一个具体的行业，不同的行业所面临的市场类型也不一样。行业的市场类型可以分为三种，即完全垄断、完全竞争和不完全竞争。

完全垄断指企业独家生产某种特殊产品，而且没有相近的替代品的情形，可以分为政府完全垄断与私人完全垄断两种。私人完全垄断是指某家企业根据政府授予的特许专营权或根据专利权产生的独家经营，以及由于资本雄厚、技术先进而建立的排他性经营等。在这种市场类型中，垄断者能够根据市场的供求情况制定理想的价格和产量，在高价少销和低价多销之间进行选择，以获取最大的利润。但是，垄断者在制定产品的价格与生产数量方面的自由度是有限的，它受制于许多因素。

完全竞争指许多生产企业生产同一类产品的市场情形。其特点是：生产者众多，各种生产资料可以完全流动；产品具有相同的用途或可以互相替代，因此，没有一家生产企业能够影响产品的价格。生产者永远是价格的接受者而不是价格的制定者，其盈利水平由产品对市场的适应程度及市场产品的需求来决定；生产者或消费者都可以自由地加入或退出这个市场。大多数初级产品的生产都处于完全竞争的市场状态中。

不完全竞争指许多生产厂家生产同种但不同质产品的市场情形。其特点是：生产者众多，同类产品有质量上的差异，生产企业可以此树立自己产品的信誉，从而对其产品的价格有一定的控制能力。在国外，还有一种寡头垄断的情况。即相对少量的生产者在某种产品的生产中占据很大的市场份额，对市场的价格具有一定的垄断能力，其他生产者必须随该生产者对产品的定价和经营方式的变化而相应地进行某些调整。对于投资者来说，行业的市场差异对其证券的收益与风险的影响是不一样的。购买完全垄断行业的证券，收益稳定，风险较低；购买不完全竞争行业的证券，风险可能高于前者；购买完全竞争行业的证券，有着相当高的风险，但也有可能获取较高的收益。

2. 不同时期的行业政策

由于政府的影响作用无处不在，政府的管理措施可以影响行业的经营范围、增长速度、价格政策、利润率和其他许多方面。许多国家的政府都对有关国计民生的重要行业进行直接管理，如煤气、电力、电信、广播电视等公用事业，铁路、公路、航运、航空等运输部门，银行、保险公司、投资公司、证券交易所等金融部门。这些部门的营业价格要受政府的调节和管制，政府一般只允许它们获得合理的利润率。而且政府的价格管理并不保证这些企业一定能够获利，成本增加、管理不善及需求变化同样会使这些企业发生亏损。

政府根据国民经济发展需要在不同时期实行不同的行业管理政策。政府如果鼓励某行业的发展，将在税收、信贷等多方面加以扶持，从而使这些行业的上市公司得到更多的政策优惠，保持更快的发展速度，其证券在市场上也将稳中趋升。政府如果限制某行业的发展，这些行业将在诸多方面受到压制，相关公司的经营乃至生存都会受到影响。在我国，过去几年，政府重点支持农业、原材料产业，这些行业的公司不但比一般企业更容易取得上市资格，而且在税收、资金、市场等方面也更有保障。近年来，政府又把支持的重点放在了高科技行业，这也是该行业上市公司股票在二级市场上有更多获利机会的政策基础。

3. 社会倾向及技术对行业的影响

现代社会越来越强调经济行业所应负的社会责任，这种日益增强的社会倾向已对许多行业产生了明显的作用。例如，防止环境污染、保持生态平衡已为许多国家所重视，那么，污染严重的行业其发展必然要受到限制。又如，随着技术的发展，新兴学科不断涌现，理论科学朝着实用技术的转化过程大大缩短。一系列新兴的高科技部门，如电子工业、高分子合成工业、生物工程、遗传工程等，相继兴起，在推动社会迅速发展的同时，不断地淘汰着旧的行业。这些新产品在定型和大批量生产后，市场价格大幅度下降，很快被消费者所接受。使得新型行业能够迅速代替并超过旧的行业，严重威胁着旧行业的生存。因此，充分了解各行业技术发展的趋势，对社会保障基金来说是至关重要的。

4. 行业的生命周期

每个行业都要经历一个由成长到衰退的演变过程。一般说来，行业的生命周期可分为四个阶段，即初创期、成长期、稳定期和衰退期。

在初创期里，由于新行业刚刚诞生或初建不久，因而只有为数很少的创业公司对此投资。产品的研究和开发费用较高，而市场需求却因公众了解不多而相对偏小。创业公司面临着很大的投资风险，如果投资者购买了这些公司所发行的证券，也得承担相应的风险；在成长期里，由于市场前景看好，投资于该行业的厂家大量增加，产品也逐步从单一、低质、高价向多样、优质和低价的方向发展，因此，这一行业里出现了生产厂家与产品相互激烈竞争的局面。显然这一时期企业的利润虽增长很快，但所面临的竞争风险也非常大，只有那些在竞争中生存下来的企业，才有可能进入稳定期；在稳定期里，整个行业已被少数资本雄厚和技术先进的大企业所控制，各个企业都占有一定比例的市场份额。企业与产品之间竞争手段逐渐从价格手段转向各种非价格手段，如提高质量、改善性能、加强售后维修服务等。行业利润由于具有一定程度的垄断，达到了很高的水平，从而风险却相对下降；经过较长的稳定期后，由于新产品和大量替代品的出现，原行业的市场需求开始减少，某些厂家开始向其他更有利可图的行业转移资金，至此，整个行业便进入了生命周期的最后阶段。在衰退期里，市场不断萎缩，利润不断下降，当正常利润无法维持或现有投资折旧完毕后，整个行业便逐渐解体了。

了解行业的生命周期对社会保障基金具有重要的参考价值。在初创期里，现实收益低于未来收益，而且安全性低，是否投资取决于社会保障基金对风险和未来收益的权衡比较。在成长期里，企业所面临的竞争风险将不断增大，社会保障基金必须选择那些具有竞争实力的公司进行投资。稳定期的行业通常是盈利的，投资的风险相对较小。而对衰退期的行业进行投资是不安全的。

（二）宏观分析

宏观分析就是对证券市场所面临的宏观经济形势、背景及趋势进行分析，并以其判断出它们对指数及大势涨跌的影响，决定是买入还是卖出。在一般情况下，宏观分析主要涉及国民生产总值、经济周期、经济政策及其他因素。

1. 国民生产总值

国民生产总值即通常所说的 GDP，是反映一国宏观经济情况的综合指标，通常表现为某一特定时期里（如 1 年）一国所生产的全部商品与劳务价值的总和，用公式表示为：

$$Y=C+I+G+N$$

式中 Y——国民生产总值；

C——个人消费开支；

I——国内企业、非营利组织及个人总投资；

G——政府购买；

N——净出口。

个人消费开支包括个人或非营利组织所购买或作为收入的商品与劳务的市场价值；国内企业、非营利组织及个人总投资由固定资产投资和企业库存两部分组成；政府购买反映了政府在经济中的作用；净出口是出口减去进口而得出的对国外商品与劳务的净输出。每年国家都会拟订一个GDP增长计划。故GDP对股市的影响主要集中在国家公布计划及公布实际执行结果两个时段。如果计划GDP增速比上年低，则意味着国家将放慢经济发展步伐。反之，如果计划GDP增速比上年高，则意味着国家将加快经济发展步伐。而这样做的结果，无疑会使有关行业的上市公司直接受益并间接影响其证券价格的回升。

2. 经济周期

按照一般的经济学观点，市场经济运行表现为周期性的特征，分为四个阶段，即危机时期、停滞时期、复苏时期和高涨时期。危机时期，企业倒闭，工人失业，银行也因信用受到怀疑，业务难以正常开展。证券市场在如此宏观背景下不得不节节下滑；停滞时期，企业因难以找到有利可图的投资机会而踌躇犹豫，社会公众对经济向好的信心尚未完全恢复，股市在保持低位运行的基础上只能微掀波澜；复苏时期，经济向好明显，投资规模扩大，居民收入水平提高，分流到商品市场与证券市场的资金大幅稳步上升。在市场需求活跃的同时，股市也成交放大，牛市似乎就在眼前；高涨时期，企业经营良好，利润增加，股市加速上扬。受短期利益驱使，许多企业在注重生产的同时也加大了股市规模。股市在人们忐忑不安的目光中急速上扬，又在人们坚定乐观的心理中大幅下跌。下一轮的经济危机也在这一升一跌中悄然出现了。

需要说明的是，由于股市是国民经济的晴雨表，在较为成熟的市场上，股市的波动往往会比经济周期的运行快上一拍，在危机出现之前下跌，在高涨尚未来到之前上涨。

3. 经济政策

证券市场是一国经济体系的有效组成部分，各种经济政策都会对其产生影响。除前面提到过的一些政策外，地区政策、货币政策、物价政策等都从不同方面影响证券市场的运行。

地区政策会直接影响该地区上市公司的经营状况，货币政策会对整个社会的货币流通以及微观经济主体的生产经营产生直接影响，物价的高低直接影响企业销售收入的多少。在通货膨胀、物价上涨时期，大部分上市公司的账面利润及每股收益均会增加，其证券价格与整个大市也将虚假繁荣。而在物价已有可观涨幅且国家已经出台或将要出台管制物价的政策时，证券市场一般会作为利空看待而向下运行。在相反的背景下政策效果正好相反。

4. 其他因素

一是政治制度。政治制度的分析着眼于政治制度的结构和演变过程，并着重分析领导交替变化时该社会制度的稳定性、政府的政治控制能力、与人民的合作能力等。国家政权的转移，政府领导人的更迭，都关系到国家的政治、经济、外交、军事的调整与变动，进而影响证券行情的波动；二是社会情况。主要指人口因素、人均收入、社会财富分配以及工农业就业人口比例等。作为商品与劳务最终消费者的人口数量、构成、分布和增长情况已成为影响经济发展的重要因素，因为生产资料和生活资料的生产最终要依赖消费市场的容量和发展情况。

第二节 股票的投资风险控制

一、股票价值的不同体现

同一家公司发行的股票，用不同的标准来衡量，有着完全不同的结果。经常用来衡量股票价值的标准，主要有面值、净值、清算值与市场交易值。

股票的面值又称票面价值，即股票票面上标明的金额，它代表股东对企业资产的所有权。票面价值有两个作用：一是确定每股股票在公司总股权中所占的份额。例如，假定某公司发行 1 亿元的股票，每股面值 1 元，共发行 1 亿股，那么，一股股票就代表公司总股本的亿分之一，1 亿股面值 1 元的股票的总和就是该公司的股份总额；二是决定股票交易价格的基础。尽管随着股份公司经营情况的变化，公司资产也在发生变化，使股票的交易价格与票面价值常常不相一致，但在某些场合下，它依然起着重要的参考作用。

股票的净值又称账面价值，它反映着每股股票所代表的实际资产价值。股票的净值总额包括股本、公积金、公益金、增加的设备及未分配的盈余等。

$$净值=资产-负债$$

资产＞负债时，表明股票有价值。

资产＝负债时，表明股票已无价值。

资产＜负债时，表明企业濒临倒闭，股东已无法收回股本。

由于企业股东有优先股东与普通股东之分，因此，优先股与普通股的净值在计算方法上也各有区别。

$$普通股每股净值=\frac{资产总值-债务及优先股总额}{普通股股数}$$

$$优先股每股净值=\frac{资产总值-债务总额}{优先股股数}$$

股票的账面价值是根据公司的财务报表所计算出来的，它只是股东对公司实际权益的衡量标准，对股票交易价格并无直接影响。但是，就投资者而言，账面价值较高的公司，股东享有的权益就较大。账面价值高而股票价格不高，通常被认为有投资价值。

与账面价值密切相关的另一个概念是股票的清算值，即公司清算时，每股所代表的实际价值。从理论上讲，净值应与清算值一致。但实际情况并非如此，只有当企业破产清算时，其所有资产的实际售价与财务报表上所反映的账面价一致时，两者才会相等。即使在这种情况下，考虑到清算成本以及压价转让或出售的市场风险，清算值仍会小于净值。

股票的市场交易值又称股票行市，即股票在证券交易所或其他场合上买卖的价格。股票作为一种特殊的商品，其价格基础是股票的基本投资价值。股票行市直接取决于两个基本因素：一是股票预期的股息量，二是银行的利息率。用公式表示为

$$股票价格=\frac{预期股息}{利息率}$$

假定某公司股票预期年股息1.5元，当时银行的年利息率为5%，那么，这只股票的买卖价格应为：

1.5元（预期股息）

5%（利息率）=30元

这样得到的股票价格又叫理论价格，它构成股票投资价值的基础。股票持有者按理论价格出卖股票所得资金，如果存入银行，亦可得到与股息等额的利息，被称为资本还原，是决定股票价格的两个基本因素，任何一个因素变动都会引起股票价格的升降。以例为证：

	（一）	（二）	（三）
股票面值	1元	1元	1元
预期股息	1元	0.5元	0.5元
利息率	5%	5%	10%
股票行市	20元	10元	5元

同一只股票，由于预期股息与利息率不同，其股票行市可以是20元，也可以只是5元。显然在利息率不变的情况下，预期股息量越大，股票价格越高；预期股息量越小，股票价格越低，在股息量不变的情况下，银行利率越高，股票价格就越低，反之亦然。

二、影响股市价格变动的因素

预期股息与利息率是决定股票价格的两个基本因素。除此之外，还有许多别的因素对股票价格变动也产生着重要的影响。

（一）公司盈利状况及股利分配政策

公司盈利能力强，经营状况好，利润多，股息派发就多，可以吸引众多的投资者，引起股票价格上涨，反之就下跌。但是，公司的盈利状况与股票价格的波动在时间变动幅度上往往不一致，一般是股票价格变动在先，盈利变动在后，而且前者的变动幅度要明显高于后者。这是因为投资者购买股票一般是着眼于未来。在企业即将出现大的盈亏之前，往往会显露一些先兆，从而产生了对该公司股票的提前买入或卖出，导致股票价格的波动先于并高于盈利的变动。公司股息分配政策也影响股票价格的波动。公司有盈利但不一定马上发放现金股息，而有可能把盈利以对原股东发行新股票的形式再吸收进来用于扩大再生产。一般公司宣布发放股息之日，也就是股票价格上涨之时，如果不发放现金股息，则股票价格上涨幅度会相应小些，取消股息则股票价格下跌。在我国不完善的股票市场上，许多上市公司重融资轻回报，很少甚至根本不发放现金股息，这也是导致我国近年来股票市场连续下跌的重要原因。为了改变这种情况，管理部门还专门出台了强制分红的政策。

（二）税收与财政政策的变动

国家增加或减少对企业的税收，直接影响企业税后留利的多少，用以支付股息和红利的部分也会有相应的增减，从而引起股票价格的变动。在税收政策中，如果税前付息，股票持有人的利益保障性强，该股票的市场价格会较高；如果税后付息，股票价格就会低一些。在大多数国家，优先股一般是税前付息，普通股则是税后付息。就财政政策而言，如果财政增加支出，一方面经济增长受到刺激，公司盈利会增加；另一方面市场货币投放增多，也刺激了对股票的需求，导致股票价格上涨。反之亦然。

（三）金融形势与金融政策的制约

银根吃紧，利率上升时，企业支付的利息负担加重，发行股票的成本增加，投资者更愿意把资金转化为存款，而不愿意购买股票，于是股票价格下跌。相反，银根放松，利率下降时，股票市场投资活动趋于活跃，股票价格开始上涨。此外，在银根紧缩时，一些国家的中央银行为了更有效地融通资金，往往会对股票发行规模及发行价格作出某些限制，企业和个人可能纷纷卖出股票套现离场，引起股票价格持续下跌。如果中央银行采取宽松的货币政策，增加货币供应，一方面使社会游资增多，刺激了对股票的需求，另一方面也会刺激物价上升，使企业用货币表示的名义利润增加，每股收益提高，促使股票价格上涨。

（四）投机者的行为

资金雄厚的投资机构或个人以其规模巨大的资金买进或卖出某种股票时，必然严重影响该种股票价格的上涨或下跌。例如，1971 年，美国洛克菲勒财团下属的大通曼哈顿银行，在采用其他办法吞并宾夕法尼亚中央铁路公司未能如愿的情况下，用隐蔽的方式收购了宾夕法尼亚中央铁路公司的大量股票，然后等待机会，在这家公司经济上处于困难的时刻，在一周之内向股票市场突然抛出它收购来的大量股票，引起该公司的股票价格惨跌，促使其宣告破产，达到了收购的目的。又如，在我国，每年都会产生一批因投资者大幅拉抬而无原因上涨的庄股，跟庄是普通投资者获取收益的重要手段。

另外，经济周期的变动、通货膨胀率的高低、国际政治经济形势的变化以及技术因素、投资者的心理因素等也会对股票价格产生影响。

三、股票投资风险的表现形式

风险是指未来一段时期造成损失的可能性。正由于它只是一种可能，可能发生，也可能不发生，人们才会有冒风险的勇气。股票投资风险是指投资者在投资期内不能实现预期报酬的可能性。投资期限按惯例以 1 年为准，由于不同的投资者预期报酬差别很大，为了使其具有可比性，一般以 1 年期的存款利率为参考指标。例如，在目前 1 年期储蓄存款利率为 2.79％的情况下，某投资者把 1 万元资金投入股市，1 年下来亏损了 6％，则其承受的风险是 6％＋2.79％＝8.79％，之所以如此度量，原因很简单，假如该投资者不进行股票投资的话，把钱存入银行，取得既定的利息是没有问题的。

任何一项投资均需承受风险，股票投资也不例外。股票投资风险的表现形式主要有四种，即市场风险、企业风险、购买力风险和利率风险。

（一）市场风险

市场风险是指股票市场上的意外变化影响了股票的供求状况，造成股票价格大幅度下跌。引发市场风险的因素主要是国民经济状况的改变，一国政治和社会制度的变化，投机活动以及投资者的心理状况等。市场风险在股票投资中是不可避免的，但就每一种股票来说，市场风险的影响程度是不同的。因此，投资者可以用投资分散化的办法来避免或减少市场风险。

（二）企业风险

企业风险是指由于企业经营或财务状况等方面的变化，造成企业利润减少或亏损乃至破产，使投资者得不到收益甚至本金也无法收回。造成企业风险的原因主要是企业内部管理不善，经营决策失误，遇到较强的竞争对手而在竞争中失败。另外，国家经济政策对企业的经营也会产生较大的影响。

（三）购买力风险

购买力风险是指由于通货膨胀、货币贬值而使投资者遭受损失。一般来说，在通货膨胀的情况下，上市公司的产品价格也会上涨。但因产品的市场接受程度不同，有的公司产品价格上涨高于整个物价水平，账面利润增加，每股收益增加，股票价格也强劲攀升；有的公司因其产品难以被市场接受，即使通货膨胀也难改积压滞销局面，每股收益增加不多甚至反而下降，股票价格也会随之下跌，从而给投资者带来损失。

（四）利率风险

利率风险是指由于市场利率的变动，使股票的市场价格发生变化，从而使投资者遭受损失的可能性。市场利率与股票的价格成反比。当市场利率上升时，股票价格必然下跌，而当市场利率下降时，股票价格就会上涨。

四、股票投资风险的种类

股票投资风险包括系统性风险与非系统性风险两类。

（一）系统性风险

系统性风险是指由于某种原因对市场上的所有股票都会造成损失的可能性，又称为不可分散风险。如国家出台新的政策，提高银行存款利率等都会对市场上所有的各种类型的股票价格带来影响，但不同类型的股票其变化幅度是不一样的，也就是说风险程度不一样。

系统性风险具有以下特点：一是由于共同的因素所引起；二是影响所有股票的收益；三是不可能通过股票投资的多样化加以回避或消除。其来源和表现主要有购买力风险、市场风险和利率风险。

（二）非系统性风险

非系统性风险又称可分散风险，是指某些个别因素对某一只或某几只股票造成损失的可能性。它与系统风险不同，是专指个别股票所独有并随时变动的风险。

非系统性风险具有以下特点：一是由于特殊原因所引起；二是只影响个别股票的收益；三是可以通过股票投资多元化来消除或回避。其来源和表现主要有企业风险和二级市场主要操作机构的财务风险。

对社会保障基金等投资者而言，在投资购买某只股票之前仅仅了解股票市场存在哪些风险是不够的，还应当将非系统性风险进行量化，并以此来衡量投资的得与失。在股市中，可用期望收益率和标准差这两个指标来衡量投资股票的非系统性风险。具体步骤是：

假设某只股票的投资收益受几种可能性的影响，其中第一种可能性发生的概率为 P_1，该股票的投资收益率为 r_1；第二种可能性发生的概率为 P_2，该股票的投资收益率为 r_2，…，第若干种可能性发生的概率为 P_n，该股票的投资收益率为 r_n。则该股票的期望收益率 $E(r)$ 为：

$$E(r)=\sum_{i=1}^{n}P_i r_i$$

式中 P_i——第 i 种可能性发生的概率；

r_i——第 i 种可能性发生时，该只股票的投资回报率。

该股票的投资风险为：

$$\delta=\sqrt{\sum_{i=1}^{n}[r_i-E(r)]^2 p_i}$$

举例说明：如果未来经济形势的发展有好、一般、差三种可能，而这三种可能性发生的概率分别为 0.3、0.4、0.3，股票 A 在这三种情况下的投资收益率分别为 20%、15%、10%；股票 B 在这三种情况下的投资收益率分别为 100%、15%、−70%。那么，股票 A 的期望收益率为：

$$E(r)=20\%\times0.3+15\%\times0.4+10\%\times0.3=15\%$$

股票 A 的风险

$$\delta=\sqrt{(20\%-15\%)^2\times0.3+(15\%-15\%)^2\times0.4+(10\%-15\%)^2\times0.3}$$
$$=3.87\%$$

用相同的计算方法算出股票 B 的期望收益率为 15%，风险为 65.84%。

由此可以看出，股票 A 和股票 B 的期望收益率一样，说明当投资机会足够多时，购买股票 A 和股票 B 的收益率一样；股票 B 的风险比股票 A 大，说明购买股票 A 的收益较稳定，风险较小，而购买股票 B 的收益波动大，风险较大。

五、股票投资风险的测量方法

由于风险指的是一种可能性，在未发生之前，谁都不可能准确度量。但是，股票投资风险无处不在，一旦发生，会给相关当事人带来惨重的甚至是无法承受的损失，完全不去度量它未免过于消极。从目前情况看，一般采取比较法、价差法、离差法、*VaR* 模型等几种方法来测算股票投资风险。

（一）比较法

比较法测算股票投资风险的原理是比价原理，它通过比较两只或几只每股收益相等或相近的股票价格来测度股票的投资风险。

比较法认为，两只或几只收益相等或相近的股票相比时，价格较高的股票投资风险相对更大，价格较低的股票投资风险相对较小。

比较法直观、简单、易懂，容易被投资者接受和掌握，但它也存在一些明显的缺点：

第一，运用比较法进行投资选择时，采用的是过去的每股收益。而没有考虑上市公司业绩的成长性。

第二，比较法认为影响股票价格的因素仅仅是每股收益，显然具有片面性。

（二）价差法

价差法测度股票投资风险的基本原理是波动原理，它认为价格波动大的股票其投资风险也大，价格波动小的股票其投资风险也小。

价差法通过采用一定时期内的最高价和最低价计算出来的价差来反映股票价格波动程度的大小，从而测度股票投资风险的大小。价差法的计算公式是：

价差率＝(最高价－最低价)/[(最高价＋最低价)÷2]×100％

例如，某只股票过去一段时期的最高价是 20 元，最低价是 10 元，则其价差率＝(20－10)/[(20＋10)÷2]×100％＝66.7％。

显然，价差反映了股票价格波动程度的大小，价差大，股票价格波动程度大，投资风险也大。

价差法可以用于两种和两种以上收益不同的股票的投资风险的比较。它比比较法更符合股市风险规律。股市风险的本质就是股票价格的不确定性或不稳定性，股票价格高度波动不稳定的市场必然是一个高风险的市场。但不同股票的价差率是不同的，投资者可以根据自己的风险承受能力从中选择。风险承受能力强者可选择高价差率的股票，风险承受能力弱者可选择低价差率的股票。

（三）离差法

离差法是价差法的发展，其依据的原理仍然是波动原理，即认为股票投资风险的大小取决于股票价格的波动程度。离差法认为价差法只用最高价和最低价的波动幅度来测度风险是不全面的，因为它只考虑了两只极端股票价格，而科学测度的风险大小应考虑一定时期内的各只股票价格。

离差法测度股票投资风险最常用的一个指标是标准差，它反映了波动的股票价格对其波动中心股票价格平均值的波动程度或离散程度。标准差的数值越大，则股票价格的波动程度越大，股票的投资风险也越大。

标准差的计算公式如下：

$$S=\sqrt{\frac{1}{n-1}\sum_{i=1}^{n}(x_i-x)^2}$$

式中　S——某个时期某种股票价格的标准差；

n——该时期内的计算天数；

x_i——该时期内第 i 个股票价格；

x——该时期该股票的平均价格。

现举例说明如何应用标准差测度股票投资风险。

假定 2007 年 5 月 17 日至 21 日深圳证券交易所中小企业板上有甲乙两只股票，其价格见表 8—1。

表 8—1　　**深圳证券交易所甲乙两只股票的价格**

I	星期一	星期二	星期三	星期四	星期五	5 日平均价
x_i	x_1	x_2	x_3	x_4	x_5	x
甲	19.80	19.38	19.68	19.83	18.78	19.53
乙	14.19	13.07	14.32	14.20	13.21	13.92

表 8—1 是 2007 年 5 月 17 日至 5 月 21 日甲、乙两股各自的收盘价和 5 日平均股票价格，表中 i 代表星期几，把表中的数字代进上面的计算公式（$n=5$，$i=1，2，3，4，5$），得到甲股的价格标准差为 $S=0.462\ 8$，乙股的价格标准差为 $S=0.464\ 7$。由此可以看出，乙股的投资风险比甲股稍大，但两者投资风险已非常接近。这个结论和用价差法计算得出的结论相差较大，其原因是：

第一，价差法计算风险用的是一周内的最高价和最低价，而离差法计算风险用的是一周内每一天的收盘价，价格悬殊很大。

第二，价差法计算风险只用两个极端股票价格，而离差法计算风险用的是 5 个收盘价格，显然，离差法要比价差法准确。

在上例中，取 $n=5$，可测度某一周某一股票的投资风险程度，如果 n 取某一个月的交易天数，x_i 取该股一个月每个交易日的收盘价，则可测量某一个月的投资风险。如果 x_i 取各天收市指数，则计算出来的标准差反映了某一时期股票市场整体的投资风险。

（四）*VaR* 模型

VaR 即 Value-at-Risk 的简称，按字面的解释就是“处于风险状态的价值”，即在一定置信水平和一定持有期内，某一金融工具或其组合在未来资产价格波动下所面临的最大损失金额。它既可以被理解为：是在既定头寸被冲销或重估前可能发生的市场价值最大损失的估计值，也可以被理解为：给定置信区间的一个持有期内最坏的预期损失。用公式表示为：

$$VaR=E(\omega)-\omega^*$$

式中　$E(\omega)$——资产组合的预期价值；

ω——资产组合的期末价值；

ω^*——置信水平 α 下投资组合的最低期末价值。

又设 $\omega=\omega0(1+R)$

式中　$\omega0$——持有期初资产组合价值；

R——设定持有期内（通常一年）资产组合的收益率。

$$\omega^*=\omega0(1+R^*)$$

R^* 为资产组合在置信水平 α 下的最低收益率。

根据数学期望值的基本性质，有：

$$\begin{aligned} VaR &= E[\omega0(1+R)]-\omega0(1+R^*) \\ &= E\omega0+E\omega0(R)-\omega0-\omega0R^* \\ &= \omega0+\omega0E(R)-\omega0-\omega0R^* \\ &= \omega0E(R)-\omega0R^* \\ &= \omega0[E(R)-R^*]\omega \end{aligned}$$

故：$VaR=\omega0[E(R)-R^*]$

上式即为该资产组合的 VaR 值，根据上式，如果能求出置信水平 α 下的 R^*，即可求出该资产组合的 VaR 值。

VaR 模型通常假设如下：市场是有效的，市场波动是随机的，不存在自相关。以此假设为基础，主要采用三种方法计算 VaR 值。

1. 历史模拟法

历史模拟法是借助于计算过去一段时间内的资产组合风险收益的分布情况，通过找到历史上一段时间内的平均收益，以及在既定置信水平 α 下的最低收益率，计算资产组合的 VaR 值。历史模拟法以收益的历史数据样本的直方图作为对收益真实分布的估计，分布形式完全由数据决定，不会丢失和扭曲信息，然后用历史数据样本直方图的数据作为对收益分布的波动估计。

2. 方差—协方差法

方差—协方差法的基本思路是：首先，利用历史数据计算资产组合收益的方差、标准差、协方差；其次，假定资产组合收益是正态分布，求出在一定置信水平下，反映分布偏离均值程度的临界值；再次，建立与风险损失的联系，推导 VaR 值。

假设某一资产组合在单位时间内的均值为 μ，标准差为 σ，$R^*\sim\mu(\mu、\sigma)$，又设 α 为置信水平 α 下的临界值，根据正态分布的性质，在 α 概率水平下，可能发生的偏离均值的最大距离为 $\mu-\alpha\sigma$。即 $R^*=\mu-\alpha\sigma$。

因为 $E(R)=\mu$

根据 $VaR=\omega0[E(R)-R^{*}]$有

$$VaR=\omega0[\mu-(\mu-\alpha\sigma)]=\omega0\alpha\sigma$$

3. 蒙特卡罗模拟法

蒙特卡罗模拟法是依据历史数据和既定分布假定的参数特征，借助随机产生的方法，模拟出大量的资产组合收益的数值，再来计算 *VaR* 值。其基本步骤是：其一，确认风险头寸。找到受市场风险影响的各种金融工具的全部头寸，确认影响资产组合中金融工具的各种风险因素；其二，获得持有期内风险因素的收益分布，计算过去年份里历史上的分布情况、风险因素的标准差和相关系数。假定特定的参数分布，或从历史资料中按自助法随机产生；其三，将风险因素的收益与金融工具头寸相联系。将头寸的市场价值表示为风险因素的函数，计算资产组合的可变性，在给定置信区间推导 *VaR*。

VaR 模型在投资风险管理中的应用越来越广泛。特别是随着 *VaR* 模型的不断改进，不但可以应用于社会保障基金投资的市场风险定量研究，而且与其他风险度量方法有机结合，还有利于社会保障基金对潜在风险控制进行最优决策。

第三节 债券与投资基金的投资风险控制

一、债券的投资风险控制

作为一种还本付息的工具，债券的风险主要来源于两个方面：一是发行单位的偿还能力，二是利率变动给投资者带来收益下降甚至负收益的情况。为了尽可能准确地控制上述风险，需要根据发行单位的情况对债券进行信用等级评定，判断债券的收益率曲线以及市场价值。

（一）债券的信用等级

不同类型、不同经济性质的发行单位，其债券的偿还能力也存在很大的差别，要从直观上弄清债券的投资价值非常困难。需要由专门的机构，根据一系列严格而详细的标准，对拟发行债券的可靠程度进行客观、公正的评定，这就是债券的信用评级。债券评级的主要依据包括以下三个方面：一是违约的可能性。即对债券到期时发行单位还本付息的能力和意愿做出预测。二是债券的性质和条款。如是否有抵押或者担保，资金用途以及限制性措施等。三是意外情况的处理。比如债券到期前，发行单位因破产、重组或兼并导致主体性质发生变更时，根据破产法或其他相关法律，债权人的利益如何得到保护等。为了保证评级结果的权威性以及对投资的指导作用，只有管理部门认可的专业的信用评级机构才有资格开展该项业务。一般而言，政府债券在国内发行时不需要进行信用等级评定。在国际市场上发行则根据不同国家的要求而有区别。例如，美国政府就规定：凡是外国政府及其他机构到美国证券市场上发行债券，必须经过标准普尔公司的信用等级评定且必须达到规定的信用级别以上。

我国目前的债券评级主要是针对企业债券与金融债券的。评级机构根据发行单位的所有者性质、财务状况、投资方向、发展前景与潜在效益等，对其债券的风险作出评估，赋予相应的信用等级标示出来供投资者参考。我国债券信用等级及投资风险见表 8—2。

表 8—2　　我国债券信用级别及投资风险

级别分类	等级	等级标识	等级含义
投资级	一等	AAA	有很高的还本付息能力，投资者无风险
		AA	有很高的还本付息能力，投资者基本无风险
		A	有一定的还本付息能力，经采取保护措施后，可能按期还本付息
	二等	BBB	还本付息资金来源不足，发债单位对经济形式变化的适应能力差，可能延期还本付息，有一定投资风险
投机级		BB	还本付息能力较弱，投资风险大
		B	还本付息能力弱，投资风险大
	三等	CCC	还本付息能力很低，投资风险明显
		CC	还本付息能力极低，投资风险很大
		C	企业濒临破产，没有还本付息的能力，投资风险极大

债券的信用评级对发行单位和投资者来说都是十分重要的。对发行单位而言，较高的信用评级为其低成本融资创造了良好的市场基础。债券信用等级高，票面利率相对低一些也能获得投资者的支持；对投资者而言，由专业机构在调查研究基础上得出的债券信用等级，为其甄别债券的投资风险提供了相对权威且简便的方式。由于高收益与高风险相伴，投资者可以根据自己的风险承受能力对不同信用等级的债券开展投资组合。按照我国目前的规定，社会保障基金只能投资 BBB 级以上的债券，以便在一定程度上控制债券的投资风险。

（二）债券的收益率曲线

收益率曲线是衡量债券价格变化的常用指标。这里的收益率是指一定期限的既期利率，收益率曲线通常表现为倾斜向上、倾斜向下和平缓三种形状。对收益率曲线的实证研究结果发现：（1）不同到期日债券的收益率变化基本趋于一致；（2）当短期收益率非常低时，收益率曲线更可能向上。当短期收益率非常高时，收益率曲线更可能向下；（3）收益率曲线通常为倾斜向上的形状。对收益率曲线的解释，主要有纯预期理论、市场分隔理论和流动性报酬理论。

1. 纯预期理论

纯预期理论把当前对未来利率的预期作为决定当前利率期限结构的关键因素，该理论认为：市场因素使任何期限的长期债券的收益率，等于当前短期债券收益率与当前预期的长期债券收益率的几何平均，用公式表示如下：

$$ {}_{t}R_{n}=\sqrt[n]{(1+{}_{t}R_{1})\ (1+{}_{t+1}r_{e})\ (1+{}_{t+2}r_{e})\ \cdots\ (1+{}_{t+n-1}r_{e})}-1 $$

式中 ${}_{t}R_{n}$——n 个时期后到期的债券收益率；

${}_{t}R_{1}$——1 个时期后到期的债券收益率；

${}_{t+j}r_{e}(j=1,\ 2,\ \cdots,\ n-1)$——从第 $t+j$ 期到 $t+j+1$ 期的预期收益率。

如果买卖债券的交易成本为零，而且上述假设成立，那么，投资者购买长期债券并持有到期获得的收益与同样时期内购买短期债券并滚动操作获得的收益相同。纯预期理论能够解释不同到期日债券的收益率变化基本趋于一致的实证结论，当短期收益率上涨时，人们通常预期下一期的短期债券收益率会提高，因此，长期债券的收益率也会提高，反之，当短期收益率下跌时，人们通常预期下一期的短期债券收益率会下降，长期债券的收益率也会下降，所以，根据纯预期理论，长期和短期债券收益率的变化是一致的。

2. 市场分隔理论

市场分隔理论认为，不同期限债券间的替代性极差，不论是资金供应者还是需求者，都对特定期限有极强的偏好。这种低替代性使任何期限的收益率仅由该期限债券的供求因素决定，很少受到其他期限债券的影响，资金从一种期限的债券向另一种具有较高利率期限的债券的流动几乎不可能。由于短期债券相对于长期债券而言，风险更低，人们通常更愿意持有短期债券。因此，长期债券只有能够提供更高的收益率时，才能吸引人们进行投资。

3. 流动性报酬理论

流动性报酬理论认为，假定不同期限的债券具有相当大的替代性但又不是完全替代，人们通常更愿意持有风险更低的短期债券。长期债券的收益应当包括相应的风险补偿，其票面利率应当是当前和预期的未来收益率的平均值，再加上对投资者持有长期债券而承担较大市场风险的补偿值即期限报酬（TP），用公式表示如下：

$${}_tR_n=\sqrt[n]{(1+{}_tR_1)\ (1+{}_{t+1}r_e)\ (1+{}_{t+2}r_e)\ \cdots\ (1+{}_{t+n-1}r_e)}-1+TP$$

归纳上述三种理论，为了控制风险，社会保障基金应该投资短期债券，只有当长期债券能够提供更高或者与其风险补偿相等的期限报酬时，才有对其进行投资的必要。在一般情况下，如果长期债券采取每年付息一次的方式，由于有定期的现金流入，当把期限与收益综合起来考虑时，要判断哪一种债券的风险更大就十分困难，在西方国家，目前主要用久期与凸性两个指标来衡量。久期是对债券类资产价格相对易变性的一种量化估计，用来衡量债券持有者在收回本金之前平均需要等待的时间，一般以年为单位。其作用一是当利率发生变化时，对债券价值变化或对债券资产组合的价格变化迅速作出大致的估计；二是对债券的现金流量特征如息票、期限和收益率等的影响进行总体评估，从而测算债券价格相对易变性的估计值；三是完成某种特定的债券资产组合目标，比如消除利率变动对资产组合的不利影响。久期越长，表示债券对利率变化的敏感程度越高，债券的风险也越高。因此，将债券组合的久期与计划投资期限相互匹配，是许多机构投资者的目标之一。凸性是对债券价格随市场利率变化的弯曲程度的一种度量，凸性越高，债券的价格变动越大。因此，当市场利率下跌时，凸性高的债券比凸性低的债券价格上涨幅度更大，而当市场利率上涨时，凸性高的债券比凸性低的债券价格下跌幅度更小。如果久期相同，社会保障基金应该选择凸性高的投资组合。

（三）债券的市场价值与持续期理论

为控制利率变动给债券投资者带来收益下降甚至负收益的风险，必须加强债券的利率风险管理，持续期理论即进行债券风险管理的理论。要理解持续期的原理，应该先掌握债券市场价值的估算公式即债券定价。债券定价分两种情况：

1. 到期一次性还本付息的定价，其公式是：

$$P=\frac{S}{(1+r)^n}$$

式中 P——债券的市场价值或市场交易价格；

S——债券的本息和；

r——市场利率；

n——债券的偿还年限。

2. 分期付息、到期还本的债券定价，其公式是：

$$P=\sum_{t=1}^{n}\frac{Y_t}{(1+r)^t}+\frac{A}{(1+r)^n}$$

式中 Y_t——第 t 期债券的收益率；

A——债券的面额，即债券到期时应归还的本金；

r——市场利率；

n——债券的偿还年限。

假定某3年期债券，采取一次性还本付息方式，年利息率为5%。当市场利率为3%时，则其市场价值为：

$$P=\frac{100+5\%\times3}{(1+3\%)^3}=105\text{ 元}$$

如果市场为4%，则其市场价值为：

$$P=\frac{100+5\%\times3}{(1+4\%)^3}=102.2\text{ 元}$$

显然，由于市场利率的上升，导致该债券价格下降。如果社会保障基金事先没有对相应的风险进行管理，难免会承受投资损失。持续期理论由美国经济学家麦考莱于1938年提出，目前已发展为被广泛使用的利率风险度量方法，国外大多数投资机构都采用该模型作为债券风险免疫或利率风险控制的工具。从直观上描述，持续期可以理解为债券的平均持有期，从技术上看，持续期为债券到期期限的加权平均时间。

由债券定价公式可以看出，当利率变动时债券的市场价值也随着变化，债券的收益率、面值、未到期时间、年计息次数等因素也都对债券的市场价值变动有重要影响。有鉴于此，麦考莱在债券定价公式的基础上考虑现金流到期期限对收益变动的敏感性因素，而提出持续期方法。计算持续期，首先要估计每一笔资产或负债的现金流，然后用当前的市场利率对现金流进行折现，以折现的现金流作为权重，与收到现金流的时间共同计算出加权平均的到期期限，即持续期。由于持续期直接度量了债券对小幅度利率变动的敏感性和弹性，可以用于估计利率变动引起的债券价值变化，并在投资策略上进行相应的调整。

二、投资基金的投资风险控制

投资基金的风险控制即运用一定的方法，对基金的投资组合绩效加以衡量，从而做出是买入、卖出或持有的决策。经常用来衡量投资基金组合绩效的方法有三种，即特瑞纳指数（Terynor，1965）、夏普指数（Sharpe，1966）和詹森指数（Jensen，1969）。其基本思路或共同点是：将投资基金所获得的回报率的绝对水平与所面临的风险联系起来，从而建立一种进行风险调整后的业绩度量，并以此为标准对投资基金的风险进行评估。

（一）特瑞纳指数

特瑞纳指数以标准的单因素模型为基础，认为部分投资基金经理可以掌握一些非公开的内部信息，从而利用这些信息获得超额的风险调整收益。特瑞纳强调对投资管理质量的评价非常重要，其对组合绩效评价的最初目的就是试图找出那些表现优异的基金管理者。特瑞纳指数假设投资者可以以无风险利率借贷，理性的风险回避型的投资者总会选择那些具有较大斜率的投资组合，因为这种组合能使投资者位于效用较高的无差异曲线上。由此他将无风险资产与组合连线的斜率作为对组合绩效衡量的指标：

$$T_P=\frac{E(r_p)-r_f}{\beta_p}$$

这一指标即特瑞纳指数，用来衡量投资基金在系统性风险下风险溢价的大小。在实际操作中，特瑞纳指数以 SML 线为基金绩效衡量的基准。根据 SML 线，那些位于 SML 之上的基金投资绩效较高，那些位于 SML 线之下的基金投资绩效较低。SML 线与特瑞纳指数如图 8—1 所示。

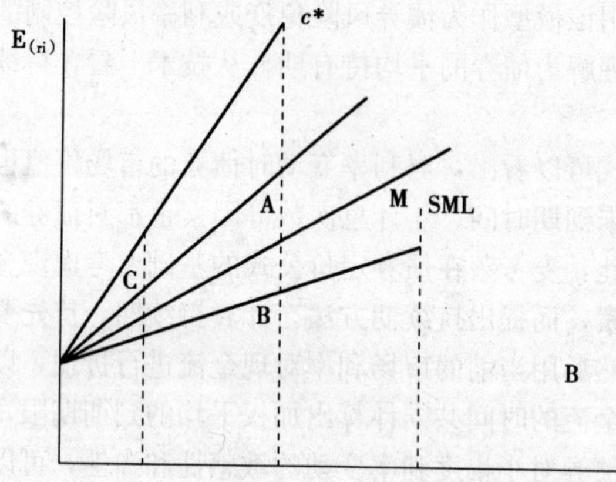

图 8—1　SML 线与特瑞纳指数

在图 8—1 中，基金 A 的绩效要好于市场总体表现，而基金 B 的绩效比市场表现要差。根据特瑞纳指数可以对基金的绩效加以排序。基金组合 C 的特瑞纳指数大于基金组合 A，因此，基金组合 C 的绩效也就优于基金组合 A，因为只要以无风险利率 r_f 介入一定量的资金并投资于 C，就可形成与基金 A 具有相同系统风险水平，但收益率却高于基金 A 的投资组合 c^*。

特瑞纳指数针对的是系统风险而不是全部风险，特瑞纳认为，基金可以通过投资组合来消除非系统风险，因此，该指数用单位系统性风险所获得的超额收益率来衡量基金的业绩。当一项资产只是资产组合中的一部分时，特瑞纳指数就可以作为衡量绩效表现的恰当指标加以应用。该指数的缺点是无法衡量投资基金的风险分散程度，当基金分散程度提高时，特瑞纳指数并不会明显变大。

（二）夏普指数

夏普指数是在特瑞纳指数的基础上，同时考虑了系统风险和非系统风险，即总风险，提出用投资组合总风险来测量投资组合绩效。将基金投资组合的风险溢价除以组合的标准差定义为对组合绩效进行衡量的指标，这个指标即夏普指数，其表达式为：

$$S_P=\frac{\overline{R}_P-R_f}{\sigma_p}$$

式中 S_P——夏普指数；

$\overline{R}_P$——基金的投资收益率；

R_f——无风险利率；

σ_p——投资组合收益率的标准差。

即投资组合的总风险，包括可以通过组合分散化的系统风险和不能通过分散化的非系统风险。

夏普指数的计算结果是投资基金组合中承担每单位总风险所获得的超额报酬。它的值越大，基金的表现就越好；反之，基金的表现就越差。夏普认为对于管理较好的基金，其总风险可能接近于系统性风险；而对于管理不好的投资基金，其总风险可能因为非系统性风险不同而产生很大差异。故用单位总风险所获得的超额收益评价基金的业绩。夏普指数还能够反映出基金经理分散和降低非系统风险的能力。如果证券投资基金已完全分散了非系统风险，则夏普指数和特雷诺指数的评估结果是一样的。

（三）詹森指数

詹森指数也被称为事后阿尔法测度，其表达式为：

$$R_{pt}-R_{ft}=\alpha_p+\beta(R_{mt}-R_{ft})+\varepsilon_{pt}$$

式中 α_p——超额收益，被称为詹森指数；

R_m——评价期内市场组合的平均回报率；

R_m-R_f——评价期内市场风险的价格。

α_p 值显著为正表明：被评价的投资基金与市场总体水平相比有优越表现；α_p 值显著为负表明：被评价的投资基金的表现与市场总体水平相比表现较差。根据 α_p 值的大小，可以对不同基金进行业绩排序。

詹森指数的评价思路建立在资本资产定价模型的基础上。其内涵是：如果资本资产定价模型成立，各种证券将根据其承担的系统性风险分配收益。但市场均衡时，投资基金将没有超额的收益。如果基金管理人能够持续取得正的 α 值，那么就说明其能够识别被低估的证券，其风险相对较低，反之则相对较高。詹森指数法没有直接对基金收益率进行风险调整，它采用的是计算差异回报率思路。即给定投资基金面临的风险，得出基金的期望回报率，然后与同期基金实际回报率相比较，得到差异回报率，也就是詹森指数。在詹森指数的计算中，对均衡收益的偏离程度反映了基金管理人进行投资组合的效果。

第四节 我国社会保障基金的投资环境建设

即使再高明的投资者都不可能在难以预期的市场上长期取得投资的成功。尽管我国社会保障基金的投资将越来越呈现多元化的趋势，但把主要资产投资于我国证券市场的基本格局不会改变，因此，我国社会保障基金投资的市场环境建设从某种意义上来说即我国证券市场的建设。针对目前的情况，应主要从以下几个方面入手：

一、保持证券市场的稳定性和连续性

证券市场作为资金融通的场所，其最基本的功能是使社会资金以直接投资的方式进入实体经济领域，促进经济的发展。从理论上讲，一个成熟规范的证券市场能将储蓄有效地转化为投资，推动金融深化和资本深化，满足社会不断增长的融资和资产多样化需求。直接衡量证券市场优劣程度的标准是市场效率的高低，效率的提高和改善，是社会进步的基础，也是现代金融理论的基石和核心。就证券市场的效率而言，它涵盖两个方面的内容：一是社会资本在证券发行上面的配置与利用效率，二是证券资产的定价效率。富有效率的证券市场是一个公正透明的市场，同时也是一个结构合理、机制健全、运行安全、能获得相对稳定的长期投资回报的市场。对于严重缺乏公正性与效率的证券市场来说，其成交越活跃，规模越大，发展速度越快，进入市场的资金越多，其风险性和脆弱性就越高，造成的社会资本损失和浪费就越明显。而在我国，这两个方面的问题都是比较突出的。

改革开放以来，我国国有企业融资机制经历了两次重要的转换。第一次是20世纪80年代。随着利改税和财政分灶吃饭的实施，财政收入在国民收入中的比重以及中央财政在全国财政收入中的比重均有所下降，预算内财政收入的减少使国家难以支撑国有企业庞大的资金需求，为此，相继恢复成立的四大国有专业银行逐步取代财政，成为国有企业主要的资金供给者，实现了国有企业融资机制

的第一次转换。第二次是 20 世纪 90 年代以后。国有企业固有的体制缺陷带来的大面积亏损在国有银行的巨额不良资产上得到了全面反映，如果继续维持现状而不施以有效的改革与监管，国有企业与国有银行都将存在破产倒闭的风险，国有企业不得不开始了第二次融资机制的转换，即发行股票和股票上市。因此，我国的股票市场从其建立之初就是主要服务于国有企业融资的制度安排。另外，用股票投资时，投资者是委托人，上市公司是代理人。国有上市公司为国家所有，也是代理人，但国家同时又作为委托人委托上市公司经营管理国有资产，使国家既是代理人也是委托人。正是由于国家与上市公司这种身份上的一致性，使两者存在联合起来对付社会公众投资者共谋圈钱的可能，而这也是我国沪深交易所十几年发展历程的真实写照。回顾过去，2000 年上证综合指数最高达 2 245 点的牛市是政府为配合 1997 年出台的“三年之内让国有企业走出困境”的政策而有意营造的，随后为了谋求更大的利益，宣布按市价减持国有股，成为沪深交易所大幅持续下跌的重要原因。在许多投资者损失惨重的情况下，企业融资的步伐依然没有放慢，这从 2004 年中小企业板的推出即可见一斑。2005 年 5 月以来，由于股权分置改革的进行，市场低迷的局面逐步改观，到 2007 年上半年已出现了前所未有的牛市，但内幕交易、价格操纵等扰乱市场的行为普遍存在。不可否认，在证券市场上存在众多有利益差异的行为主体，在不同的制度安排、市场格局和行动路径下，他们的利益结构是不同的。即使是再不合理的制度安排，也是某些行为主体努力追求自身利益最大化的结果。如果政府默认特殊群体的利益，容忍不合理现象长期存在，将严重损害包括社会保障基金在内的其他投资者的利益并动摇整个市场生存的基础。

在我国，证券市场是整个市场体系的重要组成部分，而非政府随意支配来达到自己目的的工具。其功能定位应该是实现货币资金在全社会范围内的合理配置，而不仅仅是筹资，服务对象不能只限于一部分企业，而是整个国民经济。国有企业的亏损是由于内在体制造成的，资金不足并非根本原因，股票发行并不能扭转国有企业普遍持续亏损的局面。降低标准、监管不严的发行反而会促使市场风险的扩散。因此，必须对政府在证券市场上的边界予以严格界定，为宏观决策、政策目标和政策工具的选用提供基准和框架。一方面，把证券市场法律法规的制定者、执行者和监管者相互独立。建议成立专门的委员会承担制定证券市场运行规章规则、审批上市公司资格等有关直接参与证券市场的职能并对证监会实施监督；另一方面，借鉴发达国家证券市场的监管经验，强化证监会对证券犯罪监督查办机构的职能，改变目前证监会虽有权进入违法行为发生场所调查，但无权传唤当事人，无权调查其银行账户，无权申请永久或临时的限制令或强制令，无权申请禁止令和履行令等状况，为证监会实施有效监管提供必要的条件，保障证券市场游戏规则的贯彻落实。只有证券市场的功能定位明确了，监管部门的行为边界清晰了，上市公司的行为才能规范，社会保障基金在进行投资决策时才能形成稳定的预期，按照市场走势、公司业绩决定投资行为，这是防止证券市场异常波动、控制证券市场风险的根本所在。同时，证券市场结构的完善程度是充分发挥市场效率的关键因素。多层次的市场结构和各具特色的证券品种可以满足不同偏好的投资者的需求，并在一定程度上避免了证券市场定价的单向性，对培育长期稳定的投资者群体具有十分重要的作用。从我国证券市场未来的发展考虑，必须尽快建立不同功能层次的市场体系，把沪深证券交易所建成全国性的、集中的场内交易市场，其服务对象是业绩稳定、股权结构合理、有较大规模和较高抗风险能力的企业。积极发展场外交易市场，为已经进行股份制改造但不够条件在交易所上市的企业提供融资渠道和股权转让场所，其主要作用是风险缓冲、风险提示和市场投资理念的培养。

二、加强法制建设，保护投资者的合法权益

迄今为止，我国已经形成了以《证券法》《公司法》为核心、国务院及证监会发布的行政法规、监管规章为补充的体系。组建该体系的规范性文件基本齐备，但体系内的协调问题没有得到重视，不同法律条文之间互相矛盾的现象时有发生。因此，为确保法律的权威性，不能简单通过行政法规来修改，其中确有滞后或缺漏者，应及时通过修正案来解决。全面清理过时的规章制度，增强规范性文件的系统性和前瞻性，尽量避免有了问题再立规，立规后又难以落实，使得规章形同虚设现象的出现，切实做到有法必依，执法必严。在制度建设层面上，严防非制度因素对证券执法的干预，努力减少和控制特殊市场主体的发展。赋予执法机构以充分的权力尤其是对违法者进行制裁的权力，采用多种手段提高执法者的业务水平、责任感和使命感，为依法治市提供制度保证。

证券市场是投资者的市场。保护投资者利益、增强投资者的信心是控制证券市场风险、保证市场稳定发展的前提。保护投资者是一项系统工程，牵涉面广，政策性强，难度很大。从我国目前的情况看，做好以下三个方面的工作较为紧迫：

（一）完善信息披露制度，确保投资者的知情权

在证券市场上，由于各方参与者所处的地位不同，在信息来源、信息的准确性上存在很大差异。以董事会为核心的产权控制模式使高级管理人员直接掌握经营权，透彻了解公司内部信息，并最有可能利用这些信息来进行证券买卖，为自

己谋取不当利益。近年来，监管部门已在这个方面作出了诸多卓有成效的努力，形成了《公开发行股票公司信息披露实施细则》《关于信息披露内容与格式的具体准则》等一系列具体规范的文件。但由于执行不力，上市公司信息披露中虚假陈述、误导性陈述、重大遗漏、随意变更等现象比比皆是，使许多被各种小道消息误导的中小投资者处在极大的风险之中。因此，赋予专门机构加强信息披露监控，保证信息的真实性、及时性，具有十分重要的现实意义。

（二）加强对中介机构的监管

中介机构是联系投资者和筹资者的桥梁，其在业务开展过程中能否保持公开、公正、公平原则和独立性，对证券市场的良性发展至关重要。近年来，会计师事务所提供虚假财务报表、资产评估机构为了某种特殊目的故意高估或低估企业资产、上市保荐或承销机构隐瞒企业真实信息等现象屡禁不止，给投资者造成了很大的损失。因此，必须强化职业道德，加大查处力度，提高违法成本，让严重违法的中介机构及其从业人员从证券市场中彻底出局，丧失从业资格。只要其违规的预期成本超过了预期收益，中介机构的行为规范就会明显提升。另外，应建立一套科学的指标体系，对中介机构及其从业人员的信誉水平进行动态的评定，根据其信用等级扩大或缩小业务范围，以降低监管成本，防止具有严重后果的不法行为的发生。

（三）完善民事赔偿制度

客观而言，证券欺诈与我国证券市场的发展几乎相伴相生。从早期的宝延风波、327 国债期货事件，到琼民源、郑州百文事件，以及亿安科技、蓝田股份、中科创业等，使证券市场的信用危机达到了极点，给整个市场造成了很大的震荡。尽管监管部门也采取了一些惩罚性措施，但收效甚微，究其原因主要是量刑过轻。如前几年，南方证券某分支机构副总经理为客户提供非法融资累计高达 41.39 亿元，严重违反了我国证券交易规则，而证监会仅给予其警告处分。在成熟市场国家，特别是美国，让证券违法者最为害怕的不是刑事诉讼或者行政处罚，而是由民事诉讼所要求的巨额赔偿。在我国，通过责令违规者赔偿受害投资者的损失，在剥夺违规者所获非法利益的同时再辅之以具有震撼力的罚款，可有效地动员广大投资者参与市场监控，更好地维护市场秩序。

三、提高上市公司质量

近年来，我国上市公司在规模扩大的同时业绩逐渐下降，从一个侧面反映了我国利用建立现代企业制度提高经营效益的政策并未达到预期目标。产生这种现象的原因很多，但上市标准低、审核不严以及上市公司治理结构存在缺陷至为关键。回顾我国对上市公司股票初次发行和再融资的规定，实际上是一个标准不断放宽的过程，1997年以前，中国证监会要求申请发行股票的公司，最近3年净资产收益率必须不低于10%。1997年，国务院提出了一个要在3年之内让国有企业走出困境的目标，而通过发行股票降低国有企业的负债率减轻利息负担成为实现这一目标的重要手段之一，证监会将初次发行的条件降为最近3年净资产收益率平均不低于10%，然后再降至平均不低于6%。上市公司质量是证券市场的基石，在近年来市场问题屡屡暴露、信任基础已被严重损害的情况下，将初次发行的标准恢复到最近3年净资产收益率平均不低于10%，无疑会使包括社会保障基金在内的各方投资者的投资风险有明显的下降。以此为基础，选拔优秀的企业家出任上市公司高级管理人员，建立适当的激励与约束机制。制定业绩考核、年度审计和岗位审计制度，完善公司内外部行政监督、法律监督、业务监督和职工民主监督体系。建立科学、高效、灵活的管理体制和运行机制，提高经营活动的预见性和主动性，下大力气搞好成本管理和资金管理，挖掘内部潜力，降低成本，实现资金的良性循环。建立技术创新机制，按照“构思一代、研制一代、储备一代、开发一代、生产一代”的思路，加快新产品的升级换代，不断拓宽市场空间和发展潜力，全面实现公司的经营目标，通过良好稳定的经营业绩提升整个市场的投资价值。

目前经营者激励机制在我国诸多上市公司已经建立起来，部分公司的董事长或总经理年薪高达百万元、数百万元甚至上千万元，而相应的约束机制却比较滞后或者形同虚设。现代公司治理理论认为，理想的公司治理结构应该是让经营者有充分的自主权，保证其运用这种权利为股东谋取最大可能的潜在收益。经营者知道股东的期望值，股东也能通过足够的信息判断自己的期望值能否满足，并不受经营者干预随意买卖该公司的股票。

由于所有权与控制权的分离，使得股东如何控制经营者的行为成为公司治理结构中首要解决的问题。在完善的市场环境下，股东可以通过两种方式来达到目的：一是用手投票，行使表决权直接决定经营者的去留。如果存在一个有效竞争的外部经理市场，经营者过去行为的后果会通过经理市场事后反映出来，并影响其未来的职业前途，经营者就会约束自己过度追求自身利益的行为。二是用脚投票，利用资本市场的价格发现功能使经营不善的公司充分暴露在投资者面前。股票价格的下跌使公司存在被收购的危险从而给经营者施加丧失控制权的压力，迫使他们为了自身的利益改善公司经营状况提升股东权益。但是，在我国这两条途径的有效性都不高。由于我国大多数上市公司均由国有企业改制而来，国有股过去长期不流通，2005年5月，股权分置改革以后存在逐步流通的可能，但由于多种原因国家依然要在诸多公司中保持控股地位，因此，经营者由政府任命的现状也将长期存在，其他股东的投票权更多地表现为一种参与权。同时，为了控制社会保障基金的风险，国家明确规定其对任何一家公司的股权投资不得超过该公司资产的10%，远远低于控股所需要的比例。至于用脚投票，其可操作性更差。由于信息不对称的广泛存在，当投资者发现或预见到公司出现决策失误、低效经营、滥用资产等行为时，其二级市场价格的跌幅可能已远远超过了投资者的承受能力。而且在我国目前监管不严的市场上，用脚投票还会为内部人谋取不当利益创造条件，这从近年来多起夸大亏损、隐瞒资产、导致国有资产严重流失的管理层收购中即可见一斑。

显然，在我国上市公司的治理结构中，仅仅用激励手段来使经营者做出与股东利益最大化一致的行为是不够的，必须通过约束经营者来保护投资者的利益。比较分析发现，严格股权融资，鼓励债权融资能取得较好的效果。法马（Fama）的研究表明：不管是贷款还是债券，均可提供一种由代理人集中监控违约风险的途径，降低债务—权益契约结构中的契约成本。短期债务可以减少经营者所控制的现金流量，长期债务可以阻止经营者进行利己的非盈利投资。由于债务约束是一种需要还本付息的硬约束，如果上市公司新投项目以债务融资，则会促使经营者努力去发现那些收益率高于债务融资成本的项目，高出部分将成为增加股东权益的来源。这就要求管理层采取切实有效的措施，改变目前上市公司重股轻债的观念，提高股票初次发行和再融资的标准，引导其以债券方式扩大公司资金来源。近年来，我国企业债券发展缓慢，规模偏小，除企业自身的原因外，也与利率管理与多头审批有直接关系。按规定，企业债券的利率不得超过同期银行存款的40%，在整体利率水平已经很低的基础上，对投资者的吸引力十分有限，其风险溢价难以弥补潜在的市场风险。而一刀切的利率也不能体现不同发债主体的信用区别、不同付息方式的区别。从审批方面看，长期以来，企业发行债券，既需要国家发改委的项目审批和发行审批，又需要中国人民银行的利率审批、中国证监会的承销资格审批等，从提出申请到完成发行，短则1年，长则2～3年。事实上，一旦企业锁定债权融资方式，其投资项目对发债资金的需求是有时间限制的，漫长的发债周期令许多企业知难而退。因此，一方面应考虑放宽企业债券的利率限制，在保证其还本付息能力的前提下，允许其根据市场情况有更大的利率选择空间；另一方面简化企业债券发行的审批手续。完善信用评级体系，建立一套以信用等级为核心的发行机制，强化中介机构的职能，将审批权力集中到1至2家机构，改变多头监管互相制约的局面，为企业债券市场的长期持续发展创造良好的外部条件。

四、采用指数化投资，降低管理风险

目前我国社会保障基金采用委托专业公司代理投资方式，不但管理费用高，而且道德风险明显，投资效果差强人意。美国和其他国家众多基金管理经验总结表明：人为管理的投资基金无法打败股市大盘指数，这也是财务金融领域几十年实证研究的一致结论。自 80 年代至今，美国已有 1 万家以上的共同基金，但只有 2 073 家生存 10 年以上，尽管这 2 073 家基金选股风格各不相同，从最近 10 年的统计情况看，其平均年回报率为 9.85%，同期美国所有上市公司加权指数的平均年回报率为 18.26%。只有 2.15%的基金在过去 10 年中至少有 8 年超过美国加权指数，9.68%的基金至少有 7 年超过加权指数。绝大多数基金的投资回报率经常低于大盘。上述统计还仅仅是幸存的业绩较好的基金，已被淘汰者未加入计算。债券基金的情况也大致如此。据统计，在 1983—1992 年期间，勒姆（Lehman）债券指数累计收益率为 203%，年度平均收益率为 11.7%，而债券基金的累计收益率为 163%，年度平均收益率为 10.2%。正因为如此，指数基金近年来在国外获得了快速的发展，受到越来越多机构投资者和中小投资者的青睐。

针对以上情况，我国社会保障基金可试用一部分资金采用指数投资法。在我国现有的股票指数中，由于上证综合指数包括了所有在上交所上市的样本股，而在上交所不断扩容的情况下，其稳定性与可比性较差，深证综合指数也与此类似。故建议采用沪深 300 指数、上证 180 指数与深证成分股指数为参照物。沪深 300 指数包含了上交所与深交所 300 只各具特色的样本股，能够全面反映我国证券市场的运行情况。上证 180 指数于 2002 年推出，以在上交所上市的 180 家股票为样本股，选样时结合我国股票市场的特点，借鉴国际经验，充分考虑了行业代表性、公司规模和市场流动性，不包含 ST 股，代表了主流的投资价值取向，并按照事先确定的标准定期调整。统计表明，在大多数情况下，上证 180 指数的流通市值占到了上交所流通市值的 50%左右，年成交金额近 47%，能够从总体和不同侧面反映股票价格走势。可以为社会保障基金提供权威的投资方向和良好的跟踪目标。深证成分股指数以 1994 年 7 月 20 日为基期，包含 40 只样本股，根据一段时期内的平均总市值、平均可流通市值、平均市盈率以及近年来的财务状况及时更换一些不合要求的公司并入选更有代表性的公司，以保持指数的科学性和有效性。社会保障基金在投资深圳证券交易所的股票时可以此为参考。从债券市场看，目前我国使用较多的债券指数有：全国银行间同业拆借中心编制的银行间债券指数、中信证券编制的国债指数和企业债指数和中国银行编制的中银债券指数。其中，中银债券指数还包括银行间综合指数、银行间国债指数、金融债券指数。

在选定参照指数之后，可以至少构造以下三种投资组合。一是复制法。即根据指数的权重构成按比例分配资金买入股票，投入各股票的比例与各公司股票市值在指数总市值中所占的比例一样。二是市值法。即选择指数成分股中市值最大的数只或数十只股票，按其在指数中所占的比例购买，然后将剩余资金平均分配到其他成分股中。三是将指数所包含的成份股按某个因素如行业、风险水平分类，再按各类资产在指数中的比例构造投资组合，而各类资产中的具体投资对象可以随机或按其他原则选取。

采用指数化投资方法，社会保障基金管理层就不必在众多基金管理公司中去挑选、决定受托权利。只要没有太多谁管理多少资金这种抉择权，就不会产生相应的寻租机会。由于这种操作方法相当机械，不需要太多技巧，只需要少数交易员即可操作。对于这种涉及几亿劳动者利益的公共基金，指数投资既经济，又有利于社会监督，是对社会最负责任的一种策略。而且指数化投资可以避免市场分析、公司调研、证券组合管理等方面的支出，而复制或跟踪指数又采用计算机程序化交易系统，成本低廉。美国指数基金管理公司的费用一般在0.1%以下，如果我国的社会保障基金采用指数投资，管理费用应可降至0.1%左右，远远低于我国目前规定的上限1.5%的水平。

【本章小结】

1. 社会保障基金在开展投资活动前，必须对投资对象进行价值分析，这些分析归纳起来可分为三个方面，即公司分析、行业分析和宏观分析。

2. 同一家公司发行的股票，用不同的标准来衡量，有着完全不同的结果。经常用来衡量股票价值的标准，主要有面值、净值、清算值与市场交易值。

3. 股票投资风险包括系统性风险与非系统性风险两类，一般采取比较法、价差法、离差法、*VaR* 模型等几种方法来测算。

4. 债券投资风险需要根据发行单位的情况对债券进行信用等级评定，判断债券的收益率曲线以及市场价值。

5. 衡量投资基金组合绩效的方法有三种，即特瑞纳指数、夏普指数和詹森指数。

6. 由于我国社会保障基金主要投资于我国的证券市场，加强投资环境建设至关重要。

【关键概念】

无形资产　特色竞争　除权除息　填权填息　贴权贴息　现金流量表　国民生产总值　股票行市　购买力风险　系统性风险　非系统性风险　VaR 模型　纯预期理论　市场分隔理论　流动性报酬理论　特瑞纳指数　夏普指数　詹森指数

【复习思考题】

1. 如何进行公司分析?
2. 如何进行行业与宏观分析?
3. 公司的经营管理能力主要体现在哪些方面?
4. 怎样计算股票的除权除息价格?
5. 上市公司的主要财务报表有哪些?
6. 行业在市场类型上是如何划分的?
7. 不同生命周期的行业具有哪些特点?
8. 衡量股票价值的标准有哪些? 区别何在?
9. 哪些因素会对股票价格产生影响?
10. 股票投资风险有哪些表现形式?
11. 系统性风险与非系统性风险区别何在?
12. 股票投资风险有哪几种常见的测量办法? 各有什么特点?
13. 在股票投资风险的测量中，*VaR* 值的计算方法有哪些?
14. 我国是如何评定债券的信用等级的?
15. 解释收益率曲线的理论有哪些? 其基本内容是什么?
16. 如何估算债券的市场价值?
17. 怎样评估投资基金的投资风险?
18. 如何加强我国社会保障基金的投资环境建设?

【应用案例】

我国投资基金的业绩评估与风险控制的实证分析

一、研究样本的选取

本案例随机选取了 2001 年 1 月 1 日以前上市、规模在 10 亿元及以上的 10 只封闭型基金作为研究样本，包括基金同益、基金同盛、基金普惠、基金景博、基金普丰、基金裕隆、基金景宏、基金天元、基金裕华、基金开元，评估期为2004年3月26日到2005年12月23日共计89个样本点，样本基金简要情况见表8—3。

表8—3 样本基金简要情况

序号	基金名称	成立时间	上市时间	基金规模（亿份）	基金管理公司
1	基金开元	1998—3—27	1998—4—7	20	南方
2	基金普惠	1999—1—6	1999—1—27	20	鹏华
3	基金同益	1999—4—8	1999—4—21	20	长盛
4	基金景宏	1999—5—5	1999—5—18	20	大成
5	基金裕隆	1999—6—15	1999—6—24	30	博时
6	基金普丰	1999—7—14	1999—7—30	30	深圳
7	基金景博	1999—9—22	1999—10—22	10	大成
8	基金裕华	2000—6—27	2000—7—20	10	嘉实
9	基金天元	1999—8—26	1999—9—20	30	南方
10	基金同盛	1999—11—5	1999—11—26	30	长盛

二、数据来源及基金收益率的确定

本案例中基金单位净值的数据来源于和讯信息网站（www. hexun. com）以及中国证券报官方网（www. cs. com. cn）所公布的基金资产净值，中信指数、中信风格指数、国债指数来源于中信证券网（www. citicindex. com. cn）。

（一）基金费率的影响及处理

基金管理公司对基金管理费提取比率的不同将直接影响投资者的基金收益。由于本案例的业绩评估都是针对基金单位资产净值进行的，而在基金单位资产净值的计算过程中，已经扣除了管理费用，因此，进行基金业绩评估时不需要再重复扣除。

对于开放式基金来说，买入、赎回费用是基金评估时不可忽视的问题，但各只开放式基金对买入、赎回费率的规定不同，故在分析时予以剔除。

（二）新股配售优惠影响的处理

长期以来，我国股票一、二级市场之间存在巨大的价差，认购新股可以得到稳定的收益。在这种情况下，投资基金有在配售新股中获得巨额无风险收益的机会。这种收益是政策优惠的结果，与各基金的实际运作业绩无关，把这种优惠带来的收益混入基金的业绩评估中，势必会掩盖基金的实际运作效果。因此，对基金业绩评估时也予以剔除。具体处理步骤如下：

1. 计算调整的期初资产净值

调整的期初资产净值＝原期初资产净值－期初配售新股占用资金

2. 计算调整的期末资产净值

调整的期末资产净值＝原期末资产净值－非本期配售占用资金－以上市首日收盘价计算的配售新股本期上市收益

3. 计算基金实际收益率

基金的实际收益率＝(调整的期末资产净值/调整的期初资产净值)－1

由于在本案例中，所选用的时间序列是基金资产净值的周收益序列，因此，无法对其进行准确地剔除。同时，本案例是对基金的业绩增长情况进行评估，这在一定程度上也弱化了新股配售收益对分析结果的影响。

（三）基准指数和无风险利率的选择

根据我国证券投资基金的管理规定，基金必须将一定比例的资产投资于国债（一般是不少于20%），这就使得我国的证券投资基金在某种程度上类似于混合基金。因此，在计算基金投资收益率与基准指数收益率的相关系数和协方差时，不能单纯地选择股票指数作为参照对象的基准市场组合，而应当将基准组合设置为一定比例的股票与一定比例的国债构成的“混合组合”。在本案例中，选取上证综合指数作为构成参照基准组合的股票市场指数部分，国债部分则根据样本期间二级市场国债年平均收益率3.5%，计算得出国债周收益率为0.067 5%，并作为构造基准组合的国债部分。因此，本案例选取的参照基准组合的周收益率为：上证指数周收益率r的80%与国债周收益率0.067 5%的20%构成的加权时间序列。若参照基准指数周收益率为R，则：

$$R=0.8\times r+0.2\times 0.000\,675$$

无风险利率选择1年期储蓄存款利率2.25%，折算的周利率为0.043 2%。

（四）市场基准组合的选择

实证研究表明，对证券基金进行业绩评估时，市场基准组合的选择是最重要的，不同的市场基准组合往往造成不同的评估结果。虽然我国证券市场推出了上海综合指数和深圳成分股指数，但仍存在明显的局限性，这给市场基准组合的选择带来了一定的难度。主要表现在一是覆盖面窄，缺少反映证券市场整体变化的统一指数，二是采用总股本加权，难以反映证券市场的真实状况。因此，本案例没有使用上述两种指数，而是选取了比较有代表性、能够克服上述缺点的中信指数。中信指数体系中的风格指数系列也为本案例采用多因素模型提供了较好的市场基准组合。这些风格指数包括大盘价值指数型（大盘股中市场价值/账面价值高的股票）、大盘成长指数型（大盘股中市场价值/账面价值低的股票）；中盘价值指数型（中盘股中市场价值/账面价值高的股票）、中盘成长指数型（中盘股中市场价值/账面价值低的股票）；小盘价值指数型（小盘股中市场价值/账面价值高的股票）、小盘成长指数型（小盘股中市场价值/账面价值低的股票）。

鉴于债券投资组合在基金投资中的权重比较大，因此本案例将债券也包括在基准组合中，选择中信国债指数作为债券的基准指数，构建了可以覆盖沪深两市A股和国债的市场基准组合。这里假定市场基准组合70%的投资额投资于股票市场，30%投资于国债市场。

三、样本基金的业绩评估结果

（一）特雷纳指数的评估结果

根据特雷纳指数的公式，计算10只样本基金的特雷纳比，结果见表8—4。

表8—4　特雷纳指数的评估结果

基金名称	超额收益	β系数	特雷纳比	排行
基金同益	0.001 13	0.676 54	0.001 67	1
基金天元	0.001 04	0.741 23	0.001 40	2
基金同盛	0.000 96	0.742 16	0.001 29	3
基金景博	0.000 56	0.736 53	0.000 76	4
基金裕隆	0.000 61	0.827 84	0.000 73	5
基金开元	0.000 43	0.676 75	0.000 63	6
基金普丰	0.000 23	0.643 73	0.000 36	7
基金裕华	0.000 05	0.604 36	0.000 08	8
基金景宏	−0.000 09	0.434 53	−0.000 21	9
基金普惠	−0.001 29	0.654 31	−0.001 98	10

从上表中可以发现，在2004年3月到2005年12月的样本观测中，基金同益、基金天元、基金同盛的系统性风险调整收益较高，特雷纳比排在前面。而基金景宏和基金普惠的超额收益为负值，系统性风险调整收益也为负值，特雷纳比排在后面。当基金的超额收益为负值时，对其进行特雷纳比风险调整收益指标的比较没有太大意义。因为此时基金的风险越大，表明其获得这种负超额收益的不确定性越大，人们很难断言这种不确定性对于基金的业绩表现来说究竟是好还是坏，这也是特雷纳指数在实际运用中的局限性。

（二）夏普指数的评估结果

根据夏普指数的公式，计算10只样本基金的夏普比，结果见表8—5。

表 8—5　　夏普指数的评估结果

基金名称	超额收益	标准差	夏普比	排行
基金同益	0.001 01	0.019 80	0.050 90	1
基金同盛	0.000 98	0.019 32	0.050 80	2
基金天元	0.001 03	0.021 22	0.048 48	3
基金普丰	0.000 15	0.019 91	0.031 35	4
基金裕隆	0.000 62	0.020 29	0.002 921	5
基金开元	0.000 44	0.024 22	0.018 24	6
基金景博	0.000 59	0.019 61	0.014 06	7
基金裕华	0.000 05	0.022 94	0.002 22	8
基金普惠	−0.000 09	0.020 39	−0.004 33	9
基金景宏	−0.001 29	0.022 00	−0.058 59	10

从上表中可以发现，基金同益、基金同盛、基金天元等基金的夏普比排行在前，表明在 2004 年 3 月至 2005 年 12 月的样本观察中，这些基金具有较高的总体风险调整收益。而基金普惠和基金景宏因超额收益为负，夏普比也排在后面。另外，将基金业绩的夏普比和特瑞纳比相比较，在排行上虽然有所差别，但是基本趋势相同，表明各基金的投资风险主要来自于市场中的系统性风险。

（三）詹森指数的评估结果

根据詹森指数的公式，计算 10 只样本基金的詹森比，结果见表 8—6。

表 8—6　　詹森指数的评估结果

基金名称	詹森测度	排名	T 检验值	R^2 检验值
基金天元	0.001 04	1	1.06	0.72
基金同益	0.001 02	2	1.14	0.73
基金同盛	0.001 00	3	1.15	0.74
基金普丰	0.000 64	4	0.75	0.76
基金裕隆	0.000 61	5	0.58	0.65
基金开元	0.000 46	6	0.38	0.69
基金景博	0.000 29	7	0.32	0.72
基金裕华	0.000 17	8	0.18	0.68
基金普惠	−0.000 08	9	−0.07	0.64
基金景宏	−0.001 27	10	−1.18	0.68

从表 8—6 中可以发现，基金天元、基金同益、基金同盛的詹森测度值排行在前，而且 T 检验值也较大，表明这些基金能获得较为显著的超额收益。而基

金普惠和基金景宏的测度为负值，其收益水平低于预期收益。基金开元、基金景博和基金裕华的测度值大于0，但是较小，其中大多数的T检验值也处于偏低水平。表明这些基金能够获得正的超额收益，但是并不显著。

四、实证分析结论

通过上述分析，可以得出以下结论：无论是特瑞纳指数、夏普指数，还是詹森指数，其测度结果都是基金天元、基金同益与基金同盛排名靠前，说明其在同等条件下可能取得更好的投资业绩，风险控制能力较强。基金普惠与基金景宏排名靠后，说明其投资盈利能力相对较低，风险控制能力较差。对于社会保障基金来说，如果需要在上述10只基金中进行投资抉择的话，应该选择基金天元、基金同益与基金同盛，回避基金普惠与基金景宏。当然，这只是一个静态分析的结果，各只基金的业绩评估与风险测量排名会因基金管理人的更换、投资风格的改变等发生相应的变化。

参考文献

中文部分

[1] 安洪军，毕姝晨．推动保险市场与资本市场有效联系的思考［J］．投资与证券，2004（12）．

[2] 杜书明．基金绩效衡量—理论与实证研究［M］．北京：中国社会科学出版社，2003．

[3] 达雷尔·达菲著，潘存武译．动态资产定价理论［M］．上海：上海财经大学出版社，2004．

[4] 邓大松，李珍．社会保障问题研究［M］．武汉：武汉大学出版社，2001．

[5] 董克用，王燕．养老保险［M］．北京：中国人民大学出版社，2000．

[6] 耿志民．养老保险基金与资本市场［M］．北京：经济管理出版社，2000．

[7] 李香允．对我国基本养老保险基金投资营运问题的思考［J］．北京农业职业学院学报，2004（4）．

[8] 李志强，陈琼．基于信用风险管理的投资组合优化［J］．投资研究，2003（2）．

[9] 李金林．证券投资基金绩效评估的模型与方法［J］．北京理工大学学报，2003.23（3）．

[10] 刘小敬．我国养老基金的投资模式［J］．市场与人口分析，2003（3）．

[11] 刘叔申．我国养老保险基金运中问题研究［J］．财贸经济，2003（1）．

[12] 刘晓峰．资产定价理论：逻辑分析和经验验证［M］．北京：经济科学出版社，2003．

[13] 孙建华．论个人基本养老基金投资障碍的设置［J］．广西师范大学学报，2002（4）．

[14] 滕帆．美国保障基金体系及对中国的借鉴作用［J］．现代财经，2004（2）．

[15] 王延中，胡继晔. 划拨国有股充实社保基金的几个问题 [J]. 投资与证券，2004 (10).

[16] 王延中. 中国社会保险基金模式的偏差及其矫正 [J]. 经济研究，2001 (2).

[17] 王洪春，卢海元. 美国社会保障基金投资管理与借鉴 [M]. 北京：中国社会科学出版社，2006.

[18] 王勇，范家堂. 社保基金投资的风险分析及风险管理 [J]. 投资与证券，2003 (12).

[19] 王俊，张文银. 养老基金参与风险投资探讨 [J]. 中央财经大学学报，2003 (12).

[20] 吴定富. 推动保险理论创新，促进中国保险业持续快速健康发展 [J]. 经济科学，2003 (5).

[21] 赵德武，马永强. 决策能力、风险偏好与风险资本 [J]. 会计研究，2004 (4).

[22] 支燕. 养老基金与资本市场的融合与互进 [J]. 政策与管理，2003 (2).

英文部分

[1] IAIS. Guidance paper on insurance investment risk management，October 2004.

[2] Barberis N. and Ahleifer A. Style Investing，Journal of Financial Economics，2003.

[3] Riccardo，C. and P. Fabio. The Performance of Italian Equity Funds，Journal of Banking&Finance，2002.

[4] Horst，J. R，Nijman，T. E，and Roon. F. A. Evaluating Style Analysis，Journal of Empirical Finance，2002.

[5] Arav S. Ouandlous. The Effect of Japanese Financial Liberalization on Keiretsu-The Main Bank System and Japanese Corporate Financing：Evidence From 1972—1992，Social Science Research Network Paper Collection，No. 250374，2002.

[6] Luigi Guiso，Paola Sapienza and Luigi Zingales. Does Local Financial

Development Matter? Nber Working Paper Series No. 8923, 2002.

[7] Paolo Brandimarte. Numerical Method in Fianace-A MATLAB-Based introduction, John Wiley & Sons, Inc, New York 2002.

[8] Keith. C, Brown. W and Harlow. V. Staying the Course: The Impact of Investment Style Consistency on Mutual Fund Performance, University of Texas, working paper, 2002.